森林公安行政执法判例解析

赵文清 编著

东南大学出版社
·南 京·

内 容 提 要

本书以行政行为的合法要件为标准,以 25 个行政处罚案件为对象,从办案程序的必备环节入手,深入、细则地剖析了违法行政的具体类型和成因,并就如何预防和纠正提出了具体的建议。本书适合作为林业行政执法人员的培训教材,可作为林业类和森林警察类院校学生的辅助教材,还可作为法官、检察官等司法人员和纪检监察人员的参考书籍。

图书在版编目(CIP)数据

森林公安行政执法判例解析 / 赵文清编著. —南京:东南大学出版社,2020.11
 ISBN 978-7-5641-9205-1

Ⅰ.①森… Ⅱ.①赵… Ⅲ.①森林法—行政执法—案例—分析—中国 Ⅳ.①D922.635 ②D922.115

中国版本图书馆 CIP 数据核字(2020)第 220664 号

森林公安行政执法判例解析

编　　著	赵文清
出版发行	东南大学出版社
出 版 人	江建中
社　　址	南京市四牌楼 2 号
邮　　编	210096
经　　销	全国新华书店
印　　刷	常州市武进第三印刷有限公司
开　　本	787 mm×1092 mm　1/16
印　　张	18.25
字　　数	441 千字
版　　次	2020 年 11 月第 1 版
印　　次	2020 年 11 月第 1 次印刷
书　　号	ISBN 978-7-5641-9205-1
定　　价	56.00 元

(本社图书若有印装质量问题,请直接与营销部联系。电话:025-83791830)

本书得到以下项目资金和平台支持,谨致谢忱!

国家林业局机关司局业务委托项目"林业行政执法全过程记录制度研究"(主持:赵文清副教授;签订时间:2016年9月)

国家林业和草原局机关业务委托项目"林业行政复议诉讼典型案例研究"(主持:赵文清副教授;合同编号:2019010004)

南京森林警察学院科研平台(公安法制研究中心)

前　言

本书是我的第二部作品。

第一部作品即《森林公安行政执法》是以执法理论的建构为主，较为系统、全面地阐释了森林公安查处林业行政案件的基本理论、基础知识和主要技能。本书是以执法实践的解构为主，从职权行使、证据收集、程序遵循、法律适用等司法审查的角度，对25个行政处罚案件进行了较为全面的审视。行政执法程序中的必备环节，如立案、调查、审核、告知、听证、复核、决定、送达、执行、立卷归档等，在每一个案件中都获得了相当深入的剖析。就主题而言，两部作品可谓一脉相承，围绕的都是森林公安行政执法这个主线。从内容上说，两部作品既对立又统一。第一部作品注重执法理论的建构，试图以执法理论引领执法实践；本书突出执法实践的解构，旨在以执法实践修正执法理论。

本书是"混血儿"，是教学与科研"伉俪情深"的结晶。在学历教育和在职培训的过程中，不论教授"林业行政案件查处""治安案件查处""森林公安行政执法"等专业课，还是讲授"治安管理学""林业法律法规"等通识课，或是主讲"林业行政执法实务""林业行政执法中的行刑衔接""林业有害生物检疫防治执法实务"等培训课，我都非常注重"以案释法""以法析案"，即用案例来阐释法律，用法律来解析案例，始终把案例作为训练和培养警察思维和法律思维的工具。迄今为止，在教学中主要运用了三种类型的案例，即模拟案件、执法案例和行政判例。模拟案件基本是虚构的，通常来自各种教科书；执法案例是真实的，主要来自各地的执法部门；行政判例也是真实的，全部来自"中国裁判文书网"。本书选用的都是行政判例。

将教学案例引入课题研究的契机，来自国家林业和草原局（原国家林业局）的委托项目——林业行政执法全过程记录制度研究。按照合同的要求，我需要提交一份研究报告，以完成课题设定的任务。但是，无论是基层调研中获悉的执法现状，还是培训交流中了解的办案细节，都不断促使我思考这样一个问题，即除了提交研究报告外，是否还有更好的方式，既可以完全履行合同约定的义务，体现该项研究的理论价值，又可以引领、指导执法实践，以彰显该项研究的实践意义？于是，就有了教学和科研间的"金风玉露一相逢"，就有了"众里寻他千百度"的判例甄选，就有了"为伊消得人憔悴"的字斟句酌，就有了"蓦然回首"中书稿的瓜熟蒂落。

作为一项回归实践的研究成果，本书在三个方面区别于常见的行政执法案例读物。第一,案例真实,类型多样。本书选取了25个行政判例,均来自"中国裁判文书网",都是真实发生过的行政处罚案件。从数量看,林业行政处罚案件较多,有22个;治安管理处罚案件较少,只有2个。从管理领域看,既有公安行政管理领域的案件,也有林业行政管理领域的案件。从诉讼类型看,既有行政诉讼的案件,也有国家赔偿的案件。从判决结果看,既有执法主体胜诉的案件,也有执法主体败诉的案件。从行为类型看,既有行政处罚的案件,也有行政强制的案件。第二,既有经验,也有教训。"失败乃成功之母""成功是指路明灯"。在本书中,既含有违法行政所带来的各种教训,也存在胜诉案例所蕴含的诸多经验。每一个教训或者经验,都值得认真思考和汲取。每一个案件都得到了深入、细致的分析,其中,有执法者可以借鉴的好做法,也有应当杜绝的非法之举;有司法者可以参考的好的判词,也有需要警惕的坏的裁判。第三,多维视角,方便读者。在行政执法案例读物中,较为常见的是从执法角度来解读案例。在沿用这一做法的同时,本书还引入了司法立场和立法视角,来共同审视同一个案件,评述同一个法条,试图全面挖掘案例和法条所能呈现的各种价值,尽可能满足各类读者不同层面的需求。尽管如此,本书仍无法面面俱到。为方便读者观察司法场域中行政执法的真实样貌,本书将所有案件的裁判文书的原文附后,以供读者研读。仁者见仁、智者见智,相信读者在阅读原文时,可以从中获得更多的、不一样的启示。值得指出的是,除修改了明显的错讹、遗漏、多余的字词以外,本书对裁判文书的原文未做任何修改。

  作为一种尝试,本书难免存在不足,还望各位读者不吝赐教。

赵文清

二〇二〇年四月十五日

于南京森林警察学院公安法制研究中心

目　　录

第一章　是否超越职权 ··· 1

一、森林公安机关依法享有治安管理处罚权
　　——李××、谢××与阜阳市森林公安局公安行政处罚纠纷上诉案 ············ 1

二、以自己的名义对受委托的林业行政案件作出处罚决定的，属于超越职权
　　——马××与独山县森林公安局林业行政处罚纠纷案 ························ 14

三、在罚款的法定数额之上作出行政处罚的，属于超越职权
　　——邓玉某与兴隆县森林公安局治安行政处罚纠纷案 ······················· 38

四、森林公安机关有权以委托的林业主管部门名义实施行政处罚
　　——周××与米易县林业局林业行政处罚纠纷上诉案 ······················· 48

五、林业主管部门的下属业务单位，以自己的名义实施行政处罚和行政强制的，属于超越职权
　　——李××与红兴隆林业局强制罚没财产决定及行政赔偿纠纷上诉案 ········ 59

第二章　是否适用法律、法规错误 ··· 66

一、对共同违法行为人分别予以林业行政处罚的，属于适用法律、法规错误
　　——张××与江西省鄱阳县林业局林业行政处罚纠纷案 ····················· 66

二、应当适用却不适用林业单行条例的，属于适用法律、法规错误
　　——段××与福贡县林业局林业行政处罚纠纷上诉案 ······················· 82

三、以《公安机关办理行政案件程序规定》作为查处林业行政处罚案件法律依据的，属于适用法律、法规错误
　　——屈××与方城县森林公安局林业行政管理纠纷案 ······················· 91

四、擅自砍伐争议土地上非本人所有的林木的，应当认定为毁坏林木
　　——许××与临朐县森林公安局行政处罚纠纷上诉案 ······················ 102

第三章　是否主要证据不足 ·· 113

一、由"有专门知识的人"所作的鉴定意见，可以作为认定林业行政处罚案件事实的根据
　　——秦××诉浮梁县森林公安局行政处罚纠纷案 ··························· 113

二、根据一份起诉意见书即作出林业行政处罚决定的，属于主要证据不足
　　——谭某诉东方市林业局林业行政处罚纠纷案 ······························ 129

三、以无证据证明的价值（款）为基准，作出罚款处罚的，属于主要证据不足
　　——卓××诉鹿寨县林业局林业行政处罚纠纷案 ··························· 137

四、因林业主管部门内部流转程序使其超过举证期限的,不属于逾期提供证据的正当理由
——杨长×与禄丰县林业局林业行政处罚纠纷上诉案 ………………… 148

五、针对同一事实,在未重新调查取证的情况下,再次作出内容相同的林业行政处罚决定的,属于事实依据不足
——崔××与乐陵市林业局林业行政处罚纠纷上诉案 ………………… 153

第四章　是否违反法定程序 …………………………………………………… 163

一、不依法送达林业行政处罚先行告知书的,属于违反法定程序
——邓某兵诉广东省始兴县林业局林业行政撤销案 …………………… 163

二、在林业行政处罚先行告知后,没有复核当事人申辩的,属于违反法定程序
——汤××诉封丘县林业局林业行政处罚案 …………………………… 176

三、作出没收较大数额财产的林业行政处罚决定,未告知当事人听证权利的,属于违反法定程序
——潘××与百色市右江区林业局行政处罚纠纷上诉案 ……………… 183

四、听证结束后,行政机关负责人未对调查结果进行再次审查的,属于违反法定程序
——张××诉宁安市××局林业行政处罚案 …………………………… 194

五、先作出林业行政处罚决定,后展开补充调查(鉴定)的,属于违反法定程序
——杨××与来凤县林业局林业行政处罚纠纷上诉案 ………………… 208

六、处罚决定擅自改变集体讨论决定的处罚事项,属于违反法定程序
——刘×与长岭县林业局林业行政处罚纠纷上诉案 …………………… 217

第五章　是否准予强制执行 ……………………………………………………… 228

一、对适用法律、法规错误的林业行政处罚,不应裁定准予强制执行
——四川省米易县森林公安局与陈××非诉执行审查案 ……………… 228

二、对违反法定程序的林业行政处罚,应当裁定不予准许强制执行
——金湖县农业委员会与涂××非诉执行审查案 ……………………… 232

三、对超出法定期限提出的强制执行申请,应当裁定不予受理
——昌江黎族自治县林业局与许红×非诉执行审查案 ………………… 239

四、适用法律、法规错误的林业行政处罚,属于"其他明显违法并损害被执行人合法权益的"情形,应当裁定不予准许强制执行
——福建省霞浦县林业局与林××非诉执行审查案 …………………… 244

五、因举报被处罚人涉嫌犯罪而由森林公安机关调查所产生的期间,不应视为林业主管部门申请法院执行行政处罚逾期的正当理由
——湖南省醴陵市林业局与杨××非诉执行审查案 …………………… 250

附录 ……………………………………………………………………………………… 259

中华人民共和国森林法(2009年第二次修正) ……………………………… 259
中华人民共和国森林法实施条例(2018年第三次修正) …………………… 266
中华人民共和国森林法(2019年修订) ……………………………………… 273

第一章　是否超越职权

一、森林公安机关依法享有治安管理处罚权
——李××、谢××与阜阳市森林公安局公安行政处罚纠纷上诉案

▶ 基本信息

行政相对人：李××
被诉行政主体：阜阳市森林公安局
第　三　人：谢××
一　审　法　院：阜阳市颍州区人民法院
一　审　结　果：阜阳市森林公安局胜诉
二　审　法　院：阜阳市中级人民法院
二　审　结　果：阜阳市森林公安局胜诉

▶ 基本案情

李××家的祖坟位于谢××承包地内，谢××在承包地里种植石榴树，坟头种植1棵核桃树，承包地周围一圈种植花椒树。2014年5月12日18时许，李××认为谢××所栽树木对其家祖坟有妨碍，将谢××种植的花椒树6棵，核桃树1棵拔掉。谢××得知后赶到现场，与李××发生争吵。临泉县公安局艾亭派出所接到谢××报警后即出警。5月14日，临泉县公安局认为不属于本单位管辖，将此案移送至临泉县森林公安局。经临泉县价格认证中心临价证鉴(2014)38号《关于对被毁树苗损失的价格鉴定结论书》认定，涉案树苗于价格鉴定基准日金额为：花椒树每棵10元，核桃树每棵25元。临泉县森林公安局在调查终结后，根据管辖权限，将案件报送至阜阳市森林公安局。2014年7月13日，阜阳市森林公安局作出阜森公行罚决字(2014)3号行政处罚决定，给予李××行政拘留五日，现已执行完毕。李××不服，遂起诉。谢××亦不服，向安徽省森林公安局提起复议。2014年10月27日，安徽省森林公安局作出皖森公复决字(2014)1号行政复议决定，维持阜阳市森林公安局作出的阜森公行罚决字(2014)3号行政处罚决定。

▶ 双方主张

李××诉称：

1. 认定事实错误。其没有损坏花椒树6棵和核桃树1棵，该树也不是种植在谢××的承包地里，价值85元更是无依据。

2. 处罚主体不适格。本案系治安案件，应由临泉县公安局管辖，阜阳市森林公安局没有处罚主体资格。

3. 适用法律错误。损毁公私财物案件不是森林公安机关受案范围，依据《中华人民共和国治安管理处罚法》第四十九条规定给予李××行政处罚属于适用法律错误，请求予以撤销。阜阳市森林公安局引用关于有行政处罚权主体和案件管辖范围的法律依据不当，直接依据治安处罚法处罚不当。

4. 程序违法。阜阳市森林公安局发现双方因老坟地使用权发生纠纷时，应依法中止其行政行为，告知当事人申请确权。

谢××上诉称：

1. 认定事实错误。李××毁坏的数目应是45棵，不是7棵。

2. 处罚程序违法。谢××对鉴定结论不服，依法申请复核，要求临泉县森林公安局出具委托，但其拒不出具，即使在物价认定中心出具说明应由办案单位出具鉴定委托书说明的情况下仍予以拒绝，使谢××失去复核的权利。

阜阳市森林公安局辩称：

本案属于森林公安局的管辖范围，该局具备处罚的主体资格，其作出的处罚决定认定事实清楚，证据充分，程序合法，适用法律正确。李××和谢××的上诉理由不能成立。

▶ 争议焦点

本案的争议焦点为阜阳市森林公安局是否具备处罚主体资格，其处罚决定事实是否清楚，程序是否合法，适用法律是否正确。

▶ 法院判决

阜阳市中级人民法院经审理认为：

1. 阜阳市森林公安局具有执法主体资格。安徽省林业厅、安徽省公安厅、安徽省高级人民法院、安徽省人民检察院《关于森林公安机关办理森林刑事、治安和林业行政处罚案件有关问题的通知》是根据《中华人民共和国刑法》《中华人民共和国刑事诉讼法》《中华人民共和国森林法》《中华人民共和国治安管理处罚法》等有关法律法规及最高人民法院、最高人民检察院、公安部、国家林业局的有关文件制定，明确公安机关内部案件管辖，规定了森林公安机关对于森林案件的管辖权，李××上诉称阜阳市森林公安局不具有执法主体资格的理由不能成立。

2. 处罚决定事实清楚，适用法律正确，程序合法。公安机关对李××、谢××、葛××、黎××的询问笔录及现场图能相互印证，证明李××损坏谢××林木的事实，李××亦自认其损坏谢××7棵树，故其违法事实清楚。阜阳市森林公安局依据《中华人民共和国治安管理处罚法》第四十九条规定,以故意损毁公私财物给予李××行政拘留五日的处罚决定事实清楚,适用法律正确。谢××认为公安机关剥夺其对鉴定结论的复核意见,因其没有提供充分证据证明其在法定期限内向公安机关提出了书面复核申请,对其上诉理由,本院不予支持。一审判决维持该处罚决定正确。

▶ 执法点评

1. 治安管理处罚权是森林公安机关的固有职权之一①

行政法理论认为,所谓固有职权,是指一个组织依据宪法或者行政组织法的规定而获得的职权,带有"先天性",往往随着一个组织的产生而产生,消亡而消亡②。依据法律规定,公安机关的固有职权主要包括两类:行政职权和刑事职权。从性质上看,森林公安机关属于公安机关,而非林业行政机关(即林业主管部门),当然拥有行政职权和刑事职权。公安行政职权包括公安行政许可权、公安行政强制权、公安行政处罚权等行政权力,而公安行政处罚权则包括治安管理处罚权、消防行政处罚权、交通行政处罚权等各种类型。由于类型不一,各地森林公安机关实施治安管理处罚权的范围,即治安案件管辖权的范围也各不相同。在现行法律中,涉及森林公安的治安案件管辖分工的规定,主要有以下几类:一是《治安管理处罚法》第七条第二款的规定:"治安案件的管辖由国务院公安部门规定。"二是《公安机关办理行政案件程序规定》(公安部令第125号)第十二条第四款的规定:"国有林区的森林公安机关管辖林区内发生的行政案件。"三是《公安部关于森林公安机关执行〈中华人民共和国治安管理处罚法〉有关问题的批复》(公法〔2008〕18号)第二条的规定:"关于森林公安机关与地方公安机关办理治安案件的管辖分工问题。鉴于我国地域辽阔、地区差异性较大,各地林区公安机关的设置情况不一,有关森林公安机关与地方公安机关办理治安案件的管辖分工,可以由各级人民政府公安机关根据当地实际情况确定。"

确定森林公安的管辖范围,各地主要采用以下几类方式:(1)采用地方立法的方式。例如,《昌吉回族自治州硅化木保护管理条例》③第十八条规定:"在硅化木保护区域内不听劝阻、阻碍国家工作人员依法执行公务的,由森林公安机关依据《治安管理处罚条例》予以处罚;情节严重构成犯罪的,依法追究刑事责任。"(2)采用联合发布规范性文件的方式。既有公安、检察院、法院、林业等部门联合发布的,如四川省高级人民法院、四川省人民检察院、四川省公安厅、四川省林业厅《关于森林公安机关办理森林刑事、治安和林业行政案件有关问题的通知》(川林发〔2010〕55号);也有林业部门、公安机关联合发布的,如湖南省公安厅、湖南省林业厅《关于森林公安机关办理治安和林业行政案件有关问题的通知》(湘林公〔2011〕4号)。(3)采用单独发布规范性文件的方式。例如长沙市公安局《关于森林公安机关办理涉林刑事和治安行政案件有关问题的通知》(长公通〔2011〕442号),浏阳市

---

① 赵文清:《有关森林警察治安管理处罚权的法理思考》,《森林公安》2007年第1期,第38-41页。
② 胡建淼:《行政法》,浙江大学出版社,2003年4月,第24页。
③ 《昌吉回族自治州硅化木保护管理条例》(2001年2月18日昌吉回族自治州第十一届人民代表大会第四次会议通过 2001年3月30日新疆维吾尔自治区第九届人民代表大会常务委员会第二十一次会议通过 2014年3月26日新疆维吾尔自治区第十二届人民代表大会常务委员会第七次会议通过关于批准《昌吉回族自治州第十四届人民代表大会第三次会议关于废止〈昌吉回族自治州硅化木保护管理条例〉的决定》的决定)。

公安局《关于森林公安机关办理涉林刑事和治安行政案件有关问题的通知》（浏公通〔2012〕33号）等。

就本案而言，阜阳市森林公安局对违反治安管理行为，实施治安管理处罚权的法律依据，就是安徽省林业厅、安徽省公安厅、安徽省高级人民法院、安徽省人民检察院联合下发的《关于森林公安机关办理森林刑事、治安和林业行政处罚案件有关问题的通知》（林公通〔2011〕21号）。

2. 违法行为人的自认是本案的主要证据之一

以是否能够证明案件主要事实为标准，可以将证据分为主要证据和次要证据。主要证据是指能够证明案件主要事实存在与否的证据；次要证据是指证明案件主要事实以外的其他事实存在与否的证据。本案中，能够证明李××毁林及毁林数量（是7棵还是45棵）的证据，就是主要证据。二审法院经庭审质证后认定：阜阳市森林公安局"提供的第二组证据能证明李××损毁谢××林木的事实"。第二组证据虽然有12份，但判决书中并没有对每一份证据的证明客体作出说明。因此，只能根据判决书提供的有限信息，对12份证据的证明客体作以下推测：第1—3号是李××的询问笔录，证明其自认损毁谢××的林木7棵；第4—5号是谢××的询问笔录，证明其认为李××损毁了林木45棵；第6—7号分别是葛××、黎××的询问笔录，证明李××损毁了林木；第8号是李传×的询问笔录，证明什么不清楚；第9号是临泉县公安局现场勘验检查笔录及照片，证明现场被毁林木45棵；第10号是阜阳市森林公安局现场勘验笔录及照片，证明什么不清楚；第11号是鉴定结论书，证明被毁树苗价值85元；第12号是林权登记证等材料，证明什么不清楚。从上述证据可以看出，尽管谢××有第4—5号、第9号能够证明被毁的林木有45棵，但不能证明被毁45棵树苗都是李××所为。正如判决书所言，"谢××认为李××损毁的树木应为45棵，仅有谢××的陈述，无其他证据印证"。"谢××的陈述又不具有排他性"。虽临泉县公安局艾亭派出所所作的现场勘验笔录记载损毁树木为45棵，但该笔录只是对案发现场被毁林木数量所作的客观描述，无法证明现场被毁的45棵树苗均为李××所为。判决书称："森林公安局根据收集的证据能够证明李××损毁的树木为7棵。"我们推测，森林公安局收集的"能够证明李××损毁的树木为7棵"的证据，只能是李××的询问笔录（即违法嫌疑人的陈述和申辩）。在该笔录中，李××自己承认毁坏了谢××所拥有的7棵树木。换言之，违法嫌疑人对违法事实即毁坏树木的具体数量的自认，成了本案的主要证据之一。

3. 被侵害人陈述应当成为林业行政处罚的证据种类

所谓被侵害人陈述，是指被侵害人就其感受、了解的遭受违法行为侵害的事实和违法嫌疑人、证人的其他有关情况，向执法人员所作的陈述。被侵害人陈述具有三个特点：一是陈述的内容是自己遭受违法侵害的事实和其他有关违法嫌疑人、证人的情况；二是陈述一定是在案件查处过程中被侵害人向执法人员所做的陈述；三是除单位作为被侵害人以外，被侵害人陈述必须是被侵害人亲自所作的陈述。在单位作为被侵害人的情况下，陈述的提供者只能是单位的法定代表人或法定代理人，因而被侵害人陈述表现为代表人或者代理人的陈述。被侵害人是直接受害者，其陈述一般比较具体详细，具有客观真实性和不可替代性。但有时也存在作虚假陈述或夸张陈述的可能性。本案中，林木被损毁的谢××就被毁林木情况所作的陈述,就属于被侵害人的陈述。根据《公安机关办理行政案件程序规定》①第二十三条第一款第三项,谢××的询问笔录就属于"被侵害人陈述"。

值得讨论的是,根据《林业行政处罚程序规定》第十六条第二款,被侵害人陈述并不属于法定的证据种类。那么,它是否能够作为林业行政处罚的一种证据呢?有学者认为,"在林业行政处罚中,受害人、控告人和举报人一般都是林业行政违法行为的见证人或者知情人,对其也应视为证人,他们对林业行政违法行为进行控告、举报的材料或者就其所知道的林业行政处罚案件真实情况向调查人员所作的口头或者书面陈述,经查证属实的也应属于证人证言。"②我们认为,在林业行政处罚中,因为法律没有规定被侵害人陈述这种证据形式,就认为它不能成为证据,既脱离林业行政执法实际,又不利于准确及时地查明案件真实情况。另外,证据的形式是发展的,《林业行政处罚程序规定》对证据形式的规定,是基于1996年立法时的经验,当时未作规定的,随着情况的变化和认识的深化,就有可能出现并应当予以肯定。实际上,2003年制定的《公安机关办理行政案件程序规定》③,就已将"受害人的陈述"规定为独立的证据类型。因此,尽管林业法律并没有作出规定,但实际上,被侵害人陈述不仅是一种重要的证据类型,理应作为林业行政处罚证据的一种,而且是一种既不同于证人证言,也不同于违法嫌疑人的陈述和申辩的证据类型,应当在证据种类中作为一种独立的证据形式单列出来。这是以后修改《林业行政处罚程序规定》时应当予以考虑的。

4."故意损毁公私财物"的名称不规范

为了进一步加强执法规范化建设,统一规范违反公安行政管理的行为名称及其法律依据的适用,2010年12月27日,公安部关于印发《违反公安行政管理行为的名称及其适用意见》的通知(公通字〔2010〕72号),对法律、行政法规和规章中涉及违反公安行政管理的行为

---

① 《公安机关办理行政案件程序规定》(2012年)第二十三条 可以用于证明案件事实的材料,都是证据。公安机关办理行政案件的证据包括:
(一)物证;
(二)书证;
(三)被侵害人陈述和其他证人证言;
(四)违法嫌疑人的陈述和申辩;
(五)鉴定意见;
(六)勘验、检查、辨认笔录,现场笔录;
(七)视听资料、电子数据。
证据必须经过查证属实,才能作为定案的根据。
② 黄柏祯、宋元喜编著:《林业行政处罚通解》,江西人民出版社,2003年8月第1版,第70页。
③ 《公安机关办理行政案件程序规定》(2003年)第二十五条 公安机关办理行政案件的证据种类主要有:
(一)书证;
(二)物证;
(三)视听资料、电子数据;
(四)证人证言;
(五)受害人的陈述;
(六)违法嫌疑人的陈述和申辩;
(七)鉴定、检测结论;
(八)勘验、检查笔录。
证据必须经过查证属实,才能作为定案的根据。

名称及其适用规范做出统一规范。本案中,李××损毁树苗的行为,依据上述法律规范的规定,应当定性表述为法定名称——"故意损毁财物",而不是"故意损毁公私财物"。

> **司法点评**

司法审查的对象

通常认为,司法审查的核心在于审查行政行为的合法性,即对行政主体是否依法履行法定义务作出检查和判断。一审法院认为,"谢××提出对临泉县价格认证中心临价证鉴(2014)38号《关于对被毁树苗损失的价格鉴定结论书》不服,向临泉县森林公安局申请复核,未提供证据证明在法定期限内向临泉县森林公安局提出书面申请,故对谢××认为事实不清,程序违法的观点,不予采纳。"二审法院宣称,"谢××认为公安机关剥夺其对鉴定结论的复核意见,因其没有提供充分证据证明其在法定期限内向公安机关提出了书面复核申请,对其上诉理由,本院不予支持。"这样的司法表述,给当事人一种感觉,行政诉讼中的司法审查,针对的不是执法主体,不是审查其是否履行了法定义务,其行政行为是否具有合法性,而是针对行政相对人,针对其能否提供证实公安机关违法的充分证据。这显然超出了我们对司法审查的正常预期。

我们认为,当有人提出其对鉴定结论的复核意见被公安机关剥夺时,法院实施司法审查的路径应当是这样:第一,公安机关是否负有向行政相对人李××送达鉴定结论的法定义务;第二,如果公安机关对行政相对人负有这一义务,对被侵害人谢××是否负有同样的义务;第三,如果对谢××负有该义务,公安机关是否依法履行了该义务,即是否依法向谢××送达了鉴定结论;第四,如果已经送达,谢××是否有权提出复核申请,即申请重新鉴定;第五,谢××申请重新鉴定,是否必须是书面形式。根据《公安机关办理行政案件程序规定》第八十一条规定:"办案人民警察应当对鉴定意见进行审查。对经审查作为证据使用的鉴定意见,公安机关应当在收到鉴定意见之日起五日内将鉴定意见复印件送达违法嫌疑人和被侵害人……违法嫌疑人或者被侵害人对鉴定意见有异议的,可以在收到鉴定意见复印件之日起三日内提出重新鉴定的申请,经县级以上公安机关批准后,进行重新鉴定。同一行政案件的同一事项重新鉴定以一次为限。当事人是否申请重新鉴定,不影响案件的正常办理。公安机关认为必要时,也可以直接决定重新鉴定。"可以看出,谢××依法有权获得公安机关的告知,即向其送达鉴定意见;有权在收到鉴定意见复印件之日起的三日内向公安机关提出重新鉴定的申请。至于采用何种方式申请,法律没有规定。根据法理,应当是口头和书面申请均可。如果是口头申请,公安机关应当将其要求记录在案。

从判决书提供的信息来看,执法过程至少存在以下可供商榷的地方:一是在公安机关提供的证据中,缺乏向谢××送达过鉴定意见的直接证据(只有一份"2014年6月12日的送达回执",不知送达的是何种文书)。二是谢××提供了"谢××向安徽省价格认证中心提出行政复核裁定申请"(第四组证据中的证据3),并声称"对鉴定结论不服,依法申请复核,要求临泉县森林公安局出具委托,但其拒不出具,即使在物价认定中心出具说明应由办案单位出具鉴定委托书说明的情况下仍予以拒绝",使其失去复核的权利。由此可以推断,在谢××向认证中心提出复核时,如果尚在重新申请的法定期限内,公安机关得知谢××申请对象错误时,应当告知其向公安机关申请;如果已经超出法定期限,同样应当告知其已经失去重新申请的权利。在本案的证据中,缺乏能够证明公安机关已经履行了上述法定义务的相关证据。我们认为,法院在审查行政行为合法性时,可以采取以下做法:一是对行政诉讼各方特别是被告方即行政主体所提供的证据,应当逐一标明收取的具体时间,特别是用来证明程序合法的证据,尤其应当标明时间。因为所谓的执法程序,无非就是执法的步骤、顺序、时间、时限。程序违法实际上就是步骤、顺序、时间或者时限的违法。例如,本案中,仅仅列举"行政处罚告知笔录"而没有标明时间,根本无法证明行政主体的处罚先行告知,是发生在2014年7月13日作出行政处罚决定之前。二是应当对证据的证明内容作出明确的说明,例如,如果行政机关提供一份送达回证作为证据,欲证明其在某年某月某日向某人送达了某法律文书,依法履行了某项告知义务,而该证据仅仅笼统地表述为"2014年6月12日送达回执",法院也没有对送达回执上的文书作出任何说明,那么,这样一份证据,其实什么也证明不了。因为,这样一份送达回执,至少可以有以下多种理解:该送达回执所载明的文书,可能是鉴定意见,也可能是行政处罚先行告知书,或者是听证权利告知书,抑或是行政处罚决定书,甚至可能是上述四种文书。人们不禁要问,这份证据究竟是用来证明什么呢,又能够证明什么呢。三是对程序违法的证明,应当从行政主体方面着手,而不应从行政相对人或者被侵害人的角度着手。换言之,应当由行政主体提供证据,证明自身已经依法履行了法定义务;而不是由行政相对人或者被侵害人提出证据,证明依法行使了权利;或者至少不能用行政相对人或者被侵害人没有依法行使权利,来证明行政主体没有违反法定程序。

▶ **立法建议**

关于证据条款的修改意见

建议对《林业行政处罚程序规定》中的证据条款进行修改。一是增加证据种类,即将"被侵害人陈述"作为法定的证据形式之一。二是补充"视听资料"这一证据形式的内容,即将"电子数据"纳入其中。初拟条款如下:

第十六条 可以用于证明案件事实的材料,都是证据。林业主管部门办理行政案件的证据主要包括:

(一)书证;

(二)物证;

(三)被侵害人陈述;

(四)证人证言;

(五)违法嫌疑人的陈述和申辩;

(六)鉴定意见;

(七)勘验、检查、辨认笔录,现场笔录;

(八)视听资料、电子数据。

证据应当符合法律、法规、规章和最高人民法院有关行政执法和行政诉讼证据的规定,并经查证属实才能作为认定案件事实的根据。

▶ 守法与普法

关于中止行政行为

李××认为,"阜阳市森林公安局发现双方因老坟地使用权发生纠纷时,应依法中止其行政行为,告知当事人申请确权。"这一观点是否有法律依据?如何依法向当事人作出说明和解释?

我们认为,可以从以下几个方面,对李××的质疑作出回应和解释。一是根据《中华人民共和国森林法》(简称《森林法》)和《中华人民共和国治安管理处罚法》(简称《治安管理处罚法》)的相关规定,阜阳市森林公安局可以告知当事人向有关部门申请确权。二是阜阳市森林公安局不得中止其行政行为。具体论述如下:

第一,根据《森林法》第十七条关于"单位之间发生的林木、林地所有权和使用权争议,由县级以上人民政府依法处理。个人之间、个人与单位之间发生的林木所有权和林地使用权争议,由当地县级或者乡级人民政府依法处理。当事人对人民政府的处理决定不服的,可以在接到通知之日起一个月内,向人民法院起诉。在林木、林地权属争议解决以前,任何一方不得砍伐有争议的林木"的规定,如果李××与谢××因林木所有权而发生争议,那么该林权纠纷争议,依法应当由阜阳市颍州区人民政府或者双方所在的乡或者镇人民政府依法处理。

第二,根据《治安管理处罚法》第九条规定:"对于因民间纠纷引起的打架斗殴或者损毁他人财物等违反治安管理行为,情节较轻的,公安机关可以调解处理。经公安机关调解,当事人达成协议的,不予处罚。经调解未达成协议或者达成协议后不履行的,公安机关应当依照本法的规定对违反治安管理行为人给予处罚,并告知当事人可以就民事争议依法向人民法院提起民事诉讼。"依据上述规定,如果本案属于"经调解未达成协议或者达成协议后不履行的"情形,阜阳市森林公安局即负有告知当事人可以就民事争议依法向人民法院提起民事诉讼的法定义务。但本案并未进行治安调解,执法主体是否就没有相应的告知义务呢?我们认为,不能机械理解上述法律规定。在办案过程中,面对当事人的陈述、申辩以及疑问,无论是从情理角度,还是从法理的角度,执法主体都有义务对当事人进行相应的告知。况且,这是一起因民间纠纷引起的损毁他人财物的违反治安管理行为,李××作为违法行为人也受到行政拘留的治安处罚,基本符合《治安管理处罚法》第九条的规定条件。就本案而言,李××的行为属于较为典型的因民间纠纷引发的违反治安管理行为,在得知双方存在林权纠纷时,阜阳市森林公安局应当告知当事人可以就其林权争议,依法向阜阳市颍州区人民政府或者双方所在的乡或者镇人民政府申请处理,或者依法向人民法院提起民事诉讼。

第三,阜阳市森林公安局不得中止其行政行为。对违反治安管理行为进行调查和处理,是阜阳市森林公安局的法定职权。是否中止案件的查处,何时中止案件的查处,都应当依照法律的规定执行。但是,无论是《治安管理处罚法》,还是《公安机关办理行政案件程序规定》,都没有关于调查中止的法律规定,只有关于听证中止的法律规定。例如,根据《公安机关办理行政案件程序规定》第一百二十四条关于"听证过程中,遇有下列情形之一,听证主持人可以中止听证:(一)需要通知新的证人到会、调取新的证据或者需要重新鉴定或者勘验的;(二)因回避致使听证不能继续进行的;(三)其他需要中止听证的"的规定,只有出现上述三种法定情形时,听证主持人才有权决定中止听证。因此,当事人所谓因为基于林权争议而应当中止行政行为,即停止案件调查的诉求,并没有法律依据。阜阳市森林公安局也无权擅自中止案件的调查和处理。值得一提的是,和公安法律一样,林业法律中也没有关于调查中止的法律规定,只有听证中止的法律规定①。从完善办案程序的角度来看,现行法律应当予以修改,增加有关中止调查的规定,例如,何时应当中止调查、何种条件下应当中止调查等,以进一步体现程序正义。

> 判决书

李××、谢××与阜阳市森林公安局公安行政处罚纠纷上诉案

安徽省阜阳市中级人民法院
行政判决书

(2015)阜行终字第 00024 号

上诉人(原审原告):李××。
委托代理人:吴××,安徽众商律师事务所律师。
上诉人(原审第三人):谢××。
委托代理人:李景×,安徽泉河律师事务所律师。
被上诉人(原审被告):阜阳市森林公安局。
法定代表人:高×,该局局长。
委托代理人:郑×,安徽金宇律师事务所律师。
委托代理人:陶××,安徽省临泉县森林公安局副局长。

上诉人李××、谢××因治安行政处罚一案,不服安徽省阜阳市颍州区人民法院于2014年12月25日作出的(2014)州行初字第00059号行政判决,向本院提起上诉。本院受理后依法组成合议庭,于2015年3月11日公开开庭审理了本案。上诉人李××及其委托代理人吴××、上诉人谢××及其委托代理人李景×、被上诉人阜阳市森林公安局的委托代理人郑×到庭参加诉讼。本案现已审理终结。

李××诉称:1. 阜阳市森林公安局作出的阜森公行罚决字(2014)3号行政处罚决定认定事实错误,其没有损坏花椒树6棵和核桃树1棵,该树也不是种植在谢××的承包地里,价值85元更是无依据;2. 阜阳市森林公安局处罚主体不适格,本案系治安案件,应由临泉县公安局管辖;3. 损毁公私财物案件不是森林公安机关受案范围,依据《中华人民共和国治

---

① 《林业行政处罚听证规则》第二十七条 有下列情形之一的,可以中止听证:
(一)当事人死亡或者解散,需要确定权利义务继承人的;
(二)当事人或者案件调查人员因不可抗拒的理由,无法继续参加听证的;
(三)需要通知新的证人到场或者需要对有关证据重新调查、鉴定的;
(四)其他需要中止听证的情形。
中止听证的情形消除后,听证主持人应当恢复听证。

安管理处罚法》第四十九条规定给予李××行政处罚属于适用法律错误,请求予以撤销。

一审法院认定:李××家的祖坟位于谢××承包地内,谢××在承包地里种植石榴树,坟头种植1棵核桃树,承包地周围一圈种植花椒树。2014年5月12日18时许,李××认为谢××所栽树木对其家祖坟有妨碍,将谢××种植的花椒树6棵,核桃树1棵拔掉。谢××得知后赶到现场,与李××发生争吵。临泉县公安局艾亭派出所接到谢××报警后即出警。5月14日,临泉县公安局认为不属于本单位管辖,将此案移送至临泉县森林公安局。经临泉县价格认证中心临价证鉴(2014)38号《关于对被毁树苗损失的价格鉴定结论书》认定,涉案树苗于价格鉴定基准日金额为:花椒树每棵10元,核桃树每棵25元。临泉县森林公安局在调查终结后,根据管辖权限,将案件报送至阜阳市森林公安局。2014年7月13日,阜阳市森林公安局作出阜森公行罚决字(2014)3号行政处罚决定,给予李××行政拘留五日,现已执行完毕。李××不服,遂起诉。谢××亦不服,向安徽省森林公安局提起复议。2014年10月27日,安徽省森林公安局作出皖森公复决字(2014)1号行政复议决定,维持阜阳市森林公安局作出的阜森公行罚决字(2014)3号行政处罚决定。

一审法院认为:森林公安机关是国家林业部门和公安机关的重要组成部分,对辖区内的森林治安案件具有管辖权。阜阳市森林公安局的执法主体资格源于安徽省林业厅、安徽省公安厅、安徽省高级人民法院、安徽省人民检察院联合下发的《关于森林公安机关办理森林刑事、治安和林业处罚案件有关问题的通知》,《通知》明确了森林公安局对故意损毁他人所有的树木、苗木等森林资源的治安案件具有管辖权,该《通知》根据《中华人民共和国刑法》《中华人民共和国刑事诉讼法》《中华人民共和国森林法》《中华人民共和国治安管理处罚法》等有关法律法规及最高人民法院、最高人民检察院、公安部、国家林业局的有关文件制定,合法有效,李××诉称阜阳市森林公安局无执法主体资格的观点,不予采纳。阜阳市森林公安局依法收集的证据能够证明李××在谢××承包地里损坏花椒树6棵、核桃树1棵,价值85元的事实。李××认为距坟地50公分(厘米)范围内,其有处分权,拔掉谢××树苗,合情、合理、合法的观点,于法律无据,不予采纳。谢××认为李××损毁的树木应为45棵,仅有谢××的陈述,无其他证据印证,虽临泉县公安局艾亭派出所所作的现场勘验笔录记载损毁树木为45棵,但该笔录的形成距案发有一段时间间隔,李××坚持称自己仅拔7棵树,其余是谢××自己拔的,故意扩大损害后果,意图加害自己,谢××的陈述又不具有排他性,故森林公安局根据收集的证据能够证明李××损毁的树木为7棵;谢××提出对临泉县价格认证中心临价证鉴(2014)38号《关于对被毁树苗损失的价格鉴定结论书》不服,向临泉县森林公安局申请复核,未提供证据证明在法定期限内向临泉县森林公安局提出书面申请,故对谢××认为事实不清,程序违法的观点,不予采纳。综上所述,阜阳市森林公安局对李××作出的公安行政处罚决定,认定事实清楚,证据充分,程序合法,适用法律正确,量罚适当,依法应予以维持。李××诉讼请求理由不能成立,依法不予支持。依照《中华人民共和国行政诉讼法》第五十四条第(一)项的规定,判决维持阜阳市森林公安局2014年7月13日作出的阜森公行罚决字(2014)3号行政处罚决定。案件受理费50元,由李××负担。

李××上诉称:1.原审法院认定阜阳市森林公安局有处罚主体资格错误;2.谢××将核桃树苗种植在李××老坟地里,且在下坟向口前40公分(厘米)左右挖坑盛放大便,原审法院认定事实错误及有悖公序良俗;3.阜阳市森林公安局作出的处罚决定程序违法。阜阳市森林公安局发现双方因老坟地使用权发生纠纷时,应依法中止其行政行为,告知当事人申请确权;4.阜阳市森林公安局引用关于有行政处罚权主体和案件管辖范围的法律依据不当,直接依据治安处罚法处罚不当。请求撤销一审判决,撤销处罚决定。

谢××上诉称:一审法院认定事实错误,李××毁坏的数目应是45棵,不是7棵;阜阳市森林公安局处罚程序违法,谢××对鉴定结论不服,依法申请复核,要求临泉县森林公安局出具委托,但其拒不出具,即使在物价认定中心出具说明应由办案单位出具鉴定委托书说明的情况下仍予以拒绝,使谢××失去复核的权利。请求撤销一审判决,撤销处罚决定。

阜阳市森林公安局辩称:本案属于森林公安局的管辖范围,该局具备处罚的主体资格,其作出的处罚决定认定事实清楚,证据充分,程序合法,适用法律正确。李××和谢××的上诉理由不能成立。请求驳回上诉,维持原判决。

阜阳市森林公安局于法定举证期限内向一审法院提供了作出被诉具体行政行为的证据、依据:

第一组证据:1. 安徽省林业厅、安徽省公安厅、安徽省高级人民法院、安徽省人民检察院联合下发的《关于森林公安机关办理森林刑事、治安和林业处罚案件有关问题的通知》;2. 阜阳市森林公安局组织机构代码证。证明本案属于阜阳市森林公安局管辖,具有行政处罚的主体资格。

第二组证据:1. 2014年5月12日对李××的询问笔录;2. 2014年6月20日对李××的询问笔录;3. 2014年6月30日对李××的询问笔录;4. 2014年5月13日对谢××的询问笔录;5. 2014年6月20日对谢××的询问笔录;6. 2014年5月12日对葛××的询问笔录;7. 2014年5月13日对黎××的询问笔录;8. 2014年5月23日对李传×的询问笔录;9. 户籍信息表、临泉县公安局现场勘验检查笔录及照片;10. 2014年5月23日阜阳市森林公安局现场勘验笔录及照片;11. 临泉县价格认证中心《关于对被毁树苗损失的价格鉴定结论书》;12. 林权登记证、建设用地使用权证、证明、情况反映材料。证明李××对拔树的事实认可,行政处罚认定事实清楚,证据充分。

第三组证据:1. 2014年5月14日临泉县公安局《移送案件通知书》及证据清单;2. 2014年5月14日《受案登记表》;3. 行政案件权利义务告知书;4. 2014年5月15日鉴定聘请书;5. 2014年6月12日送达回执;6. 呈请延长办案期限报告书;7. 2014年6月30日传唤证;8. 行政处罚告知笔录;9. 行政处罚审批报告;10. 行政处罚决定书送达证。证明行政处罚程序合法。

第四组证据:《中华人民共和国治安管理处罚法》第四十九条。证明处罚决定适用法律正确。

李××向一审法院提供了以下证据:1. 李××的身份证;2. 行政处罚决定书;3. 分地的地亩册及实地拍摄照片。证明李××的诉讼主体资格及行政处罚认定事实错误。

谢××向一审法院提供了以下证据:1. 身份证复印件;2. 安徽省森林公安局行政复议决定书;3. 谢××向安徽省价格认证中心提出行政复核裁定申请;临泉县价格认证中心价格鉴定结论书;树苗销售商出具被损毁的树苗价格。证明谢××的诉讼主体资格及其对阜阳市森林公安局的行政处罚决定提出复议、对临泉县价格认证中心的价格鉴定结论提出行政复核裁定申请的事实。

二审经庭审质证对证据作如下认定：阜阳市森林公安局提供的第一组证据能证明其具有执法主体资格；其提供的第二组证据能证明李××损毁谢××林木的事实；第三组、第四组证据证明其程序合法，适用法律正确，本院予以确认。李××的提供的证据1、2能证明其主体资格。谢××提供的证据能证明其诉讼主体资格。

依据采信的证据，二审查明的事实与一审判决查明的事实无异。

本院认为：本案的争议焦点为阜阳市森林公安局是否具备处罚主体资格，其处罚决定事实是否清楚，程序是否合法，适用法律是否正确。安徽省林业厅、安徽省公安厅、安徽省高级人民法院、安徽省人民检察院《关于森林公安机关办理森林刑事、治安和林业行政处罚案件有关问题的通知》是根据《中华人民共和国刑法》《中华人民共和国刑事诉讼法》《中华人民共和国森林法》《中华人民共和国治安管理处罚法》等有关法律法规及最高人民法院、最高人民检察院、公安部、国家林业局的有关文件制定，明确公安机关内部案件管辖，规定了森林公安机关对于森林案件的管辖权，李××上诉称阜阳市森林公安局不具有执法主体资格的理由不能成立。公安机关对李××、谢××、葛××、黎××的询问笔录及现场图能相互印证，证明李××损坏谢××林木的事实，李××亦自认其损坏谢××7棵树，故其违法事实清楚。阜阳市森林公安局依据《中华人民共和国治安管理处罚法》第四十九条规定，以故意损毁公私财物给予李××行政拘留五日的处罚决定事实清楚，适用法律正确。谢××认为公安机关剥夺其对鉴定结论的复核意见，因其没有提供充分证据证明其在法定期限内向公安机关提出了书面复核申请，对其上诉理由，本院不予支持。一审判决维持该处罚决定正确。依照《中华人民共和国行政诉讼法》第六十一条第（一）项的规定，判决如下：

驳回上诉，维持原判。

二审案件受理费50元，由上诉人李××、谢××各负担25元。

本判决为终审判决。

审　判　长　张　辉
代理审判员　周海龙
代理审判员　周国清

二○一五年三月二十六日

书　记　员　耿牛牛

法律依据

《中华人民共和国行政诉讼法》[①]

第五十四条　人民法院经过审理，根据不同情况，分别作出以下判决：

（一）具体行政行为证据确凿，适用法律、法规正确，符合法定程序的，判决维持。

（二）具体行政行为有下列情形之一的，判决撤销或者部分撤销，并可以判决被告重新作出具体行政行为：

---

① 《中华人民共和国行政诉讼法》(1989年4月4日第七届全国人民代表大会常务委员会第二次会议通过　自1990年10月1日起施行)。

1. 主要证据不足的；
2. 适用法律、法规错误的；
3. 违反法定程序的；
4. 超越职权的；
5. 滥用职权的。

（三）被告不履行或者拖延履行法定职责的，判决其在一定期限内履行。

（四）行政处罚显失公正的，可以判决变更。

第六十一条　人民法院审理上诉案件，按照下列情形，分别处理：

（一）原判决认定事实清楚，适用法律、法规正确的，判决驳回上诉，维持原判；

（二）原判决认定事实清楚，但适用法律、法规错误的，依法改判；

（三）原判决认定事实不清，证据不足，或者由于违反法定程序可能影响案件正确判决的，裁定撤销原判，发回原审人民法院重审，也可以查清事实后改判。当事人对重审案件的判决、裁定，可以上诉。

《中华人民共和国治安管理处罚法》[①]

第四十九条　盗窃、诈骗、哄抢、抢夺、敲诈勒索或者故意损毁公私财物的，处五日以上十日以下拘留，可以并处五百元以下罚款；情节较重的，处十日以上十五日以下拘留，可以并处一千元以下罚款。

[①] 《中华人民共和国治安管理处罚法》(2005年8月28日第十届全国人民代表大会常务委员会第十七次会议通过　2005年8月28日中华人民共和国主席令第三十八号公布　自2006年3月1日起施行　根据2012年10月26日第十一届全国人民代表大会常务委员会第二十九次会议通过　2012年10月26日中华人民共和国主席令第67号公布　自2013年1月1日起施行的《全国人民代表大会常务委员会关于修改〈中华人民共和国治安管理处罚法〉的决定》修正)。

二、以自己的名义对受委托的林业行政案件作出处罚决定的,属于超越职权

——马××与独山县森林公安局林业行政处罚纠纷案

▶ **基本信息**

行政相对人:马××
被诉行政主体:独山县森林公安局
一 审 法 院:贵州省独山县人民法院
一 审 结 果:独山县森林公安局败诉

▶ **基本案情**

2014年10月13日,原告马××在云南省福贡县购买山香果树瘤(杂树根)45件25.48吨,办理边贸木材运输检尺单、海关进口货物报关单、边贸木材准运证、出入境检疫入境货物放行通知单,并交纳各种税费,同时依法办理了植物检疫证和木材运输证(木材运输证的有效期为2014年10月13日至2014年10月20日)。事后,原告委托驾驶员为李加×、李文×驾驶云M25078号、云M0585号挂车进行承运。2014年10月15日,车辆行驶至云南省大理州永平县境内时,车辆发动机损坏,修理至2014年10月19日继续行驶,车辆继续行驶至云南省曲靖市电厂后,车辆发动机再次损坏,继续修理两天。2014年10月24日,车辆行驶至贵州省独山县麻尾新寨收费站时,被独山县公安毒品检查站民警查获,毒品检查站随即将案件移交给独山县木材检查站处理,独山县木材检查站于同日将案件及扣押的木材和车辆一并移送给被告独山县森林公安局处理。被告受案后,扣押了原告的完税证明和云南省福贡县亚坪通道边贸木材准运证、边贸木材运输检尺单、植物检疫证书、木材运输证等手续原件,没有出据(具)扣押手续,并作出先行登记保存单,将原告运输的山香果树瘤45件作为证据保存于独山县麻尾宾馆停车场内(保存时间为七天)。2014年10月31日,独山县木材检查站作出独林罚暂扣决字(2014)第03号暂扣木材决定书,认定原告运输的47件山香果树瘤违反《贵州省木材经营管理办法》第十四条的规定,决定暂扣七天。2014年11月1日,被告作出独林罚权告字(2014)第186号林业行政处罚先行告知书,11月24日作出独林罚决字(2014)第186号林业行政处罚决定书,决定没收原告无证运输的47件山香果树瘤。2014年12月19日,被告通过国内挂号信函将先行告知书、处罚决定书、没收物品清单一并邮寄给原告。庭审中,原告认可2014年12月26日收到先行告知书和处罚决定书后对处罚决定不服,在法定期限内向本院提起行政诉讼。

另查明:原告运输的山香果树瘤为不规则的树根,在云南上车时为45件,运输到独山部分一分为二,清点为47件。同时查明,被告在本案中无强制执行权,在处罚决定书未送达给

原告的情况下,未经评估和公开拍卖,即于2014年12月15日将扣押涉案的47件山香果树瘤变卖得款91 000元。

▶ 双方主张

原告诉称:

原告在广西桂林从事根雕加工。2014年10月13日,原告在云南省怒江州福贡县购买了山香果树瘤45件(杂树根)共计25.48吨,并依法办理了边贸木材运输检尺单、边贸木材准运证、海关进口货物报关单、植物检疫证、完税证明及木材运输证之后,便委托卖方负责将原告所购得的木材承运至广西桂林。在运输过程中,承运车辆于2014年10月15日在云南大理永平县境内拉缸(发动机损坏),修理后于同月19日上路,行至云南曲靖后车辆又拉缸,遂叫原修理行送配件继续修理,二天后继续上路,2014年10月24日到独山麻尾时,被被告以无证运输为由查扣。原告认为,依据《贵州省木材经营管理办法》第十四条规定:"运输木材的单位或个人,在运输途中特殊原因致使木材运输证超期的,应当在超期后的5日内持原木材运输证就近到县级以上人民政府林业行政主管部门换取有效木材运输证。超期后5日内换取的,按照无证运输木材处理。"原告的木材运输证的有效时间为2014年10月13日至2014年10月20日止,超期换证的最后一个工作日应为2014年10月25日止,而木材被被告扣押的时间为10月24日,离换证期限还差一天,被告就不应当扣押原告木材和所有运输木材手续原件(未出具扣押手续),同时原告木材在运输途中运输车辆发动机故障修理2次,耽误时间,应属《贵州省木材经营管理办法》规定的"特殊情形(原因)"。且被告在未告知原告的情况下就擅自将先行暂扣的木材变卖得款91 000元。为此,特提起诉讼,要求撤销被告作出的处罚决定,同时赔偿(返还)原告的木材款91 000元。

原告代理人的代理意见:

1. 原告所运输的木材来源清楚,手续齐全、合法。2. 被告剥夺原告的知情权,程序严重违法,认定事实有严重瑕疵。3. 被告处置暂扣的木材实体和程序均无法律依据,其行政行为已超出行政执政执法权限,该行政行为严重违法。

被告辩称:

被告作出的处罚决定事实清楚,证据确凿,行政处罚程序合法,适用法律法规正确。

被告代理人的代理意见:

1. 被告对原告的处罚程序合法;2. 处罚决定事实清楚,证据确凿,适用法律正确,内容适当;3. 原告提供的"特殊原因"的证据不足。

▶ 争议焦点

本案的争议焦点为独山县森林公安局是否具备处罚主体资格,其处罚决定事实是否清楚,程序是否合法,适用法律是否正确。

▶ 法院判决

独山县人民法院经审理认为:

《中华人民共和国行政处罚法》第十八条和《林业行政处罚程序规定》第六条规定,被告的行政执法权系独山县林业局委托授权而取得,依据法律规定受委托组织在委托范围内,以委托行政机关名义实施行政处罚。本案独山县林业局关于"以受委托人名义对上述违法行为作出具体行政行为"的委托违反法律规定,且未将委托报上一级机关备案,存在瑕疵。独山县木材检查站2014年10月24日将案件移交给被告处理后,又作出暂扣决定,违反法律规定,属程序瑕疵。被告在未告知原告权利的情况下作出处罚决定属程序违法。被告在原告未收到处罚决定书,处罚决定书未发生法律效力的情况下变卖暂扣原告的木材,违反法律规定,属行政违法。法律、法规未授予被告强制执行权,被告变卖原告木材的行为属越权执法。被告扣押原告的完税证明、云南省福贡县亚坪通道边贸木材准运证、边贸木材运输检尺单、植物检疫证书和木材运输证等手续原件,未出据(具)扣押手续的行为,属行政执法瑕疵。被告作出的林业行政处罚先行告知书、林业行政处罚决定书,依法应在作出后七日内送达原告,被告在2014年12月19日才通过邮政信函送达,违反法律规定,侵害了原告的合法权益,属行政违法。依据林业部《木材运输检查监督办法》第八条关于"使用过期木材运输证件运输木材,能够提供木材合法来源证明的,限期补办木材运输证件后放行;逾期未提供木材运输证件和木材合法来源证明的,没收所运输的全部木材"和《贵州省木材经营管理办法》第十四条关于"运输木材的单位和个人,在运输途中因特殊原因致使运输证超期的,应当在超期后5日内持原木材运输证就近到县级以上人民政府林业行政主管部门换取有效木材运输证。超期后5日内未换取的,按照无证运输木材处理"的规定,原告运输木材的车辆发生故障,修车耽误运输时间,属法规认定的特殊原因,且有驾驶员的证人证言、修车行的证明材料、高速公路收费收据等证据佐证,足以认定原告运输木材车辆故障修理而耽误运输时间的事实。对于原告木材运输证过期问题,被告应当限期原告补办,被告直接处以没收的行为,违反法律规定。被告按无证运输处理本案木材,属认定事实错误和适用法律错误。原告代理人关于"1. 原告所运输的木材来源清楚,手续齐全、合法。2. 被告剥夺原告的知情权,程序严重违法,认定事实有严重瑕疵。3. 被告处置暂扣的木材实体和程序均无法律依据,其行政行为已超出行政执政执法权限,该行政行为严重违法,故要求撤销被告作出的独林罚决字(2014)第186号林业行政处罚决定"的代理意见与本案客观事实相符,本院予以采纳。被告代理人关于"1. 被告对原告的处罚程序合法;2. 处罚决定事实清楚,证据确凿,适用法律正确,内容适当;3. 原告提供的'特殊原因'的证据不足"的代理意见与本案客观事实相悖,本院不予采纳。本案被告主体不适格,作出的行政处罚决定认定事实错误,程序违法,应予撤销(撤销决定的诉讼另案处理)。被告在无执行权的情况下未经评估、未经公开拍卖,擅自变卖扣押的木材所得款应当退还原告。

▶ 执法点评

1. 林业行政强制措施

根据《中华人民共和国行政强制法》(简称《行政强制法》)第二条关于"本法所称行政强制,包括行政强制措施和行政强制执行。行政强制措施,是指行政机关在行政管理过程中,为制止违法行为、防止证据损毁、避免危害发生、控制危险扩大等情形,依法对公民的人身自由实施暂时性限制,或者对公民、法人或者其他组织的财物实施暂时性控制的行为。行政强制执行,是指行政机关或者行政机关申请人民法院,对不履行行政决定的公民、法人或者其他组织,依法强制履行义务的行为"的规定,第九条关于"行政强制措施的种类:(一)限制公民人身自由;(二)查封场所、设施或者财物;(三)扣押财物;(四)冻结存款、汇款;(五)其他行政强制措施"的规定,第十条关于"行政强制措施由法律设定。尚未制定法律,且属于国务院行政管理职权事项的,行政法规可以设定除本法第九条第一项、第四项和应当由法律规定的行政强制措施以外的其他行政强制措施。尚未制定法律、行政法规,且属于地方性事务的,地方性法规可以设定本法第九条第二项、第三项的行政强制措施。法律、法规以外的其他规范性文件不得设定行政强制措施"的规定,以及《中华人民共和国立法法》(简称《立法法》)第八条关于"下列事项只能制定法律:(一)国家主权的事项;(二)各级人民代表大会、人民政府、人民法院和人民检察院的产生、组织和职权;(三)民族区域自治制度、特别行政区制度、基层群众自治制度;(四)犯罪和刑罚;(五)对公民政治权利的剥夺、限制人身自由的强制措施和处罚;(六)税种的设立、税率的确定和税收征收管理等税收基本制度;(七)对非国有财产的征收、征用;(八)民事基本制度;(九)基本经济制度以及财政、海关、金融和外贸的基本制度;(十)诉讼和仲裁制度;(十一)必须由全国人民代表大会及其常务委员会制定法律的其他事项"的规定,第九条关于"本法第八条规定的事项尚未制定法律的,全国人民代表大会及其常务委员会有权作出决定,授权国务院可以根据实际需要,对其中的部分事项先制定行政法规,但是有关犯罪和刑罚、对公民政治权利的剥夺和限制人身自由的强制措施和处罚、司法制度等事项除外"的规定,结合林业法律的规定,我们可以得出以下几点结论:

(1) 根据《行政强制法》的规定,林业行政强制包括林业行政强制措施和林业行政强制执行。林业行政强制措施,是指林业行政机关在行政管理过程中,为制止违法行为、防止证据损毁、避免危害发生、控制危险扩大等情形,依法对公民、法人或者其他组织的财物实施暂时性控制的行为,但不包括对公民的人身自由实施暂时性限制。林业行政强制执行,是指林业行政机关或者林业行政机关申请人民法院,对不履行林业行政决定的公民、法人或者其他组织,依法强制履行义务的行为。

(2) 根据《行政强制法》的规定,林业行政强制措施可以包括两类:一是对公民的人身自由实施暂时性控制,即限制公民人身自由的行政强制措施;一是对涉案财物实施暂时性控制,包括查封场所、设施或者财物;扣押财物;冻结存款、汇款。限制人身自由的行政强制措施只能由法律设定,且不得授权国务院先行制定行政法规;而冻结存款、汇款的行政强制措施只能由法律设定,但并未禁止授权国务院先行制定行政法规。因此,从理论上说,作为基本法律以外的其他法律,《森林法》有权设定限制人身自由和冻结存款、汇款的这两项行政强制措施。但是,现行的《森林法》并没有设定这两项强制措施。如果执法实践需要,在修改森林法时,可以考虑设定限制人身自由和冻结存款、汇款这两项行政强制措施。需要特别指出的是,在现行的《治安管理处罚法》《中华人民共和国反恐怖主义法》(简称《反恐怖主义法》)等公安法律中,对上述两项行政强制措施均有明确规定,因此,在查处公安行政案件时,森林公安机关有权依法实施上述两项行政强制措施。

(3) 在现行的《森林法》《中华人民共和国种子法》(简称《种子法》)等林业法律中,只设定了查封场所、设施或者财物和扣押财物的行政强制措施,而没有设定限制人身自由和冻结存款、汇款这两项行政强制措施。因此,林业行政机关(林业主管部门),以及由法律法规授权查处林业行政处罚案件的森林公安机关,在查处林业行政案件时,只能依法实施林业法律已经设定的查封、扣押的行政强制措施,无权实施限制人身自由和冻结存款、汇款这两项行政强制措施。

2. 森林公安机关实施林业行政强制措施权的条件

关于这个问题,我们有以下几点看法:

第一,根据《行政强制法》第十七条关于"行政强制措施由法律、法规规定的行政机关在法定职权范围内实施。行政强制措施权不得委托。依据《中华人民共和国行政处罚法》的规定行使相对集中行政处罚权的行政机关,可以实施法律、法规规定的与行政处罚权有关的行政强制措施。行政强制措施应当由行政机关具备资格的行政执法人员实施,其他人员不得实施"的规定,林业行政强制措施只能由《种子法》《植物检疫条例》《中华人民共和国森林法实施条例》(简称《森林法实施条例》)等林业法律、法规规定的行政机关在法定职权范围内实施。例如,根据《种子法》第五十条的规定,在依法履行种子监督检查职责时,有权采取查封、扣押等行政强制措施。而有权采取措施的只能是农业、林业主管部门。根据《植物检疫条例》第十八条第三款、《植物检疫条例实施细则(林业部分)》第三十条第三款的规定,对违法调运的森林植物和产品,只有森林植物检疫机构才有权采取封存的行政强制措施。根据《森林法实施条例》第三十七条的规定,暂扣无证运输的木材的权力,只有木材检查站才依法享有。根据《中华人民共和国植物新品种保护条例》第四十一条的规定,在查处假冒授权品种案件时,可以采取封存或者扣押与案件有关的植物品种的繁殖材料,以及封存与案件有关的合同、账册及有关文件等行政强制措施的,也只有省级以上人民政府农业、林业行政部门和县级以上人民政府农业、林业行政部门。森林公安机关是公安机关而非林业行政机关,依法无权实施林业行政强制措施。同时,林业行政机关不得将林业行政强制措施权委托给森林公安机关,森林公安机关也无权接受这一委托。即便双方签署了行政强制措施的委托书,这一委托书也因为违反《行政强制法》的禁止性规定而无效。

第二,根据《森林法》第二十条的授权,森林公安机关在以自己的名义实施《森林法》第三十九条、第四十二条、第四十三条、第四十四条规定的林业行政处罚权时,可以实施与上述林业行政处罚权有关的行政强制措施。根据《国家林业局关于森林公安机关办理林业行政案件有关问题的通知》(林安发〔2013〕206号),当森林公安机关以其归属的林业主管部门的名义受理、查处林业行政案件时,依法可以以林业主管部门的名义实施林业行政强制措施权。

第三,根据《山西省实施〈中华人民共和国森林法〉办法》①(地方性法规)第四十二条关于"违反本办法,有下列行为之一的,由县级以上林业主管部门或者森林公安机关处罚:(一)侵占、非法利用国有、集体森林、林木、林地进行旅游开发的,责令停止违法行为,限期改正;造成森林、林木毁坏的,依法赔偿损失,补种毁坏株数一倍以上三倍以下的树木,可以处毁坏林木价值一倍以上五倍以下的罚款;(二)在幼林地、封山育林区和特种用途林内砍柴、放牧,致使森林、林木受到毁坏的,依法赔偿损失,责令停止违法行为,补种毁坏株数一倍以上三倍以下的树木;(三)进行开垦、采石、挖砂、采土、采种、挖苗、挖根、采松针等活动,致使森林、林木受到毁坏的,依法赔偿损失,责令停止违法行为,补种毁坏株数一倍以上三倍以

---

① 《山西省实施〈中华人民共和国森林法〉办法》(2001年7月29日山西省第九届人民代表大会常务委员会第二十四次会议通过)。

下的树木,可以处毁坏林木价值一倍以上五倍以下的罚款;对森林、林木未造成毁坏或者被开垦的林地上没有森林、林木的,限期恢复原状,可以处非法开垦林地每平方米十元以下的罚款;(四)擅自占用林地修筑道路、架设线路、埋设管线,致使森林、林木受到毁坏的,依法赔偿损失,责令停止违法行为,补种毁坏株数一倍以上三倍以下的树木,可以处毁坏林木价值一倍以上五倍以下的罚款;(五)在林区县(市、区)、省直林局辖区、自然保护区非法收购明知是盗伐、滥伐的林木的,责令停止违法行为,没收违法收购的盗伐、滥伐的林木或者变卖所得,可以并处违法收购林木的价款一倍以上三倍以下的罚款"的规定,该省的森林公安机关在实施上述领域行政处罚权时,可以以自己的名义依法实施与上述行政处罚权相关的林业行政强制措施权。

3. 木材检查站是否具有行政强制措施权

根据现行法律的规定,木材检查站具有行政强制措施权。根据《森林法实施条例》第三十七条关于"经省、自治区、直辖市人民政府批准在林区设立的木材检查站,负责检查木材运输;无证运输木材的,木材检查站应当予以制止,可以暂扣无证运输的木材,并立即报请县级以上人民政府林业主管部门依法处理"的规定,木材检查站对无证运输的木材,有权实施暂扣这一行政强制措施。但是,木材检查站并非行政机关而是事业单位,其工作人员也大都不是公务人员。目前,行政法规赋予木材检查站行政强制措施权,允许其工作人员实施行政强制措施,既不符合《行政强制法》第十七条对执法主体的要求,即"行政强制措施由法律、法规规定的行政机关在法定职权范围内实施",也不符合第十七条对执法人员的要求,即"行政强制措施应当由行政机关具备资格的行政执法人员实施,其他人员不得实施"。因此,究竟是修改这一条款,使之合乎行政强制法的规定,还是直接取消木材检查站的这一强制权力,立法者在修改森林法时应当予以考虑。

4. 询问笔录不能证明执法人员对当事人履行了处罚的先行告知义务

本案中,执法机关提供了证据4(对原告马××的询问笔录)、证据7(李加×、李文×的询问笔录),拟用以证明办案人员已经履行了相关告知义务。法院的态度很明确,对这两条证据不予采信:"4. 原告马××的询问笔录。内容为:询问原告涉案木材运输与被查获的情况,同时告知原告的行为违法,已受到相应的处罚。被告拟证明已告知原告,本院认为,被告的告知不符合《中华人民共和国行政处罚法》的相关规定,且笔录无告知权利的内容。本院不予采信。7. 李加×、李文×的询问笔录。内容为:询问二人运输涉案木材的情况,二人均称因车辆故障导致运输证有效期超期。被告拟证明办案人员已经履行了相关告知义务。本院认为,李加×的询问笔录无任何告知内容,李文×的告知内容为:'你无证运输木材已违反《森林法》的相关规定,我们将按照有关规定对你进行相应的处罚,你知道吗?'显然被告的这一告知无任何告知内容,同时李文×、李加×不是被处罚人,对被告的证明目的,本院不予采信。"显然,执法者将询问笔录中的告知,当作了行政处罚的先行告知。这样的错误认识,在执法实践中并非罕见,应当引起行政机关及其执法人员的高度重视。

关于行政执法中的告知,其实有多种类型。就林业行政处罚而言,至少包括四个环节的告知:询问前的告知(以下简称询问告知)、听证权利的告知(以下简称听证告知)、处罚的先行告知(以下简称处罚告知)、救济权利的告知(以下简称救济告知)。对治安管理处罚而言,还包括鉴定意见的告知(以下简称鉴定告知)。这里仅就询问告知作一说明。

(1) 询问笔录的功能。询问笔录的主要功能在于对案件事实的证明,而非对行政机关履行行政处罚先行告知义务的证明。询问,是执法人员对当事人及相关人员就相关案情进行了解、探询和核查的一种调查方法。询问既是了解案情的最直接的方法,也是了解案情的主要方法。作为常用的调查方法,询问的法律依据是《行政处罚法》第三十七条、《林业行政处罚程序规定》第二十八条。根据法律规定,询问应当制作笔录。执法人员依法制作的如实记载执法人员提问和当事人及相关人员的陈述或辩解的文书,即通常所称的询问笔录。经过核实的询问笔录,是认定案件事实的重要证据。可见,询问笔录主要用来证明案件事实。从证据功能角度看,询问笔录属于实体证据,而非程序证据。

(2) 询问笔录中的告知。除证明案件事实的功能,询问笔录也有证明告知的功能。但是,这里所称的告知是询问告知,而非处罚告知。处罚告知,是指作出处罚决定前对当事人进行行政处罚的事实、理由和依据的告知。询问告知,是指执法人员在询问前依法对被询问人进行的执法身份告知和被询问人权利义务的告知。可见,询问告知完全不同于处罚告知,两者不应混淆。

(3) 询问告知的内容。因为森林公安机关不是林业主管部门,其人民警察作为林业行政执法人员时,执法身份的表述与林业主管部门的执法人员也应当有所不同。执法实践中,各地森林公安机关的表述并不统一。我们认为,森林警察作为林业行政执法人员时,针对违法嫌疑人的询问告知(以盗伐林木案件为例),可以作这样的表述:我们是某某森林公安局的行政执法人员(向被询问人出示林业行政执法证件),因你涉嫌盗伐林木,现依法对你进行询问。你应当如实回答我们的询问,并提供与案件有关的证据。对与本案无关的问题,你有权拒绝回答。根据法律规定,伪造、隐匿、毁灭证据,影响行政执法机关依法办案者,将依法给予治安管理处罚。你听清楚了吗?根据法律规定,如果本案执法人员与当事人有直接利害关系的,你有权申请执法人员回避,你是否申请回避?针对证人的询问告知,可以作这样的表述:我们是某某森林公安局的行政执法人员(向被询问人出示林业行政执法证件),现依法向你询问某某盗伐林木案的有关情况。你应当如实陈述所了解的案件事实,不得作虚假陈述。根据法律规定,提供虚假证言、谎报案情,影响行政执法机关依法办案者,将依法给予治安管理处罚。你听清楚了吗?

▶ 司法点评

1. 先行登记保存的合法性审查

先行登记保存,作为一种证据收集方法,是指在证据可能灭失或者以后难以取得的情况下,林业行政主体依据法定职权,对需要保存的证据先行予以登记造册,从而在规范意义上达到保存证据的目的。其法律依据是《行政处罚法》第三十七条第二款、《林业行政处罚程序规定》第二十六条。实施先行登记保存这一调查方法,必须满足两个条件。一是证据可能灭失或者以后难以取得。如非法猎获的野生动物因死亡、腐烂或被违法嫌疑人放生而"可能灭失",盗伐的林木被制成木炭或用以搭建房屋导致"以后难以取得"等。至于何种情形属于"可能灭失"或者"以后难以取得",应由林业行政主体根据案件具体情况作出判断。二是必须经林业行政主体负责人批准。在行政强制法颁布之前,行政主体大都把先行登记保存当作行政强制措施。对需要作为证据的物品,通常是既登记又保存,而且是保存在执法机关。可以说是名为"登记"实为"扣押"。

根据《行政处罚法》第三十七条,以及《行政强制法》第九条有关"行政强制措施的种类:(一)限制公民人身自由;(二)查封场所、设施或者财物;(三)扣押财物;(四)冻结存款、汇款;(五)其他行政强制措施"的规定,对先行登记保存的性质,以及如何依法实施,我们认为应当注意以下几点。第一,先行登记保存不属于行政强制措施。因而,行政主体无权将涉案证据,强行"扣押"至行政执法单位。换言之,行政主体不得以"保管"之名,对已先行登记之证据,行"扣押"之实。第二,先行登记保存的证据的存放地点,应当视案件的具体情况而定。如果当事人或者有关人员在场,应由其自行决定保存的地点和方式。例如,可以异地保存,也可以原地保存;可以自己保管,也可以委托他人代为保存等。如果遭遇当事人或者有关人员不在场、当事人不明或者无法查明等特殊情形时,应由执法机关及其执法人员自主决定保存的地点和方式。例如,既可以原地或者异地保存,也可以由执法机关保存或者委托他人代为保存。第三,先行登记保存的法定期限为七日,在此期间,当事人或者有关人员不得销毁或者转移证据。如果当事人或者有关人员隐匿、毁灭该证据,影响行政执法机关依法办案的,涉嫌构成违反治安管理行为——隐匿、毁灭证据,或将受到五日以上十日以下拘留,并处二百元以上五百元以下罚款的治安管理处罚。第四,七日的法定期限届满,当事人或者有关人员即可自行处置该先行登记之物品。第五,在执法文书中,至少应提供两份文件,即先行登记保存证据呈批表和先行登记保存证据通知单,以证明这一调查措施的合法性。

综上,我们建议,应当对先行登记保存的合法性进行审查,并应当重点审查以下内容:一则是否履行审批程序。即证据中是否存在先行登记保存呈批表。如果没有提供这一证据,则涉嫌违反法定程序,构成程序瑕疵。二则是否以"保存"之名行"扣押"之实,即非特殊情形下,将涉案证据保存在本执法机关。如若如此,则涉嫌以非法手段获取证据。三则是否遵守法定期限。未在七日的法定期限内依法作出处理,或者期限届满仍然禁止当事人自由处置先行登记保存的物品。如若如此,则涉嫌超越法定期限。

2. 扣押完税证明等手续原件,不应认定为行政执法瑕疵

判决书认定,被告(独山县森林公安局)"扣押原告的完税证明、云南省福贡县亚坪通道边贸木材准运证、边贸木材运输检尺单、植物检疫证书和木材运输证等手续原件,未出据(具)扣押手续的行为,属行政执法瑕疵。"我们认为,法院不应将上述扣押行为认定为行政执法瑕疵,而应将其认定为超越职权、行政执法违法。理由如下:

第一,本案所涉行政处罚,属于委托行政处罚。林业主管部门是委托行政机关,森林公安机关是受委托的组织。同时,本案属于违反森林法的案件,涉嫌构成"无木材运输证运输木材",处罚条款为《森林法实施条例》第四十四条第一款。一方面,从行政委托的角度而言,只有作为委托行政机关的林业主管部门,拥有"扣押"的行政强制措施权,森林公安机关作为受委托的机关,才有可能以委托行政机关即林业主管部门的名义实施"扣押"。如果连林业主管部门自己都没有"扣押"职权,森林公安机关何来"扣押"职权呢?所谓"皮之不存,毛将焉附"。事实上,《森林法》《森林法实施条例》《森林采伐更新管理办法》等森林法律,只赋予林业主管部门两项行政强制措施,一项是《森林法实施条例》第三十七条规定的"暂扣木材",

另一项是《森林采伐更新管理办法》第二十二条①规定的"收缴林木采伐许可证",并没有"扣押"这种类型。所以,森林公安局在本案中实施的"扣押",并无任何法律依据,属于超越职权。另一方面,即便上述法律为林业主管部门设定了"扣押"的行政强制措施权,根据《行政强制法》有关"行政强制措施权不得委托"的规定,森林公安局以委托的林业主管部门的名义实施的"扣押",仍然应当被认定为违法的行政行为。

第二,在其他林业执法领域,林业主管部门拥有"扣押"的行政强制措施权。具体包括:一是在林木种子保护执法领域。根据《种子法》第五十条的规定,作为种子行政执法机关的林业主管部门,有权"查封、扣押有证据证明违法生产经营的种子,以及用于违法生产经营的工具、设备及运输工具等","林业主管部门所属的综合执法机构或者受其委托的种子管理机构,可以开展种子执法相关工作"。二是在植物新品种保护执法领域。根据《中华人民共和国植物新品种保护条例(2013修正)》第四十一条的规定,省级以上人民政府农业、林业行政部门依据各自的职权在查处品种权侵权案件和县级以上人民政府农业、林业行政部门依据各自的职权在查处假冒授权品种案件时,根据需要,可以封存或者扣押与案件有关的植物品种的繁殖材料,查阅、复制或者封存与案件有关的合同、账册及有关文件。《林业植物新品种保护行政执法办法》(林技发〔2015〕176号)第二十二条,对上述规定进行了进一步细化:林业行政主管部门依据职权在查处本办法第三条第一项、第二项案件,即"未经品种权人许可,以商业目的生产或者销售授权品种的繁殖材料"案件,以及"假冒授权品种"案件时,有权采取"查封、扣押有证据证明违法生产经营的植物品种繁殖材料,以及用于违法生产经营的工具、设备及运输工具等",以及"查封违法从事植物品种繁殖材料生产经营活动的场所"等措施。总之,只有在林木种子保护和林业植物新品种保护这两类行政执法中,林业主管部门才有权实施"扣押"这一行政强制措施。同样,即便受到林业主管部门的委托,森林公安机关也无权以林业主管部门的名义,在上述两类行政执法活动中,实施"扣押"这一行政强制措施。但是,在依据《行政处罚法》第十六条规定实施相对集中行政处罚权的地区,如果国务院或者经国务院授权的省、自治区、直辖市人民政府决定森林公安机关行使林业、草原、湿地、自然保护区等有关行政机关的行政处罚权,那么,森林公安机关当然可以取得与行政处罚权相关的行政强制措施权,并依法予以实施。

综上,本案的问题,不是有职权却未依法实施,而是根本没有职权却任意实施。在没有任何法律依据的情况下,独山县森林公安局任意行使"扣押"这一行政强制措施,违反"依法行政"的基本原则,属于超越职权,应当被认定为行政执法违法,而非行政执法瑕疵。

3. 判决书不宜引用已经废止的法律规范作为行政行为合法性的审查依据

判决书认定:"依据林业部《木材运输检查监督办法》第八条关于'使用过期木材运输证件运输木材,能够提供木材合法来源证明的,限期补办木材运输证件后放行;逾期未提供木

---

① 参见:《森林采伐更新管理办法》第二十二条 国营企业事业单位和集体所有制单位有下列行为之一,自检查之日起一个月内未予纠正的,发放林木采伐许可证的部门有权收缴林木采伐许可证,中止其采伐,直到纠正为止:
(一)未按规定清理伐区的;
(二)在采伐迹地上遗弃木材,每公顷超过半立方米的;
(三)对容易引起水土冲刷的集材主道,未采取防护措施的。

材运输证件和木材合法来源证明的,没收所运输的全部木材'和《贵州省木材经营管理办法》第十四条关于'运输木材的单位和个人,在运输途中因特殊原因致使运输证超期的,应当在超期后5日内持原木材运输证就近到县级以上人民政府林业行政主管部门换取有效木材运输证。超期后5日内未换取的,按照无证运输木材处理'的规定,原告运输木材的车辆发生故障,修车耽误运输时间,属法规认定的特殊原因,且有驾驶员的证人证言、修车行的证明材料、高速公路收费收据等证据佐证,足以认定原告运输木材车辆故障修理而耽误运输时间的事实。对于原告木材运输证过期问题,被告应当限期原告补办,被告直接处以没收的行为,违反法律规定。被告按无证运输处理本案木材,属认定事实错误和适用法律错误。"我们认为,判决书在法律依据的引用方面,存在一些问题。

一是司法判决不宜引用已经废止的法律规范,作为认定行政行为是否合法的依据。1990年11月1日,为保护森林资源,方便流通,维护木材经营的正常秩序,制止非法运输木材的行为,根据《中华人民共和国森林法》及其实施细则,林业部发布《木材运输检查监督办法》(林策发〔1990〕436号)。2004年4月11日,为适应我国加入世界贸易组织新形势和林业建设的需要,根据国务院行政审批制度改革的要求,并结合政府职能转变和推进依法行政等实际工作,国家林业局对原林业部、国家林业总局和国家林业局发布的部门规章和规范性文件进行了全面清理,依法作出《国家林业局关于废止部分部门规章和部分规范性文件的决定》(国家林业局令〔2004〕第10号)。其中,国家林业局决定废止的规范性文件共计341件,第131件就是"林策发〔1990〕436号"。本案违法行为发生在2014年1月,离"林策发〔1990〕436号"被废止已有10年之久。判决书为论证独山县森林公安局行政行为违法,引用了10年前就已废止的规范性文件,违背了《中华人民共和国行政诉讼法》(简称《行政诉讼法》)依法裁判的基本规则。其实,如果"林策发〔1990〕436号"仍然有效,法院根本无须再引用其他法律规范,即可轻松判定本案构成"属于法律法规错误"。因为,如果按照"林策发〔1990〕436号"来处理本案,那么,林业主管部门只有在当事人"逾期未提供木材运输证件和木材合法来源证明的"情况下,才能依法"没收所运输的全部木材"。而本案当事人随车携带的文件中,既有木材运输证,又有合法来源证明,林业主管部门仍然决定"没收所运输的全部木材",显然属于适用法律依据错误。

二是即便"林策发〔1990〕436号"仍然有效,在既有规章又有规范性文件作为具体行政行为直接依据的情形下,不应引用规范性文件,或者不宜将规范性文件作为首要依据。就本案情形而言,符合条件的法律规范有两个:"林策发〔1990〕436号"和《贵州省木材经营管理办法》[1]。前者是行政规范性文件,后者是省级人民政府规章。尽管,前者在全国范围内具有普遍的约束力,后者只是在贵州省行政区域内有普遍的法律效力。但是,前者不是《立法法》所承认的"法",后者是《立法法》承认的"法"。另外,根据《行政诉讼法》第六十三条关于"人民法院审理行政案件,以法律和行政法规、地方性法规为依据。地方性法规适用于本行政区域内发生的行政案件。人民法院审理民族自治地方的行政案件,并以该民族自治地方的自治条例和单行条例为依据。人民法院审理行政案件,参照规章"的规定,在审理行政案

---

[1] 参见:《贵州省木材经营管理办法》(2006年7月5日贵州省人民政府第42次常务会议通过 2006年8月7日公布 自2006年10月1日起施行)。

件时,规章也只是"参照"的地位,更不用说连"法"也不是的规范性文件了。因此,在既有规章作为直接依据,又有规范性文件作为直接依据的情况下,当然应当引用规章而不是规范性文件。当然,这并不是说,规范性文件在行政审判中不能引用,而是说,即便需要引用规范性文件,也应当在引用规章之后,将其作为补充性依据予以引用。

三是如果法院认为"林策发〔1990〕436号"合法、有效并合理、适当,那么,在认定被诉"独林罚决字(2014)第186号"林业行政处罚行为合法性时应承认其效力,并可以在裁判理由中对"林策发〔1990〕436号"是否合法、有效、合理或适当进行评述。在本案中,既然法院已经将"林策发〔1990〕436号"作为独山县森林公安局作出被诉行政处罚的直接依据之一,承认其效力,那么,根据《关于审理行政案件适用法律规范问题的座谈会纪要》(法〔2004〕96号)①有关"行政审判实践中,经常涉及有关部门为指导法律执行或者实施行政措施而作出的具体应用解释和制定的其他规范性文件,主要是:国务院部门以及省、市、自治区和较大的市的人民政府或其主管部门对于具体应用法律、法规或规章作出的解释;县级以上人民政府及其主管部门制定发布的具有普遍约束力的决定、命令或其他规范性文件。行政机关往往将这些具体应用解释和其他规范性文件作为具体行政行为的直接依据。这些具体应用解释和规范性文件不是正式的法律渊源,对人民法院不具有法律规范意义上的约束力。但是,人民法院经审查认为被诉具体行政行为依据的具体应用解释和其他规范性文件合法、有效并合理、适当的,在认定被诉具体行政行为合法性时应承认其效力;人民法院可以在裁判理由中对具体应用解释和其他规范性文件是否合法、有效、合理或适当进行评述"的规定,法院应当在裁判理由中对"林策发〔1990〕436号"是否合法、有效、合理或适当进行评述。如果法院照此办理,或许就不会出现引用废止的规范性文件这样的情形。

4. 关于森林公安机关的林业行政职权

判决书认定:"《中华人民共和国行政处罚法》第十八条和《林业行政处罚程序规定》第六条规定,被告的行政执法权系独山县林业局委托授权而取得,依据法律规定受委托组织在委托范围内,以委托行政机关名义实施行政处罚。本案独山县林业局关于'以受委托人名义对上述违法行为作出具体行政行为'的委托违反法律规定,且未将委托报上一级机关备案,存在瑕疵。"从整体上说,上述判断并无太大问题。只是,森林公安机关是公安机关的组成部分,不是林业主管部门的组成部分。只有在获得法律法规的授权,或者取得林业主管部门的行政委托,依法行使林业行政职权时,森林公安机关才可以视为林业主管部门的组成部分。换言之,林业行政职权并非森林公安机关固有的行政职权,而是法律授予的或者行政委托的行政职权。由此,司法机关只有弄清诸如以下问题:森林公安机关取得林业行政职权的依据和程序、职权的具体内容以及法律责任的承担方式等,才能更为准确地判断出森林公安机关是否具备以及具备哪些林业行政职权。

第一,森林公安机关取得林业行政职权的依据。根据现行法律的规定及行政法理,行政职权的来源主要有三种:一是源于自身,即来自行政机关本身。这种职权通常称之为固有职权。二是源于授权,即来自法律法规规章的授权。这种职权通常称之为授予职权。三是源

---

① 参见:最高人民法院关于印发《关于审理行政案件适用法律规范问题的座谈会纪要》的通知(2004年5月18日法〔2004〕96号)。

于委托，即来自行政机关的委托。这种职权通常称之为委托职权。需要强调的是，委托职权通常只是部分职权的委托，是建立在归属权和实施权分离的基础之上的。受委托的主体取得的只是行政职权的实施权力，并未取得其所实施的行政职权的归属权。也就是说，受委托的主体获得的身份只是行为主体，而非行政主体。与上述三种来源相对应，森林公安机关取得行政职权的依据也有三种：(1) 森林公安机关源于自身的职权，属于固有行政职权，是源于公安机关身份的行政职权，即公安行政职权，而不是林业行政职权。这种职权的依据主要包括：警察组织法和公安行政法律，如《中华人民共和国人民警察法》《公安机关组织管理条例》①《治安管理处罚法》《中华人民共和国人民警察使用警械和武器条例》等。(2) 森林公安机关源于授权的职权，属于授予行政职权，是源于法律法规规章的授予。这种职权的依据，主要是警察组织法和公安行政法律以外的法律，即林业行政组织法和林业法律规范，如《森林法》《中华人民共和国野生动物保护法》《森林防火条例》《种子法》等。(3) 森林公安机关源于委托的职权，属于委托行政职权，是源于行政机关的行政委托。这种职权的依据，主要是符合法定形式的行政委托文书，如林业行政处罚委托书。综上，森林公安机关取得行政职权的依据就是前文所述的第(1)项至第(3)项，取得林业行政职权的依据则是第(2)项和第(3)项。

第二，森林公安机关取得林业行政职权的内容。林业行政职权，是林业行政权的转化形式，是作为行政主体的林业主管部门拥有的、在特定区域实施林业行政管理活动的资格及其权能。具体包括：行政许可权、行政给付权、行政奖励权、行政确认权、行政裁决权、行政规划权、行政命令权、行政处罚权、行政强制权等。根据现行法，森林公安机关取得的林业行政职权，主要是林业行政处罚权。根据《行政强制法》第十七条第二款关于"依据《中华人民共和国行政处罚法》的规定行使相对集中行政处罚权的行政机关，可以实施法律、法规规定的与行政处罚权有关的行政强制措施"的规定，《森林法实施条例》第三十七条关于"经省、自治区、直辖市人民政府批准在林区设立的木材检查站，负责检查木材运输；无证运输木材的，木材检查站应当予以制止，可以暂扣无证运输的木材，并立即报请县级以上人民政府林业主管部门依法处理"的规定，以及《种子法》第五十条、《中华人民共和国植物新品种保护条例》第四十一条等的规定，这里的林业行政处罚权，不应当仅仅理解为单纯的行政处罚权，还应当包括与林业行政处罚权有关的行政强制措施权。森林公安机关取得的林业行政处罚权，具体包括两种类型：

一是授予的林业行政处罚权。根据《森林法》第二十条第一款关于"依照国家有关规定在林区设立的森林公安机关，负责维护辖区社会治安秩序，保护辖区内的森林资源，并可以依照本法规定，在国务院林业主管部门授权的范围内，代行本法第三十九条、第四十二条、第四十三条、第四十四条规定的行政处罚权"的规定，森林公安机关依法享有授予的林业行政处罚权。因为涉及的条文有4条，涉及的违法行为有6类，一般称之为"4条6类案件"。具体包括：盗伐林木，滥伐林木，非法收购盗伐、滥伐的林木，非法买卖林业证件、文件，非法开垦、采石等毁坏林木，以及非法砍柴、放牧毁坏林木。

---

① 《公安机关组织管理条例》(2006年11月1日国务院第154次常务会议通过 2006年11月13日公布 自2007年1月1日起施行)。

二是委托的林业行政处罚权。它是指森林公安机关受国务院林业主管部门和县级以上地方人民政府林业主管部门委托,对委托范围内的林业行政违法行为实施行政处罚的权力。(1)国务院林业主管部门委托的林业行政处罚权。根据《国家林业局关于森林公安机关办理林业行政案件有关问题的通知》(林安发〔2013〕206号)(以下简称"林安发〔2013〕206号")的规定,森林公安机关可以以其所属的林业主管部门(即委托机关)的名义,对授予的林业行政处罚权以外的林业行政违法行为实施行政处罚。因为委托的条文有7条,涉及12类林业行政违法行为,故一般称之为"7条12类案件"。具体包括:非法经营木材,非法采种、采脂等毁坏林木,非法开垦林地,未完成更新造林任务,非法改变林地用途,临时占用林地逾期不还,无木材运输证运输木材,不按照木材运输证运输木材,使用伪造、涂改的木材运输证运输木材,承运无木材运输证的木材,非法移动或毁坏林业服务标志,以及非法改变林种。(2)县级以上地方人民政府林业主管部门委托的林业行政处罚权。根据《行政处罚法》的规定,县级以上地方人民政府林业主管部门,可以依法委托森林公安机关实施行政处罚。可以委托的林业行政处罚权的范围包括:野生动物行政处罚,森林防火行政处罚,自然保护区行政处罚,野生植物行政处罚,野生药材行政处罚,林木种子行政处罚,防沙治沙行政处罚,以及其他林业行政处罚。

第三,森林公安机关取得林业行政职权的程序。(1)森林公安机关取得授予的林业行政处罚权,其法律根据在于法律法规的具体规定。只有依法制定并公布的法律法规,才能作为森林公安机关取得授予的行政职权的依据。可以说,授予的行政职权的获取程序就是法律法规的立法程序。(2)森林公安机关取得委托的林业行政处罚权,其法律依据在于依法制定的法律文书。根据《林业行政处罚程序规定》第六条第二款关于"林业行政主管部门依法委托实施林业行政处罚,必须办理书面委托手续,并由委托的林业行政主管部门报上一级林业行政主管部门备案"的规定,森林公安机关取得委托的林业行政处罚权的程序,至少包括两个环节:签署程序和备案程序。同时,当行政职权受到当事人质疑时,森林公安机关必须能够提供相应的证据,证明自身已经依法取得委托的林业行政处罚权。如正式签署的林业行政处罚委托书,呈报上一级林业主管部门备案的文书。换句话说,签署和备案两个程序缺一不可。否则,森林公安机关无法声称已经取得委托的林业行政处罚权。即便如此声称,复议机关或者人民法院也不会认定。

第四,实施授予或者委托的林业行政职权的责任。(1)根据"林安发〔2013〕206号"关于"森林公安局(分局)、森林警察(公安)大队办理《中华人民共和国森林法》第三十九条、第四十二条、第四十三条、第四十四条规定的林业行政案件,应以自己的名义受理、立案、调查、作出处罚决定。森林公安派出所应当以其归属的森林公安局(分局)、森林警察(公安)大队的名义办理林业行政案件"的规定,实施授予林业行政处罚权的森林公安机关,其行政行为的法律责任由自身承担。(2)根据《林业行政处罚程序规定》第六条关于"委托的林业行政主管部门对受委托的组织实施行政处罚的行为负责监督,并对该行为的后果承担法律责任。受委托组织在委托范围内,以委托的林业行政主管部门名义实施行政处罚,不得再委托其他组织或者个人实施行政处罚"的规定,受委托的森林公安机关,其行政行为的法律责任由委托的主体,即林业主管部门承担。

> 判决书

马××与独山县森林公安局林业行政处罚纠纷案

贵州省独山县人民法院
行政赔偿判决书

(2015)独行初字第 6 号

原告马××,男,1971 年 10 月 29 日生,汉族,湖南省新邵县人,个体工商户,住湖南省新邵县严塘镇。

委托代理人(特别授权)马×,贵州契正律师事务所律师。

被告独山县森林公安局,地址贵州省黔南州独山县国有林场内,组织机构代码30871130-0。

法定代表人杨×,男,该局局长。

委托代理人(特别授权)罗×,贵州灵泉律师事务所律师。

原告马××(以下简称原告)不服被告独山县森林公安局(以下简称被告)作出的独林罚决字(2014)第 186 号林业行政处罚决定,于 2015 年 1 月 29 日向本院提起行政诉讼,要求被告返还变卖被扣木材得款 91 000 元。本院于同日立案受理后,于同年 2 月 3 日向被告送达了诉状副本、应诉通知书、举证通知书。本院依法组成合议庭,于 2015 年 3 月 2 日公开开庭审理了本案。原告马××及其代理人马×,被告委托代理人罗×到庭参加诉讼。本案现已审理终结。

被告独山县森林公安局于 2014 年 11 月 24 日对原告作出独林罚决字(2014)第 186 号林业行政处罚决定书,认定原告 2014 年 10 月 24 日 20 时许因雇用云 M25078、云 M0585 挂持过期的云 000982684 号木材运输证从云南省福贡县运输山香果树瘤树兜(蔸)共计 47 个,欲运至广西桂林市出售,途经独山县麻尾镇时被查获,被告依据《中华人民共和国森林法实施条例》第四十四条第一款的规定,对原告处以没收无证运输的山香果树瘤 47 个的行政处罚。事后被告把 47 个山香果树瘤变卖得款 91 000 元。原告不服,在法定期限内向本院提起行政赔偿诉讼。

被告在举证期限内向本院提供如下证据:

1. 独山县森林公安局组织机构代码证、法人身份证明书及法定代表人身份证复印件。拟证明被告的主体资格适格。

2. 授权委托书一份。拟证明被告的执法资格系有权机关委托取得。

3. 林业行政执法证。拟证明被告办案人员具有执法资格。

4. 原告马××的询问笔录。拟证明车主明知运输证超期,被告办案人员依法告知了原告拟处罚的情况。

5. 李加×询问笔录。拟证明车主明知运输证超期,办案程序合法,办案人员已经履行了相关告知义务。

6. 李文×的询问笔录。拟证明驾驶员明知运输证超期,办案人员已经履行了相关告知义务。

7. 李加×、李文×的询问笔录。内容为:询问二人运输涉案木材的情况,二人均称因车辆故障导致运输证有效期超期。拟证明办案人员已经履行了相关告知义务。

8. 独林罚移字(2014)第186号案件移送书及移送案件涉案物品清单。内容为:独山县木材检查站于2014年10月24日受理了使用超期木材运输证一案。同日移交被告处理,移送云M25078、云M0585挂车和山香果树瘤47件。拟证明案件的来源。

9. 勘验、检查笔录。内容为:检查勘验被扣的山香果树瘤为47件。拟证明被告依法进行了勘验,办案的程序合法。

10. 独林罚登保字(2014)第186号先行登记保存证据通知书。内容为:将持有人为李加×的无证运输木材山香果树瘤45个先行登记保存在独山县麻尾宾馆停车场。拟证明被告的办案程序合法。

11. 独林罚暂扣决字(2014)第03号暂扣木材决定书及暂扣木材清单。内容为:暂扣李加×的山香果树瘤47个,暂扣时间为2014年10月31日15时起至2014年11月6日15时止,存放于独山县林业局麻尾检查站内。作出暂扣决定的为独山县木材检查站。拟证明被告依法对原告的木材进行暂扣,被告办案程序合法。

12. 独林罚意字(2014)第186号林业行政处罚意见书。内容为:案件的审查决定意见。拟证明被告办案程序合法。

13. 独林罚权告字(2014)第186号林业行政处罚先行告知书。内容为:因为原告无证运输木材,违反了《森林法》第三十七条的规定,依据《中华人民共和国森林法实施条例》第四十四条第一款的规定,拟给予没收无证运输的47个山香果树瘤的行政处罚。拟证明已先行告知了原告享有的权利。

14. 独林罚决字(2014)第186号林业行政处罚决定书及没收物品清单。内容为:2014年10月24日20时许因雇用云M25078、云M0585挂车持过期木材运输证云000982684从云南省福贡县运输山香果树瘤47个,欲运至广西壮族自治区桂林市出售,途经麻尾高速时被执法人员查获,根据《中华人民共和国森林法实施条例》第四十四条第一款的规定,决定处以没收无证运输的山香果树瘤47个的行政处罚。拟证明原告的违法事实存在及被告的处罚依据。

15. 林业行政处罚文书送达回证。内容为:受送达人为李加×,送达文书是先行登记保存通知书、暂扣木材决定书和暂扣木材清单,送达日期为2014年10月31日,李加×直接签收。拟证明被告已经履行了送达及告知义务。

16. 林业行政处罚文书送达回证。内容为:受送达人是原告马××,送达文书分别为独林先行告字(2014)第186号林业行政处罚先行告知书、独林罚书字(2014)第186号林业行政处罚决定书及没收清单。送达方式为邮寄,邮寄日期均为2014年12月8日,同时附国内挂号信函收据一张,寄达地为湖南,收件人姓名无,邮戳日期为2014年12月19日。另外,在送达回证上备注:11月23日我局民警戒增×电话告知当事人马××,我局对你使用过期木材运输证运输的山香果树瘤已作出没收决定,马××回答:因责任不在本人,叫驾驶员李加×前来(李加×至今未到)。12月8日我局民警戒增×电话告知马××,我局将于12月

15日公开变价处理没收的山香果树瘤,价格为每吨3 500元(此处打印为5 000元,用钢笔改为3 500元),告诉其可以优先购买,马××回答价格太高,不要了。同时送达回证上注明见证人为李加×。拟证明被告已履行了送达及告知义务。

17. 被告提供的通话记录。内容为:2014年11月22日20时32分04秒＊＊＊主叫为135×××××××××的通话时间为187秒。拟证明被告执法人员通过电话再次告知原告拟进行处罚的情况。

18. 贵州省政府非税收入一般缴款书。内容为:被告已于2014年12月19日将变卖扣押原告山香果树瘤得款91 000元存入被告的农行账户。拟证明被告变卖收益得款为91 000元。

19.《国家林业局关于超过木材运输证规定的时限运输木材应如何处理答复》《中华人民共和国森林法实施条例》第四十四条。拟证明被告作出的处罚决定适用法律正确。

20. 中华人民共和国海关进口货物报关单。内容为:原告的山香果树瘤系从缅甸购得。拟证明被扣押木材的来源。

21. 云000982684木材运输证。内容为:木材货主为福贡县南方木材有限公司,运输车辆为云M25078、云M0585挂,承运人为李文×,到达地点为广西壮族自治区桂林市市辖区,有效期从2014年10月13日至2014年10月20日。拟证明原告的运输证已超期。

22. 植物检疫证书。内容为:需要运输到广西壮族自治区桂林市的山香果树瘤经过调运检疫,未发现有害生物,可以调运,有效期为2014年10月13日至2014年10月20日。拟证明原告的检疫证已超期。

23. 2014年10月13日货物运输协议。内容为:收货人为马××,承运人为李文×,承运的货物为山香果树瘤45件25.48吨,从云南省福贡县运至广西壮族自治区桂林市。拟证明被扣物品由云南运往广西。

24. 云南省福贡县亚坪通道边贸木材准运证。内容为:起运地点为福贡县亚坪,交货地点为广西壮族自治区桂林市,有效期为2014年10月13日至2014年10月20日。拟证明被扣的木材是从缅甸进口。

25. 出入境检验检疫入境货物放行通知书。内容为:云M25078、云M0585挂车运输的25.48吨山香果树瘤经检验合格,予以放行。拟证明原告货物的来源。

原告诉称:原告在广西桂林从事根雕加工。2014年10月13日,原告在云南省怒江州福贡县购买了山香果树瘤45件(杂树根)共计25.48吨,并依法办理了边贸木材运输检尺单、边贸木材准运证、海关进口货物报关单、植物检疫证、完税证明及木材运输证之后,便委托卖方负责将原告所购得的木材承运至广西桂林。在运输过程中,承运车辆于2014年10月15日在云南大理永平县境内拉缸(发动机损坏),修理后于同月19日上路,行至云南曲靖后车辆又拉缸,遂叫原修理行送配件继续修理,二天后继续上路,2014年10月24日到独山麻尾时,被被告以无证运输为由查扣。原告认为,依据《贵州省木材经营管理办法》第14条规定:"运输木材的单位或个人,在运输途中特殊原因致使木材运输证超期的,应当在超期后的5日内持原木材运输证就近到县级以上人民政府林业行政主管部门换取有效木材运输证。超期后5日内换取的,按照无证运输木材处理。"原告的木材运输证的有效时间为2014年10月13日至2014年10月20日止,超期换证的最后一个工作日应为2014年10月25日止,而木材被被告扣押的时间为10月24日,离换证期限还差一天,被告就不应当扣押原告木材和所有运输木材手续原件(未出具扣押手续),同时原告木材在运输途中运输车辆发动机故障修理2次,耽误时间,应属《贵州省木材经营管理办法》规定的"特殊情形(原因)"。且被告在未告知原告的情况下就擅自将先行暂扣的木材变卖得款91 000元。为此,特提起诉讼,要求撤销被告作出的处罚决定,同时赔偿(返还)原告的木材款91 000元。

原告为支持自己的主张,在举证期限内向法庭提供如下证据:

1. 原告的身份证复印件。拟证明原告诉讼主体资格适格。

2. 福贡县南方木材有限公司边贸木材运输检尺单。内容为:山香果树瘤45个(不规则)25.48吨,检尺时间2014年10月13日。拟证明被扣木材来源合法。

3. 云南省福贡县亚坪通道边贸木材准运证。内容为:原告运输山香果树瘤准运证的有效期为2014年10月13日至2014年10月20日,地点为福贡亚坪,交货地点为广西桂林市。拟证明运输手续合法。

4. 云000982684木材运输证。内容为:运输车辆为云M25078、云M0585挂,承运人为李文×,到达地点为广西壮族自治区桂林市市辖区,有效期从2014年10月13日至2014年10月20日。拟证明运输手续合法。

5. 海关进口货物报关单。内容为:原告的山香果树瘤系从缅甸购得。拟证明原告的木材来源合法。

6. 出入境检验检疫入境货物放行通知书。内容为:云M25078、云M0585挂运输的25.48立方米的山香果树瘤经检验检疫合格。拟证明原告的木材来源合法。

7. 完税证明。拟证明原告的木材已按照规定纳税。

8. 货物运输协议书。内容为:收货人为马××,承运人为李文×,承运的货物为山香果树瘤45件25.48吨,从云南省福贡县运至桂林市。拟证明原告购得木材后,由李文×负责运输。

9. 运输车辆修车证明、修理材料清单。内容为:大理市金鹏汽车维修行于2014年11月15日出具的云M25078车于2014年10月15日到19日在永平、曲靖两处维修过,修车时间7天的证明,以及修理车辆材料的费用为18 900元整。拟证明因车子故障,修车而耽误时间,致使原告的木材运输证超期,属特殊原因。

10. 云M25078号的4份高速公路收费发票。拟证明车辆的运输时间。

11. 独林罚决字(2014)第186号林业行政处罚决定书及没收物品清单。内容为:2014年10月24日20时许因雇用云M25078号、云M0585号挂持过期木材运输证云000982684从云南省福贡县运输山香果树瘤47个,欲运至广西桂林市出售,途经独山县麻尾高速时被被告执法人员查获,根据《中华人民共和国森林法实施条例》第四十四条第一款的规定,决定处以没收无证运输的山香果树瘤47个的行政处罚。拟证明被告无处罚权。

12. 独林罚权告字(2014)第186号林业行政处罚先行告知书。内容为:依法先行将没收无证运输的47个山香果树瘤的处罚告知原告。拟证明被告未先行告知原告所享有的申辩权、陈述权和要求听证的权利。

13. 独林罚登保字(2014)第186号先行登记保存证据通知书。内容为:将持有人为李加×的无证运输木材山香果树瘤45个先行登记保存在独山县麻尾宾馆停车场。拟证明被告扣押原告的木材后未及时作出处罚决定。

14. 独林罚暂扣决字(2014)第 03 号暂扣木材决定书及暂扣木材清单。内容为:暂扣木材持有人为李加×的山香果树瘤 47 个,自 2014 年 10 月 31 日 15 时起至 2014 年 11 月 6 日 15 时止,存放于独山县林业局麻尾检查站内,作出决定的是独山县木材检查站。拟证明被告的决定违反法律规定。

原告代理人提出的代理意见是:1. 原告所运输的木材来源清楚,手续齐全、合法。2. 被告剥夺原告的知情权,程序严重违法,认定事实有严重瑕疵。3. 被告处置暂扣的木材实体和程序均无法律依据,其行政行为已超出行政执政执法权限,该行政行为严重违法,故要求撤销被告作出的独林罚决字(2014)第 186 号林业行政处罚决定并返还变卖原告木材得款 91 000 元。

被告辩称:被告作出的处罚决定事实清楚,证据确凿,行政处罚程序合法,适用法律法规正确,请求人民法院依法驳回原告的诉讼请求。

被告代理人提出的代理意见是:1. 被告对原告的处罚程序合法;2. 处罚决定事实清楚,证据确凿,适用法律正确,内容适当;3. 原告提供的"特殊原因"的证据不足。

经庭审举证、质证,原告对被告所举的 1 号证据无异议;2 号证据的真实性无异议,但对内容有异议,认为被告无执行权;对 3 号证据无异议;对 4、5、6、7 号证据有异议,认为被告并未尽到告知义务且驾驶员不是本案当事人;对 8、9、10 号证据无异议;对 11、12 号证据有异议,认为已保存的证据被告已变卖;对 13 号证据无异议;对 14 号证据有异议,认为并未告知原告;对 15 号证据有异议,认为超出法定的处理时间,违反法定程序;对 16 号证据有异议,认为在办案期限上违反法律规定,超期送达且程序违法;对 17 号证据有异议,认为与本案无关联性;对 18 号证据有异议,认为不应该以个人的名义缴款;对 19 号证据有异议,认为该规定不适用于本案;对 20、21、22、23、24、25 号证据无异议。

被告对原告提供的证据 1、2、3、4、5、6、7、8、10、11、12、13、14 号证据均无异议;对 9 号证据有异议。

经庭审举证、质证,本院对上述证据做如下确认:

1. 独山县森林公安局组织机构代码证、法人身份证明书及法定代表人身份证复印件。原告无异议,本院予以采信。

2. 被告提交的授权委托书。内容为:独山县林业局授权被告对违反《森林法》的行为代为执法。包括代为立案、调查、取证,同时以被告的名义作出具体行政行为。本院认为,依据《中华人民共和国行政处罚法》第十八条规定:"受委托组织在委托范围内,以委托行政机关名义实施行政处罚"和《林业行政处罚程序规定》第六条规定:"受委托组织在委托范围内,以委托的林业行政主管部门名义实施行政处罚。林业行政主管部门依法委托实施林业行政处罚,必须办理书面委托手续,并由委托的林业行政主管部门报上一级林业行政主管部门备案。"本委托书未备案,程序违法且授权被告以自己的名义实施行政处罚,显然违反法律规定,对被告的证明目的,本院不予采信。

3. 戎增×、莫先×、禹云×、高继×林业行政执法证。原告无异议,本院予以采信。

4. 原告马××的询问笔录。内容为:询问原告涉案木材运输与被查获的情况,同时告知原告的行为违法,已受到相应的处罚。被告拟证明已告知原告,本院认为,被告的告知不符合《中华人民共和国行政处罚法》的相关规定,且笔录无告知权利的内容。本院不予采信。

5. 李加×询问笔录。内容为:询问车主李加×涉案木材运输及被查获的情况。李加×只是驾驶员,不是车主,但与本案有关联性,本院予以采信。

6. 李文×的询问笔录。内容为:询问驾驶员李文×涉案木材的运输及被查获的情况。与本案有关联性,本院予以采信。

7. 李加×、李文×的询问笔录。内容为:询问二人运输涉案木材的情况,二人均称因车辆故障导致运输证有效期超期。被告拟证明办案人员已经履行了相关告知义务。本院认为,李加×的询问笔录无任何告知内容,李文×的告知内容为:"你无证运输木材已违反《森林法》的相关规定,我们将按照有关规定对你进行相应的处罚,你知道吗?"显然被告的这一告知无任何告知内容,同时李文×、李加×不是被处罚人,对被告的证明目的,本院不予采信。

8. 独林罚移字(2014)第186号案件移送书及移送案件涉案物品清单。内容为:独山县木材检查站于2014年10月24日受理了使用超期木材运输证一案。同日移交被告处理,移送云M25078、云M0585挂车和山香果树瘤47件。原告对此无异议,本院认为是被告办案的内部程序,与本案有关联性,本院予以采信。

9. 勘验、检查笔录。内容为:检查勘验被扣的山香果树瘤的结果,共扣押山香果树瘤47件。原告予以认可,本院予以采信。

10. 独林罚登保字(2014)第186号先行登记保存证据通知书。内容为:将持有人为李加×的无证运输木材山香果树瘤45个先行登记保存在独山县麻尾宾馆停车场。与本案有关联性,本院予以采信。

11. 独山县木材检查站作出的独林罚暂扣决字(2014)第03号暂扣木材决定书及暂扣木材清单及送达回证。内容为:因违反《贵州省木材经营管理办法》第十四条规定,暂扣李加×的山香果树瘤47个,暂扣时间为2014年10月31日15时起至2014年11月6日15时止,存放于独山县林业局麻尾检查站内。本院认为,被告办案人员已查明木材所有人不是李加×,仍在暂扣决定书上认定木材持有人为李加×显然错误。同时,独山县木材检查站已于2014年10月24日把案件移交独山县森林公安局处理,但在7天以后,仍继续作出暂扣决定,显然程序错误,故本院对被告的证明目的不予采信。

12. 独林罚意字(2014)第186号林业行政处罚意见书。内容为:案件的审查决定意见。是被告的内部审批程序,本院予以采信。

13. 独林罚权告字(2014)第186号林业行政处罚先行告知书。内容为:因为原告无证运输木材,违反了《森林法》第三十七条的规定,依据《中华人民共和国森林法实施条例》第四十四条第一款的规定,拟给予没收无证运输的47个山香果树瘤的行政处罚。本院认为,从被告提供的送达回证反映,被告到2014年12月19日才连同处罚决定书一起邮寄给原告,说明被告并未告知原告。同时,告知书的内容仅为原告享有陈述、申辩的权利,未告知原告有听证的权利,显然不妥,故本院不予采信。

14. 独林罚决字(2014)第186号林业行政处罚决定书及没收物品清单及送达回证。内容为:2014年10月24日20时许因雇用云M25078、云M0585挂车持过期木材运输证云000982684从云南省福贡县运输山香果树瘤47个,欲运至广西壮族自治区桂林市出售,途经麻尾高速时被执法人员查获,根据《中华人民共和国森林法实施条例》第四十四条第一款的规定,决定处以没收无证运输的山香果树瘤47个的行政处罚。送达方式为邮寄,邮寄日期均为2014年12月8日,同时附国内挂号信函收据一张,寄达地为湖南,收件人姓名无,邮戳日期为2014年12月19日。另外,在送达回证上备注:11月23日我局民警戒×电话告知当事人马××,我局对你使用过期木材运输证运输的山香果树瘤已作出没收决定,马××回答:因责任不在本人,叫驾驶员李加×前来(李加×至今未到)。12月8日我局民警戒×电话告知马××,我局将于12月15日公开变价处理没收的山香果树瘤,价格为每吨3 500元(此处打印为5 000元,用钢笔改为3 500元),告诉其可以优先购买,马××回答价格太高,不要了,见证人为李加×。本院认为,被告在作出处罚决定后,应依法在7日内送达给被处罚人,而被告送达回证上打印送达方式为邮寄,送达时间为2014-12-8,附国内挂号信函收据的邮戳时间为2014年12月19日,原告是否收到不得而知(庭审中原告承认2014年12月26日收到),被告的送达时间显然违反法律规定。同时,被告的送达回证反映被告于2014年12月15日处理原告的木材,说明被告未寄出"先行告知书"和"处罚决定书"就把暂扣原告的木材处理,程序严重违法。另外被告在送达回证上载明见证人为李加×,而又在送达回证上说明李加×至今未到,前后矛盾。故对被告的证明目的,本院不予采信。

15. 被告提供的通话记录。内容为:2014年11月22日20时32分04秒＊＊＊＊主叫为135××××××××的通话时间为187秒。本院认为,通话记录不能证明被告已告知原告的权利,本院不予采信。

16. 贵州省政府非税收入一般缴款书。内容为:被告把变卖扣押原告山香果树瘤得款91 000元于2014年12月19日存入被告农行账户。说明被告未送达处罚决定书就变卖涉案物品,程序严重违法,对于这一违法事实本院予以采信。

17. 被告提供的《国家林业局关于超过木材运输证规定的时限运输木材应如何处理答复》《中华人民共和国森林法实施条例》第四十四条。本院认为,被告适用的法律法规错误。

18. 中华人民共和国海关进口货物报关单。内容为:原告的山香果树瘤系从缅甸购得。说明原告木材来源合法,本院予以采信。

19. 云000982684木材运输证。内容为:木材货主为福贡县南方木材有限公司,运输车辆为云M25078、云M0585挂,承运人为李文×,到达地点为广西壮族自治区桂林市市辖区,有效期从2014年10月13日至2014年10月20日。说明运输手续合法,但原告运输证已超期,本院予以采信。

20. 植物检疫证书。内容为:需要运输到广西壮族自治区桂林市的山香果树瘤经过调运检疫,未发现有害生物,可以调运,有效期为2014年10月13日至2014年10月20日。说明原告运输的木材经过检疫,本院予以采信。

21. 货物运输协议。内容为:收货人为马××,承运人为李文×,承运的货物为山香果树瘤45件25.48吨,从云南省福贡县运至广西壮族自治区桂林市。能说明原告货物的运输过程,本院予以采信。

22. 云南省福贡县亚坪通道边贸木材准运证。内容为:起运地点为福贡县亚坪,交货地点为广西壮族自治区桂林市,有效期为2014年10月13日至2014年10月20日。说明原告木材的来源和运输情况,本院予以采信。

23. 出入境检验检疫入境货物放行通知书。内容为:云M25078、云M0585挂车运输的

25.48 吨山香果树瘤经检验合格,予以放行。说明原告木材的来源和检疫情况,本院予以采信。

24. 原告的身份证复印件。被告无异议,本院予以认定。

25. 福贡县南方木材有限公司边贸木材运输检尺单。内容为:山香果树瘤 45 个(不规则)25.48 吨,检尺时间 2014 年 10 月 13 日。能说明原告木材的来源及数量,本院予以采信。

27. 完税证明。证明原告购买的木材,已按规定纳税,本院予以采信。

28. 运输车辆修车证明、修理材料清单。内容为:大理市金鹏汽车维修行于 2014 年 11 月 15 日出具的云 M25078 车于 2014 年 10 月 15 日到 19 日在永平、曲靖两处维修过,修车时间 7 天的证明,以及修理车辆材料的费用为 18 900 元整。能说明因修车耽误了运输时间,与本案有关联性,本院予以采信。

29. 云 M25078 的 4 份高速公路收费发票。说明原告木材的运输情况,本院予以认定。

经审理查明:2014 年 10 月 13 日,原告马××在云南省福贡县购买山香果树瘤(杂树根)45 件 25.48 吨,办理边贸木材运输检尺单、海关进口货物报关单、边贸木材准运证、出入境检疫入境货物放行通知单,并交纳各种税费,同时依法办理了植物检疫证和木材运输证(木材运输证的有效期为 2014 年 10 月 13 日至 2014 年 10 月 20 日)。事后,原告委托驾驶员为李加×、李文×驾驶云 M25078 号、云 M0585 号挂车进行承运。2014 年 10 月 15 日,车辆行驶至云南省大理州永平县境内时,车辆发动机损坏,修理至 2014 年 10 月 19 日继续行驶,车辆继续行驶至云南省曲靖市电厂后,车辆发动机再次损坏,继续修理两天。2014 年 10 月 24 日,车辆行驶至贵州省独山县麻尾新寨收费站时,被独山县公安毒品检查站民警查获,毒品检查站随即将案件移交给独山县木材检查站处理,独山县木材检查站于同日将案件及扣押的木材和车辆一并移送给被告独山县森林公安局处理。被告受案后,扣押了原告的完税证明和云南省福贡县亚坪通道边贸木材准运证、边贸木材运输检尺单、植物检疫证书、木材运输证等手续原件,没有出据(具)扣押手续,并作出先行登记保存单,将原告运输的山香果树瘤 45 件作为证据保存于独山县麻尾宾馆停车场内(保存时间为七天)。2014 年 10 月 31 日,独山县木材检查站作出独林罚暂扣决字(2014)第 03 号暂扣木材决定书,认定原告运输的 47 件山香果树瘤违反《贵州省木材经营管理办法》第十四条的规定,决定暂扣七天。2014 年 11 月 1 日,被告作出独林罚权告字(2014)第 186 号林业行政处罚先行告知书,11 月 24 日作出独林罚决字(2014)第 186 号林业行政处罚决定书,决定没收原告无证运输的 47 件山香果树瘤。2014 年 12 月 19 日,被告通过国内挂号信函将先行告知书、处罚决定书、没收物品清单一并邮寄给原告。庭审中,原告认可 2014 年 12 月 26 日收到先行告知书和处罚决定书后对处罚决定不服,在法定期限内向本院提起行政诉讼。

另查明:原告运输的山香果树瘤为不规则的树根,在云南上车时为 45 件,运输到独山部分一分为二,清点为 47 件。同时查明,被告在本案中无强制执行权,在处罚决定书未送达给原告的情况下,未经评估和公开拍卖,即于 2014 年 12 月 15 日将扣押涉案的 47 件山香果树瘤变卖得款 91 000 元。

本院认为:《中华人民共和国行政处罚法》第十八条和《林业行政处罚程序规定》第六条规定,被告的行政执法权系独山县林业局委托授权而取得,依据法律规定受委托组织在委托范围内,以委托行政机关名义实施行政处罚。本案独山县林业局关于"以受委托人名义对上述违法行为作出具体行政行为"的委托违反法律规定,且未将委托报上一级机关备案,存在瑕疵。独山县木材检查站2014年10月24日将案件移交给被告处理后,又作出暂扣决定,违反法律规定,属程序瑕疵。被告在未告知原告权利的情况下作出处罚决定属程序违法。被告在原告未收到处罚决定书,处罚决定书未发生法律效力的情况下变卖暂扣原告的木材,违反法律规定,属行政违法。法律、法规未授予被告强制执行权,被告变卖原告木材的行为属越权执法。被告扣押原告的完税证明、云南省福贡县亚坪通道边贸木材准运证、边贸木材运输检尺单、植物检疫证书和木材运输证等手续原件,未出据(具)扣押手续的行为,属行政执法瑕疵。被告作出的林业行政处罚先行告知书、林业行政处罚决定书,依法应在作出后七日内送达原告,被告在2014年12月19日才通过邮政信函送达,违反法律规定,侵害了原告的合法权益,属行政违法。依据林业部《木材运输检查监督办法》第八条关于"使用过期木材运输证件运输木材,能够提供木材合法来源证明的,限期补办木材运输证件后放行;逾期未提供木材运输证件和木材合法来源证明的,没收所运输的全部木材"和《贵州省木材经营管理办法》第十四条关于"运输木材的单位和个人,在运输途中因特殊原因致使运输证超期的,应当在超期后5日内持原木材运输证就近到县级以上人民政府林业行政主管部门换取有效木材运输证。超期后5日内未换取的,按照无证运输木材处理"的规定,原告运输木材的车辆发生故障,修车耽误运输时间,属法规认定的特殊原因,且有驾驶员的证人证言、修车行的证明材料、高速公路收费收据等证据佐证,足以认定原告运输木材车辆故障修理而耽误运输时间的事实。对于原告木材运输证过期问题,被告应当限期原告补办,被告直接处以没收的行为,违反法律规定。被告按无证运输处理本案木材,属认定事实错误和适用法律错误。原告代理人关于"1. 原告所运输的木材来源清楚,手续齐全、合法。2. 被告剥夺原告的知情权,程序严重违法,认定事实有严重瑕疵。3. 被告处置暂扣的木材实体和程序均无法律依据,其行政行为已超出行政执政执法权限,该行政行为严重违法,故要求撤销被告作出的独林罚决字(2014)第186号林业行政处罚决定"的代理意见与本案客观事实相符,本院予以采纳。被告代理人关于"1. 被告对原告的处罚程序合法;2. 处罚决定事实清楚,证据确凿,适用法律正确,内容适当;3. 原告提供的'特殊原因'的证据不足"的代理意见与本案客观事实相悖,本院不予采纳。本案被告主体不适格,作出的行政处罚决定认定事实错误,程序违法,应予撤销(撤销决定的诉讼另案处理)。被告在无执行权的情况下未经评估、未经公开拍卖,擅自变卖扣押的木材所得款应当退还原告。依据《中华人民共和国国家赔偿法》第四条第一款第(一)项和第九条的规定,判决如下:

被告独山县森林公安局于判决生效后十日内返还变卖木材得款人民币91 000元给原告马××。

如不服本判决,可在判决书送达之日起十五日内提起上诉,向本院递交上诉状,并按对方当事人的人数递交上诉状副本,上诉于贵州省黔南布依族苗族自治州中级人民法院。

审 判 长 彭德荣
审 判 员 莫兴阳
人民陪审员 陆桂军

二○一五年四月十三日

书 记 员 陆盛姗

> **法律依据**

《中华人民共和国森林法》①

第三十七条 从林区运出木材,必须持有林业主管部门发给的运输证件,国家统一调拨的木材除外。

依法取得采伐许可证后,按照许可证的规定采伐的木材,从林区运出时,林业主管部门应当发给运输证件。

经省、自治区、直辖市人民政府批准,可以在林区设立木材检查站,负责检查木材运输。对未取得运输证件或者物资主管部门发给的调拨通知书运输木材的,木材检查站有权制止。

《中华人民共和国森林法实施条例》②

第四十四条 无木材运输证运输木材的,由县级以上人民政府林业主管部门没收非法运输的木材,对货主可以并处非法运输木材价款30%以下的罚款。

运输的木材数量超出木材运输证所准运的运输数量的,由县级以上人民政府林业主管部门没收超出部分的木材;运输的木材树种、材种、规格与木材运输证规定不符又无正当理由的,没收其不相符部分的木材。

使用伪造、涂改的木材运输证运输木材的,由县级以上人民政府林业主管部门没收非法运输的木材,并处没收木材价款10%至50%的罚款。

承运无木材运输证的木材的,由县级以上人民政府林业主管部门没收运费,并处运费1倍至3倍的罚款。

《木材运输检查监督办法》③

第五条 无木材运输证件运输木材的,责令货主限期补办木材运输证件;逾期不补办又无正当理由的,没收所运输的全部木材,并可处以相当于没收木材价款的10(10%)—30%的罚款。

以伪装等方式逃避木材检查站检查的,没收非法运输的木材,并对行为人处以相当于没收木材价款的10(10%)—50%的罚款。

第八条 使用过期木材运输证件运输木材,能够提供木材合法来源证明的,限期补办木材运输证件后放行;逾期未提供木材运输证件和木材合法来源证明的,没收所运输的全部木材。

《贵州省木材经营管理办法》④

第十四条 运输木材的单位和个人,在运输途中因特殊原因致使木材运输证超期的,应

---

① 《中华人民共和国森林法》(1984年9月20日第六届全国人民代表大会常务委员会第七次会议通过 根据1998年4月29日第九届全国人民代表大会常务委员会第二次会议《关于修改〈中华人民共和国森林法〉的决定》第一次修正 根据2009年8月27日第十一届全国人民代表大会常务委员会第十次会议《关于修改部分法律的决定》第二次修正)。

② 《中华人民共和国森林法实施条例》(2000年1月29日中华人民共和国国务院令278号发布 自发布之日起施行 根据2011年1月8日《国务院关于废止和修改部分行政法规的决定》修订)。

③ 《木材运输检查监督办法》(1990年11月1日林业部发布 自1990年11月1日起施行)(已失效)。

④ 《贵州省木材经营管理办法》(2006年7月5日贵州省人民政府第42次常务会议通过 自2006年10月1日起施行)。

当在超期后 5 日内持原木材运输证,就近到县级以上人民政府林业行政主管部门换取有效木材运输证。超期后 5 日内未换取的,按照无证运输木材处理。

《中华人民共和国行政处罚法》(2009 年第一次修正)

第十八条　行政机关依照法律、法规或者规章的规定,可以在其法定权限内委托符合本法第十九条规定条件的组织实施行政处罚。行政机关不得委托其他组织或者个人实施行政处罚。

委托行政机关对受委托的组织实施行政处罚的行为应当负责监督,并对该行为的后果承担法律责任。

受委托组织在委托范围内,以委托行政机关名义实施行政处罚;不得再委托其他任何组织或者个人实施行政处罚。

《林业行政处罚程序规定》[①]

第六条　实施林业行政处罚的机关,必须是县级以上林业行政主管部门,法律、法规授权的组织以及林业行政主管部门依法委托的组织。其他任何机关和组织,不得实施林业行政处罚。

林业行政主管部门依法委托实施林业行政处罚,必须办理书面委托手续,并由委托的林业行政主管部门报上一级林业行政主管部门备案。委托的林业行政主管部门对受委托的组织实施行政处罚的行为负责监督,并对该行为的后果承担法律责任。

受委托组织在委托范围内,以委托的林业行政主管部门名义实施行政处罚;不得再委托其他组织或者个人实施行政处罚。

《中华人民共和国国家赔偿法》(2012 年第二次修正)

第四条　行政机关及其工作人员在行使行政职权时有下列侵犯财产权情形之一的,受害人有取得赔偿的权利:

(一)违法实施罚款、吊销许可证和执照、责令停产停业、没收财物等行政处罚的;

(二)违法对财产采取查封、扣押、冻结等行政强制措施的;

(三)违法征收、征用财产的;

(四)造成财产损害的其他违法行为。

第九条　赔偿义务机关有本法第三条、第四条规定情形之一的,应当给予赔偿。

赔偿请求人要求赔偿,应当先向赔偿义务机关提出,也可以在申请行政复议或者提起行政诉讼时一并提出。

---

① 《林业行政处罚程序规定》(1996 年 9 月 27 日中华人民共和国林业部令第 8 号发布　自 1996 年 10 月 1 日起施行)。

三、在罚款的法定数额之上作出行政处罚的,属于超越职权
——邓玉某与兴隆县森林公安局治安行政处罚纠纷案

▶ 基本信息

行 政 相 对 人：邓玉某
被诉行政主体：兴隆县森林公安局
一　审　法　院：兴隆县人民法院
一　审　结　果：兴隆县森林公安局部分败诉、部分胜诉
二　审　法　院：承德市中级人民法院
二　审　结　果：维持一审判决

▶ 基本案情

邓玉某、孙桂某两家因山场有争议,孙桂某于2013年6月下旬把邓玉某栽植在本村九组后沟的三株板栗树锯毁,经农艺师及兴隆县价格认证中心鉴定,三株被毁板栗树价值505元。被告认为,孙桂某的行为违反了《中华人民共和国治安管理处罚法》第四十九条的规定,决定给予孙桂某行政拘留六日,并处罚款陆佰元的处罚。原告认为,被告依据违法作出的价格鉴定评估报告进行处罚违反法律,据此,诉请法院依法撤销被告2013年8月6日作出的兴森公(治)行罚字(2013)第3003号公安行政处罚决定。在审理过程中,被告兴隆县森林公安局以对孙桂某并处陆佰元罚款不适当为由,于2013年11月14日,作出兴森公(治)行撤罚字(2013)第3001号撤销行政处罚决定,决定撤销其于2013年8月6日作出的兴森公(治)行罚字(2013)第3003号公安行政处罚决定中对孙桂某并处陆佰元罚款的处罚内容。但原告表示不撤诉。

被告委托同级人民政府所属的价格认证机构对涉案财物的价格进行认证,符合公安机关办理行政案件程序规定,该认证机构有权作出价格认证。被告对认证结论有权依规定决定是否进行重新认证,认证结论可以作为处理案件的依据。被告认定第三人故意损毁公私财物的事实清楚,证据充分,对第三人作出行政拘留六日的处罚符合法律规定,程序合法,依法应予维持。根据《中华人民共和国治安管理处罚法》第四十九条的规定,本案罚款额度应为五百元以下,而被告对第三人作出并处罚款陆佰元属超越法定职权,其具体行政行为依法应予撤销。但因该被诉具体行政行为已被被告主动撤销,故应确认该具体行政行为违法。依据《中华人民共和国行政诉讼法》第五十四条第一项、第二项第4目、《最高人民法院关于执行〈中华人民共和国行政诉讼法〉若干问题的解释》第五十条第三款的规定,判决维持被告兴隆县森林公安局2013年8月6日作出的兴森公(治)行罚字(2013)第3003号公安行政处罚中对孙桂某行政拘留六日的处罚;确认被告兴隆县森林公安局2013年8月6日作出的兴

森公(治)行罚字(2013)第 3003 号公安行政处罚决定中对孙桂某并处陆佰元罚款的处罚违法。

> **双方主张**

邓玉某诉称：

1. 证据无效。一审判决认定被上诉人提供的证据有效是错误的。因为被毁树木人为的被少计量了 5 公分(厘米)，这 5 公分(厘米)的市场价值应当在 600 元左右。

2. 鉴定报告虚假。被上诉人指派陆某某作价格鉴定，属无资质人的鉴定。兴隆县价格认证中心的评估报告依据陆某某的鉴定书违背了价格定义，鉴定报告应是采用公开市场价格赔偿标准确定的客观合理市场价格。因此，此评估报告应当认定为虚假鉴定。

兴隆县森林公安局辩称：

1. 我局根据上诉人报案后第二天上午由上诉人带领到现场勘查，核实了三棵栗树的树地径，上诉人认可并在勘查笔录上签字。

2. 我局委托县林业局高级农艺师陆某某对被毁栗树的损失产量进行测算；为确定其价值，我局委托兴隆县价格认证中心对被毁三株栗树进行鉴定，并以此作为处罚原审第三人的证据符合相关规定。

3. 根据《公安机关办理行政案件程序规定》第八十二条，我局对上诉人的重新申请鉴定作出书面不予重新鉴定决定，程序是正确的，上诉人的主张无法律依据。

4. 我局纠正自己错误的具体行政行为符合《公安机关内部执法监督工作规定》第十三条、第十七条、第十九条规定。

> **争议焦点**

被诉行政主体提供的证据是否有效，价格鉴定评估报告是否真实。

> **法院判决**

承德市中级人民法院经审理认为：

上诉人现场确认并签字认可了被毁三株栗树的树地径，被上诉人依法委托兴隆县人民政府所属价格鉴定中心对涉案的三株栗树所作的兴价证行字(2013)117 号价格鉴定符合公安机关办理行政案件程序规定，应作为被上诉人处罚原审第三人的依据。

上诉人认为"公安机关现场勘查时没有毁树人在现场属于程序违法"；对自己签字认可的现场勘查笔录不予认可，据此申请对被毁三株栗树重新鉴定的理由无任何法律依据和有效证据支持。被上诉人驳回其重新鉴定申请于法有据。本院对上诉人以上述同样理由要求重新鉴定的申请不予支持。

被上诉人依据当事人确认的案件事实，对原审第三人作出行政拘留六日的处罚适用法律正确，程序合法，依法应予维持。

根据《中华人民共和国治安管理处罚法》第四十九条的规定，被上诉人对原审第三人作出"并处罚款陆佰元"的行政处罚决定属超越法定职权，其具体行政行为依法应予撤销。但因该被诉具体行政行为已被被上诉人主动撤销，一审判决确认该具体行政行为违法正确。

> **执法点评**

1. 森林公安机关有权作出不予重新鉴定的决定

首先,对三株板栗树进行价格鉴证,体现了执法者对自身权力的警觉和约束。根据判决书提供的有限信息,可以推断出,本案中可能存在争议的问题,主要是被毁坏的三株板栗树的价值。根据《公安机关办理行政案件程序规定》第七十七条关于"涉案物品价值不明或者难以确定的,公安机关应当委托价格鉴证机构估价。根据当事人提供的购买发票等票据能够认定价值的涉案物品,或者价值明显不够刑事立案标准的涉案物品,公安机关可以不进行价格鉴证"的规定,面对本案,执法机关可以有两种选择:一是委托价格鉴证机构估价;二是不进行价格鉴证(故意毁坏财物案的刑事立案标准是5 000元,三株板栗树的价值明显不够刑事立案标准)。在可以选择"不进行价格鉴证"的情况下,兴隆县森林公安局仍然选择委托价格鉴证机构,对涉案三株板栗树的价值进行估价,体现了执法者对自身权力的警觉和约束。

其次,应当聘请而不是"委托县林业局高级农艺师陆某某对被毁栗树的损失产量进行测算"。根据《公安机关办理行政案件程序规定》第七十二条关于"为了查明案情,需要对专门性技术问题进行鉴定的,应当指派或者聘请具有专门知识的人员进行。需要聘请本公安机关以外的人进行鉴定的,应当经公安机关办案部门负责人批准后,制作鉴定聘请书"的规定,指派只适用于本单位具有专门知识的人,聘请则适用于本公安机关以外的人。而陆某某是兴隆县林业局的人,不是兴隆县森林公安局的人。因此,在对被毁栗树的损失产量进行测算时,兴隆县森林公安局只能依法聘请陆某某,而不能指派陆某某,更不能委托陆某某。在这个问题上,兴隆县森林公安局的做法,显然与法不合。当然,如果该案是林业行政案件,根据《林业行政处罚程序规定》第三十条第一款关于"为解决林业行政处罚案件中某些专门性问题,林业行政主管部门可以指派或者聘请有专门知识的人进行鉴定"的规定,如果以县林业局的名义实施处罚,兴隆县森林公安局对陆某某只能是指派而不是聘请;如果是以自己的名义实施处罚,兴隆县森林公安局对陆某某只能是聘请而不是指派。

再次,执法鉴定和司法鉴定,是两种不同的鉴定,受制于不同的法律规范。上诉人宣称"被上诉人指派陆某某作价格鉴定,属无资质人的鉴定",显然是将两种鉴定混为一谈了。执法鉴定,是指在执法活动中有专门知识的人对执法涉及的专门性问题进行鉴别和判断并提供鉴定意见的活动。《全国人民代表大会常务委员会关于司法鉴定管理问题的决定》[①]第一条的规定:"司法鉴定是指在诉讼活动中鉴定人运用科学技术或者专门知识对诉讼涉及的专门性问题进行鉴别和判断并提供鉴定意见的活动。"两种鉴定截然不同。本案的鉴定属于执法鉴定,应当受《公安机关办理行政案件程序规定》的约束,而不受《全国人民代表大会常务委员会关于司法鉴定管理问题的决定》的规范。

最后,作为被侵害人的邓玉某有提出重新鉴定的申请权,兴隆县森林公安局有依法作出

---

① 参见:《全国人民代表大会常务委员会关于司法鉴定管理问题的决定(2015年修正)》(2005年2月28日第十届全国人民代表大会常务委员会第十四次会议通过 根据2015年4月24日第十二届全国人民代表大会常务委员会第十四次会议全国人民代表大会常务委员会《关于修改〈中华人民共和国义务教育法〉等五部法律的决定》修正)。

不予重新鉴定的决定权。一则,根据《公安机关办理行政案件程序规定》第八十一条关于"对经审查作为证据使用的鉴定意见,公安机关应当在收到鉴定意见之日起五日内将鉴定意见复印件送达违法嫌疑人和被侵害人",以及"违法嫌疑人或者被侵害人对鉴定意见有异议的,可以在收到鉴定意见复印件之日起三日内提出重新鉴定的申请,经县级以上公安机关批准后,进行重新鉴定"的规定,作为被侵害人的邓玉某在法定期限内,对涉案板栗树价值的鉴定意见,有提出重新鉴定的申请权。二则,根据《公安机关办理行政案件程序规定》第八十二条关于"具有下列情形之一的,应当进行重新鉴定:(一)鉴定程序违法或者违反相关专业技术要求,可能影响鉴定意见正确性的;(二)鉴定机构、鉴定人不具备鉴定资质和条件的;(三)鉴定意见明显依据不足的;(四)鉴定人故意作虚假鉴定的;(五)鉴定人应当回避而没有回避的;(六)检材虚假或者被损坏的;(七)其他应当重新鉴定的。不符合前款规定情形的,经县级以上公安机关负责人批准,作出不准予重新鉴定的决定,并在作出决定之日起的三日以内书面通知申请人"的规定,如果确认涉案板栗树的价值鉴定意见,不符合前述应予重新鉴定的任一情形,那么,在呈请兴隆县森林公安局负责人批准后,应当依法作出不准予重新鉴定的决定,并在作出决定之日起的三日以内书面通知邓玉某。如果确认涉案板栗树的价值鉴定意见,符合前述应予重新鉴定的任一情形,经兴隆县森林公安局批准后,应当重新鉴定。值得赘述的是,根据《公安机关办理行政案件程序规定》第八十一条、第八十三条和第八十四条的规定,即便违法嫌疑人和被侵害人都不提出申请,公安机关认为必要时,也可以直接决定重新鉴定。同一行政案件的同一事项重新鉴定以一次为限。重新鉴定,公安机关应当另行指派或者聘请鉴定人。鉴定费用由公安机关承担,但当事人自行鉴定的除外。当事人是否申请重新鉴定,不影响案件的正常办理。

2. 本案是否可以进行"治安调解"

邓玉某、孙桂某两家因山场有争议,孙桂某于2013年6月下旬把邓玉某栽植在本村九组后沟的三株板栗树锯毁,涉嫌构成违反治安管理行为——故意损毁财物。根据《公安机关办理行政案件程序规定》第一百五十三条关于"对于因民间纠纷引起的殴打他人、故意伤害、侮辱、诽谤、诬告陷害、故意损毁财物、干扰他人正常生活、侵犯隐私、非法侵入住宅等违反治安管理行为,情节较轻,且具有下列情形之一的,可以调解处理:(一)亲友、邻里、同事、在校学生之间因琐事发生纠纷引起的;(二)行为人的侵害行为系由被侵害人事前的过错行为引起的;(三)其他适用调解处理更易化解矛盾的"的规定,该案可以调解处理。但是,如果符合第一百五十四条规定的任一情形,该案则不适用调解处理:"(一)雇凶伤害他人的;(二)结伙斗殴或者其他寻衅滋事的;(三)多次实施违反治安管理行为的;(四)当事人明确表示不愿意调解处理的;(五)当事人在治安调解过程中又针对对方实施违反治安管理行为的;(六)调解过程中,违法嫌疑人逃跑的;(七)其他不宜调解处理的。"由此,我们可以看出,在排除其他六种不宜调解的情形后,本案能否进行治安调解的关键在于:当事人是否明确表示不愿意调解处理。根据判决书提供的信息,我们无法得知,就本案可以进行治安调解一事,兴隆县森林公安局是否征求了双方的意见,更无法得知,当事人是否明确表示不愿意接受调解处理。我们只是希望,在办理治安案件的过程中,对符合治安调解条件的案件,执法者可以尽量尝试用调解的方式结案。但是,这既不意味着,执法者可以不顾当事人反对而强行调解;也不意味着,执法者借口当事人同意调解而久调不决。

> 司法点评

1. 有执法人员和被侵害人签名的现场勘验笔录，在形式上是否合乎法律规定

判决书指出："上诉人认为'公安机关现场勘查时没有毁树人在现场属于程序违法'；对自己签字认可的现场勘查笔录不予认可，据此申请对被毁三株栗树重新鉴定的理由无任何法律依据和有效证据支持。被上诉人驳回其重新鉴定申请于法有据。本院对上诉人以上述同样理由要求重新鉴定的申请不予支持。"我们认为，上诉人关于现场勘查的程序违法的观点，是有法律依据的。

首先，澄清一个法律概念。无论是办理刑事案件，还是查处行政案件，对现场实施的调查措施及其记录，都有一个法定的称谓，即"勘验检查""勘验检查笔录"。而判决书中使用的词汇却是"现场勘查""现场勘查笔录"，与现行法律的表述并不吻合。

其次，根据《公安机关办理行政案件程序规定》第六十七条关于"对于违法行为案发现场，必要时应当进行勘验，提取与案件有关的证据材料，判断案件性质，确定调查方向和范围。现场勘验参照刑事案件现场勘验的有关规定执行"的规定，兴隆县森林公安局应当按照《公安机关刑事案件现场勘验检查规则》（以下简称"公通字〔2015〕第31号"）①的有关规定，对案发现场实施现场勘验。关于现场勘验，兴隆县森林公安局的表述是："我局根据上诉人报案后第二天上午由上诉人带领到现场勘查，核实了三棵栗树的树地径，上诉人认可并在勘查笔录上签字。"而根据"公通字〔2015〕第31号"第二十四条关于"公安机关对刑事案件现场进行勘验、检查不得少于二人。勘验、检查现场时，应当邀请一至二名与案件无关的公民作见证人。由于客观原因无法由符合条件的人员担任见证人的，应当在笔录材料中注明情况，并对相关活动进行录像。勘验、检查现场，应当拍摄现场照片，绘制现场图，制作笔录，由参加勘查的人和见证人签名。对重大案件的现场，应当录像"的规定，兴隆县森林公安局实施现场勘验时，依法既不应当邀请本案的当事人，即违法嫌疑人孙桂某作见证人，也不应当邀请本案的被侵害人，即邓玉某作见证人，而应当邀请与案件无关的公民作为见证人。因为无论是孙桂某还是邓玉某，都不仅与案件有关，而且与案件的处理结果有直接的利害关系，完全不符合担任见证人的资格条件。就此而言，本案的现场勘验笔录在形式上并不符合现行法律的规定。

最后，我们推测，本案的现场勘验笔录之所以出现问题，或许是办案人员受林政案件办案程序影响的结果。毕竟，森林公安机关办理的行政案件中，绝大多数是林政案件，极少量的案件是治安案件。在林政和治安案件的办案程序上搞混淆的可能性很大。如果本案是林政案件，根据《林业行政处罚程序规定》第二十九条关于"林业行政执法人员对与违法行为有关的场所、物品可以进行勘验、检查。必要时，可以指派或者聘请具有专门知识的人进行勘验、检查，并可以邀请与案件无关的见证人和有关的当事人参加。当事人拒绝参加的，不影响勘验、检查的进行。勘验、检查应当制作《林业行政处罚勘验、检查笔录》，由参加勘验、检查的人和被邀请的见证人、有关的当事人签名或者盖章"的规定，在对毁林

---

① 参见：公安部关于印发《公安机关刑事案件现场勘验检查规则》和现场勘验笔录式样的通知（2015修订）（公通字〔2015〕第31号）。

现场实施勘验时,兴隆县森林公安局对是否邀请及邀请何人参加现场勘验,有法定的自由裁量权,既可以不邀请任何人,也可以只邀请与案件无关的见证人,或者只邀请与案件有关的当事人,还可以同时邀请与案件无关的见证人和有关的当事人。因此,在审查林政案件的证据时,对只有林业执法人员签名而无见证人、当事人签名的勘验检查笔录,法院不应当将其认定为程序违法或者程序瑕疵,而应当认定其符合法定形式,具备证据的合法性要求。

▶ 立法建议

1. 关于现场勘验条款的修改意见

建议修改完善《公安机关办理行政案件程序规定》中有关现场勘验的规定。第六十七条规定:"对于违法行为案发现场,必要时应当进行勘验,提取与案件有关的证据材料,判断案件性质,确定调查方向和范围。现场勘验参照刑事案件现场勘验的有关规定执行。"尽管,"公通字〔2015〕第 31 号"对刑事案件的现场勘验作了相当详尽的规定。但是,我们认为,行政案件毕竟不同于刑事案件,办理行政案件的程序自然也不同于侦查刑事案件的程序,行政案件现场勘验的要求当然也应当区别于刑事案件现场勘验的要求。将两者完全等量齐观,既不可能也无必要。因此,我们建议,保留《公安机关办理行政案件程序规定》第六十七条第一款,删除第二款。改造"公通字〔2015〕第 31 号"第二十四条[①]:保留第一款,将第二款中的第一个"应当"改为"可以",将第三款中的"绘制现场图"一词删除,增加"情节复杂"。然后,将修改后的《公安机关办理行政案件程序规定》第六十七条和"公通字〔2015〕第 31 号"第二十四条合二为一。建议条款的内容如下:

第××条 对于违法行为案发现场,必要时应当进行勘验、检查,提取与案件有关的证据材料,判断案件性质,确定调查方向和范围。

公安机关对行政案件现场进行勘验、检查不得少于二人。

勘验、检查现场时,可以邀请一至二名与案件无关的公民作见证人。由于客观原因无法由符合条件的人员担任见证人的,应当在笔录材料中注明情况,并对相关活动进行录像。

勘验、检查现场,应当拍摄现场照片,制作笔录,由参加勘查的人和见证人签名。对情节复杂或者重大案件的现场,应当录像。

[①] "公通字〔2015〕第 31 号"第二十四条 公安机关对刑事案件现场进行勘验、检查不得少于二人。

勘验、检查现场时,应当邀请一至二名与案件无关的公民作见证人。由于客观原因无法由符合条件的人员担任见证人的,应当在笔录材料中注明情况,并对相关活动进行录像。

勘验、检查现场,应当拍摄现场照片,绘制现场图,制作笔录,由参加勘查的人和见证人签名。对重大案件的现场,应当录像。

> 判决书

邓玉某与兴隆县森林公安局治安行政处罚纠纷案

河北省承德市中级人民法院
行政判决书

(2014)承行终字第00028号

上诉人(原审原告)邓玉某。

委托代理人邓某,与上诉人系兄妹关系。

被上诉人(原审被告)兴隆县森林公安局。

法定代表人刘景某。

委托代理人王志某。

委托代理人刘富某。

原审第三人孙桂某。

委托代理人贾玉某,系孙桂某女婿。

邓玉某诉兴隆县森林公安局治安行政处罚一案,邓玉某不服兴隆县人民法院(2013)兴行初字第30号行政判决,于2013年12月1日向本院提起上诉。本院依法组成合议庭,于2013年12月17日下午公开开庭审理了本案。上诉人及其委托代理人,被上诉人的委托代理人,原审委(第)三人的委托代理人到庭参加了诉讼,本案现已审理终结。

一审判决认定的事实:邓玉某、孙桂某两家因山场有争议,孙桂某于2013年6月下旬把邓玉某栽植在本村九组后沟的三株板栗树锯毁,经农艺师及兴隆县价格认证中心鉴定,三株被毁板栗树价值505元。被告认为,孙桂某的行为违反了《中华人民共和国治安管理处罚法》第四十九条的规定,决定给予孙桂某行政拘留六日,并处罚款陆佰元的处罚。原告认为,被告依据违法作出的价格鉴定评估报告进行处罚违反法律,据此,诉请法院依法撤销被告2013年8月6日作出的兴森公(治)行罚字(2013)第3003号公安行政处罚决定。在审理过程中,被告兴隆县森林公安局以对孙桂某并处陆佰元罚款不适当为由,于2013年11月14日,作出兴森公(治)行撤罚字(2013)第3001号撤销行政处罚决定,决定撤销其于2013年8月6日作出的兴森公(治)行罚字(2013)第3003号公安行政处罚决定中对孙桂某并处陆佰元罚款的处罚内容。但原告表示不撤诉。

一审判决认为:被告委托同级人民政府所属的价格认证机构对涉案财物的价格进行认证,符合公安机关办理行政案件程序规定,该认证机构有权作出价格认证。被告对认证结论有权依规定决定是否进行重新认证,认证结论可以作为处理案件的依据。被告认定第三人故意损毁公私财物的事实清楚,证据充分,对第三人作出行政拘留六日的处罚符合法律规定,程序合法,依法应予维持。根据《中华人民共和国治安管理处罚法》第四十九条的规定,本案罚款额度应为五百元以下,而被告对第三人作出并处罚款陆佰元属超越法定职权,其具体行政行为依法应予撤销。但因该被诉具体行政行为已被被告主动撤销,故应确认该具体行政行为违法。依据《中华人民共和国行政诉讼法》第五十四条第一项、第二项第4目、《最高人民法院关于执行〈中华人民共和国行政诉讼法〉若干问题的解释》第五十条第三款的规定,判决维持被告兴隆县森林公安局2013年8月6日作出的兴森公(治)行罚字(2013)第3003号公安行政处罚中对孙桂某行政拘留六日的处罚;确认被告兴隆县森林公安局2013年8月6日作出的兴森公(治)行罚字(2013)第3003号公安行政处罚决定中对孙桂某并处陆佰元罚款的处罚违法。

上诉人上诉称:第一,一审判决认定被上诉人提供的证据有效是错误的。因为被毁树木人为的被少计量了5公分(厘米),这5公分(厘米)的市场价值应当在600元左右。第二,被上诉人指派陆某某作价格鉴定,属无资质人的鉴定。兴隆县价格认证中心的评估报告依据陆某某的鉴定书违背了价格定义,鉴定报告应是采用公开市场价格赔偿标准确定的客观合理市场价格。因此,此评估报告应当认定为虚假鉴定。上诉人请求重新鉴定。第三,一审判决对被上诉人作出撤销对原审第三人陆佰元罚款的判决是错误的,因为它不属于本案审理范围。综上,请求二审法院支持上诉人的上诉请求。

被上诉人答辩称:第一,我局根据上诉人报案后第二天上午由上诉人带领到现场勘察(查),核实了三棵栗树的树地径,上诉人认可并在勘察(查)笔录上签字。第二,我局委托县林业局高级农艺师陆某某对被毁栗树的损失产量进行测算;为确定其价值,我局委托兴隆县价格认证中心对被毁三棵栗树进行鉴定,并以此作为处罚原审第三人的证据符合相关规定。第三,根据《公安机关办理行政案件程序规定》第八十二条,我局对上诉人的重新申请鉴定作出书面不予重新鉴定决定,程序是正确的,上诉人的主张无法律依据。第四,我局纠正自己错误的具体行政行为符合《公安机关内部执法监督工作规定》第十三条、第十七条、第十九条规定。一审判决认定事实清楚,适用法律正确,请求二审予以维持。

原审第三人没有发表参诉意见。

上诉人在一审提交的证据有:1.张某某(系原告之夫)的林地使用执照,拟证明案发地的权属系原告家;2.陆某某所作的鉴定书,拟证明陆某某不具备鉴定的资质,被告依据没有鉴定资质的鉴定人所作的鉴定结论是违法无效的;3.兴隆县森林公安局不准予重新鉴定通知书,拟证明被告办案程序违法;4.邓玉某的重新鉴定申请书,拟证明原告是针对陆某某所作的鉴定书申请的重新鉴定,当时被告并未向原告送达物价局鉴定中心的鉴定书,原告提出重新鉴定后,被告才委托物价局进行鉴定的。

被上诉人在一审提交的证据有:1.价格鉴定结论书,拟证明第三人毁损的板栗树的价值;2.价格认证中心资质证明,拟证明价格认证中心具备鉴定资格;3.鉴定人资质证书,拟证明鉴定人具备价格鉴证资质;4.现场勘验笔录及照片,拟证明现场树木状况及毁坏情况;5.被告对邓玉某的询问笔录,拟证明原告报案经过和树木被毁情况及被毁数量;6.被告对孙桂某的询问笔录,拟证明邓玉某家的板栗树系孙桂某锯毁。

原审第三人在一审未提交证据。

上述证据随卷移送至本院,经庭审质证、认证,本院对证据的确认与一审判决对证据的确认相同。

根据上述确认的合法有效证据,本院认定事实与一审判决认定事实无异。

本院认为:上诉人现场确认并签字认可了被毁三株栗树的树地径,被上诉人依法委托兴隆县人民政府所属价格鉴定中心对涉案的三株栗树所作的兴价证行字(2013)117号价格鉴定符合公安机关办理行政案件程序规定,应作为被上诉人处罚原审第三人的依据。

上诉人认为"公安机关现场勘察(查)时没有毁树人在现场属于程序违法";对自己签字认可的现场勘察(查)笔录不予认可,据此申请对被毁三株栗树重新鉴定的理由无任何法律依据和有效证据支持。被上诉人驳回其重新鉴定申请于法有据。本院对上诉人以上述同样理由要求重新鉴定的申请不予支持。

被上诉人依据当事人确认的案件事实,对原审第三人作出行政拘留六日的处罚适用法律正确,程序合法,依法应予维持。

根据《中华人民共和国治安管理处罚法》第四十九条的规定,被上诉人对原审第三人作出"并处罚款陆佰元"的行政处罚决定属超越法定职权,其具体行政行为依法应予撤销。但因该被诉具体行政行为已被被上诉人主动撤销,一审判决确认该具体行政行为违法正确。

综上,一审判决认定事实清楚,适用法律正确,程序合法,二审应予维持。上诉人的上诉理由无法律依据和证据支持,根据《中华人民共和国行政诉讼法》第六十一条第(一)项之规定,判决如下:

驳回上诉,维持原判。

二审案件诉讼费50元由上诉人承担。

本判决为终审判决。

审　判　长　刘松平
审　判　员　李　奇
代理审判员　祁春梅
二〇一四年一月七日
书　记　员　孙媛媛

> 法律依据

《最高人民法院关于执行〈中华人民共和国行政诉讼法〉若干问题的解释》①

第五十条　被告在一审期间改变被诉具体行政行为的,应当书面告知人民法院。

原告或者第三人对改变后的行为不服提起诉讼的,人民法院应当就改变后的具体行政行为进行审理。

被告改变原具体行政行为,原告不撤诉,人民法院经审查认为原具体行政行为违法的,应当作出确认其违法的判决;认为原具体行政行为合法的,应当判决驳回原告的诉讼请求。

原告起诉被告不作为,在诉讼中被告作出具体行政行为,原告不撤诉的,参照上述规定处理。

---

① 《最高人民法院关于执行〈中华人民共和国行政诉讼法〉若干问题的解释》(1999年11月24日由最高人民法院审判委员会第1088次会议通过　自2000年3月10日起施行　法释〔2000〕8号)。

《公安机关办理行政案件程序规定》①

第八十二条　具有下列情形之一的,应当进行重新鉴定:

(一)鉴定程序违法或者违反相关专业技术要求,可能影响鉴定意见正确性的;

(二)鉴定机构、鉴定人不具备鉴定资质和条件的;

(三)鉴定意见明显依据不足的;

(四)鉴定人故意作虚假鉴定的;

(五)鉴定人应当回避而没有回避的;

(六)检材虚假或者被损坏的;

(七)其他应当重新鉴定的。

不符合前款规定情形的,经县级以上公安机关负责人批准,作出不准予重新鉴定的决定,并在作出决定之日起的三日以内书面通知申请人。

《公安机关内部执法监督工作规定》②

第十三条　在执法监督过程中,发现本级或者下级公安机关已经办结的案件或者执法活动确有错误、不适当的,主管部门报经主管领导批准后,直接作出纠正的决定,或者责成有关部门或者下级公安机关在规定的时限内依法予以纠正。

第十七条　各级公安机关法制部门是内部执法监督工作的主管部门,在本级公安机关的领导下,负责组织、实施、协调和指导执法监督工作。

第十九条　对公安机关及其人民警察不合法、不适当的执法活动,分别作出如下处理:

(一)对错误的处理或者决定予以撤销或者变更;

(二)对拒不履行法定职责的,责令其在规定的时限内履行法定职责;

(三)对拒不执行上级公安机关决定和命令的有关人员,可以停止执行职务;

(四)公安机关及其人民警察违法行使职权已经给公民、法人和其他组织造成损害,需要给予国家赔偿的,应当依照《中华人民共和国国家赔偿法》的规定予以国家赔偿;

(五)公安机关人民警察在执法活动中因故意或者过失,造成执法过错的,按照《公安机关人民警察执法过错责任追究规定》追究执法过错责任。

---

① 《公安机关办理行政案件程序规定》(2012年12月3日公安部部长办公会议通过　自2013年1月1日起施行)。

② 《公安机关内部执法监督工作规定》(1999年6月11日公安部令第40号发布　根据2014年6月29日中华人民共和国公安部令第132号公布　自公布之日起施行《公安部关于修改部分部门规章的决定》修正)。

四、森林公安机关有权以委托的林业主管部门名义实施行政处罚
——周××与米易县林业局林业行政处罚纠纷上诉案

> **基本信息**

行 政 相 对 人：周××
被诉行政主体：米易县林业局
一 审 法 院：米易县人民法院
一 审 结 果：米易县林业局胜诉
二 审 法 院：攀枝花市中级人民法院
二 审 结 果：米易县林业局胜诉

> **基本案情**

2015年1月至4月，周××在无木材经营许可证的情况下，雇请沈××运输大板到米易县销售，周××出油钱，另给沈××300元每天的报酬。2015年3月下旬，周××在西昌陆林木材加工厂购买了铁杉原木加工成大板，由沈××用货车运输到米易县境内。在米易县云盘山紫胶林场，周××以2 100元的价格卖给韩×芝、韩×洪各2盒、蔺德×1盒；在米易县丙谷镇新安村麦地冲社以2 600元每盒的价格卖给杨凤×2盒；在丙谷镇老街以3 280元每盒的价格卖给张远×2盒。2015年4月1日，周××再次在西昌购买木材并加工成大板运输至米易县境内销售。在米易县白马镇回龙村吕家堡社以2 200元每盒的价格卖给吕照×、罗世×各2盒、王加×1盒；在白马镇小街以3 600元的价格卖给刘友×3盒（差3块底方，处罚时折算成2盒）。2015年4月1日，周××在米易县境内销售大板时被米易县林业局查获，被暂扣尚未售出大板5块（板方材积0.509 6立方米），2015年6月23日米易县林业局向周××送达了《林业行政处罚先行告知书》和《林业行政处罚听证权利告知书》。2015年7月6日，米易县林业局根据《中华人民共和国森林法实施条例》第四十条的规定，作出《林业行政处罚决定书》[米林罚决字(2015)15号]，没收周××违法所得36 806元、没收非法经营的铁杉大板5块（板方材积0.509 6立方米），并处罚款36 860元。周××不服，诉至法院要求撤销该行政处罚决定。被原审法院判决驳回后，周××提起上诉。

> **双方主张**

周××上诉称：
1. 认定事实错误。上诉人周××与沈××是合伙关系而不是运输合同关系，周××的行为是为相关人员代购木材而非销售，事情发生在米易县相关农户家中而非林区，相关证人未出庭作证不能核对证言真实性，上诉人周××听证时申辩后受到被上诉人米易县林业局

加重处罚。

2. 程序违法。被告米易县林业局在执法过程中"打白条",米易县森林公安局在本案进行的相关执法行为主体不适格,取证人员无执法证件。

3. 适用法律错误。《四川省林业厅关于我省国有林区和集体林区划分的通知》不是认定林区的法律标准,而是国有林和集体林的区分标准。

4. 执法主体不合法。不能以国家林业局《关于森林公安机关办理林业行政案件有关问题的通知》认定本案存在的委托执法关系合法,因为《中华人民共和国行政处罚法》第十八条第一款规定:"行政机关依照法律、法规或者规章的规定,可以在其法定权限内委托符合本法第十九条规定条件的组织实施行政处罚。"但本案中,国家林业局《关于森林公安机关办理林业行政案件有关问题的通知》并非法律、法规或者规章,因此被上诉人委托米易县森林公安部门实施行政处罚的行为违法。

米易县林业局辩称:

1. 上诉人周××称其是为米易县部分农户代购木材的辩解与事实不符,本案棺木购买人的证言能够证实;

2. 上诉人称其销售木材的区域不属于林区的辩解与法律规定不符,被上诉人米易县林业局一审提交法院的规范性文件能够证实米易县整个行政区域都属于林区;

3. 上诉人认为被上诉人提供的证人证言不是事实的主张缺乏依据;

4. 被上诉人米易县林业局扣押上诉人的2万元现金并非处罚而是对上诉人违法所得的扣押,处罚决定生效后已缴存国库;

5. 被上诉人对上诉人的罚款数额由16 200元增加至36 860元并非是对上诉人要求听证而加重处罚,而是因为发现其更多的违法事实而做出的处罚金额变更;

6. 米易县森林公安局可以其归属的米易县林业局名义受理、查处林业行政案件,对外法律文书上加盖米易县林业局印章是符合法律规定的;

7. 被上诉人的执法人员拥有执法资格,并且被上诉人在对上诉人调查、取证、告知权利义务等处理程序合法。

▶ **争议焦点**

本案的争议焦点为米易县林业局是否具备处罚主体资格,其处罚决定事实是否清楚,程序是否合法,适用法律是否正确。

▶ **法院判决**

攀枝花市中级人民法院经审理认为:

根据《中华人民共和国森林法实施条例》第四十条之规定,米易县林业局具有对违法在所辖林区经营木材行为的处罚权。根据本案查明的事实,上诉人周××在未取得木材经营许可证情况下,在米易县云盘山紫胶林场、丙谷镇、白马镇等林区销售木材,米易县林业局对其进行查处是合法的。关于上诉人周××称其经营木材的地点并非林区的上诉意见,与《四川省林业厅关于我省国有林区和集体林区划分的通知》(川林政(86)231号)规定和我市林区现状不符,该上诉理由不能成立。关于上诉人周××称其仅是为相关农户代购木材的上诉理由。被上诉人米易县林业局提供的证人证言等证据,能够证明上诉人周××是在违法销售木材,上诉人周××的该上诉理由不能成立,本院不予支持。关于上诉人周××称被上诉人米易县林业局在没有国家法律、法规、规章规定的情况下授权米易县森林公安局进行行政处罚违反了《中华人民共和国行政处罚法》第十八条之规定的上诉理由。本院认为,上述法律条款是关于行政机关外部委托处罚的规定,而米易县森林公安局受米易县林业局领导,其委托执法系内部委托,并没有违反该法律的规定。关于上诉人周××认为其和沈××是合伙关系而不是运输合同关系的上诉理由。因无证据证实,本院不予采信。关于上诉人周××认为被上诉人的执法人员当场收缴罚款,并打"白条"违法的上诉理由。本院认为该程序虽然存在瑕疵,但不影响被上诉人米易县林业局对其作出行政处罚行为的合法性。

▶ 执法点评

1. 本案执法过程中可能存在的违法和错误

根据判决书提供的信息,我们推测,本案可能存在一些违法和错误,没有被人民法院所发觉。当然,因为信息不全,结论可能有误。但是,无论上述推测和结论是否成立,执法者均可秉持"有则改之无则加勉"的态度,不断提升执法水平和执法质量。

首先,一审判决认定,2015年4月1日,周××在米易县境内销售大板时被米易县林业局查获,被暂扣尚未售出大板5块(板方材积0.509 6立方米)。而根据《森林法实施条例》第三十七条关于"经省、自治区、直辖市人民政府批准在林区设立的木材检查站,负责检查木材运输;无证运输木材的,木材检查站应当予以制止,可以暂扣无证运输的木材,并立即报请县级以上人民政府林业主管部门依法处理"的规定,有权暂扣木材的主体只能是木材检查站,而不可能是林业主管部门。从《中华人民共和国行政强制法》(简称《行政强制法》)角度看,林业行政强制措施权——暂扣木材权的法定主体是木材检查站,而不是林业主管部门。换句话说,在没有行政强制措施权的情况下,米易县林业局对涉案木材实施暂扣,属于超越职权。

其次,一审法院认定,2015年6月23日米易县林业局向周××送达了《林业行政处罚先行告知书》和《林业行政处罚听证权利告知书》。而《行政处罚法》《林业行政处罚程序规定》要求,行政机关及其执法人员应当先行送达听证权利告知书,在听证结束并依法审核(即作出行政处罚建议书)以后,再向当事人送达行政处罚先行告知书。因此,米易县林业局的上述送达行为,属于违反法定程序,人民法院应当判决撤销被诉的行政处罚决定。

再次,周××上诉称,听证时申辩后受到被上诉人米易县林业局加重处罚。被上诉人米易县林业局答辩称,对上诉人的罚款数额由16 200元增加至36 860元并非是对上诉人要求听证而加重处罚,而是因为发现其更多的违法事实而做出的处罚金额变更。而根据《林业行政处罚程序规定》第三十八条,听证结束后,米易县林业局依照本规定第三十一条,作出决定。即林业行政处罚案件经调查事实清楚、证据确凿的,应当填写《林业行政处罚意见书》,并连同《林业行政处罚登记表》和证据等有关材料,由林业行政执法人员送法制工作机构提出初步意见后,再交由本行政主管部门负责人审查决定。情节复杂或者重大违法行为需要给予较重行政处罚的,林业行政主管部门的负责人应当集体讨论决定。可以看出,米易县林业局仅在这一环节,就至少存在三点违法:一是没有依法制作行政处罚意见书。经过听证,本案的事实发生了变化,出现了新的违法事实;处罚数额发生重大变化,比原来的处罚数额高出 20 660 元。米易县林业局在听证后,依法应当制作却没有制作第二份《林业行政处罚意见书》。二是没有依法向周××进行行政处罚先行告知。没有将处罚事实(特别是新的违法事实和处罚数额)、依据和理由,以及陈述或者申辩的权利,向周××进行先行告知,没有依法送达《林业行政处罚先行告知书》。三是没有依法进行集体讨论。本案属于《行政处罚法》第三十八条第二款和《林业行政处罚程序规定》第三十一条第二款规定的"情节复杂或者重大违法行为需要给予较重行政处罚的"法定情形,依法"林业行政主管部门的负责人应当集体讨论决定"。但本案历经两审,始终没有看到涉及集体讨论及其记录的证据的任何表述。

最后,周××上诉称,米易县森林公安局在本案进行的相关执法行为主体不适格,取证人员无执法证件。米易县林业局辩称,被上诉人的执法人员拥有执法资格,并且被上诉人在对上诉人调查、取证、告知权利义务等处理程序合法。关于林业行政执法证件,国家林业局制定了专门规章予以规范,其他的林业规章及法律中也有多处提及。《林业行政执法证件管理办法》(1997 年 1 月 6 日林业部令第 12 号发布)第三条规定:"县级以上林业行政主管部门,法律、法规授权的组织以及林业行政主管部门依法委托的组织的林业行政执法人员,在林业行政执法活动中,应当持有并按规定出示《林业行政执法证》。林业行政执法人员是指县级以上林业行政主管部门,法律、法规授权的组织以及林业行政主管部门依法委托的组织中,按照业务分工,具有林业行政执法职能机构的执法工作人员和分管的行政负责人。陆生野生动物和野生植物行政主管部门可以在法定权限内委托符合法定条件的组织实施行政处罚。"第四条规定:"《林业行政执法证》是从事林业行政执法活动的统一有效证件,由林业部统一制定。实行统一管理,分级发放的原则,按统一格式,分别标明林业行政执法的执法范围和种类。"第九条规定:"《林业行政执法证》实行一人一证制度。持证人员必须按照证件中规定的执法范围和种类从事林业行政执法活动,不得转借他人。"第十条规定:"《林业行政执法证》实行每二年审查注册制度,持证人员所在机关应当根据发证机关的要求,将证件报送注册。经审查不合格的林业行政执法人员,发证机关不予注册,取消林业行政执法资格并及时收回证件。"《林业行政处罚程序规定》第十四条规定:"林业行政执法人员调查处理林业行政处罚案件时,应当向当事人或者有关人员出示执法证件。执法证件由林业部统一制发,省级以上林业行政主管部门法制工作机构负责执法证件的发放和管理工作。"《行政处罚法》第三十七条规定:"行政机关在调查或者进行检查时,执法人员不得少于两人,并应当向当事人或者有关人员出示证件。"由此可见,林业行政执法证件不仅是执法人员是否具备执法资格的有效证明,而且是执法人员在执法过程中应当出示的合法证件。如果本案执法人员没有取得执法证件,没有林业行政执法资格,那么本案相关证据的取得就不符合上述法律、规章的要求。根据《最高人民法院关于行政诉讼证据若干问题的规定》(法释〔2002〕21 号)第五十五条关于"法庭应当根据案件的具体情况,从以下方面审查证据的合法性:(一)证据是否符合法定形式;(二)证据的取得是否符合法律、法规、司法解释和规章的要求;(三)是否有影响证据效力的其他违法情形"的规定,法庭应当认定本案的相关证据不具有合法性。而不具有合法性的证据,当然也就不能作为定案的依据。

2. 划定林区的主体

周××上诉称，原审适用法律错误，《四川省林业厅关于我省国有林区和集体林区划分的通知》不是认定林区的法律标准，而是国有林和集体林的区分标准。被上诉人米易县林业局答辩称，上诉人称其销售木材的区域不属于林区的辩解与法律规定不符，被上诉人米易县林业局一审提交法院的规范性文件能够证实米易县整个行政区域都属于林区。显然，周××经营木材的区域是否属于林区，决定着他的经营行为是否需要办理许可证，决定着周××的经营行为是否合法。接下来的问题就是，谁有权划定林区？其实，针对这个问题，国家林业局曾经发布过三个规范性文件，即《林业部对关于如何适用〈木材运输检查监督办法〉等有关问题的请示的复函》①《国家林业局关于确定"林区"有关问题的复函》②《对〈关于明确林区范围的请示〉的答复》③。这三个规范性文件主要内容包括：(1)至于哪些地区是"林区"，根据现行林业法律法规的规定，由各省、自治区、直辖市人民政府划定。(2)根据《森林法》《森林法实施条例》《森林防火条例》等有关法律、法规的规定，"林区"可以以省级行政区域为单位划定，也可以以县(市)、设区的市或者自治州级行政区域为单位划定，具体工作由省、自治区、直辖市人民政府根据当地的实际情况划定；地方性法规对"林区"范围有明确规定的应当执行，但依法由国务院确定的国家所有的"重点林区"按照国务院的有关规定执行。中共中央、国务院关于"南方集体林区"等有关政策规定，应当作为划定"林区"的依据。(3)关于"林区"的范围，有关林业的法律、行政法规没有作出明确规定，除国务院确定的国家所有的"重点林区"，按照国务院的有关规定执行外，实践中，其他"林区"主要由省、自治区、直辖市人民政府根据当地的实际情况划定。根据上述规范性文件的要求，我们可以得出以下结论：(1)除非四川省地方性法规对"林区"范围有明确规定外，"林区"应当由四川省人民政府根据当地的实际情况划定，可以以省级行政区域为单位划定，也可以以县(市)、设区的市或者自治州级行政区域为单位划定。(2)四川省林业厅无权划定"林区"，《四川省林业厅关于我省国有林区和集体林区划分的通知》自然也就不能作为划定林区的依据。(3)如果经过四川省人民政府的批准，那么四川省林业厅的上述规范性文件可以作为划定"林区"的依据。但是，本案中，法院对这一关键问题，并未予以讨论，而是直接将上述《四川省林业厅关于我省国有林区和集体林区划分的通知》作为认定"林区"的依据。

▶ **司法点评**

1. 办案过程中扣押现金，处罚生效后缴存国库，绝非程序上的瑕疵，不可能不影响处罚行为的合法性

周××上诉称，被上诉人存在多处程序违法，被告米易县林业局在执法过程中"打白条"。被上诉人米易县林业局答辩称，被上诉人米易县林业局扣押上诉人的2万元现金并非处罚而是对上诉人违法所得的扣押，处罚决定生效后已缴存国库。二审法院判决称，关于上

---

① 《林业部对关于如何适用〈木材运输检查监督办法〉等有关问题的请示的复函》(1995年7月11日林函策字〔1995〕137号)。
② 《国家林业局关于确定"林区"有关问题的复函》(2001年3月21日林函策字〔2001〕44号)。
③ 《对〈关于明确林区范围的请示〉的答复》(2004年6月3日国法秘函〔2004〕139号)。

诉人周××认为被上诉人的执法人员当场收缴罚款,并打"白条"违法的上诉理由。本院认为该程序虽然存在瑕疵,但不影响被上诉人米易县林业局对其作出行政处罚行为的合法性。

现在的问题是,米易县林业局对2万元现金采取的行动,到底是扣押的行政强制措施,还是当场收缴的行政强制执行,三方的定性和解读各不相同。法院和周××认为是当场收缴罚款;米易县林业局认为是扣押。我们认为,无论是当场收缴罚款,还是扣押,都是违法的行为。(1) 在简易程序中,对公民当场收缴罚款2万元,是典型的违法。根据《行政处罚法》第四十七条关于"依照本法第三十三条的规定当场作出行政处罚决定,有下列情形之一的,执法人员可以当场收缴罚款:(一)依法给予二十元以下的罚款的;(二)不当场收缴事后难以执行的"规定,即便本案合乎"不当场收缴事后难以执行的"法定情形,当场收缴罚款的最高额度,对公民应当是50元以下,对法人或者其他组织是1 000元以下,而本案收缴周××个人的罚款数额却是2万元,完全背离了法律规定。更何况,本案根本不适用简易程序即当场处罚程序。事实上,本案适用的也是一般程序而非简易程序。(2) 在一般程序中当场收缴罚款的程序违法。根据《行政处罚法》第四十八条的规定,即便本案发生"在边远、水上、交通不便地区",周××"向指定的银行缴纳罚款确有困难",也只有经当事人周××提出,米易县林业局及其执法人员才可以当场收缴罚款。根据《行政处罚法》第四十九条的规定,米易县林业局及其执法人员当场收缴罚款,必须向周××出具省、自治区、直辖市财政部门统一制发的罚款收据。根据《行政处罚法》第五十条的规定,执法人员当场收缴的2万元罚款,应当自收缴之日起二日内,交至米易县林业局;米易县林业局应当在二日内将罚款缴付指定的银行。也就是说,米易县林业局应当提供至少三份证据,以证明自己当场收缴罚款符合上述法律要求。一份证据是申请书,申请米易县林业局代为缴纳罚款2万元,由周××亲笔书写并签名或者盖章确认,或者由其在格式文书上签名或者盖章确认。一份证据是财政罚没现金专用收据(存根),尾部加盖执法机关公章并由收款人签名或者盖章。还有一份证据是缴款书,缴款书载明的缴款时间,应当在罚款收据载明时间的两天之内。而在本案中,没有充分的证据证明,米易县林业局当场收缴罚款,是符合法定程序的。既没有周××的申请书,也没有罚款专用收据,有的只是"打白条"。(3) 更为关键的是,当场收缴罚款,是对行政处罚决定的执行,依法只能发生在行政处罚决定书生效之后,而不可能发生在调查取证期间。米易县林业局关于2万元现金在处罚决定生效后已缴存国库的辩称,说明其在没有作出行政处罚决定之前,就收缴了罚款2万元,显然属于违反法定程序,直接影响其行政行为的合法性,而绝非法院所称"该程序虽然存在瑕疵,但不影响被上诉人米易县林业局对其作出行政处罚行为的合法性"。(4) 还应当指出,在《森林法》《森林法实施条例》中没有任何条款规定,林业主管部门有权扣押或者暂扣违法所得。《森林法实施条例》赋予暂扣权力的法定主体是木材检查站,而不是林业主管部门;暂扣的对象也是无证运输的木材,而绝非违法所得。因此,米易县林业局在作出处罚决定之前,扣押违法所得2万元现金的行为,属于超越职权的违法行为。

2. 米易县林业局委托米易县森林公安局实施林业行政处罚,是否合乎《行政处罚法》第十八条的规定

周××上诉称,执法主体不合法,不能以国家林业局《关于森林公安机关办理林业行政案件有关问题的通知》认定本案存在的委托执法关系合法,因为《中华人民共和国行政处罚法》第十八条第一款规定:"行政机关依照法律、法规或者规章的规定,可以在其法定权限内委托符合本法第十九条规定条件的组织实施行政处罚。"但本案中,国家林业局《关于森林公安机关办理林业行政案件有关问题的通知》并非法律、法规或者规章,因此被上诉人委托米易县森林公安部门实施行政处罚的行为违法。米易县林业局辩称,米易县森林公安局可以其归属的米易县林业局名义受理、查处林业行政案件,对外法律文书上加盖米易县林业局印章是符合法律规定的。关于上诉人周××称被上诉人米易县林业局在没有国家法律、法规、规章规定的情况下授权米易县森林公安局进行行政处罚违反了《中华人民共和国行政处罚法》第十八条之规定的上诉理由,二审法院认为,上述法律条款是关于行政机关外部委托处罚的规定,而米易县森林公安局受米易县林业局领导,其委托执法系内部委托,并没有违反该法律的规定。

可以看出,米易县林业局的答辩比较苍白,而法院的解释则比较合乎法理。我们认为,第一,米易县林业局和米易县森林公安局是两个不同的法律主体。一个是林业主管部门,一个是公安机关。所谓的"归属",只是人事管理和编制经费上的归属,而非法定职责和法定职权上的归属。《森林法》第二十条关于"依照国家有关规定在林区设立的森林公安机关,负责维护辖区社会治安秩序,保护辖区内的森林资源,并可以依照本法规定,在国务院林业主管部门授权的范围内,代行本法第三十九条、第四十二条、第四十三条、第四十四条规定的行政处罚权"的规定,非常清楚地表明,在法定职责和法定职权上,森林公安机关和林业主管部门没有归属关系。如果两者具有米易县林业局和二审法院所称的"归属"关系,那么根本不需要什么"授权",也不需要什么"委托",只需要米易县林业局作出一个内部分工,指派米易县森林公安局负责查处林业行政案件。哪里还需要由全国人大常委会通过《森林法》来规范两者的职责权限,哪里还需要作出森林公安机关"可以依照本法规定,在国务院林业主管部门授权的范围内,代行本法第三十九条、第四十二条、第四十三条、第四十四条规定的行政处罚权"的规定。所以,米易县林业局的辩称与法不合。第二,如果按照法院的解读,米易县林业局的委托执法系内部委托,那么该委托的确没有违反《行政处罚法》第十八条的规定。但是,该委托却违反了《林业行政处罚程序规定》第六条的要求,即"林业行政主管部门依法委托实施林业行政处罚,必须办理书面委托手续,并由委托的林业行政主管部门报上一级林业行政主管部门备案。"第三,从立法史的角度,《行政处罚法》第十八条的规定,实际上是对委托行政处罚所作的一个最低要求。一方面要求"委托依据"应当是法律、法规或者规章,另一方面要求受委托组织是具备法定条件的事业组织。即"委托对象"必须符合以下条件:依法成立的管理公共事务的事业组织;具有熟悉有关法律、法规、规章和业务的工作人员;对违法行为需要进行技术检查或者技术鉴定的,应当有条件组织进行相应的技术检查或者技术鉴定。其实,对本案而言,米易县林业局委托森林公安局实施行政处罚,既具有明确的法律依据,也满足"委托对象"的要求。这个依据就是作为部门规章的《林业行政处罚程序规定》,能够满足《行政处罚法》关于"委托依据"的法律要求。同时,与"管理公共事务的事业组织"相比,作为行政机关的森林公安机关,更能充分满足"委托对象"所必备的法定条件。根据"举轻以明重"的法理,森林公安机关当然具备受委托的资格,能够满足《行政处罚法》关于"委托对象"的法律要求。

▶ 立法建议

关于林区的立法建议

作为《森林法》的一个概念,"林区"在不同的条款中,具有不同的法律功能。在修订《森林法》的过程中,对于"林区"的取舍,应当结合其具体功能。我们建议,一是作为特定地区或者区域表述的"林区",可以继续保留。二是作为特定制度的实施条件的"林区",视各类制度执行的实际情况,有取有舍。三是作为违法行为构成要件的"林区",建议直接取消。

▶ 守法与普法

木材经营许可证的存废

应当指出,自《森林法》1984年制定以来,虽然历经1998年和2009年两次修订,但都没有明确木材经营的管理制度,而是将林区木材经营和监督管理办法的立法权,交由国务院行使。真正建立木材经营许可制度的,不是《森林法实施细则》(1986年),而是《森林法实施条例》(2000年)。该条例第三十四条和第四十条设定了木材经营许可制度。第三十四条规定:"在林区经营(含加工)木材,必须经县级以上人民政府林业主管部门批准。木材收购单位和个人不得收购没有林木采伐许可证或者其他合法来源证明的木材。前款所称木材,是指原木、锯材、竹材、木片和省、自治区、直辖市规定的其他木材。"第四十条规定:"违反本条例规定,未经批准,擅自在林区经营(含加工)木材的,由县级以上人民政府林业主管部门没收非法经营的木材和违法所得,并处违法所得2倍以下的罚款。"该项制度历经2011年、2016年两次修订一直延续。直至2018年3月19日,国务院发布《关于修改和废止部分行政法规的决定》,对《森林法实施条例》进行第三次修正,最终取消了木材经营许可制度。第三十四条修改为:"木材收购单位和个人不得收购没有林木采伐许可证或者其他合法来源证明的木材。前款所称木材,是指原木、锯材、竹材、木片和省、自治区、直辖市规定的其他木材。"第四十条修改为:"违反本条例规定,收购没有林木采伐许可证或者其他合法来源证明的木材的,由县级以上人民政府林业主管部门没收非法经营的木材和违法所得,并处违法所得2倍以下的罚款。"

▶ 判决书

周××与米易县林业局林业行政处罚纠纷上诉案

四川省攀枝花市中级人民法院
行政判决书

(2016)川04行终2号

上诉人(原审原告)周××,男,1952年6月7日出生,汉族,住四川省普格县。
委托代理人舒明×,四川尽心律师事务所律师。
被上诉人(原审被告)米易县林业局,住所地:四川省攀枝花市米易县攀莲镇同河路06号。
法定代表人蒋兴×,该局局长。
委托代理人李朝×,男,1968年9月25日出生,汉族,米易县林业局副局长,住四川省米易县。
委托代理人侯建×,四川方全律师事务所律师。

上诉人周××因诉米易县林业局行政处罚一案,不服米易县人民法院(2015)米行初字第15号行政判决,向本院提起上诉。本院依法组成合议庭,于2016年1月26日公开开庭审理了本案。上诉人周××及其委托代理人舒明×,被上诉人米易县林业局的委托代理人李朝×、侯建×,到庭参加诉讼。本案现已审理终结。

原审判决认定如下事实:2015年1月至4月,周××在无木材经营许可证的情况下,雇请沈××运输大板到米易县销售,周××出油钱,另给沈××300元每天的报酬。2015年3月下旬,周××在西昌陆林木材加工厂购买了铁杉原木加工成大板,由沈××用货车运输到米易县境内。在米易县云盘山紫胶林场,周××以2100元的价格卖给韩×芝、韩×洪各2盒、蔺德×1盒;在米易县丙谷镇新安村麦地冲社以2600元每盒的价格卖给杨凤×2盒;在丙谷镇老街以3280元每盒的价格卖给张远×2盒。2015年4月1日,周××再次在西昌购买木材并加工成大板运输至米易县境内销售。在米易县白马镇回龙村吕家堡社以2200元每盒的价格卖给吕照×、罗世×各2盒、王加×1盒;在白马镇小街以3600元的价格卖给刘友×3盒(差3块底方,处罚时折算成2盒)。2015年4月1日,周××在米易县境内销售大板时被米易县林业局查获,被暂扣尚未售出大板5块(板方材积0.5096立方米),2015年6月23日米易县林业局向周××送达了《林业行政处罚先行告知书》和《林业行政处罚听证权利告知书》。2015年7月6日,米易县林业局根据《中华人民共和国森林法实施条例》第四十条的规定,作出《林业行政处罚决定书》(米林罚决字(2015)15号),没收周××违法所得36806元、没收非法经营的铁杉大板5块(板方材积0.5096立方米),并处罚款36860元。

原审法院认为,按照《四川省林业厅关于我省国有林区和集体林区划分的通知》,米易县属于国有林区,周××在未取得木材经营许可证的情况下,在米易县境内销售,违反了《中华人民共和国森林法实施条例》第三十四条第一款规定,米易县森林公安局根据国家林业局《关于森林公安机关办理林业行政案件有关问题的通知》对周××的违法行为进行调查后,以米易县林业局名义依照《中华人民共和国森林法实施条例》第四十条之规定作出行政处罚,符合法律规定,该行政处罚行为应予维持,判决驳回周××诉讼请求。

上诉人周××不服一审判决向本院提起上诉,要求撤销原审判决,主要理由如下:一是原审法院认定事实错误,上诉人周××与沈××是合伙关系而不是运输合同关系,周××的行为是为相关人员代购木材而非销售,事情发生在米易县相关农户家中而非林区,相关证人未出庭作证不能核对证言真实性,上诉人周××听证时申辩后受到被上诉人米易县林业局加重处罚;二是被上诉人存在多处程序违法,被告米易县林业局在执法过程中"打白条",米易县森林公安局在本案进行的相关执法行为主体不适格,取证人员无执法证件;三是原审适用法律错误,《四川省林业厅关于我省国有林区和集体林区划分的通知》不是认定林区的法律标准,而是国有林和集体林的区分标准;四是执法主体不合法,不能以国家林业局《关于森林公安机关办理林业行政案件有关问题的通知》认定本案存在的委托执法关系合法,因为《中华人民共和国行政处罚法》第十八条第一款规定:"行政机关依照法律、法规或者规章的规定,可以在其法定权限内委托符合本法第十九条规定条件的组织实施行政处罚。"但本案中,国家林业局《关于森林公安机关办理林业行政案件有关问题的通知》并非法律、法规或者规章,因此被上诉人委托米易县森林公安部门实施行政处罚的行为违法。

被上诉人米易县林业局答辩请求维持一审法院判决,主要理由如下:一是上诉人周××

称其是为米易县部分农户代购木材的辩解与事实不符,本案棺木购买人的证言能够证实;二是上诉人称其销售木材的区域不属于林区的辩解与法律规定不符,被上诉人米易县林业局一审提交法院的规范性文件能够证实米易县整个行政区域都属于林区;三是上诉人认为被上诉人提供的证人证言不是事实的主张缺乏依据;四是被上诉人米易县林业局扣押上诉人的 2 万元现金并非处罚而是对上诉人违法所得的扣押,处罚决定生效后已缴存国库;五是被上诉人对上诉人的罚款数额由 16 200 元增加至 36 860 元并非是对上诉人要求听证而加重处罚,而是因为发现其更多的违法事实而做出的处罚金额变更;六是米易县森林公安局可以其归属的米易县林业局名义受理、查处林业行政案件,对外法律文书上加盖米易县林业局印章是符合法律规定的;七是被上诉人的执法人员拥有执法资格,并且被上诉人在对上诉人调查、取证、告知权利义务等处理程序合法。

本院经审理查明的事实与一审判决认定的事实一致,本院予以确认。

本院认为,根据《中华人民共和国森林法实施条例》第四十条之规定,米易县林业局具有对违法在所辖林区经营木材行为的处罚权。根据本案查明的事实,上诉人周××在未取得木材经营许可证情况下,在米易县云盘山紫胶林场、丙谷镇、白马镇等林区销售木材,米易县林业局对其进行查处是合法的。关于上诉人周××称其经营木材的地点并非林区的上诉意见,与《四川省林业厅关于我省国有林区和集体林区划分的通知》(川林政(86)231 号)规定和我市林区现状不符,该上诉理由不能成立。关于上诉人周××称其仅是为相关农户代购木材的上诉理由。被上诉人米易县林业局提供的证人证言等证据,能够证明上诉人周××是在违法销售木材,上诉人周××的该上诉理由不能成立,本院不予支持。关于上诉人周××称被上诉人米易县林业局在没有国家法律、法规、规章规定的情况下授权米易县森林公安局进行行政处罚违反了《中华人民共和国行政处罚法》第十八条之规定的上诉理由。本院认为,上述法律条款是关于行政机关外部委托处罚的规定,而米易县森林公安局受米易县林业局领导,其委托执法系内部委托,并没有违反该法律的规定。关于上诉人周××认为其和沈××是合伙关系而不是运输合同关系的上诉理由。因无证据证实,本院不予采信。关于上诉人周××认为被上诉人的执法人员当场收缴罚款,并打"白条"违法的上诉理由。本院认为该程序虽然存在瑕疵,但不影响被上诉人米易县林业局对其作出行政处罚行为的合法性。

综上,本院认为上诉人周××上诉理由不能成立,本院不予支持。一审判决认定事实清楚,适用法律、法规正确。本院依照《中华人民共和国行政诉讼法》第八十九条第一款第(一)项之规定,判决如下:

驳回上诉,维持原判。

本案二审案件受理费人民币 50 元,由上诉人周××负担。

本判决为终审判决。

审 判 长 饶庆华
审 判 员 刘 立
代理审判员 徐馗斌
二〇一六年三月九日
书 记 员 李玉玲

> 法律依据

《中华人民共和国行政诉讼法》①

第八十九条 人民法院审理上诉案件,按照下列情形,分别处理:

(一)原判决、裁定认定事实清楚,适用法律、法规正确的,判决或者裁定驳回上诉,维持原判决、裁定;

(二)原判决、裁定认定事实错误或者适用法律、法规错误的,依法改判、撤销或者变更;

(三)原判决认定基本事实不清、证据不足的,发回原审人民法院重审,或者查清事实后改判;

(四)原判决遗漏当事人或者违法缺席判决等严重违反法定程序的,裁定撤销原判决,发回原审人民法院重审。

原审人民法院对发回重审的案件作出判决后,当事人提起上诉的,第二审人民法院不得再次发回重审。

人民法院审理上诉案件,需要改变原审判决的,应当同时对被诉行政行为作出判决。

《中华人民共和国行政处罚法》

第十八条 行政机关依照法律、法规或者规章的规定,可以在其法定权限内委托符合本法第十九条规定条件的组织实施行政处罚。行政机关不得委托其他组织或者个人实施行政处罚。

委托行政机关对受委托的组织实施行政处罚的行为应当负责监督,并对该行为的后果承担法律责任。

受委托组织在委托范围内,以委托行政机关名义实施行政处罚;不得再委托其他任何组织或者个人实施行政处罚。

《中华人民共和国森林法实施条例》(2011年修订)

第三十四条 在林区经营(含加工)木材,必须经县级以上人民政府林业主管部门批准。木材收购单位和个人不得收购没有林木采伐许可证或者其他合法来源证明的木材。

前款所称木材,是指原木、锯材、竹材、木片和省、自治区、直辖市规定的其他木材。

第四十条 违反本条例规定,未经批准,擅自在林区经营(含加工)木材的,由县级以上人民政府林业主管部门没收非法经营的木材和违法所得,并处违法所得2倍以下的罚款。

---

① 《中华人民共和国行政诉讼法》(1989年4月4日第七届全国人民代表大会第二次会议通过 1989年4月4日中华人民共和国主席令第16号公布 1990年10月1日起施行 根据2014年11月1日《全国人民代表大会常务委员会关于修改〈中华人民共和国行政诉讼法〉的决定》修订)。

五、林业主管部门的下属业务单位,以自己的名义实施行政处罚和行政强制的,属于超越职权

——李××与红兴隆林业局强制罚没财产决定及行政赔偿纠纷上诉案

▶ 基本信息

行政相对人:李××
被诉行政主体:黑龙江省农垦红兴隆管理局林业局
一 审 法 院:黑龙江省红兴隆农垦法院
一 审 结 果:黑龙江省农垦红兴隆管理局林业局败诉
二 审 法 院:黑龙江省农垦中级法院
二 审 结 果:黑龙江省农垦红兴隆管理局林业局败诉

▶ 基本案情

2014年7月29日,黑龙江省饶河农场林业局以非法采挖野生药材为由,对原告李××的货车驾驶员蒋××制作询问笔录后,向蒋××出具了加盖黑龙江省饶河农场林业局公章的红垦林罚没字(2014)第(09)号林业行政处罚罚没实物收据,将李××所有的牌照号为黑D×××××"解放"牌轻型普通货车及2袋药材予以没收。2014年9月25日,黑龙江省饶河农场林业局将车辆返还给李××,李××出具了收条。现李××请求法院确认被告红兴隆林业局没收车辆和药材的具体行政行为违法,判令红兴隆林业局赔偿车辆被没收期间的租车费人民币68 000元、雇工费人民币78 400元、收购药材减少的损失人民币22 410元、没收的2袋"白鲜皮"药材人民币26 000元,合计人民币194 810元,并承担本案的诉讼费用。

▶ 双方主张

李××上诉称:

原审法院判令红兴隆林业局返还药材有瑕疵,因为药材已经放置一年的时间,且红兴隆林业局的违法行为导致我的药材购销合同无法履行,故应当判决红兴隆林业局赔偿损失。原审法院驳回我的赔偿请求不公平,我的损失客观存在,红兴隆林业局应当承担赔偿责任。请求:撤销原审判决第二、三项,判令被上诉人赔偿我药材损失26 000元,赔偿因车辆被扣押期间的损失费68 000元。

红兴隆林业局辩称:

一审法院认定事实清楚,适用法律正确,请求二审法院驳回上诉人的上诉请求,维持原判。

▶ 争议焦点

本案争议焦点在于：一审法院判令红兴隆林业局返还药材是否存在瑕疵，是否应当判决红兴隆林业局赔偿损失。

▶ 法院判决

二审法院认为，被上诉人红兴隆林业局在没有作出行政处罚决定的前提下，对李××采取行政处罚罚没的行政强制措施，违反法定程序，依法应予撤销。被上诉人红兴隆林业局出具的行政处罚罚没实物收据没有载明没收上诉人李××药材的品种、重量，又不能提供证据证明其没收药材的品种和重量，故上诉人主张被没收的药材为干白鲜皮，重量为112公斤的主张应予支持。李××提供的个体工商户营业执照、野生药材收购许可证证实其经营范围为固定场所野生药材收购，不包含野生药材采挖及运输，故此上诉人李××要求被上诉人红兴隆林业局赔偿其雇工人工费、车辆运输费的请求没有事实根据和法律依据，依法不予支持。原审时李××没有提供有关被没收药材品种和数量的证据，导致原审法院无法判定返还药材的品种和数量，二审期间，李××提供了新的证据证明了药材的品种，明确了药材重量为112公斤的主张，故二审判决应对返还药材的品种和数量予以确定。原审法院认定事实清楚，审判程序合法。依法判决如下：一、维持黑龙江省红兴隆农垦法院（2014）红行初字第5号行政判决书第一、三项判决；二、变更黑龙江省红兴隆农垦法院（2014）红行初字第5号行政判决书第二项判决，责令被告黑龙江省农垦红兴隆管理局林业局在本判决生效后十日内向原告李××返还没收的药材为责令黑龙江省农垦红兴隆管理局林业局在接到本判决书之日起十五日内返还没收李××的药材干白鲜皮112公斤。三、驳回上诉人李××的其他上诉请求。

▶ 执法点评

被诉行政处罚决定存在实体和程序违法

根据判决书所示信息，本案存在实体和程序方面的诸多违法。现归纳如下：

一是实体方面存在的违法。（1）行政主体不适格。根据《行政处罚法》第十五条至第十八条的规定，行政处罚，要么由具有行政处罚权的行政机关在法定职权范围内实施，要么由国务院或者经国务院授权的省、自治区、直辖市人民政府决定的一个行政机关行使，要么由法律、法规授权的具有管理公共事务职能的组织在法定授权范围内实施，要么由行政机关依法在其法定权限内委托的符合法定条件的组织实施。而本案作出处罚决定的主体——黑龙江省饶河农场林业局，是被告红兴隆林业局的下属业务单位，受其指导和管理，对黑龙江省饶河农场辖区内林业管理工作行使行政管理职权，对外不具有独立承担法律责任能力。因此，该处罚主体既不是行政机关，也不是法律、法规授权的组织；既不属于集中实施行政处罚权的行政机关，也不属于行政机关依法委托的符合法定条件的组织。（2）主要证据不足。本案被处罚人的行为性质，被认定为"非法采挖野生药材"，但证明这一违法行为的证据，仅有一份，即违法嫌疑人的陈述和申辩（询问笔录）。显然，李××是否实施了"非法采挖野生药材"的事实不清、证据不足。饶河农场林业局仅凭孤证，即直接采取没收财物的措施，属于主要证据不足。

二是程序方面存在的违法。（1）未经立案即行调查。根据《林业行政处罚程序规定》第二十三条和第二十四条的规定,除依法可以当场作出的行政处罚外,林业行政主管部门必须按照一般程序规定实施林业行政处罚。而一般程序正式开始的标志就是立案。即凡发现或者接到举报、控告、移送、上级交办、主动交代等违反林业法律、法规、规章的行为,应当填写《林业行政处罚登记表》,报行政负责人审批。对认为需要给予林业行政处罚的,在七日内予以立案。本案未经立案,执法人员即对违法嫌疑人展开询问。其所获取的违法嫌疑人陈述和申辩(询问笔录),只能认定为立案之前收集的证据材料。在立案之后,该项证据材料依法不能作为认定案件事实的根据。(2)未经行政负责人依法审核、没有履行先行告知义务。调查结束后,该案未经行政负责人审核,也没有对当事人进行处罚的先行告知。(3)没有作出处罚决定,没有依法送达处罚决定书。调查结束后,执法主体没有作出任何处罚决定,当然也就不存在送达处罚决定书,更不存在已生效的处罚决定。(4)行政强制执行没有合法依据。对涉案财物实施直接没收,属于行政强制执行。而实施行政强制执行,必须有合法的行政决定作为依据,如生效的行政处罚决定书。本案中能够作为执行依据的,只有一份法律文书——"红垦林罚没字(2014)第(09)号林业行政处罚罚没实物收据"。该份文书,既无实体性证据的事实作为支撑,也无程序性证据的依据作为保障,根本不是一个合法有效的法律文书,无法作为没收的合法依据。(5)没收财物的行为属于超越职权。根据《行政强制法》第十二条的规定,虽然没收不属于五种行政强制执行方式中的任何一种,但是,仍然可以将其归入第六种方式,即"其他强制执行方式"的范畴。根据《森林法》《森林法实施条例》等现行林业法律的规定,作为行政机关的林业主管部门,并不享有直接行政强制执行的权力,如划拨存款、汇款等;而只享有间接行政强制执行的权力,如加处罚款、代履行等。作为红兴隆林业局的下属业务单位,饶河农场林业局不属于行政机关,根本不可能取得行政强制执行的权力。即便属于行政机关,即便享有间接行政强制执行的权力,饶河农场林业局也不可能享有直接行政强制执行的权力。毫无疑问,饶河农场林业局没收财物的行为,应当认定为超越职权的违法行政。

> 判决书

李××与红兴隆林业局强制罚没财产决定及行政赔偿纠纷上诉案

黑龙江省农垦中级法院
行政判决书

(2015)垦行终字第 10 号

上诉人(原审原告)李××,个体工商户。

被上诉人(原审被告)黑龙江省农垦红兴隆管理局林业局,组织机构代码 74440208-8,住所地黑龙江省友谊县农垦红兴隆管理局局直。

法定代表人王德×,职务局长。

委托代理人赵彦×。

委托代理人孙×,黑龙江旗舰律师事务所律师。

上诉人李××因与被上诉人黑龙江省农垦红兴隆管理局林业局(以下简称红兴隆林业

局)不服强制罚没财产决定及行政赔偿一案,不服黑龙江省红兴隆农垦法院(2014)红行初字第5号行政判决,向本院提起上诉。本院依法组成合议庭,公开开庭审理了本案。上诉人李××,被上诉人的委托代理人赵彦×、孙×到庭参加诉讼。被上诉人的法定代表人王德×经合法传唤未到庭参加诉讼。本案现已审理终结。

原审判决认定,2014年7月29日,黑龙江省饶河农场林业局以非法采挖野生药材为由,对原告李××的货车驾驶员蒋××制作询问笔录后,向蒋××出具了加盖黑龙江省饶河农场林业局公章的红垦林罚没字(2014)第(09)号林业行政处罚罚没实物收据,将李××所有的牌照号为黑D××××× "解放"牌轻型普通货车及2袋药材予以没收。2014年9月25日,黑龙江省饶河农场林业局将车辆返还给李××,李××出具了收条。现李××请求法院确认被告红兴隆林业局没收车辆和药材的具体行政行为违法,判令红兴隆林业局赔偿车辆被没收期间的租车费人民币68 000元、雇工费人民币78 400元、收购药材减少的损失人民币22 410元、没收的2袋"白鲜皮"药材人民币26 000元,合计人民币194 810元,并承担本案的诉讼费用。同时查明,黑龙江省饶河农场林业局是被告红兴隆林业局的下属业务单位,受其指导和管理,对黑龙江省饶河农场辖区内林业管理工作行使行政管理职权,对外不具有独立承担法律责任能力。

原审法院认为,李××提交的车辆买卖协议及蒋××的证明,能够证明李××是被没收车辆的实际所有人,且被告将没收的车辆返还给李××,进一步说明李××是该车辆的所有人,李××认为被告的具体行政行为侵犯了自己的合法权益而提起行政诉讼,符合法律规定,李××具有原告主体资格。被告红兴隆林业局在没有作出行政处罚决定书的情况下,以出具红垦林罚没字(2014)第(09)号林业行政处罚罚没实物收据的形式,没收原告李××的牌照号为黑D×××××"解放"牌轻型普通货车和药材的行为,违反了《中华人民共和国行政处罚法》第三十九条的规定,属于违反法定程序,且认定没收的药材系违法所得事实不清、证据不足,属主要证据不足,均应予以撤销。因红兴隆林业局确认没收车辆的行为违法并自行纠正,已无撤销必要,故应对没收药材的具体行政行为予以撤销,并责令返还没收的药材。李××要求赔偿经济损失的请求,因李××所诉的经济损失与被告红兴隆林业局的具体行政行为之间没有法律上的因果关系,依法不予支持。综上,依照《中华人民共和国行政诉讼法》第五十四条第(二)项第1、3目,《中华人民共和国国家赔偿法》第四条第(一)项、第三十二条第二款、第三十六条第(一)项,《最高人民法院关于审理行政赔偿案件若干问题的规定》第三十三条的规定,判决如下:一、撤销被告黑龙江省农垦红兴隆管理局林业局2014年7月29日出具的红垦林罚没字(2014)第(09)号林业行政处罚罚没实物收据没收2袋药材的具体行政行为;二、责令被告黑龙江省农垦红兴隆管理局林业局在本判决生效后十日内向原告李××返还没收的药材;三、驳回原告李××的其他赔偿请求。

李××上诉称,原审法院判令红兴隆林业局返还药材有瑕疵,因为药材已经放置一年的时间,且红兴隆林业局的违法行为导致我的药材购销合同无法履行,故应当判决红兴隆林业局赔偿损失。原审法院驳回我的赔偿请求不公平,我的损失客观存在,红兴隆林业局应当承担赔偿责任。综上请求:撤销原审判决第二、三项,判令被上诉人赔偿我药材损失26 000元,赔偿因车辆被扣押期间的损失费68 000元。

红兴隆林业局辩称,一审法院认定事实清楚,适用法律正确,请求二审法院驳回上诉人的上诉请求,维持原判。

二审期间,上诉人李××向本院提供了以下新的证据:

1. 电话通话单打印件一份。欲证实被上诉人把我的车用坏后,我拨打110报警的事实。被上诉人质证认为,该证据与本案没有关联性。

2. 购销合同一份(与原本核对无异的复印件)。欲证实药材收购的品种为干白鲜皮、数量300公斤、价格为每公斤210—240元及被上诉人给上诉人造成的实际损失客观存在。被上诉人质证认为,该合同与本案无关,不能证明上诉人欲证明的问题。

3. 录音资料一份。欲证实药材是在我家里抢走的,被上诉人称缴纳3 000元后就可以挖药材。该录音资料当庭无法播放,被上诉人未发表质证意见。

4. 照片13张。欲证实我挖药材的地点不是黑蜂保护区。被上诉人质证认为,该证据与本案无关联性。

5. 贷款明细查询单一份(复印件)。欲证实包赔员工和车辆雇佣费用贷款40万元。被上诉人质证意见,对该证据的真实性和关联性均有异议。

上诉人提供的证据1、3、4、5所要证明的事实,因与本案不具有关联性,被上诉人的质证意见成立,本院予以支持。故对上诉人提供的证据1、3、4、5,本院不予采信;证据2能够证明上诉人的药材被没收后存在实际损失的客观事实,与本案具有关联性,本院予以采信。被上诉人认为与本案不具有关联性的质证意见,缺乏法律依据,本院不予支持。

经审理查明,确认原审判决认定的事实属实。

另查明,被上诉人在《林业行政处罚罚没实物收据》中,只标明药材2袋,没有载明药材的品种、包装物规格、重量等详细内容,没有具体是什么药材,重量是多少的记载。上诉人主张药材品种为干白鲜皮,重量为112公斤。

本院认为:被上诉人红兴隆林业局在没有作出行政处罚决定的前提下,对李××采取行政处罚罚没的行政强制措施,违反法定程序,依法应予撤销。被上诉人红兴隆林业局出具的行政处罚罚没实物收据没有载明没收上诉人李××药材的品种、重量,又不能提供证据证明其没收药材的品种和重量,故上诉人主张被没收的药材为干白鲜皮,重量为112公斤的主张应予支持。李××提供的个体工商户营业执照、野生药材收购许可证证实其经营范围为固定场所野生药材收购,不包含野生药材采挖及运输,故此上诉人李××要求被上诉人红兴隆林业局赔偿其雇工人工费、车辆运输费的请求没有事实根据和法律依据,依法不予支持。原审时李××没有提供有关被没收药材品种和数量的证据,导致原审法院无法判定返还药材的品种和数量,二审期间,李××提供了新的证据证明了药材的品种,明确了药材重量为112公斤的主张,故二审判决应对返还药材的品种和数量予以确定。原审法院认定事实清楚,审判程序合法。依照《中华人民共和国行政诉讼法》第八十九条第一款第(一)项的规定,判决如下:

一、维持黑龙江省红兴隆农垦法院(2014)红行初字第5号行政判决书第一、三项判决;

二、变更黑龙江省红兴隆农垦法院(2014)红行初字第5号行政判决书第二项判决,责令被告黑龙江省农垦红兴隆管理局林业局在本判决生效后十日内向原告李××返还没收的药材为责令黑龙江省农垦红兴隆管理局林业局在接到本判决书之日起十五日内返还没收李××的药材干白鲜皮112公斤。

三、驳回上诉人李××的其他上诉请求。

二审案件受理费 50 元,由上诉人李××负担。

本判决为终审判决。

审　判　长　刘卫中
审　判　员　黄鲜梅
审　判　员　侯金明

二〇一五年七月二十二日

书　记　员　郑雪莹

▶ **法律依据**

《中华人民共和国行政诉讼法》(1989年)

第五十四条　人民法院经过审理,根据不同情况,分别作出以下判决:

(一)具体行政行为证据确凿,适用法律、法规正确,符合法定程序的,判决维持。

(二)具体行政行为有下列情形之一的,判决撤销或者部分撤销,并可以判决被告重新作出具体行政行为:

1. 主要证据不足的;
2. 适用法律、法规错误的;
3. 违反法定程序的;
4. 超越职权的;
5. 滥用职权的。

(三)被告不履行或者拖延履行法定职责的,判决其在一定期限内履行。

(四)行政处罚显失公正的,可以判决变更。

《中华人民共和国行政诉讼法》(2014年第一次修正)

第八十九条　人民法院审上诉案件,按照下列情形,分别处理:

(一)原判决、裁定认定事实清楚,适用法律、法规正确的,判决或者裁定驳回上诉,维持原判决、裁定;

(二)原判决、裁定认定事实错误或者适用法律、法规错误的,依法改判、撤销或者变更;

(三)原判决认定基本事实不清、证据不足的,发回原审人民法院重审,或者查清事实后改判。

(四)原判决遗漏当事人或者违法缺席判决等严重违反法定程序的,裁定撤销原判决,发回原审人民法院重审。

原审人民法院对发回重审的案件作出判决后,当事人提起上诉的,第二审人民法院不得再次发回重审。

人民法院审理上诉案件,需要改变原审判决的,应当同时对被诉行政行为作出判决。

《中华人民共和国行政处罚法》(2009年第一次修正)

第三十九条　行政机关依照本法第三十八条的规定给予行政处罚,应当制作行政处罚决定书。行政处罚决定书应当载明下列事项:

(一)当事人的姓名或者名称、地址;

(二)违反法律、法规或者规章的事实和证据;

（三）行政处罚的种类和依据；

（四）行政处罚的履行方式和期限；

（五）不服行政处罚决定，申请行政复议或者提起行政诉讼的途径和期限；

（六）作出行政处罚决定的行政机关名称和作出决定的日期。

行政处罚决定书必须盖有作出行政处罚决定的行政机关的印章。

《中华人民共和国国家赔偿法》（2012年第二次修正）

第二条　国家机关和国家机关工作人员行使职权，有本法规定的侵犯公民、法人和其他组织合法权益的情形，造成损害的，受害人有依照本法取得国家赔偿的权利。

本法规定的赔偿义务机关，应当依照本法及时履行赔偿义务。

第四条　行政机关及其工作人员在行使行政职权时有下列侵犯财产权情形之一的，受害人有取得赔偿的权利：

（一）违法实施罚款、吊销许可证和执照、责令停产停业、没收财物等行政处罚的；

（二）违法对财产采取查封、扣押、冻结等行政强制措施的；

（三）违法征收、征用财产的；

（四）造成财产损害的其他违法行为。

第三十二条　国家赔偿以支付赔偿金为主要方式。

能够返还财产或者恢复原状的，予以返还财产或者恢复原状。

第三十六条　侵犯公民、法人和其他组织的财产权造成损害的，按照下列规定处理：

（一）处罚款、罚金、追缴、没收财产或者违法征收、征用财产的，返还财产；

（二）查封、扣押、冻结财产的，解除对财产的查封、扣押、冻结，造成财产损坏或者灭失的，依照本条第三项、第四项的规定赔偿；

（三）应当返还的财产损坏的，能够恢复原状的恢复原状，不能恢复原状的，按照损害程度给付相应的赔偿金；

（四）应当返还的财产灭失的，给付相应的赔偿金；

（五）财产已经拍卖或者变卖的，给付拍卖或者变卖所得的价款；变卖的价款明显低于财产价值的，应当支付相应的赔偿金；

（六）吊销许可证和执照、责令停产停业的，赔偿停产停业期间必要的经常性费用开支；

（七）返还执行的罚款或者罚金、追缴或者没收的金钱，解除冻结的存款或者汇款的，应当支付银行同期存款利息；

（八）对财产权造成其他损害的，按照直接损失给予赔偿。

最高人民法院《关于审理行政赔偿案件若干问题的规定》[①]

第三十二条　原告在行政赔偿诉讼中对自己的主张承担举证责任。被告有权提供不予赔偿或者减少赔偿数额方面的证据。

第三十三条　被告的具体行政行为违法但尚未对原告合法权益造成损害的，或者原告的请求没有事实根据或法律根据的，人民法院应当判决驳回原告的赔偿请求。

---

① 最高人民法院《关于审理行政赔偿案件若干问题的规定》（1997年4月29日颁布实施　法发〔1997〕10号）。

第二章　是否适用法律、法规错误

一、对共同违法行为人分别予以林业行政处罚的，属于适用法律、法规错误

——张××与江西省鄱阳县林业局林业行政处罚纠纷案

▶ 基本信息

行 政 相 对 人：张××
被诉行政主体：鄱阳县林业局
一 审 法 院：鄱阳县人民法院
一 审 结 果：鄱阳县林业局败诉

▶ 基本案情

被告鄱阳县林业局于2014年7月6日对原告张××作出了鄱森公林罚书字(2014)第7号行政处罚决定书，认定原告张××伙同张文×、蔡新×在2012年7月至2013年7月间在未到林业主管部门办理林地占用手续的情况下，分两次用推土机将三庙前乡兰溪岭村千里咀(饶丰镇彭家垅村称之为窑头山)推平，准备用于改造农田，被推平的林地面积为9.1亩，合计6 060平方米。根据《中华人民共和国森林法实施条例》第四十三条的规定，决定对张××处以每平方米20元，合计121 200元的罚款，责令恢复原状。2014年10月8日，张××提起行政诉讼，请求法院判决撤销上述处罚决定书。

▶ 双方主张

张××诉称：

1. 认定事实错误。理由：(1) 原告等人平整的地不是林地。(2) 原告等人平整了土地，但没有改变土地用途。

2. 程序不合法。理由：(1) 被告林业局作出的处罚决定，实际办案机关是鄱阳县森林公安局，本案不在鄱阳县林业局授权鄱阳县森林公安局的办案范围，系越权办案。(2) 本案的听证告知书等法律文书没有送达，违反了法定程序。(3) 鄱阳县林业局对原告及其共同行为人分别作出了三份罚款的行政处罚决定书，违反了"一事不再罚"原则。

鄱阳县林业局辩称：

涉案的林业行政处罚决定书，在程序和实体上都是合法的。理由：(1) 听证权利告知书等法律文书均已送达当事人。(2) 办案机关鄱阳县森林公安局是在法律规定的权限范围内办案，没有越权。(3) 原告等人平整的土地是林地。

▶ 争议焦点

本案的争议焦点为鄱阳县森林公安局的处罚决定事实是否清楚，程序是否合法，适用法律是否正确。

▶ 法院判决

鄱阳县人民法院经审理认为：

1. 违反法律规定：对当事人的同一个违法行为给予两次以上的罚款。《中华人民共和国行政处罚法》第二十四条规定，对当事人的同一个违法行为，不得给予两次以上罚款的行政处罚。本案原告张××和张文×、蔡新×三人共同实施了一个违法行为，而被告对三人根据《中华人民共和国森林法实施条例》第四十三条的规定分别作出罚款121 200元的行政处罚，被告的行为明显违反了法律规定。

2. 违反法定程序：未履行听证告知、处罚前告知等法定义务。根据《中华人民共和国行政处罚法》第三十一条规定：行政机关作出行政处罚决定之前，应当告知当事人作出行政处罚决定的事实、理由及依据，并告知当事人依法享有的权利。第三十八条规定：调查终结，行政机关负责人应当对调查结果进行审查，根据不同情况，分别作出决定。《林业行政处罚听证规则》第五条规定，国家林业局依法作出十万元以上（含十万元）罚款决定的，应当告知当事人有要求举行听证的权利。而被告不能举证证明在作出行政处罚决定前，告知了原告上述权利，也不能证明经过了行政机关负责人的审查，显然违反了法定程序。

3. 认定事实、适用法律没有错误。原告诉称被告认定事实、适用法律错误，其诉称的理由不能成立，依法不予支持。

▶ 执法点评

1. 行政负责人审查制度

行政负责人审查制度为《行政处罚法》第三十八条所确立。该制度的基本要求是：当案件调查终结后，行政机关负责人应当对调查结果进行审查，并根据不同情况，分别作出处理决定。从实体角度来说，该制度属于行政机关的内部控制制度，而非涉及当事人的外部管理制度。从程序角度而言，该制度属于内部程序，而非外部程序。《林业行政处罚程序规定》进一步细化了该制度，第三十一条明确规定："林业行政处罚案件经调查事实清楚、证据确凿的，应当填写《林业行政处罚意见书》，并连同《林业行政处罚登记表》和证据等有关材料，由林业行政执法人员送法制工作机构提出初步意见后，再交由本行政主管部门负责人审查决定。"换言之，无论是办理林业行政处罚案件，还是应对行政复议或者行政诉讼；无论是作为行政负责人审查制度的物质载体，还是作为行政负责人履行审查职责的证据，《林业行政处罚意见书》都是一份必不可少的法律文书。但是，在鄱阳县林业局向法院提交的12份证据和依据中,并没有看到《林业行政处罚意见书》的影子,当然也就无法证明处罚决定经过了行政机关负责人的审查,被法院认定为违反法定程序自然在所难免。

2. "一事不再罚"与"同一违法行为不得再次罚款"

原告诉称:鄱阳县林业局对原告及其共同行为人分别作出了三份罚款的行政处罚决定书,违反了"一事不再罚"原则。但法院并未确认被告违反"一事不再罚"原则。只是认定:本案原告张××和张文×、蔡新×三人共同实施了一个违法行为,而被告对三人根据《中华人民共和国森林法实施条例》第四十三条的规定分别作出罚款 121 200 元的行政处罚,被告的行为明显违反了法律规定。我们的疑问是:《行政处罚法》究竟有没有确立"一事不再罚"原则?

我们认为,《行政处罚法》并没有确立"一事不再罚"的原则。准确地说,是没有确立完整意义上的"一事不再罚"原则。从《行政处罚法》第二十四条关于"对当事人的同一个违法行为,不得给予两次以上罚款的行政处罚"的规定,可以看出,我国行政处罚确立的原则,只是"同一行为不再罚款"的原则,而不是"一事不再罚"原则。换句话说,对当事人的同一个违法行为,除不得给予两次以上的罚款外,是不是可以给予两次以上其他种类的行政处罚,如警告、没收违法所得、没收非法财物、责令停产停业、暂扣或者吊销许可证、暂扣或者吊销执照、行政拘留等,第二十四条并没有给出明确的解答。因此,根据"法无明文不处罚"原则,既然《行政处罚法》没有明确规定对同一个违法行为,可以给予两次以上的行政处罚,行政执法机关当然也就不得作出两次以上的行政处罚。

3. 共同违法

基于历史和现实的原因,森林公安机关不仅负有刑事侦查和治安管理职责,而且享有法律授权和行政委托的林业行政处罚职权。在长期的刑事、治安执法过程中,刑法思维和治安思维已经根深蒂固,几乎变成了森林警察的一种直觉。以至于在查处林业行政案件时,这两种思维不知不觉中就会冒出来,影响乃至左右着林业行政处罚的最终决定。对林业共同违法如何实施处罚,就是一个典型的例子。很多森林警察认为,《中华人民共和国刑法》(简称《刑法》)对共同犯罪,是分别量刑;《治安管理处罚法》对共同治安违法,是分别处罚;对林业共同违法,也应当是分别处罚。有些地方既是这么想的,也是这么做的。但是,这样的做法合乎法律吗?

首先,关于共同违法的定义。共同行政违法行为,简称共同违法。关于如何界定共同违法,迄今为止,行政法律都没有作出明确界定。无论是作为行政处罚母法的《行政处罚法》,还是作为部门行政处罚典范的《治安管理处罚法》,对共同违法的定义都没有涉及。而共同犯罪,《刑法》第二十五条第一款则有明确的界定:共同犯罪是指二人以上共同故意犯罪。我们认为,可以借鉴《刑法》中的共同犯罪的概念,将共同违法定义为:二人以上共同故意行政违法。共同违法的成立,必须同时具备二人以上、有共同故意、有共同行为三个要件。(1)关于"二人以上"。根据《行政处罚法》第三条有关"公民、法人或者其他组织违反行政管理秩序的行为,应当给予行政处罚的,依照本法由法律、法规或者规章规定,并由行政机关依照本法规定的程序实施"的规定,公民、法人或者其他组织都可以成为行政违法的主体。因此,两个以上的自然人、两个以上的法人或者其他组织,以及法人或者其他组织与自然人共同实施的违法行为,都可以构成共同违法。当然,这里的"二人"是指必须符合行政违法主体要件的人,就自然人而言,必须是达到法定年龄、具有辨认控制能力的人,即已满 14 周岁、具有辨认控制能力的人。就单位而言,包括法人和其他组织。(2)关于"共同故意"。"共同故意"包括两个内容:一是各个行为人具有相同的违法故意;二是各个行为人之间具有意思联络。共同故意的认定,要求各个行为人都明知共同违法行为的性质、危害社会的结果,并且希望或者放任危害结果的发生;要求各个行为人主观上具有意思联络,都认识到自己不是在孤立地实施违法,而是和他人一起共同违法。(3)关于"共同行为"。"行为"是指违法行为;"共同行为"不仅是指各个行为人都实施了属于同一违法构成的行为,而且是指各个行为人的行为在共同故意支配下相互配合、相互协调、相互补充,形成一个整体。共同违法行为的表现形式可能有三种情况:一是共同作为;二是共同不作为;三是作为与不作为相结合。共同违法行为的阶段也可能出现三种情况:一是共同实行行为。二是共同预备行为,也就是各个行为人的行为都是预备行为。行政法律中很少对预备违法行为作出处罚,因此,共同行政违法可以不考虑这种情形。三是二人以上共谋后,部分人实施了实行行为,另一部分人没有直接实施违法行为的情况。此类情形,刑法理论上有争议,行政违法可以不考虑。共同违法行为的分工情况可能表现为四种情况:一是正犯行为(实行行为),即直接导致危害结果发生的行为,它对共同违法故意内容的实现起关键作用;二是组织行为,即组织、策划、指挥共同违法行为,它对共同违法行为的性质、规模等起决定性作用;三是教唆行为,即故意引起他人违法意图的行为,它对他人犯意的形成起原因作用;四是帮助行为,即帮助实行违法的行为,它对共同违法行为起辅助作用。

其次,关于共同违法的处罚。(1)关于如何处理共同犯罪,《刑法》有明确而细致的规定。第二十六条规定:"组织、领导犯罪集团进行犯罪活动的或者在共同犯罪中起主要作用的,是主犯。三人以上为共同实施犯罪而组成的较为固定的犯罪组织,是犯罪集团。对组织、领导犯罪集团的首要分子,按照集团所犯的全部罪行处罚。对于第三款规定以外的主犯,应当按照其所参与的或者组织、指挥的全部犯罪处罚。"第二十七条规定:"在共同犯罪中起次要或者辅助作用的,是从犯。对于从犯,应当从轻、减轻处罚或者免除处罚。"第二十八条规定:"对于被胁迫参加犯罪的,应当按照他的犯罪情节减轻处罚或者免除处罚。"第二十九条规定:"教唆他人犯罪的,应当按照他在共同犯罪中所起的作用处罚。教唆不满十八周岁的人犯罪的,应当从重处罚。如果被教唆的人没有犯被教唆的罪,对于教唆犯,可以从轻或者减轻处罚。"(2)关于共同违法的处罚,作为母法的《行政处罚法》虽没有明文规定,但子法却有明确规定。对如何处罚共同治安违法,《治安管理处罚法》第十七条的答复是:"共同违反治安管理的,根据违反治安管理行为人在违反治安管理行为中所起的作用,分别处罚。教唆、胁迫、诱骗他人违反治安管理的,按照其教唆、胁迫、诱骗的行为处罚。"对如何处罚海关共同违法,《中华人民共和国海关行政处罚实施条例》第五十二条的回答是:"对2个以上当事人共同实施的违法行为,应当区别情节及责任,分别给予处罚。"

再次,如何处罚林业共同违法,林业法律没有规定。现在的问题是,无论是共同犯罪,还是治安、海关共同违法,都奉行"分别处罚"原则,林业共同违法是不是也可以沿用同样的处罚原则呢?我们认为,对林业共同违法不能适用"分别处罚"原则。主要原因是,这种做法既违背了依法行政的基本原则,也背离了"依法处罚"的部门法原则。在现行法律中,明确规定对共同违法行为实施"分别处罚"的法律并不多。法律已经规定共同违法适用"分别处罚"的,当然应当严格依法执行,如治安、海关等。但是在《行政处罚法》没有规定,林业法律也没有规定,对共同违法适用"分别处罚"的情况下,就不能以其他法律有"分别处罚"规定,或者法理认为"分别处罚"合理可行,或者存在"分别处罚"的行政惯例等理由,对林业共同违法实施"分别处罚"。因为,民事、行政和刑事法律三者虽然不可分割,但在法律性质、奉行原则、责任制度等方面可谓泾渭分明。民事法律与行政法律差距甚大,行政法律与刑事法律亦有不同。单就奉行原则而言,民事法律奉行的是:民事,法律所未规定者,依习惯;无习惯者,依法理。而行政法律奉行的是:"依法行政""处罚法定""法无明文不可为""法无明文不得罚"。刑事法律奉行的是"法无明文规定不为罪""法无明文规定不处刑"。因此,只有《行政处罚法》作出修改,规定"共同违法"适用"分别处罚",或者林业法律如《森林法》作出修改,规定"林业共同违法"适用"分别处罚",对林业共同违法才能适用"分别处罚"。

最后,关于第二十四条的理解。《行政处罚法》第二十四条规定:对当事人的同一个违法行为,不得给予两次以上罚款的行政处罚。该条款虽未创设真正的"一事不再罚"原则,却意外地创设了共同违法的处罚规则。换句话说,该条款不仅为我们提供了一个当事人实施的同一个违法行为如何处罚的规则,而且为我们解决了两个以上当事人实施的同一个违法行为如何处罚的难题,即不得给予两次以上罚款的行政处罚。前文已经谈及,对同一个违法行为,不得给予两次以上罚款,类似的,当然也不得给予两次以上的其他财产罚,如与罚款同属财产罚的没收;推而广之,更不能给予两次以上比财产罚更重的行政处罚。因此,该条款实际上是创设了"同一个违法行为不得两次行政处罚"的基本原则。或许,正是基于这一原因,判词里才说:"本案原告张××和张文×、蔡新×三人共同实施了一个违法行为,而被告对三人根据《中华人民共和国森林法实施条例》第四十三条的规定分别作出罚款121 200元的行政处罚,被告的行为明显违反了法律规定。"显然,这种明显违反法律规定的行为,不是法官眼中的"适用法律错误"。但是,在我看来,这种做法或许是一种另类的"适用法律错误"。

▶ 司法点评

1. 判决书存在引用法律错误的问题

判决书认定:"《林业行政处罚听证规则》[①]第五条规定,国家林业局依法作出十万元以上(含十万元)罚款决定的,应当告知当事人有要求举行听证的权利。而被告不能举证证明在作出行政处罚决定前,告知了原告上述权利,也不能证明经过了行政机关负责人的审查,显然违反了法定程序。"我们认同法院的结论,即被告没有履行告知义务,违反了法定程序。但是我们不认同法院的论证。因为法院用错了法律。

根据《林业行政处罚听证规则》第五条关于"林业行政主管部门依法作出责令停产停业、吊销许可证或者执照、较大数额罚款等林业行政处罚决定之前,应当告知当事人有要求举行听证的权利,并制作林业行政处罚听证权利告知书。前款所称较大数额的罚款,按照省、自治区、直辖市人大常委会或者省级人民政府的规定执行。国家林业局依法作出十万元以上(含十万元)罚款决定的,应当告知当事人有要求举行听证的权利"的规定,县级以上地方人民政府林业主管部门依法作出的罚款是否达到需要告知听证的数额标准,应当按照省、自治

[①] 《林业行政处罚听证规则》(国家林业局第5号令发布,2002年12月15日起施行)。

区、直辖市人大常委会或者省级人民政府的规定执行;国家林业局依法作出十万元以上(含十万元)罚款决定的,应当告知当事人有要求举行听证的权利。本案的行政处罚是由江西省鄱阳县林业局作出的,罚款数额是否达到需要告知听证的数额标准,应当按照江西省人大常委会或者省级人民政府的规定执行,而不应当按照国务院林业主管部门制定的标准执行。所以,此处引用国家林业局的听证数额标准,显然属于引用错误。或许,法院在此引用国家林业局的听证数额标准,是想遵循一下"举重以明轻"的规则,国家林业局罚款10万尚且要听证,你一个县林业局罚款12万多,难道还不需要听证?但问题是,使用这样的方式引用法律依据,很容易引起不必要的误会,即误认为这个案件是国家林业局亲自查处的。

2. 没有发现行政处罚的主体就是鄱阳县森林公安局

从"鄱森公林罚书字(2014)第7号行政处罚决定书"可以看出,作出上述林业行政处罚决定的主体,应当是鄱阳县森林公安局,而不是鄱阳县林业局。如果是鄱阳县林业局作出的林业行政处罚决定,其文书编号应当是"鄱林罚书字(2014)第7号行政处罚决定书"。法院应当在判决书中指出,鄱阳县森林公安局应当加强执法规范化建设,进一步规范执法程序和文书制作形式,在以委托行政机关名义作出行政处罚决定时,应当使用以委托行政机关的名义编排的行政处罚文书编号,而不能使用以自己的名义编排的行政处罚文书编号。但是,在查处法律授权的"四条六类"案件时,则应当使用以自己的名义编排的行政处罚文书编号,而不能使用以归属的林业主管部门名义编排的行政处罚文书编号。

3. 本案应当认定为非法开垦林地,而不是非法改变林地用途

审理查明,2012年至2013年期间,张××和张文×、蔡新×三人在没有到林业主管部门办理审批手续的情况下,合伙请人用推土机将位于饶丰镇枫林水库西侧的窑头山(又叫千里咀山)靠近枫林水库部分地块推平作为农田。该地块有林权证证明属于林地,面积为9.1亩,合计6060平方米。鄱阳县林业局认定上述行为构成"非法改变林地用途",并依据《森林法实施条例》第四十三条第一款,对涉案当事人作出了相应的行政处罚。我们认为,本案当事人的行为,并不构成"非法改变林地用途",应当被认定为"非法开垦林地"。(1)根据《森林法》第十八条、《森林法实施条例》第十六条的规定,只有"勘查、开采矿藏和修建道路、水利、电力、通讯等工程,需要占用或者征收、征用林地"时,用地单位才"应当向县级以上人民政府林业主管部门提出用地申请,经审核同意后,按照国家规定的标准预交森林植被恢复费,领取使用林地审核同意书",并"凭使用林地审核同意书依法办理建设用地审批手续"。《森林法实施条例》第四十三条第一款惩罚的正是违反上述法定义务的行为,即"未经县级以上人民政府林业主管部门审核同意,擅自改变林地用途的"行为。该行为应当受到的处罚是:由县级以上人民政府林业主管部门责令限期恢复原状,并处非法改变用途林地每平方米10元至30元的罚款。(2)无论是《森林法》第二十三条关于"禁止毁林开垦和毁林采石、采砂、采土以及其他毁林行为。禁止在幼林地和特种用途林内砍柴、放牧"的规定,还是《森林法实施条例》第二十一条关于"禁止毁林开垦、毁林采种和违反操作技术规程采脂、挖笋、掘根、剥树皮及过度修枝的毁林行为"的规定,都没有为开垦林地设置一个行政许可事项。换句话说,将林地转化为农田或者耕地,的确是改变了林地的用途。但是,这种类型的改变林地用途,不是森林法意义上的改变林地用途。因此,将林地转化为农田或者耕地,无须向林业主管部门提出申请,法律上也不存在这样一个行政许可。因此,本案行为人实施的将林地推平为农田的行为,在未经所有权人或者使用权人同意的情况下,实际上是一个非法开垦林地的行为,而无法构成森林法意义上的"非法改变林地用途"行为。

4. 非法改变林地用途和非法开垦林地的认定和处理

曾经有执法者问,"行为人未经林业主管部门同意,擅自在集体林场开采矿产,毁坏林木13棵,破坏的林地面积达4.9亩,我们依据《森林法实施条例》第四十三条第一款关于'未经县级以上人民政府林业主管部门审核同意,擅自改变林地用途的,由县级以上人民政府林业主管部门责令限期恢复原状,并处非法改变用途林地每平方米10元至30元的罚款'的规定,对违法行为人处以:责令限期恢复原状,并处非法改变用途林地每平方米15元的罚款。现在,领导以及上级部门提出要求,毁坏林木的行为也应当给予处罚。我们是在同一份决定书上依据《森林法》第四十四条第一款关于'违反本法规定,进行开垦、采石、采砂、采土、采种、采脂和其他活动,致使森林、林木受到毁坏的,依法赔偿损失;由林业主管部门责令停止违法行为,补种毁坏株数一倍以上三倍以下的树木,可以处毁坏林木价值一倍以上五倍以下的罚款'的规定,给予行政处罚,还是应当再行立案,给予行政处罚?"非法采矿毁坏林木,在全国许多省份都较为常见,且容易与非法开垦林地毁坏林木相混淆。以下就如何处理这类案件,笔者谈一些个人看法。

首先,关于非法采矿毁坏林木的处理方案。面对非法采矿毁坏林木,不仅立法者的处理方案有一个变化的过程,而且执法者的现行做法也并非一成不变。

立法者的处理方案。对同样的一个行为,究竟应当如何定性,取决于立法者的态度和选择。如何处理非法采矿毁坏林木,在《森林法》《森林法实施条例》中存在不同的解决方案。一是《森林法》的解决方案。《森林法》第十八条第一款规定:"进行勘查、开采矿藏和各项建设工程,应当不占或者少占林地;必须占用或者征收、征用林地的,经县级以上人民政府林业主管部门审核同意后,依照有关土地管理的法律、行政法规办理建设用地审批手续,并由用地单位依照国务院有关规定缴纳森林植被恢复费。森林植被恢复费专款专用,由林业主管部门依照有关规定统一安排植树造林,恢复森林植被,植树造林面积不得少于因占用、征收、征用林地而减少的森林植被面积。上级林业主管部门应当定期督促、检查下级林业主管部门组织植树造林、恢复森林植被的情况。"问题是,如果当事人未经林业主管部门审核同意擅自开采矿藏并毁林,即非法采矿并毁坏林木,应当如何处罚呢?能否依据《森林法》第四十四条第一款有关"违反本法规定,进行开垦、采石、采砂、采土、采种、采脂和其他活动,致使森林、林木受到毁坏的,依法赔偿损失;由林业主管部门责令停止违法行为,补种毁坏株数一倍以上三倍以下的树木,可以处毁坏林木价值一倍以上五倍以下的罚款"的规定予以处罚?个人看法是:(1)如果将第四十四条第一款与第十八条第一款、第二十三条第一款进行比较,可以看出,第四十四条第一款不是为第十八条第一款准备的,而是为第二十三条第一款准备的。第二十三条第一款明确规定"禁止毁林开垦和毁林采石、采砂、采土以及其他毁林行为。"两个条款的衔接可谓"天衣无缝",唯一不同的是第四十四条第一款增加了毁林采种和毁林采脂两种行为。(2)《森林法》虽然明确要求,开采矿藏必须占用或者征收、征用林地的,应经县级以上人民政府林业主管部门审核同意,但是,《森林法》中并没有为"未经林业主管部门审核同意擅自开采矿藏"的行为,设置一个明确的处罚条款。是否应当及如何处罚这种行为,有待执法者对现有条款做出解释。(3)第二十三条第一款的"其他毁林行为",应当包括与"毁林开垦和毁林采石、采砂、采土"属于同等类型的毁林行为,如"毁林采种""毁林采脂""毁林采矿"等。由此,第四十四条第一款中的"其他活动"也就可以解释为包括"采矿"这类活动。这样,对"未经林业主管部门审核同意擅自开采矿藏"并毁坏林木的行为,即非法采矿毁坏林木,可以依据第四十四条第一款予以处罚。综上,针对非法采矿毁坏林木,《森林法》并未设定明确的处罚条款。但如果将"采矿"作为"其他活动"中的一种,那么对"未经林业主管部门审核同意擅自开采矿藏","致使森林、林木受到毁坏的"行为,就可以依据第四十四条第一款之规定,以非法采矿毁坏林木定性处罚。遗留的问题是:对非法采矿未毁坏林木的行为,如何处理呢?二是《森林法实施条例》(2000年1月29日起施行)的解决方案。《森林法实施条例》第十六条规定:"勘查、开采矿藏和修建道路、水利、电力、通讯等工程,需要占用或者征收、征用林地的,必须遵守下列规定:(一)用地单位应当向县级以上人民政府林业主管部门提出用地申请,经审核同意后,按照国家规定的标准预交森林植被恢复费,领取使用林地审核同意书。用地单位凭使用林地审核同意书依法办理建设用地审批手续。占用或者征收、征用林地未经林业主管部门审核同意的,土地行政主管部门不得受理建设用地申请。(二)占用或者征收、征用防护林林地或者特种用途林林地面积10公顷以上的,用材林、经济林、薪炭林林地及其采伐迹地面积35公顷以上的,其他林地面积70公顷以上的,由国务院林业主管部门审核;占用或者征收、征用林地面积低于上述规定数量的,由省、自治区、直辖市人民政府林业主管部门审核。占用或者征收、征用重点林区的林地的,由国务院林业主管部门审核。(三)用地单位需要采伐已经批准占用或者征收、征用的林地上的林木时,应当向林地所在地的县级以上地方人民政府林业主管部门或者国务院林业主管部门申请林木采伐许可证。(四)占用或者征收、征用林地未被批准的,有关林业主管部门应当自接到不予批准通知之日起7日内将收取的森林植被恢复费如数退还。"第四十三条第一款规定:"未经县级以上人民政府林业主管部门审核同意,擅自改变林地用途的,由县级以上人民政府林业主管部门责令限期恢复原状,并处非法改变用途林地每平方米10元至30元的罚款。"如果把第十六条和第四十三条第一款放在一起比较,可以发现,第四十三条第一款正是为第十六条而准备的。即如果当事人违反第十六条的规定,就得承担第四十三条第一款的法律责任。换言之,违反第十六条规定,"未经林业主管部门审核同意",擅自在林地之上实施"勘查、开采矿藏和修建道路、水利、电力、通讯等工程",应当认定为第四十三条第一款所称的"未经县级以上人民政府林业主管部门审核同意,擅自改变林地用途",即"非法改变林地用途",依法应当"责令限期恢复原状,并处非法改变用途林地每平方米10元至30元的罚款"。但是,问题在于,上述非法勘查、非法采矿、非法修路等各种非法改变林地用途的行为,存在两种可能。以非法采矿为例,一种是非法采矿毁坏林木,另一种是非法采矿未毁坏林木。这两种情形是否都应当适用第四十三条第一款呢?

执法者的处理方案。如何处罚非法采矿毁坏林木,执法者的选择各不相同,主要做法有三种。第一种是单一处罚型,有两种做法:一是依据《森林法实施条例》第四十三条第一款,以非法改变林地用途定性处罚;二是依据《森林法》第四十四条第一款,以非法采矿毁坏林木定性处罚。第二种是双重处罚型,也有两种做法:一是在一个案件中依据上述两个条款实施处罚;二是作为两个案件分别实施处罚。其中,一个案件依据的是《森林法实施条例》第四十三条第一款,一个案件依据的是《森林法》第四十四条第一款。第三种是机动处罚型。就是在第一种和第二种之间摇摆不定,根据具体案件进行机动选择,有时选择单一处罚,有时选择双重处罚。显然,对非法采矿毁坏林木的处理,立法上有不同方案,执法实践也各不相同。问题在于,如何处理这种行为才合乎法律?与其类似的非法开垦毁坏林木行为又当如何处理?一言以蔽之,所有涉及林地、毁坏林木的行为,究竟应当如何适用法律?

其次,关于涉及林地、毁坏林木的行为类型。涉及林地、毁坏林木的行为有三种情况:(1)只涉及林地的违法行为,有三种:一是《森林法实施条例》第四十一条第二款第二句话设定的非法开垦林地;二是《森林法实施条例》第四十三条第一款规定的非法改变林地用途;三是《森林法实施条例》第四十三条第二款规定的逾期不归还临时占用的林地。(2)只涉及毁坏林木的违法行为,有两种:一是《森林法》第四十四条第二款规定的砍柴、放牧毁坏林木;二是《森林法实施条例》第四十一条第一款规定的毁林采种或者违规采脂、挖笋、掘根、剥树皮及过度修枝毁坏林木。(3)既涉及林地又涉及毁林的违法行为,有两种:一是《森林法》第四十四条第一款规定的非法开垦、采石、采砂、采土、采种、采脂和其他活动毁坏林木;二是《森林法实施条例》第四十一条第二款第一句话规定的非法开垦林地毁坏林木。总之,共有七种违法行为,涉及三个条款:《森林法》第四十四条、《森林法实施条例》第四十一条以及第四十三条。稍加比较,即可发现,《森林法实施条例》第四十一条、第四十三条是《森林法》第四十四条第一款的补充和完善。例如,《森林法实施条例》第四十一条第二款增设的非法开垦林地,即擅自开垦林地但对森林、林木未造成毁坏或者被开垦的林地上没有森林、林木,就是对《森林法》第四十四条第一款设定的单一行为即非法开垦林地毁坏林木的进一步完善。《森林法实施条例》第四十一条第一款规定的"毁林采种或者违反操作技术规程采脂、挖笋、掘根、剥树皮及过度修枝,致使森林、林木受到毁坏",也是对《森林法》第四十四条第一款规定的违法进行"采种、采脂和其他活动,致使森林、林木受到毁坏"的进一步细化。特别是,《森林法》第四十四条、《森林法实施条例》第四十一条共享一个隐含的前提条件,即这两个条款所涉及的林木所有权均不属于行为人所有。笔者之所以如此认为,在于这两个条款的法律责任中都有一个规定——"依法赔偿损失"。毫无疑问,只有被毁林木的所有权属于他人,而非属于行为人时,才有可能要求行为人赔偿他人的损失。如果被毁坏的林木属于行为人所有,行为人对谁进行赔偿呢?难道是赔偿自己吗?如果这种推理成立的话,那么,立法者在滥伐林木的规定中,也应当设置"依法赔偿损失"的规定。立法者没有在滥伐林木的责任中,却在毁坏林木的责任中,做出"依法赔偿损失"的规定,只能说明一点:滥伐林木和毁坏林木这两种行为对林木所有权的要求不同,毁坏林木的行为人对被毁坏的林木并不享有所有权。

最后,关于涉及林地、毁坏林木行为的处理思路。我们认为,对涉及林地、毁坏林木的行为,应当根据林权即林地、林木所有权或者使用权的不同情况,依法予以相应的处理。

第一种情况:行为人是林地、林木所有权或者使用权人。(1)行为人在林地上非法勘查、开采矿藏和修建道路、水利、电力、通讯等工程,采石、采砂、采土,同时毁坏林木,或者没有毁坏林木或者林地上没有林木。这一行为,无论是否存在毁坏林木的结果,都应当且只能依据《森林法实施条例》第四十三条第一款之规定,认定为"非法改变林地用途",依法给予相应的行政处罚。(2)行为人开垦林地,并毁坏林地上的林木。这一行为,不应认定为《森林法实施条例》第四十一条第二款第一句话所规定的非法开垦林地毁坏林木,而应当区分林木毁坏的不同情形,依法予以处理。第一种情形,如果开垦林地,并以采挖、使用挖掘机碾压甚至连根挖起等各种方式,对林木实施完全、彻底的毁坏,那么可以涉嫌滥伐林木定性处罚。应当提醒的是,这里处罚所针对的行为,是毁坏林木的行为,且毁坏行为所造成的结果,已经无异于采伐行为所导致的结果,而不是也不包括开垦林地的行为。第二种情形,如果开垦林地,并采取修枝、剥树皮等方式,对林木实施部分毁坏,那么根据"法无禁止即自由"的规则,此类行为并不违法。理由在于:一则,林权是所有权的一种类型,根据其基本精神,林权人对林地实施开垦,是其行使林地所有权或者使用权的合法方式之一。同时,对林地的开垦,森林法及其实施条例既没有设置限定条件,也没有设定行政许可。更重要的是,《森林法实施条例》第四十一条第一款"违反森林法和本条例规定,擅自开垦林地"中的"擅自",是指未经权利人的同意即"民事许可",而非经林业主管部门的行政许可。由此,林权人对其林地实施开垦,并不为现行法律所禁止。二则,有观点认为,《森林法实施条例》第二十一条关于"禁止毁林开垦、毁林采种和违反操作技术规程采脂、挖笋、掘根、剥树皮及过度修枝的毁林行为"的规定,是禁止一切毁林开垦的行为,而非只禁止特定的毁林开垦的行为。所以,即便是林权人,其实施的毁林开垦行为,也应当按照第四十一条第二款第一句话处罚。笔者认为,这种观点是对第二十一条的误读。的确,第二十一条规定应当解读为禁止一切毁林开垦行为,既禁止林权人毁林开垦,也禁止非林权人毁林开垦。就此而言,这里讨论的林权人实施毁林开垦行为,肯定是违反了第二十一条的禁止性规定。但需要注意的是,第二十一条禁止的是"毁林开垦""毁林采种""毁林采脂",以及其他各种毁林行为,并未禁止开垦、采种、采脂、挖笋、掘根、剥树皮等行为。因此,林权人对其林地实施开垦,且没有毁坏林木或者林地上没有林木,其行为并不违法。如果法律只是禁止某种行为,却没有规定实施这行为应当给予行政处罚,那么根据"处罚法定"原则,行为人即便实施了这种行为,也只能确认该行为违反法律规定,并责令停止违法行为,而不能给予行政处罚。前文已经指出,《森林法》第四十四条第一款所处罚的行为,只是非林权人在林地上实施开垦、采石等并毁坏林木的行为,并不包括林权人在林地上实施开垦、采石等并毁坏林木的行为。因此,面对林权人在林地上实施的开垦、采石等并毁坏林木行为,林业主管部门只有权确认该行为违反第二十一条规定,并责令其停止违法行为,而无权决定对该行为给予行政处罚。三则,在林业行政执法实践中,流行着这样一种论调,即只要法律有禁止性条款,违反这一条款就应当给予行政处罚。如果不给予处罚,那么法律为什么要禁止呢?既然禁止了,就一定要处罚。其实,立法者既没有我们想象得那么严苛,也无法做到法网恢恢疏而不漏。立法者通常采用两种方法,来维护行政管理秩序。第一种是禁止某种行为并规定一旦实施即予惩罚,第二种是禁止某种行为但未规定一旦实施即予处罚。第一种极为常见,可谓比比皆是。第二种比较少见,但也并非罕见。例如,2018年3月19日之前的《森林法实施条例》(以下简称旧《森林法实施条例》)第三十四条第一款规定:"在林区经营(含加工)木材,必须经县级以上人民政府林业主管部门批准。"第二款规定:"木材收购单位和个人不得收购没有林木采伐许可证或者其他合法来源证明的木材。"旧《森林法实施条例》第四十条规定:"违反本条例规定,未经批准,擅自在林区经营(含加工)木材的,由县级以上人民政府林业主管部门没收非法经营的木材和违法所得,并处违法所得2倍以下的罚款。"显而易见,第四十条对应的条款是第三十四条第一款,而不是第三十四条第二款。或者说第三十四条第二款没有直接对应的处罚条款。现在假定,行为人持有合法的木材经营许可证,但收购了没有合法来源的木材,应当如何定性处罚呢?笔者认为,这种行为既不能依据旧《森林法实施条例》第四十条规定予以行政处罚,也不能依据《森林法》第四十三条有关"在林区非法收购明知是盗伐、滥伐的林木的,由林业主管部门责令停止违法行为,没收违法收购的盗伐、滥伐的林木或者变卖所得,可以并处违法收购林木的价款一倍以上三倍以下的罚款"的规定,予以行政处罚。因为,一方面,非法经营木材仅仅是指没有经过批准并取得木材经营许可证,就开展木材经营行为,并不是指也不包括取得许可证后收购无合法来源木材的行为;另一方面,没有合法来源的木材,很可能是盗窃、抢夺得来的林木,并不一定就是盗伐或者滥伐得来的林木。由此,笔者确认,在《森林法》和旧《森林法实施条例》的框架下,持有合法的木材经营许可证的行为人,收购没有合法来源木材的行为,属于旧《森林法实施条例》所禁止的违法行为,但旧《森林法实施条例》并没有规定具体的处罚条款,所以不应受到行政处罚。当然,若地方法律另有规定,则从其规定。如《广东省木材经营加工运输管理办法》(2011年9月1日起施行)第二十七条第(三)项对此类行为就有明确规定:"违反本办法第二十条规定,有下列情形之一的,由县级以上人民政府林业主管部门予以处罚;依法需要吊销营业执照的,通知同级工商行政主管部门处理……(三)收购无合法来源木材的,没收违法收购的木材或者违法所得,可以并处非法收购木材价款1倍以上3倍以下的罚款"。而第二十条第(三)项的规定是:"禁止木材经营、加工单位和个人从事下列活动……(三)经营、加工无合法来源的木材"。应当指出,根据《国务院关于修改和废止部分行政法规的决定》(2018年3月19日国务院令第698号发布并施行)的规定,旧《森林法实施条例》第三十四条所设定的木材经营许可证被取消,其直接对应的第四十条也作出了相应修改。现行《森林法实施条例》第三十四条第一款规定:"木材收购单位和个人不得收购没有林木采伐许可证或者其他合法来源证明的木材。"第四十条规定:"违反本条例规定,收购没有林木采伐许可证或者其他合法来源证明的木材的,由县级以上人民政府林业主管部门没收非法经营的木材和违法所得,并处违法所得2倍以下的罚款。"(3) 行为人开垦林地,但没有毁坏林木,或者林地上没有林木。这一行为,《森林法》《森林法实施条例》既没有禁止,也没有设定限制性条件,且为民事法律所支持,不应认定为违法行为,也不构成《森林法实施条例》第四十一条第二款第二句话所指的非法开垦林地。(4) 行为人毁林采种或者违规采脂、挖笋、掘根、剥树皮及过度修枝毁坏林木。这些行为,《森林法》和《森林法实施条例》均无处罚条款。(5) 行为人砍柴、放牧毁坏林木。这一行为,《森林法》和《森林法实施条例》均无处罚条款。

  第二种情况:行为人不是林地、林木所有权人或者使用权人。(1) 行为人在林地上非法勘查、开采矿藏和修建道路、水利、电力、通讯等工程、采石、采砂、采土,同时毁坏林木。对这一行为的处理,有两种方案可供选择:一是依据《森林法实施条例》第四十三条第一款之规定,认定为"非法改变林地用途"予以处罚;二是依据《森林法》第四十四条第一款之规定,认定为"非法采石毁坏林木""非法采砂毁坏林木""非法采土毁坏林木"等予以处罚。按照第二种方案处罚,不仅罚款数额不大,罚没款上缴指标不易完成,而且为计算罚款的基数——"毁坏林木价值",既要申请林木数量的鉴定,又要申请林木价格鉴证,既费时又费事还费钱。一句话,吃力不讨好。按照第一种方案处罚,罚款数额大,计算还方便,罚款上缴指标更容易完成。在上缴的罚没款可以按比例返还的情形下,特别是林业行政公益诉讼尚未出现之前,执法者最可能选择的应该是第一种方案。但是现在的情况不同了。按比例返还罚没款的做法,因为违反现行法律规定,很多地方都已经取消了。对林业行政主体而言,需要真正面对的难题,已经不再是如何增加经费,而是如何合法使用经费。更为重要的是,风起云涌的林业行政公益诉讼,特别是针对诸如"责令补种树木""责令限期恢复原状"等行政处罚执行不到位的诉讼,正在对林业行政主体及其执法者形成极大冲击。选择第二种方案,行政处罚中的"责令补种树木"的强制执行,林业行政主体尚可勉强为之;而选择第一种方案,面对"责令限期恢复林地原状"的强制执行,在法院判决不准予强制执行或者驳回强制执行申请或者判决由林业主管部门代履行的情况下,单凭林业主管部门自身的力量显然难以甚至无法完成。因此,在《森林法》相关条款没有进一步完善之前,或者司法机关和林业主管部门尚未就公益诉讼相关制度安排取得共识之前,选择上述两种方案中的哪一种方案,既能够确保林业行政处罚的顺利执行,又可以免于行政公益诉讼的挑战,已经成为林业行政主体必须认真考虑的问题。(2) 行为人在林地上非法勘查、开采矿藏和修建道路、水利、电力、通讯等工程、采石、采砂、采土,但没有毁坏林木或者林地上没有林木。对这一行为的处理,应当依据《森林法实施条例》第四十三条第一款之规定,认定为"非法改变林地用途",给予相应的行政处罚。(3) 行为人擅自开垦林地并毁坏林木。这一行为,应当认定为非法开垦林地毁坏林木,依据《森林法》第四十四条第一款予以处罚。(4) 行为人擅自开垦林地没有毁坏林木或者林地上没有林木。这一行为,应当认定为非法开垦林地,依据《森林法实施条例》第四十一条第二款第二句话予以处罚。(5) 行为人毁林采种或者违规采脂、挖笋、掘根、剥树皮及过度修枝毁坏林木。对这一行为,应当依据《森林法实施条例》第四十一条第一款予以处罚。(6) 行为人砍柴、放牧毁坏林木。对这一行为,应当依据《森林法》第四十四条第二款予以处罚。

▶ **立法建议**

关于共同违法的行政处罚

鉴于行政违法中的共同违法较为常见,而不同行政机关的处罚规则又各不相同。为统一共同违法的处罚规则,建议在《行政处罚法》中增设共同违法的处罚条款。建议条款如下:

第××条 共同违反行政管理秩序的,根据违反行政管理秩序行为人在违反行政管理秩序行为中所起的作用,分别处罚。

▶ **判决书**

张××与江西省鄱阳县林业局林业行政处罚纠纷案

江西省鄱阳县人民法院
行政判决书

(2014)鄱行初字第 14 号

原告张××。
委托代理人邹×,江西兴芒律师事务所律师,一般代理。
被告江西省鄱阳县林业局,地址江西省鄱阳县鄱阳镇大芝路。
法定代表人吴××,局长。

委托代理人张金×,鄱阳县林业局党委委员,一般代理。

委托代理人刘颖×,鄱阳县森林公安局法制科科长,一般代理。

原告张××不服被告江西省鄱阳县林业局作出的鄱森公林罚书字(2014)第7号行政处罚决定书,于2014年10月8日向本院提起行政诉讼。本院于2014年10月14日受理后,10月17日向被告送达起诉书副本及应诉通知书。本院依法组成合议庭,于2014年11月13日公开开庭审理了本案。原告张××及其诉讼代理人邹×,被告鄱阳县林业局的委托代理人张金×、刘颖×到庭参加诉讼。本案现已审理终结。

被告鄱阳县林业局于2014年7月6日对原告张××作出了鄱森公林罚书字(2014)第7号行政处罚决定书,认定原告张××伙同张文×、蔡新×在2012年7月至2013年7月间在未到林业主管部门办理林地占用手续的情况下,分两次用推土机将三庙前乡兰溪岭村千里咀(饶丰镇彭家坂村称之为窑头山)推平,准备用于改造农田,被推平的林地面积为9.1亩,合计6 060平方米。根据《中华人民共和国森林法实施条例》第四十三条的规定,决定对张××处以每平方米20元,合计121 200元的罚款,责令恢复原状。被告于2014年10月26日向本院提供了作出被诉具体行政行为的证据、依据:

1. 鄱阳县公安局移送案件通知书,证明原告违法改变林地用途一案系鄱阳县公安局移送至鄱阳县森林公安局。

2. 张××的询问笔录,证明2012年10月至2013年7月份我和张文×、蔡新×先后请人用推土机将窑头山(又称千里咀山)推平想改成水田用,整个过程没有到林业主管部门办理手续。

3. 证人张意×的询问笔录,证明2012年7、8月张××、张文×等人私自在千里咀山上用推土机取土,改变了山林的原始地貌。

4. 证人孙桂×的询问笔录,证明千里咀山位于饶丰水库旁,东至饶丰水库,南至十甲山沟,西至樟坛山路,北至肖家岭。2012年至2013年7月份,张××、张文×等人多次推土。

5. 证人孙意×的询问笔录,证明千里咀山承包给了孙桂×。

6. 证人孙加×的询问笔录,证明2012年至2013年,张××、张文×多次推土,破坏千里咀山。

7. 蔡新×询问笔录,证明饶丰枫林水库西边的地是我和张××、张文×合伙推的。推土是经过村小组和村委会同意,推土的地方原来有茅草和一些野柴。我们推土是为了种田。

8. 证人张志×的询问笔录,证明2012年11月份张××、张文×、蔡新×三人想推平窑头山准备做农田,后经组织村民开会,大家一致同意由他们三人用。他们第一次推铁路村委会不知道,第二次推,组里和村委会知道。

9. 鄱阳县饶丰镇铁路村民委员会会议记录,证明2012年11月29日铁路村委会为窑头山组织了村民开会,村民同意由张××、张文×、蔡新×三人推平使用。

10. 现场勘查笔录、照片及示意图,证明现场位于千里咀山东西侧,千里咀山东至饶丰水库,南至十甲沟,西至樟坛山路,北至肖家岭。现场面积为11.59亩(7 734平方米)。

11. 江西省波(鄱)阳县山林权证,证明千里咀山东至饶丰水库,南至十甲山沟,西至樟坛山路,北至肖家岭。

12. 鄱阳县林业局调查设计队关于鄱阳县座(坐)落在饶丰镇铁路村彭家坂组窑头山开

垦林地面积的鉴定意见,证明被开垦的林地面积为9.1亩。

13.《中华人民共和国森林法实施条例》第四十三条,证明作出处罚的法律依据。

原告诉称:被告作出的鄱森公林罚书字(2014)第7号行政处罚决定书,一是认定事实错误,理由:1. 原告等人平整的地不是林地。2. 原告等人平整了土地,但没有改变土地用途。二是程序不合法。理由:1. 被告林业局作出的处罚决定,实际办案机关是鄱阳县森林公安局,本案不在鄱阳县林业局授权鄱阳县森林公安局的办案范围,系越权办案。2. 本案的听证告知书等法律文书没有送达,违反了法定程序。3. 鄱阳县林业局对原告及其共同行为人分别作出了三份罚款的行政处罚决定书,违反了"一事不再罚"原则。请求法院判决撤销上述处罚决定书。

原告提供的证据有:

1. 原告身份证复印件,证明原告主体身份。

2. 鄱阳县林业局鄱森公林罚书字(2014)第7号、8号、9号行政处罚决定书,证明原告及其合伙人分别被处罚的事实。

3. 江西省林业行政处罚委托书,证明办案机关鄱阳县森林公安局办理本案超越了鄱阳县林业局的授权范围。

4. 鄱阳县国土资源局饶丰国土资源所出具的第二次土地调查图、鄱阳县鑫地测绘有限公司出具的测绘图,证明原告等人平整的土地不是林地。

5. 鄱阳县饶丰镇铁路村民委员会和鄱阳县饶丰镇人民政府出具的证明,证明窑头山湖沿到张家冲农田湖沿为荒丘,无一颗(棵)树木。

6. 鄱阳县饶丰镇水务站出具的证明,证明饶丰镇枫林水库正常蓄水水位为20.5米,蓄水水面1 100亩。

鄱阳县林业局辩称:其作出的鄱森公林罚书字(2014)第7号行政处罚决定书,在程序和实体上都是合法的,请求法院驳回原告的诉讼请求。理由:1. 听证权利告知书等法律文书均已送达当事人。2. 办案机关鄱阳县森林公安局是在法律规定的权限范围内办案,没有越权。3. 原告等人平整的土地是林地。

经庭审质证,本院对原、被告提交的证据作如下确认:

被告提交的1号至9号证据来源合法,与本案具有关联性,其证明效力予以确认;被告提交的10号证据是办案人员现场勘查经过、现场勘查情况的记录,而处罚决定书认定的原告等人平整土地的面积系根据专业机构的鉴定意见作出,因此两者并无实质矛盾;被告提交的11号证据系国家机构根据土地性质所颁发的法定证书,具有认定相关土地性质的法律效力;被告提交的12号证据,原告提出了异议,但又未依法申请重新鉴定,原告的质证意见不予采纳。故上述证据的证明效力予以确认。

原告提交的1、2号证据,符合证据三性规定,其证明效力予以认定;原告提交的3号证据,因证据中也规定"其他法律法规规定的行政案件",且根据《国家林业局关于森林公安机关办理林业行政案件有关问题的通知》第1条的规定,森林公安对《中华人民共和国森林法》第39条、第42条、第43条、第44条规定的林业行政案件具有管辖权,因此原告提交的3号证据不能达到其证明目的。原告提交的4号证据,鄱阳县鑫地测绘有限公司出具的测绘图系原告单方委托作出,没有证据证明其具有真实性;鄱阳县国土资源局饶丰国土资源所出具的第二次土地调查图,因《土地调查条例》第28条规定,土地调查成果不作为依照其他法律、行政法规对调查对象实施行政处罚的依据,不作为划分部门职责分工和管理范围的依据。因此原告提交的4号证据证明效力不予确认。原告提交的5号证据不能作为认定土地性质的依据,6号证据只能证明饶丰镇枫林水库蓄水量,不能证明原告等人平整的土地不是林地。故5、6号证据的证明效力不予确认。

经审理查明,2012年至2013年期间,原告张××和张文×、蔡新×三人在没有到主管部门办理审批手续的情况下,合伙请人用推土机将位于饶丰镇枫林水库西侧的窑头山(又叫千里咀山)靠近枫林水库部分地块平整作为农田。并于2012年11月29日,取得了鄱阳县饶丰镇铁路村委会的同意。鄱阳县林业局以张××、蔡新×、张文×违法改变林地用途,于2014年7月6日作出了鄱森公林罚书字(2014)第7号、第8号、第9号行政处罚决定书,对张××、张文×、蔡新×分别处以121 200元的罚款,并责令恢复原状。原告张××以林业局的处罚决定书认定事实、适用法律错误,程序违法,请求法院依法撤销。

另查明,被告鄱阳县林业局不能举证证明作出处罚决定前告知了张××作出行政处罚决定的事实、理由及依据,并告知了依法享有的要求举行听证等权利。也不能举证证明作出的处罚决定经过了被告负责人的审查。

以上事实有原告、被告提供的证据材料及庭审笔录证实,足以认定。

本院认为,《中华人民共和国行政处罚法》第二十四条规定,对当事人的同一个违法行为,不得给予两次以上罚款的行政处罚。本案原告张××和张文×、蔡新×三人共同实施了一个违法行为,而被告对三人根据《中华人民共和国森林法实施条例》第四十三条的规定分别作出罚款121 200元的行政处罚,被告的行为明显违反了法律规定。且根据《中华人民共和国行政处罚法》第三十一条规定:行政机关作出行政处罚决定之前,应当告知当事人作出行政处罚决定的事实、理由及依据,并告知当事人依法享有的权利。第三十八条规定:调查终结,行政机关负责人应当对调查结果进行审查,根据不同情况,分别作出决定。《林业行政处罚听证规则》第五条规定,国家林业局依法作出十万元以上(含十万元)罚款决定的,应当告知当事人有要求举行听证的权利。而被告不能举证证明在作出行政处罚决定前,告知了原告上述权利,也不能证明经过了行政机关负责人的审查,显然违反了法定程序。原告诉称被告认定事实、适用法律错误,其诉称的理由不能成立,依法不予支持。依照《中华人民共和国行政诉讼法》第五十四条第(二)项第3目之规定,判决如下:

撤销鄱阳县林业局鄱森公林罚书字(2014)第7号行政处罚决定。

案件受理费50元,由被告鄱阳县林业局承担。

如不服本判决,可在判决书送达之日起十五日内提起上诉,向本院递交上诉状,并按对方当事人的人数递交上诉状副本,上诉于江西省上饶市中级人民法院。

审 判 长 盛连娜
代理审判员 金 龙
人民陪审员 汤文钊

二〇一四年十二月五日

书 记 员 陈敏合

> 法律依据

《中华人民共和国森林法实施条例》(2011 年第一次修正)

第四十三条　未经县级以上人民政府林业主管部门审核同意,擅自改变林地用途的,由县级以上人民政府林业主管部门责令限期恢复原状,并处非法改变用途林地每平方米 10 元至 30 元的罚款。

临时占用林地,逾期不归还的,依照前款规定处罚。

《林业行政处罚听证规则》(2002 年 11 月 2 日国家林业局令第 4 号)

第五条　林业行政主管部门依法作出责令停产停业、吊销许可证或者执照、较大数额罚款等林业行政处罚决定之前,应当告知当事人有要求举行听证的权利,并制作林业行政处罚听证权利告知书。

前款所称较大数额的罚款,按照省、自治区、直辖市人大常委会或者省级人民政府的规定执行。

国家林业局依法作出十万元以上(含十万元)罚款决定的,应当告知当事人有要求举行听证的权利。

《中华人民共和国行政处罚法》(2009 年第一次修正)

第二十四条　对当事人的同一个违法行为,不得给予两次以上罚款的行政处罚。

第三十一条　行政机关在作出行政处罚决定之前,应当告知当事人作出行政处罚决定的事实、理由及依据,并告知当事人依法享有的权利。

第三十八条　调查终结,行政机关负责人应当对调查结果进行审查,根据不同情况,分别作出如下决定:

(一)确有应受行政处罚的违法行为的,根据情节轻重及具体情况,作出行政处罚决定;

(二)违法行为轻微,依法可以不予行政处罚的,不予行政处罚;

(三)违法事实不能成立的,不得给予行政处罚;

(四)违法行为已构成犯罪的,移送司法机关。

对情节复杂或者重大违法行为给予较重的行政处罚,行政机关的负责人应当集体讨论决定。

《林业行政处罚程序规定》(1996 年 9 月 27 日中华人民共和国林业部令第 8 号)

第三十一条　林业行政处罚案件经调查事实清楚、证据确凿的,应当填写《林业行政处罚意见书》,并连同《林业行政处罚登记表》和证据等有关材料,由林业行政执法人员送法制工作机构提出初步意见后,再交由本行政主管部门负责人审查决定。

情节复杂或者重大违法行为需要给予较重行政处罚的,林业行政主管部门的负责人应当集体讨论决定。

二、应当适用却不适用林业单行条例的，属于适用法律、法规错误

——段××与福贡县林业局林业行政处罚纠纷上诉案

▶ 基本信息

行政相对人：段××
被诉行政主体：福贡县林业局
一　审　法　院：福贡县人民法院
一　审　结　果：福贡县林业局胜诉
二　审　法　院：怒江傈僳族自治州中级人民法院
二　审　结　果：福贡县林业局胜诉

▶ 基本案情

段××于2012年9月2日从缅甸人三多皮处收购白色三香果树瘤板，并于2012年9月4日将86件树瘤板运至福贡县境内的亚坪通道6公路处邓友×家北面堆放。2012年9月7日，福贡县森林公安局执法人员在巡逻时发现段××堆放的树瘤板，段××未能提供相关证据证实其具有经营边贸木材的合法资格。被告通过询问相关证人、现场勘验检查、对涉案物品进行鉴定、调取相关证据后，于2012年9月17日向段××告知了行政处罚的事实、理由和依据，并听取了原告的陈述和申辩，于2012年9月18日对其作出福林罚书字〔2012〕第（40）号林业行政处罚决定。段××不服，提出诉讼。福贡县人民法院一审判决维持上述处罚决定。段××不服一审判决，提出上诉。

▶ 双方主张

段××诉称：

1. 原判认定事实错误。上诉人原从缅甸购进230件树瘤板，2012年9月4日只运回境内86件，2012年9月7日森林公安局的执法人员发现的树瘤板，按被上诉人的说法违反了《会议纪要》的规定，原审认定与被告的答辩相互矛盾。

2. 福贡县森林公安局不具有林业行政执法资格。被上诉人的工作人员没有向法庭举出《国家林业局关于森林公安机关查处林业行政案件有关问题的通知》中要求：由国家林业局统一核发的林业行政执法证件。且该通知规定了适用森林法39条、43条、44条规定，由此可见，原审法院审理时认定事实不仅错误，而且将上诉人举证的证据单方推定为"被告方执法人员在执法过程中依法向被调查对象出示了执法证件"。综上所述，原审法院审理程序违法，认定事实错误，二审法院依法应予撤销原审及被上诉人的行政处罚决定。

福贡县林业局辩称：

1. 认定事实正确。上诉人段××在没有边贸木材经营许可资格的情况下，在缅甸收购树瘤板并雇佣驾驶人员将树瘤板运入境内，事后为了掩饰其违法行为而与途龙公司办理了挂靠手续，其提供的《边贸木材经营监管单》无监管单位和监管人员的签名和盖章，不能证实其储运树瘤板的合法性。

2. 办案程序合法。执法机关在办理该案的过程中，始终严格依照《中华人民共和国行政处罚法》《林业行政处罚程序规定》的相关规定，不存在程序违法。

3. 具有行政执法资格。根据《国家林业局关于森林公安机关查处林业行政案件有关问题的通知》（林安发〔2001〕146号）文件，解决了森林公安机关查处林业行政案件的执法权限，福贡县森林公安局以福贡县林业局的名义查处段××非法收购、储运树瘤板案件具有行政执法权，相关执法人员具备执法资格。

4. 行政处罚合法且适当。上诉人段××违反了《云南省森林条例》第三十一条"设立木材储运、交易、中转场所的，应当经县级林业行政主管部门审核后，报地州市林业行政主管部门批准。禁止任何单位和个人收购、储运、中转没有木材采伐许可证或者没有其他合法来源证明的木材。"的规定。执法机关依据《云南省森林条例》第四十三条的规定，对段××作出了没收其非法储运的86件树瘤板和罚款人民币1 000元的行政处罚是合法适当的。

▶ **争议焦点**

本案的争议焦点为福贡县林业局是否具备处罚主体资格，其处罚决定事实是否清楚，程序是否合法，适用法律是否正确。

▶ **法院判决**

怒江傈僳族自治州中级人民法院认为，根据《国家林业局关于森林公安机关查处林业行政案件有关问题的通知》（林安发〔2001〕146号）的相关规定，福贡县森林公安局可以其归属的福贡县林业局的名义查处各类林业行政案件，在《林业行政处罚决定书》上盖林业主管部门的印章。据此，福贡县森林公安局对该案具有林业行政执法资格。根据我国有关木材及林产品经营的相关规定，经营此类产品需要依法取得相应的行政许可，而上诉人段××在未取得相应的行政许可的情况下，从缅甸收购三香果树瘤板入境中转。在庭审中，段××仅提供了事后由福贡途龙贸易有限公司申报且无监管单位及监管人员签章的《边贸木材林产品入境监管单》，未能提供其具有经营边贸材及林产品许可的有效证据，其行为违反了《云南省森林条例》第三十一条的规定，属非法经营木材林产品的行为，被上诉人依照该条例第四十三条的规定，对上诉人的违法行为依法予以查处正确。被上诉人的答辩理由充分，本院予以支持。上诉人无充分证据证明其上诉主张及理由，其关于撤销原审及被上诉人作出的行政处罚决定的上诉请求本院不予支持。综上，原判决认定事实清楚，适用法律、法规正确，审判程序合法。故依法判决如下：驳回上诉，维持原判。

▶ 执法点评

应当改正的执法瑕疵与错误

纵观本案,福贡县森林公安局至少在以下方面,还存在进一步改进和完善的空间。一是,对违法行为的认识不清,法律适用错误,具体论述详见"司法点评"的内容。二是,执法人员未能依法表明身份。按照《国家林业局关于森林公安机关查处林业行政案件有关问题的通知》的要求,森林警察在查处林业行政案件时,应当向当事人出示国家林业局统一核发的林业行政执法证件,以表明其林业行政执法身份。但是,本案森林警察在执法时并未出示上述证件,即便在庭审时,被告也没有向法庭提交该办案森林警察持有林业行政执法证件的相关证据。三是,森林公安机关未能提供证据以证明其具有受委托的行政执法身份。《国家林业局关于森林公安机关查处林业行政案件有关问题的通知》清楚地表明,委托森林公安机关查处案件的范围,仅限于《森林法》《森林法实施条例》中的违法行为,并不包括林业地方性法规和地方政府规章中所设定的违法行为。只有取得福贡县林业局签署的书面的行政处罚委托书,明确委托其查处《云南省森林条例》《怒江傈僳族自治州林业管理条例》规定的违法行为,福贡县森林公安局才有权以福贡县林业局的名义,依法查处上述委托范围内的行政处罚案件。四是,被告既在答辩中提及《会议纪要》,就说明该文件的内容对自身有利。但是,从原告的上诉理由来看,似乎正好相反,对被告似乎是不利的证据。既然如此,从争取胜诉的角度考虑,被告就不应该在答辩中提及该份文件。

▶ 司法点评

适用法律错误

二审判决认定:"根据我国有关木材及林产品经营的相关规定,经营此类产品需要依法取得相应的行政许可,而上诉人段××在未取得相应的行政许可的情况下,从缅甸收购三香果树瘤板入境中转。在庭审中,段××仅提供了事后由福贡途龙贸易有限公司申报且无监管单位及监管人员签章的《边贸木材林产品入境监管单》,未能提供其具有经营边贸材及林产品许可的有效证据,其行为违反了《云南省森林条例》第三十一条的规定,属非法经营木材林产品的行为,被上诉人依照该条例第四十三条的规定,对上诉人的违法行为依法予以查处正确。"我们认为,上述判词在逻辑和法律适用上都存在问题。

(1)应当适用《怒江傈僳族自治州林业管理条例》

第一句中关于"我国有关木材及林产品经营的相关规定"的问题,我国有关木材及林产品经营的相关规定,只存在于《森林法》《森林法实施条例》之中。根据《森林法》第三十六条关于"林区木材的经营和监督管理办法,由国务院另行规定",以及《森林法实施条例》第三十四条关于"在林区经营(含加工)木材,必须经县级以上人民政府林业主管部门批准。木材收购单位和个人不得收购没有林木采伐许可证或者其他合法来源证明的木材。前款所称木材,是指原木、锯材、竹材、木片和省、自治区、直辖市规定的其他木材"的规定,可以得出以下结论:一是木材经营(含加工)许可的范围仅限于木材,并不包括林产品;二是经营木材需要申请许可的要求,仅限于林区,并不包括非林区;三是这里的"经营"行为,包括买卖即收购与出售、加工;四是经营木材的范围仅限于原木、锯材、竹材、木片和省、自治区、直辖市规定的其他木材。据此,在认定段××实施"从缅甸收购三香果树瘤板入境中转"的情况下,福贡县林业局的第一要务是证明福贡县属于"林区",否则,段××就不需要申请木材经营许可证。如果福贡县是林区,福贡县林业局接下来要证明的就是:树瘤板属于云南省规定的"木材",否则,段××也不需要申请木材经营许可证。法院只有在福贡县林业局提供证据证实上述事实的情况下,才能认定"段××在未取得相应的行政许可的情况下,从缅甸收购三香果树瘤板入境中转"。但是,无论是福贡县林业局和人民法院,还是怒江傈僳族自治州中级人民法院,对上述问题都未置一词。换句话说,在既未证实福贡县属于"林区",也未证实树瘤板属于"木材"的情况下,无论是林业局还是法院都无法认定,段××"从缅甸收购三香果树瘤板入境中转",需要办理相应的行政许可。

第二句中关于"经营边贸材及林产品许可"的问题。"原审判决根据当事人的举证并经庭审质证认定,段××于2012年9月2日从缅甸人三多皮处收购白色三香果树瘤板,并于2012年9月4日将86件树瘤板运至福贡县境内的亚坪通道6公路处邓友×家北面堆放。"根据《怒江傈僳族自治州边贸木材林产品经营管理办法(暂行)》第一条关于"边贸木材林产品(以下简称边贸材)"的规定,第二条关于"凡在自治州境内从事边贸材经营、加工的单位和个人都必须遵守本办法"的规定,以及第三条关于"边贸材是指通过边境贸易从境外进口的原木,竹材,藤条,木制成品,半成品;边贸林产品是指从境外进口的树根、树皮及其他林化、林药产品"的规定,如果有证据证明三香果树瘤板属于边贸材或者边贸林产品,那么段××的上述行为就是"在自治州境内从事边贸材经营、加工"。

根据第四条第一款关于"经营边贸材首先要具备州边贸主管部门核准的边境小额贸易经营权,同时必须具备与其经营规模相适应的资金、运输设备、检验手段和贮木场地等条件,并经县、州林业主管部门核准,由自治州林业主管部门核发《边贸材经营许可证》《边贸材加工许可证》(经营边贸特种材由省林业主管部门核发《边贸特种材经营许可证》)(以下简称《经营许可证》),当地县以上工商行政管理部门核发《营业执照》后方可经营。挂靠经营要严格审查,由口岸或边贸通道所在县边贸主管部门根据挂靠双方提供的《挂靠责任合同书》,审查挂靠经营企业经营条件并核准其挂靠资格,报州县林业主管部门核准后,由被挂靠企业负责办理提供给挂靠企业《经营许可证》副本;当地县工商行政管理部门核发《营业执照》后方可经营。挂靠企业边贸材经营责任由被挂靠企业负责,严禁二次以上挂靠经营"的规定,只有取得边境小额贸易经营权、《边贸材经营许可证》《边贸材加工许可证》《营业执照》后,或者取得被挂靠企业提供的《经营许可证》副本以及福贡县工商行政管理部门核发的《营业执照》后,段××才可以实施"从缅甸收购三香果树瘤板入境中转"的经营行为。根据查明的事实,段××一无自主经营资格,二无挂靠经营资格,其行为应当认定为"无证经营边贸材"。

《怒江傈僳族自治州边贸木材林产品经营管理办法(暂行)》第十二条第一项规定:"有下列行为之一的单位和个人,由县以上林业主管部门给予处罚,依法追究法律责任。(一)无证经营边贸材的,依照《怒江傈僳族自治州林业管理条例》(以下简称《条例》)第二十六条第(五)款处罚"。1999年施行的《云南省怒江傈僳族自治州林业管理条例》的确存在第二十六条第五项:"无证经营加工木材的,没收木材和非法所得,可以并处木材价值一至二倍的罚款。"但是,《条例》2011年进行了修改。本案发生在2012年,能与无证经营边贸材相对应的条款,应当是新《条例》第三十八条第二项:"违反第十五条规定,无证经营、加工林产品的,没收林产品和非法所得,可以并处林产品价值1至2倍罚款。"至此,依据《怒江傈僳族自治州边贸木材林产品经营管理办法(暂行)》,段××的行为应当认定为"无证经营边贸材",依法应当按照新《条例》第三十八条第二项的规定予以处罚。

(2) 不应适用《云南省森林条例》第三十一条和第四十三条

福贡县林业局和人民法院认为,"段××未能提供其具有经营边贸材及林产品许可的有效证据,其行为违反了《云南省森林条例》第三十一条的规定,属非法经营木材林产品的行为,被上诉人依照该条例第四十三条的规定,对上诉人的违法行为依法予以查处正确",这显然是对法律的误用。

从法院确认"段××于2012年9月2日从缅甸人三多皮处收购白色三香果树瘤板,并于2012年9月4日将86件树瘤板运至福贡县境内的亚坪通道6公路处邓友×家北面堆放"的事实,可以看出,段××收购有合法来源木材的行为,既不属于《云南省森林条例》第三十一条第一款关于"设立木材储运、交易、中转场所的,应当经县级林业行政主管部门审核后,报地州市林业行政主管部门批准"的行为,也不属于第三十一条第二款关于"禁止任何单位和个人收购、储运、中转没有林木采伐许可证或者没有其他合法来源证明的木材"的行为,自然就谈不上依照第四十三条给予相应的行政处罚。

(3) 可以适用《云南省森林条例》第三十条和第四十二条

根据《云南省森林条例》第三十条第一款关于"木材经营加工实行许可证管理制度。经营、加工下列木材的,应当向县级以上林业行政主管部门申办木材经营、加工许可证:(一)原木、锯材、木片及以木材为主要原料的制品"的规定,只要三香果树瘤板属于上述木材的范围,段××就必须取得许可证方可经营。而福贡县林业局已经证实,段××没有取得任何许可证件,就实施了"从缅甸收购三香果树瘤板入境中转"的经营行为,依照第四十二条第一款的规定,应当由福贡县林业局"责令停止经营、加工,没收非法经营加工的实物和违法所得,并处非法经营加工实物价值或者违法所得二倍以下罚款"。

综上,本案段××的行为,适用《怒江傈僳族自治州边贸木材林产品经营管理办法(暂行)》第十二条第一项和新《怒江傈僳族自治州林业管理条例》第三十八条第二项为最优,适用《云南省森林条例》第三十条和第四十二条为次优,适用《云南省森林条例》第三十一条和第四十三条为错误。

> 判决书

段××与福贡县林业局林业行政处罚纠纷上诉案

云南省怒江傈僳族自治州中级人民法院
行政判决书

(2013)怒行终字第1号

上诉人(原审原告)段××,男,1982年1月生,白族,云南省泸水县人,初中文化,农民。委托代理人黄建×,东大峡律师事务所律师。代理权限:特别授权。

被上诉人(原审被告)福贡县林业局。

法定代表人韩家×,该局局长。

住所地:福贡县上帕镇城区八一路。

委托代理人双碧×,福贡县森林公安局副局长。代理权限:特别授权。

委托代理人沙有×,福贡县森林公安局法制室主任。代理权限:特别授权。

上诉人段××因林业行政处罚一案,不服福贡县人民法院(2012)福行初字第02号行政判决,向本院提起上诉,本院受理后,依法组成合议庭,对本案进行了审理,现已审理终结。

原审判决根据当事人的举证并经庭审质证认定,段××于2012年9月2日从缅甸人三多皮处收购白色三香果树瘤板,并于2012年9月4日将86件树瘤板运至福贡县境内的亚坪通道6公路处邓友×家北面堆放。2012年9月7日,福贡县森林公安局执法人员在巡逻时发现段××堆放的树瘤板,段××未能提供相关证据证实其具有经营边贸木材的合法资格。被告通过询问相关证人、现场勘验检查、对涉案物品进行鉴定、调取相关证据后,于2012年9月17日向段××告知了行政处罚的事实、理由和依据,并听取了原告的陈述和申辩,于2012年9月18日对其作出福林罚书字(2012)第(40)号林业行政处罚决定。

原审认为,木材及林产品经营在我国实行行政许可制度,经营此类产品需要依法取得相应的行政许可。段××在庭审中未能提供证据证实其已获得经营边贸木材林产品的行政许可,其以监管单来证实与福贡途龙贸易有限公司有挂靠关系的主张与《怒江傈僳族自治州边贸木材林产品经营管理暂行办法》中有关挂靠关系的规定不相符,故其主张的挂靠关系不成立,本院不予采纳。故原告无资格经营边贸木材林产品,其将从缅甸收购的木材运进国内并存放的行为,违反了《云南省森林条例》第三十一条的规定。被告福贡县林业局对原告段××作出的林业行政处罚,证据确凿,适用法律、法规正确,处罚适当,符合法定程序。并依照《中华人民共和国行政诉讼法》五十四条(一)项的规定,维持了福贡县林业局于2012年9月18日作出的福林罚书字(2012)第(40)号林业行政处罚决定;案件受理费50元,由原告段××交纳。

上诉人段××上诉称,1.原判认定事实错误。上诉人原从缅甸购进230件树瘤板,2012年9月4日只运回境内86件,2012年9月7日森林公安局的执法人员发现的树瘤板,按被上诉人的说法违反了《会议纪要》的规定,原审认定与被告的答辩相互矛盾。2.被上诉人的工作人员没有向法庭举出《国家林业局关于森林公安机关查处林业行政案件有关问题的通知》中要求:由国家林业局统一核发的林业行政执法证件。且该通知规定了适用森林法39条、43条、44条规定,由此可见,原审法院审理时认定事实不仅错误,而且将上诉人举证的证据单方推定为"被告方执法人员在执法过程中依法向被调查对象出示了执法证件"。综上所述,原审法院审理程序违法,认定事实错误,二审法院依法应予撤销原审及被上诉人的行政处罚决定。

被上诉人福贡县林业局答辩称,1.原审法院认定事实正确。上诉人段××在没有边贸木材经营许可资格的情况下,在缅甸收购树瘤板并雇佣驾驶人员将树瘤板运入境内,事后为了掩饰其违法行为而与途龙公司办理了挂靠手续,其提供的《边贸木材经营监管单》无监管单位和监管人员的签名和盖章,不能证实其储运树瘤板的合法性。2.执法机关办理该案的程序合法。执法机关在办理该案的过程中,始终严格依照《中华人民共和国行政处罚法》《林业行政处罚程序规定》的相关规定,不存在程序违法。3. 被上诉人具有行政执法资格。根据《国家林业局关于森林公安机关查处林业行政案件有关问题的通知》(林安发〔2001〕146号)文件,解决了森林公安机关查处林业行政案件的执法权限,福贡县森林公安局以福贡县林业局的名义查处段××非法收购、储运树瘤板案件具有行政执法权,相关执法人员具备执法资格。4. 对违法行为人所作出的行政处罚具有合法性和适当性。上诉人段××违反了《云南省森林条例》第三十一条"设立木材储运、交易、中转场所的,应当经县级林业行政主管部门审核后,报地州市林业行政主管部门批准。禁止任何单位和个人收购、储运、中转没有木材采伐许可证或者没有其他合法来源证明的木材。"的规定。执法机关依据《云南省森林条例》第四十三条的规定,对段××作出了没收其非法储运的86件树瘤板和罚款人民币1 000元的行政处罚是合法适当的。

一审法院随案移送了一审原告段××、被告福贡县林业局提供的所有证据材料。

双方当事人均坚持一审提出的举证、质证意见。

本院经审查认为,一审法院对双方当事人提供的证据认定结论正确,本院予以确认。

二审中,双方当事人均未提交新的证据。

本院审理查明的事实与一审法院认定的事实一致。

本院认为,根据《国家林业局关于森林公安机关查处林业行政案件有关问题的通知》(林安发〔2001〕146号)的相关规定,福贡县森林公安局可以以其归属的福贡县林业局的名义查处各类林业行政案件,在《林业行政处罚决定书》上盖林业主管部门的印章。据此,福贡县森林公安局对该案具有林业行政执法资格。根据我国有关木材及林产品经营的相关规定,经营此类产品需要依法取得相应的行政许可,而上诉人段××在未取得相应的行政许可的情况下,从缅甸收购三香果树瘤板入境中转。在庭审中,段××仅提供了事后由福贡途龙贸易有限公司申报且无监管单位及监管人员签章的《边贸木材林产品入境监管单》,未能提供其具有经营边贸材及林产品许可的有效证据,其行为违反了《云南省森林条例》第三十一条的规定,属非法经营木材林产品的行为,被上诉人依照该条例第四十三条的规定,对上诉人的违法行为依法予以查处正确。被上诉人的答辩理由充分,本院予以支持。上诉人无充分证据证明其上诉主张及理由,其关于撤销原审及被上诉人作出的行政处罚决定的上诉请求本院不予支持。综上,原判决认定事实清楚,适用法律、法规正确,审判程序合法,故依照《中华人民共和国行政诉讼法》第六十一条(一)项之规定,判决如下:

驳回上诉,维持原判。

二审案件受理费50元,由上诉人段××负担。

本判决为终审判决。

审 判 长 周银泉
审 判 员 王建元
审 判 员 吴 雄

二〇一三年四月二十六日

书 记 员 杜海丽

> 法律依据

《云南省森林条例》①

第三十一条　设立木材储运、交易、中转场所的,应当经县级林业行政主管部门审核后,报地州市林业行政主管部门批准。

禁止任何单位和个人收购、储运、中转没有林木采伐许可证或者没有其他合法来源证明的木材。

第四十三条　违反本条例第三十一条规定的,由县级以上林业行政主管部门责令停止违法行为,没收非法收购、储运、中转的木材,有违法所得的,没收违法所得,并处违法所得一倍以上三倍以下罚款;没有违法所得的,处五百元以上五千元以下罚款。

《国家林业局关于森林公安机关查处林业行政案件有关问题的通知》②(2001年4月16日　林安发〔2001〕146号)

各省、自治区、直辖市林业厅(局),内蒙古、吉林、龙江、大兴安岭森工(林业)集团公司,新疆生产建设兵团林业局:

为保证森林公安机关依法查处林业行政案件,更有效地履行保护森林资源的职责,现将森林公安机关查处林业行政案件的有关问题通知如下:

一、森林公安机关可以以其归属的林业行政主管部门的名义查处各类林业行政案件,在《林业行政处罚决定书》上盖林业主管部门的印章。

森林公安局、森林公安分局、森林公安警察大队查处《森林法》第39条、第43条、第44条规定的林业行政案件,应以自己的名义查处,在《林业行政处罚决定书》上盖森林公安局、森林公安分局、森林公安警察大队的印章;森林公安局、森林公安分局所属的派出所应以森林公安局、森林公安分局的名义作出林业行政处罚,在《林业行政处罚决定书》上盖森林公安局、森林公安分局的印章。

二、森林公安机关与其他林业行政主管部门的职能部门按照谁先发现谁办理的原则,依法查处林业行政案件。

森林公安机关民警查处林业行政案件时,应当向有关人员出示国家林业局统一核发的林业行政执法证件。

三、对于依法立为林业行政案件的,森林公安机关不得采取查处治安案件、刑事案件的各类治安、刑事强制措施。

依据《国家林业局、公安部关于森林刑事案件立案标准和管辖范围的规定》,达到刑事案件立案标准的,必须立刑事案件,不得以行政处罚代替刑事处罚。

森林刑事案件经公安机关批准撤销案件、人民检察院作出不起诉的决定、人民法院作出无罪判决的,需要给予行政处罚的,应依法作出林业行政处罚。

---

①　《云南省森林条例》(2002年11月29日云南省第九届人民代表大会常务委员会第三十一次会议通过　2002年11月29日云南省人民代表大会常务委员会公告第71号公布　自2003年2月1日起施行)。

②　《国家林业局关于森林公安机关查处林业行政案件有关问题的通知》(2001年4月16日林安发〔2001〕146号)(已失效)。

四、上级森林公安局、森林公安分局、森林公安警察大队在必要的情况下可以决定查处下级森林公安机关有权查处的林业行政案件。

下级森林公安机关认为重大、复杂的林业行政案件需要由上级森林公安局、森林公安分局、森林公安警察大队处理的,可以报请上级森林公安机关决定。

五、森林公安机关以其归属林业主管部门的名义作出林业行政处罚的,复议机关是上一级林业行政主管部门。

森林公安局、森林公安分局、森林公安警察大队以自己名义作出林业行政处罚的,复议机关是上一级森林公安局、森林公安分局或其所属的上一级林业行政主管部门。

特此通知。

《关于印发〈怒江傈僳族自治州边贸木材林产品经营管理办法(暂行)〉的通知》[①]

第一条 为加强边贸木材林产品(以下简称边贸材)管理,维护木材流通正常秩序,促进地方经济发展,有效保护国内森林资源,根据《森林法》《森林法实施条例》《云南省木材经营管理暂行规定》《木材运输检查监督办法》《怒江傈僳族自治州林业管理条例》《云南省边境经济贸易管理实施办法》《云南省人民政府贯彻外经贸部、海关总署关于进一步发展边境贸易的补充规定》及有关法规、政策,结合自治州实际,特制定本办法。

第二条 凡在自治州境内从事边贸材经营、加工的单位和个人都必须遵守本办法。

第三条 边贸材是指通过边境贸易从境外进口的原木、竹材、藤条,木制成品、半成品;边贸林产品是指从境外进口的树根、树皮及其他林化、林药产品。

第四条 经营边贸材首先要具备州边贸主管部门核准的边境小额贸易经营权,同时必须具备与其经营规模相适应的资金、运输设备、检验手段和贮木场地等条件,并经县、州林业主管部门核准,由自治州林业主管部门核发《边贸材经营许可证》、《边贸材加工许可证》(经营边贸特种材由省林业主管部门核发《边贸特种材经营许可证》)(以下简称《经营许可证》),当地县以上工商行政管理部门核发《营业执照》后方可经营。

挂靠经营要严格审查,由口岸或边贸通道所在县边贸主管部门根据挂靠双方提供的《挂靠责任合同书》,审查挂靠经营企业经营条件并核准其挂靠资格,报州县林业主管部门核准后,由被挂靠企业负责办理提供给挂靠企业《经营许可证》副本;当地县工商行政管理部门核发《营业执照》后方可经营。挂靠企业边贸材经营责任由被挂靠企业负责,严禁二次以上挂靠经营。

---

① 《关于印发〈怒江傈僳族自治州边贸木材林产品经营管理办法(暂行)〉的通知》(2000年12月15日怒政发〔2000〕50号)(已于2018年失效)。

三、以《公安机关办理行政案件程序规定》作为查处林业行政处罚案件法律依据的,属于适用法律、法规错误

——屈××与方城县森林公安局林业行政管理纠纷案

▶ 基本信息

行政相对人:屈××
被诉行政主体:方城县森林公安局
第 三 人:李胜×
一 审 法 院:南召县人民法院
一 审 结 果:方城县森林公安局胜诉

▶ 基本案情

2013年5月初,第三人李胜×之父李书×用钩机将方城县杨楼乡吴沟村东岗水库坝堤北侧原告屈××所有的杨树16棵推倒,原告屈××报案后,李书×停止了违法行为。5月中旬,第三人李胜×又毁坏了东岗水库坝西边的杨树30多棵。经方城县杨楼乡政府农业服务中心林站站长郭九×和方城县森林公安局民警李长×和鲁随×现场勘验、检查,毁林现场共有三处,第一处位于水库坝堤北侧坡上,共推倒杨树16棵;第二处位于水库东南角,四面都是树林,共有杨树伐根37个;第三处位于水库西侧,东至水库南边,其余三面为树林,共推倒杨树16棵。第一处被毁树林是第三人李胜×之父李书×所为,第二处和第三处被毁树木是第三人李胜×所为。经林业工程师马来×、尹从×计算,第一处(水库北侧坡上)被毁杨树蓄积为2.012 9立方米,第二处(水库东南角)为0.787 8立方米,第三处(水库西侧)为0.699 2立方米,总蓄积为3.499 9立方米,共采伐69棵。其中第三人李胜×采伐53棵,蓄积为1.487立方米,经方城县价格认证中心价格鉴定均价为493.5元。2013年8月5日,被告拟对第三人李胜×的违法行为作出处罚,并于8月13日告知了李胜×享有的陈述、申辩权利;8月17日,被告做出了方森公林罚书字(2013)第0024号林业行政处罚决定书,对李胜×作出如下处罚:1. 赔偿屈××经济损失733.834 5元,2. 补栽杨树53棵,3. 处以毁坏树木价值四倍的罚款共计2 935.338元。该处罚决定于当日送达给第三人,且第2、3项已执行完毕。2013年10月16日,原告屈××向方城县林业局提出申请,认为方城县林业派出所作出被毁树木价值2 000余元的认定与实际情况严重不符,要求对所毁树木情况重新进行调查处理。2014年5月9日,被告作出"关于屈××状告李书×故意毁坏其杨树一案的调查报告",5月12日被告经南阳市林业局作出"关于屈××诉该县杨楼乡吴沟村林场树木被毁案件的调查报告"。2014年7月21日,原告向方城县人民法院提起行政诉讼,要求撤销被告的方森公林罚书字(2013)第0024号林业行政处罚决定书并责令被告重新作出行政处罚;2015

年5月13日,南阳市中级人民法院指定该案由南召县人民法院管辖,本院于2015年5月26日立案受理。

▶ 双方主张

屈××诉称:

被告在对第三人做出行政处罚过程中,未依法调取证据、听取原告意见、认定事实不清;被告也未依法向原告送达行政处罚决定书,告知原告享有的权利,剥夺了原告的知情权和寻求救济的权利,程序违法;被告对第三人的处罚结果与原告通过其他途径了解到的存在明显矛盾。综上被告的行为严重侵犯了原告的合法权益,请求法院依法撤销被诉行政行为,维护原告的合法权益。

方城县森林公安局辩称:

被告对第三人李胜×的行政处罚决定认定事实清楚,证据充分,程序合法,处罚结果并不矛盾。因法律没有明确规定处罚决定书必须向受害人送达,故不存在原告所说程序违法一说,原告的起诉不能成立,同时,被告对已查明的事实进行了处罚,对未查明的不予处罚,这符合《行政处罚法》的相关规定。请求法院依法驳回原告的诉讼请求。

李胜×述称:

被告2013年8月13日对第三人做出的第024号林业行政处罚决定书认定的林木数额、价格虽然没有错误,但仍有部分事实认定错误,处罚结果也不正确,且无法履行,请求法院依法撤销该处罚决定,责令被告重新作出适当的处罚。

▶ 争议焦点

本案的争议焦点为方城县森林公安局的处罚决定,事实是否清楚,程序是否合法,适用法律是否正确。

▶ 法院判决

2013年5月17日,原告屈××发现自己所栽杨树被毁后到被告方城县森林公安局报警,被告即于5月18日立案受理,对第三人李胜×和其他人员进行了询问调查,落实了被毁杨树的棵树(数)、粗细等情况,邀请方城县杨楼乡政府农业服务中心林站站长郭九×对现场进行了勘验,制作了勘验检查笔录,委托林业工程师对被毁杨树采伐现场的伐根进行调查,确认采伐69株,总蓄积为3.4999立方米,价格鉴定总价为1 786元。被告根据调查的事实,认定第三人李胜×毁树53棵,蓄积为1.487立方米,经方城县价格认证中心价格鉴定均价为493.5元。2013年8月17日,被告根据查明的事实,依据《中华人民共和国森林法》第四十四条的规定,对第三人作出如下处罚:1. 赔偿屈××经济损失733.834 5元,2. 补栽杨树53棵,3. 处以毁坏树木价值四倍的罚款共计2 935.338元。该处罚决定于当日送达给第三人。综上,被告对第三人做出方森公林罚书字(2013)第0024号林业行政处罚决定书认定事实清楚,证据确凿;处罚符合《公安机关办理行政案件程序规定》和《林业行政处罚程序规定》规定的相关程序,适用法律正确。原告诉称被告在对第三人作出行政处罚时,未依法调取证据、听取原告意见,导致其认定的事实与客观事实不符的观点,因与庭审查明的事实不符,诉讼理由不能成立,被告对现已查明的违法行为进行处罚,未查明的违法行为不予处罚,符合《林业行政处罚程序规定》第十七条的规定。原告诉称被告没有给原告送达行政处罚决定书,并告知原告所享有的权利,剥夺了原告的知情权和寻求救济的权利,因原告不是被处罚人,《林业行政处罚程序规定》和《公安机关办理行政案件程序规定》并未规定行政处罚决定书须送达给受害人,因此被告的行为符合法律规定,不存在违反法定程序的情况,原告的诉讼理由不能成立。

> 执法点评

在执法过程中,本案的查处,既存在一些错误和违法,如错误提交执法依据、行政处罚决定的内容违法等,也有一些值得肯定的地方,如只对查明的事实作出行政处罚等。

1. 提交错误的执法依据

办理林业行政案件,执法程序只能以《林业行政处罚程序规定》为依据。办理公安行政案件,查处程序只能以《公安机关办理行政案件程序规定》为依据。在查处李胜×的林业行政处罚案件时,方城县森林公安局却将两者都作为执法依据,同时提交给南召县人民法院。法院不仅没有发觉其中的错误,而且还将两个依据作为论证前提,结果导致要么无法推出结论,要么必须推翻前提。具体论述详见"司法点评"的内容。

2. 行政处罚决定的内容违法

根据《行政处罚法》第八条的规定,除了警告,罚款,没收违法所得、没收非法财物,责令停产停业,暂扣或者吊销许可证、暂扣或者吊销执照以及行政拘留这六个行政处罚种类外,还有第七项"其他行政处罚",即"法律、行政法规规定的其他行政处罚"。很明显,依法有权规定"其他行政处罚"的法律规范,只有法律和行政法规这两类。在现行法律中,由法律和行政法规创设的处罚种类还是有的。例如,作为法律的《治安管理处罚法》,在第十条第二款中规定了"限期出境或者驱逐出境"的处罚种类,对违反治安管理的外国人,可以附加适用。再如,作为行政法规的《森林法实施条例》,用第四十四条第一款创设了一种新的没收种类——"没收非法运输的木材"。这一创设,解决了无木材运输证运输木材案件中经常出现的一个难题。即当运输的木材既不是违法所得,也不是非法财物,而是当事人的合法财产时,如果还是沿用《行政处罚法》规定的处罚种类——"没收违法所得、没收非法财物",就会出现没收对象不适格的问题。"没收非法运输的木材"这一新设的处罚种类,不问木材是否为当事人合法所有,只问当事人是否持有木材运输证,只要没有办理并持有木材运输证,即可没收其运输的木材,完美地解决了《行政处罚法》第八条第三项因没收对象仅限于违法所得或者非法财物,而不能被依法适用的尴尬。

现在的问题是:《森林法》第四十四条规定的"依法赔偿损失",是不是属于"其他行政处罚"呢?从第四十四条第一款关于"违反本法规定,进行开垦、采石、采砂、采土、采种、采脂和其他活动,致使森林、林木受到毁坏的,依法赔偿损失;由林业主管部门责令停止违法行为,补种毁坏株数一倍以上三倍以下的树木,可以处毁坏林木价值一倍以上五倍以下的罚款"的规定,可以看出,本条款分为前后两个部分。前一部分说的是"依法赔偿损失",其潜在的赔偿主体是违法嫌疑人。"依法"显然不仅仅是依据《森林法》这样的经济法律,更多的是依据《中华人民共和国民法通则》《中华人民共和国侵权责任法》等民事法律。但是,违法嫌疑人是否愿意赔偿,如果愿意又如何赔偿,赔偿多少及何时赔偿等问题,法律均未言明。显然,立法者是将赔偿问题交由违法嫌疑人和被侵害人自行解决:双方既可互相协商,也可请他人或者执法者调解,抑或被侵害人直接提起民事赔偿之诉。后一部分说的是施罚主体和受罚内容,施罚主体是林业主管部门,受罚主体是违法嫌疑人,施罚内容是补种树木和罚款。条款的前后两个部分在主体和内容上都截然不同。方城县森林公安局将"赔偿损失"纳入林业主管部门的权力范围,显然是错误地理解了第四十四条第一款的法律意涵。至此,我们可以明确,"赔偿损失"并不是《行政处罚法》所称的"其他行政处罚"。

综上,"赔偿损失"既不属于"其他行政处罚",也不应成为行政处罚决定的内容。方城县森林公安局"根据查明的事实,依据《中华人民共和国森林法》第四十四条的规定,对第三人作出如下处罚:1. 赔偿屈××经济损失 733.834 5 元",应当被法院认定为行政处罚决定的内容违法,也可以被法院认定为"适用法律错误"。

3. 依据查明的事实依法作出处罚决定

在本案的查处过程中,有一点值得肯定。那就是,方城县森林公安局没有为了息事宁人,以当事人实际遭受的损失,即"实际损失"这一"客观事实"为根据,而是坚持公正立场,以有证据能够证明的损失,即"查明损失"这一"法律事实"为根据,对违法嫌疑人依法作出相应的行政处罚,很好地为我们诠释了"以事实为根据"这一法律原则的真正含义。

无论是基本法《行政处罚法》,还是《林业行政处罚程序规定》,对作出行政处罚决定的条件,都有明确的要求。根据《行政处罚法》第三十八条的规定,调查终结,行政机关负责人应当对调查结果进行审查,"确有应受行政处罚的违法行为的,根据情节轻重及具体情况,作出行政处罚决定""违法事实不能成立的,不得给予行政处罚"。《林业行政处罚程序规定》第十七条更是明确指示:"公民、法人或者其他组织违反林业行政管理秩序的行为,依法应当给予林业行政处罚的,林业行政主管部门必须查明事实;违法事实不清的,不得给予林业行政处罚。"因此,即便抛开"以事实为根据"的基本原则不谈,方城县森林公安局依据上述法律,也有义务只根据查明的事实,依法作出林业行政处罚。

▶ 司法点评

1. 法律依据引用失误

判词确认:"被告对第三人做出方森公林罚书字(2013)第 0024 号林业行政处罚决定书认定事实清楚,证据确凿;处罚符合《公安机关办理行政案件程序规定》和《林业行政处罚程序规定》规定的相关程序,适用法律正确。""原告诉称被告没有给原告送达行政处罚决定书,并告知原告所享有的权利,剥夺了原告的知情权和寻求救济的权利,因原告不是被处罚人,《林业行政处罚程序规定》和《公安机关办理行政案件程序规定》并未规定行政处罚决定书须送达给受害人,因此被告的行为符合法律规定,不存在违反法定程序的情况,原告的诉讼理由不能成立。"这里的司法论证至少存在两个问题:一是法律依据引用失误,二是依据和结论自相矛盾。

(1)法律依据引用失误。从机关的法律属性来说,森林公安机关是我国公安机关的组成部分,不是林业行政机关的组成部分。只有在受到林业法律、法规授权或者林业行政机关的行政委托,以自己的名义或者以林业行政机关的名义查处林业行政处罚案件时,森林公安机关才可以视为林业行政机关的组成部分。换句话说，森林公安机关的原始、先天的身份是公安机关，其授予的、后天的身份是林业行政机关。这两种身份之间存在根本区别。根据依法行政的基本原则，在依授权或者委托查处林业行政处罚案件时，森林公安机关的身份等同于林业行政机关，依法有权实施《森林法》《中华人民共和国野生动物保护法》《林业行政处罚程序规定》等林业实体法和行政程序法，有权行使林业行政处罚权和行政强制措施权，而无权实施《治安管理处罚法》《公安机关办理行政案件程序规定》等公安实体法和行政程序法，更无权行使公安行政处罚权和公安行政强制措施权。在本案中，根据《森林法》第二十条的授权和第四十四条的罚则，方城县森林公安局以自己的名义，对李胜×非法毁坏林木的行为，作出罚款和责令补种树木的林业行政处罚决定，其执法身份显然不是公安机关，而是林业行政机关；依法只能以《林业行政处罚程序规定》为执法依据，而不能以《公安机关办理行政案件程序规定》为办案依据，当然更不能同时适用上述两种行政程序。

（2）依据和结论自相矛盾。如果按照方城县森林公安局的做法，把《林业行政处罚程序规定》《公安机关办理行政案件程序规定》同时作为执法依据，那么结果必然是自相矛盾，无法自圆其说。可以肯定的是，在《林业行政处罚程序规定》中，第三十九条只是要求"《林业行政处罚决定书》应当及时送达被处罚人"，并没有要求将处罚决定书送达被侵害人。但是，《公安机关办理行政案件程序规定》第一百四十七条第二款对此类情形却有明确要求："治安案件有被侵害人的，公安机关应当在作出处罚决定之日起二日内将决定书复印件送达被侵害人。无法送达的，应当注明。"因此，如果将《公安机关办理行政案件程序规定》作为本案的执法依据，那么，方城县森林公安局没有在二日内将决定书复印件送达被侵害人屈××，就剥夺了屈××的知情权和寻求救济的权利，显然属于违反法定程序。由此，法院应当认定原告的诉讼理由成立。如果执法者或者法院辩称："本案是林政案件，不是治安案件，不符合第一百四十七条第二款的适用条件"，那么，原告的回答自然是："既然明明知道自己办理的是林政案件，那又为什么要把办理治安案件的程序作为执法依据呢？"

2. 没有发现并指出被告的程序违法

被告提供的作出被诉行政行为的证据第10份，是这样表述的："2013年8月5日方城县森林公安局对李胜×的林业行政处罚意见书、2013年8月17日做出的林业行政处罚决定书及送达回证，证明被告拟给第三人的处罚意见、处罚决定书及送达情况。"如果证据10的全部内容就是如此，那么可以推断出：在8月5日作出林业行政处罚意见书以后，8月17日作出林业行政处罚决定书之前，方城县森林公安局对李胜×未履行告知义务。而《行政处罚法》第三十一条明确要求"行政机关在作出行政处罚决定之前，应当告知当事人作出行政处罚决定的事实、理由及依据，并告知当事人依法享有的权利。"第三十二条则规定"当事人有权进行陈述和申辩。行政机关必须充分听取当事人的意见，对当事人提出的事实、理由和证据，应当进行复核；当事人提出的事实、理由或者证据成立的，行政机关应当采纳。行政机关不得因当事人申辩而加重处罚。"方城县森林公安局罔顾第三十一条的法定义务，剥夺李胜×依据第三十二条享有的申辩权利，理应承担第四十一条设定的不利后果："行政机关及其执法人员在作出行政处罚决定之前，不依照本法第三十一条、第三十二条的规定向当事人告知给予行政处罚的事实、理由和依据，或者拒绝听取当事人的陈述、申辩，行政处罚决定不能成立。"但是，本案判决书并未指出被告存在的上述问题，也没有就此发出任何司法建议，对最擅长程序审查的法院来说,不能不说是一个遗憾。

但是,法院判决确认的事实是:"2013年8月5日,被告拟对第二人李胜×的违法行为作出处罚,并于8月13日告知了李胜×享有的陈述、申辩权利;8月17日,被告做出了方森公林罚书字(2013)第0024号林业行政处罚决定书",显而易见,这里的结论无法被上文所引的证据10所证实。

值得一提的,被告提供的证据7、证据8和证据9,倒是能够证明被告履行了告知义务,但告知对象却不是李胜×,而是其父亲李书×:"7. 2013年8月5日方城县森林公安局对李书×的林业行政处罚意见书,证明对第三人李胜×之父李书×的拟处罚意见。8. 2013年8月13日方城县森林公安局告知李书×的陈述申辩权利告知书,证明被告知李书×享有陈述申辩权利。9. 2013年8月17日方城县森林公安局做出对李书×的林业行政处罚决定书及林业行政处罚文书送达回证,证明被告送达了陈述申辩权利告知书、林业行政处罚意见书和林业行政处罚决定书。"或许,被告忘记向法院提交了李胜×的权利告知书,但是在庭审中作出了明确的表述;又或许法官在撰写判决书的时候,漏写了李胜×的权利告知书等。总之,一定是在某个环节出现了问题,才会出现上述判决中证据与结论之间的矛盾。

▶ **立法建议**

关于送达条款的修改意见

为维护行政案件被侵害人的合法权益,保障其对案件办理的知情权和救济权,应当对《行政处罚法》《林业行政处罚程序规定》作出修改,将被侵害人增列为行政处罚决定书的送达对象。建议条款如下:

《行政处罚法》第××条　行政处罚决定书应当在宣告后当场交付当事人;当事人不在场的,行政机关应当在七日内依照民事诉讼法的有关规定,将行政处罚决定书送达当事人。

行政案件有被侵害人的,行政机关应当在作出处罚决定之日起七日内将决定书复印件送达被侵害人。无法送达的,应当注明。

《林业行政处罚程序规定》第××条　《林业行政处罚决定书》应当及时送达被处罚人和被侵害人(以下简称"被送达人"),并由被送达人在《林业行政处罚送达回证》上签名或者盖章;被送达人不在,可以交给其成年家属或者所在单位的负责人员代收,并在送达回证上签名或者盖章。

被送达人或者代收人拒绝接收或者签名、盖章的,送达人可以邀请其邻居或者其单位有关人员到场,说明情况,把《林业行政处罚决定书》留在其住处或者其单位,并在送达回证上记明拒绝的事由、送达的日期,由送达人签名,即视为送达。

被送达人不在本地的,可以委托被送达人所在地的林业行政主管部门代为送达,也可以挂号邮寄送达。邮寄送达的,以挂号回执上注明的收件日期为送达日期。

> 判决书

屈××与方城县森林公安局林业行政管理纠纷案

河南省南召县人民法院
行政判决书

(2015)南召行初字第00017号

原告屈××,男,汉族,生于1953年10月20日,住河南省方城县杨楼乡。

委托代理人屈允×,女,汉族,生于1980年11月24日,住河南省舞钢市铁山乡,系原告屈××女儿。

被告方城县森林公安局。

组织机构代码57630094-6。

法定代表人郑广×,任局长。

委托代理人吴大×,男,河南赫奕律师事务所律师。

第三人李胜×,男,汉族,生于1981年10月15日,住河南省方城县。

委托代理人张世×,河南省方城县148法律服务所法律工作者。

原告屈××诉被告方城县森林公安局林业行政管理纠纷一案,于2014年7月21日向方城县人民法院提起行政诉讼。方城县人民法院以原告申请该院回避,该院不宜审理为由,报请河南省南阳市中级人民法院指定管辖。南阳市中级人民法院经审查认为,案件符合指定管辖条件,依据《最高人民法院关于行政案件管辖若干问题的规定》第四条第(二)项规定,于2015年5月13日做出(2015)南行指字第075号行政裁定书,裁定该案由南召县人民法院管辖。本院于2015年5月26日受理后,于2015年5月27日向被告送达了起诉状副本、应诉通知书和行政机关负责人出庭通知书。本院依法追加李胜×作为第三人参加本案诉讼。本院依法组成合议庭,于2015年7月10日公开开庭审理了本案。原告屈××及其委托代理人屈允×、被告的委托代理人吴大×、第三人的委托代理人张世×到庭参加了诉讼,本案现已审理终结。

被告方城县森林公安局于2013年8月17日对第三人李胜×做出方森公林罚书字(2013)第0024号林业行政处罚决定书,认为第三人李胜×于2013年5月中旬,指使其父李书×用钩机将杨楼乡吴沟东岗水库西侧原告所有的杨树16棵推倒,为了堆土方便又据(锯)掉水库东南角原告的37棵杨树。经林业局林业工程师计算1.487立方米,经方城县价格认证中心价格鉴定均价为493.5元,造成经济损失733.8345元。第三人李胜×的行为违反了《中华人民共和国森林法》第四十四条的规定,依据《中华人民共和国森林法》第四十四条的规定,方城县森林公安局对第三人李胜×作出一(以)下处罚:1.赔偿屈××经济损失733.8345元;2.补栽杨树53棵;3.处以毁坏树木价值四倍的罚款共计2935.338元。该处罚决定的第2、3项已执行完毕。被告于2015年6月10日向本院提供了作出被诉行政行为的证据依据:

1. 2013年5月18日方城县森林公安局林业行政处罚立案登记表,证明被告方城县森林公安局于2015年5月18日受理了原告屈××控告第三人李胜×指使其父李书×毁坏树木一案。

2. 询问笔录5份。① 2013年8月5日对第三人李胜×的询问笔录一份,证明第三人李胜×毁坏水库坝西边的杨树十来棵,找人锯了坝东南的杨树30多棵。② 2013年5月15日对原告屈××的询问笔录一份,证明第三人李胜×和他父亲共毁杨树200多棵,粗的有十几公分(厘米),细的有几公分(厘米)。③ 2013年5月16日对李书×的询问笔录一份,证明李书×于2013年5月2日用钩机推倒杨树16棵,5月14日推倒杨树20多棵,5月16日锯杨树10(十)几棵。④ 2013年8月6日对李书×的询问笔录一份,证明水库坝西边的杨树是第三人李胜×组织人员毁坏的,坝堤北边的杨树是李书×组织人员毁坏的。⑤ 2013年5月17日对王国×的询问笔录一份,证明水库西边堆土的地方有20多棵杨树,粗的7、8(七八)公分(厘米),细的4、5(四五)公分(厘米)。

3. 2013年5月17日林业行政处罚勘验、检查笔录,证明毁林现场三处,第一处位于水库坝堤北侧坡上,共推倒杨树16棵。第二处位于水库东南角,四面都是树林,共有杨树伐根37个。第三处位于水库西侧,东至水库库区,其余三面为树林,共推倒杨树16棵。

4. 2013年5月17日拍摄的现场照片。

5. 2013年8月3日林业工程师的材积计算,证明毁坏杨树第一处16棵畜(蓄)积为2.012 9立方米;第二处共采伐37棵,畜(蓄)积为0.787 8立方米;第三处水库西侧共采伐16棵,畜(蓄)积为0.699 2立方米。三处共采伐69棵,总畜(蓄)积为3.499 9立方米。

6. 价格鉴定技术报告,证明被毁杨树价值为1 786元。

7. 2013年8月5日方城县森林公安局对李书×的林业行政处罚意见书,证明对第三人李胜×之父李书×的拟处罚意见。

8. 2013年8月13日方城县森林公安局告知李书×的陈述申辩权利告知书,证明被告告知李书×享有陈述申辩权利。

9. 2013年8月17日方城县森林公安局做出对李书×的林业行政处罚决定书及林业行政处罚文书送达回证,证明被告送达了陈述申辩权利告知书、林业行政处罚意见书和林业行政处罚决定书。

10. 2013年8月5日方城县森林公安局对李胜×的林业行政处罚意见书,2013年8月17日做出的林业行政处罚决定书及送达回证,证明被告拟给第三人的处罚意见、处罚决定书及送达情况。

11. 2010年6月12日原告屈××与第三人李胜×签订的合伙协议。

12. 第三人缴纳罚款的有关票据。

被告方城县森林公安局提供的法律依据有:《中华人民共和国森林法》《公安机关办理行政案件程序规定》和《林业行政处罚程序规定》。

原告屈××诉称,被告在对第三人做出行政处罚过程中,未依法调取证据、听取原告意见、认定事实不清;被告也未依法向原告送达行政处罚决定书,告知原告享有的权利,剥夺了原告的知情权和寻求救济的权利,程序违法;被告对第三人的处罚结果与原告通过其他途径了解到的存在明显矛盾。综上被告的行为严重侵犯了原告的合法权益,请求法院依法撤销被诉行政行为,维护原告的合法权益。

原告向本院提交的证据材料有:

1. 2014年5月12日南阳市森林公安局做出《关于屈××诉该县杨楼乡吴沟村林场树木被毁案件的调查报告》,证明被告对第三人父子的毁树行为分别给予补种树木、罚款等林业行政处罚,并在上访人屈××的要求下,将有关处理结果向其做了说明。

2. 2014年4月28日南阳市森林公安局关于屈××反映我市方城县"森林派出所违法办案不公正等情况"的调查报告、2014年5月9日方城县森林公安局关于屈××状告李书×故意毁坏其杨树一案的调查报告。证明被告对第三人父子毁树行为分别给予了行政处罚。

3. 光盘一份。证明被告未依法办案。

4. 现场照片。证明被毁杨树现场情况。

5. 第三人违法毁树视频。

6. 2013年10月16日屈××的《关于方城县杨楼乡吴沟村林场树木被毁案件进行重新调查处理的申请》,证明原告2013年10月16日要求方城县林业局重新调查。

被告方城县森林公安局辩称,被告对第三人李胜×的行政处罚决定认定事实清楚,证据充分,程序合法,处罚结果并不矛盾。因法律没有明确规定处罚决定书必须向受害人送达,故不存在原告所说程序违法一说,原告的起诉不能成立,同时,被告对已查明的事实进行了处罚,对未查明的不予处罚,这符合《行政处罚法》的相关规定。请求法院依法驳回原告的诉讼请求。

第三人李胜×述称,被告2013年8月13日对第三人做出的第024号林业行政处罚决定书认定的林木数额、价格虽然没有错误,但仍有部分事实认定错误,处罚结果也不正确,且无法履行,请求法院依法撤销该处罚决定,责令被告重新作出适当的处罚。

第三人向本院提交的证据材料有:

1. 2014年9月11日方城县人民法院做出的(2014)方民商初字第16号民事判决书。

2. 2014年12月15日南阳市中级人民法院做出的(2014)南民二终字第01273号民事判决书。

以上两份证据证明原告和第三人之间是合伙关系。

3. 2015年6月29日方城县杨楼镇吴沟村村民委员会的证明一份。证明第三人的行为虽然毁坏了大量林木,但事实证明有利于三农建设。

经庭审质证,原告、被告和第三人的质证意见为:

原告对被告的证据2(询问笔录)有异议,陈述相互矛盾,且与事实不符;对证据3、5、6有异议,与事实不符。原告对被告的其他证据无异议。第三人对被告的证据中认定第三人指使其父李书×毁树一事有异议,其他无异议。被告认为原告证据1、6所证明原告于2013年10月16日已知道处理结果,原告的起诉已超过法定起诉期限;对证据4的异议是被告工作人员到现场时,部分现场已不存在;对证据3、5不予质证;第三人对原告的证据同被告的质证意见。原告对第三人的证据质证意见为与本案无关,证据3仅是吴沟村委会认定补栽树木棵树。

本院对证据作如下确认:

原告提交的第1、2、3、4、5份证据本院予以采信,第6份证据是原告的要求,与本案无关,本院不予采信;被告提交的证据反映了被告对第三人处罚的真实情况,本院予以采信;第三人提交的证据与本案无关,本院不予采信。

根据当事人的质证意见,结合法庭陈述,本院确认以下事实:

2013年5月初,第三人李胜×之父李书×用钩机将方城县杨楼乡吴沟村东岗水库坝堤北侧原告屈××所有的杨树16棵推倒,原告屈××报案后,李书×停止了违法行为。5月中旬,第三人李胜×又毁坏了东岗水库坝西边的杨树30多棵。经方城县杨楼乡政府农业服务中心林站站长郭九×和方城县森林公安局民警李长×和鲁随×现场勘验、检查,毁林现场共有三处,第一处位于水库坝堤北侧坡上,共推倒杨树16棵;第二处位于水库东南角,四面都是树林,共有杨树伐根37个;第三处位于水库西侧,东至水库南边,其余三面为树林,共推倒杨树16棵。第一处被毁树林是第三人李胜×之父李书×所为,第二处和第三处被毁树木是第三人李胜×所为。经林业工程师马来×、尹从×计算,第一处(水库北侧坡上)被毁杨树蓄积为2.0129立方米,第二处(水库东南角)为0.7878立方米,第三处(水库西侧)为0.6992立方米,总蓄积为3.4999立方米,共采伐69棵。其中第三人李胜×采伐53棵,蓄积为1.487立方米,经方城县价格认证中心价格鉴定均价为493.5元。2013年8月5日,被告拟对第三人李胜×的违法行为作出处罚,并于8月13日告知了李胜×享有的陈述、申辩权利;8月17日,被告做出了方森公林罚书字(2013)第0024号林业行政处罚决定书,对李胜×作出如下处罚:1.赔偿屈××经济损失733.8345元,2.补栽杨树53棵,3.处以毁坏树木价值四倍的罚款共计2935.338元。该处罚决定于当日送达给第三人,且第2、3项已执行完毕。2013年10月16日,原告屈××向方城县林业局提出申请,认为方城县林业派出所作出被毁树木价值2000余元的认定与实际情况严重不符,要求对所毁树木情况重新进行调查处理。2014年5月9日,被告作出"关于屈××状告李书×故意毁坏其杨树一案的调查报告",5月12日被告经南阳市林业局作出"关于屈××诉该县杨楼乡吴沟村林场树木被毁案件的调查报告"。2014年7月21日,原告向方城县人民法院提起行政诉讼,要求撤销被告的方森公林罚书字(2013)第0024号林业行政处罚决定书并责令被告重新作出行政处罚;2015年5月13日,南阳市中级人民法院指定该案由南召县人民法院管辖,本院于2015年5月26日立案受理。

本院认为:2013年5月17日,原告屈××发现自己所栽杨树被毁后到被告方城县森林公安局报警,被告即于5月18日立案受理,对第三人李胜×和其他人员进行了询问调查,落实了被毁杨树的棵树(数)、粗细等情况,邀请方城县杨楼乡政府农业服务中心林站站长郭九×对现场进行了勘验,制作了勘验检查笔录,委托林业工程师对被毁杨树采伐现场的伐根进行调查,确认采伐69株,总蓄积为3.4999立方米,价格鉴定总价为1786元。被告根据调查的事实,认定第三人李胜×毁树53棵,蓄积为1.487立方米,经方城县价格认证中心价格鉴定均价为493.5元。2013年8月17日,被告根据查明的事实,依据《中华人民共和国森林法》第四十四条的规定,对第三人作出如下处罚:1.赔偿屈××经济损失733.8345元,2.补栽杨树53棵,3.处以毁坏树木价值四倍的罚款共计2935.338元。该处罚决定于当日送达给第三人。综上,被告对第三人做出方森公林罚书字(2013)第0024号林业行政处罚决定书认定事实清楚,证据确凿;处罚符合《公安机关办理行政案件程序规定》和《林业行政处罚程序规定》规定的相关程序,适用法律正确。原告诉称被告在对第三人作出行政处罚时,未依法调取证据、听取原告意见,导致其认定的事实与客观事实不符的观点,因与庭审查明的事实不符,诉讼理由不能成立,被告对现已查明的违法行为进行处罚,未查明的违法行为不予处罚,符合《林业行政处罚程序规定》第17条的规定。原告诉称被告没有给原告送达行政处罚决定书,并告知原告所享有的权利,剥夺了原告的知情权和寻求救济的权利,因原告不是被处罚人,《林业行政处罚程序规定》和《公安机关办理行政案件程序规定》并未规定行政处罚决定书须送达给受害人,因此被告的行为符合法律规定,不存在违反法定程序的情况,原告的诉讼理由不能成立。依照《中华人民共和国行政诉讼法》第六十九条的规定,判决如下:

驳回原告屈××的诉讼请求。

本案诉讼费50元,由原告负担。

如不服本判决,可在本判决书送达之日起十五日内向本院递交上诉书状,并按对方当事人的人数提供副本,上诉于河南省南阳市中级人民法院。

审 判 长 焦太升
审 判 员 张文扬
审 判 员 姬春侠

二〇一五年八月十八日

书 记 员 刘 源

▶ 法律依据

《中华人民共和国行政诉讼法》[①]

第六十九条 行政行为证据确凿,适用法律、法规正确,符合法定程序的,或者原告申请被告履行法定职责或者给付义务理由不成立的,人民法院判决驳回原告的诉讼请求。

《最高人民法院关于行政案件管辖若干问题的规定》[②]

第四条 基层人民法院对其管辖的第一审行政案件,认为需要由中级人民法院审理或者指定管辖的,可以报请中级人民法院决定。中级人民法院应当根据不同情况在7日内分别作出以下处理:

(一)决定自己审理;

(二)指定本辖区其他基层人民法院管辖;

(三)决定由报请的人民法院审理。

《林业行政处罚程序规定》(1996年林业部发布)

第十七条 公民、法人或者其他组织违反林业行政管理秩序的行为,依法应当给予林业行政处罚的,林业行政主管部门必须查明事实;违法事实不清的,不得给予林业行政处罚。

[①] 《中华人民共和国行政诉讼法》(1989年4月4日第七届全国人民代表大会第二次会议通过 1990年10月1日起施行 根据2014年11月1日《全国人民代表大会常务委员会关于修改〈中华人民共和国行政诉讼法〉的决定》修订 自2015年5月1日起施行)。

[②] 《最高人民法院关于行政案件管辖若干问题的规定》(2007年12月17日由最高人民法院审判委员会第1441次会议通过 自2008年2月1日起施行 法释〔2008〕1号)。

四、擅自砍伐争议土地上非本人所有的林木的，应当认定为毁坏林木

——许××与临朐县森林公安局行政处罚纠纷上诉案

▶ 基本信息

行政相对人：许××
被诉行政主体：临朐县森林公安局
一 审 法 院：临朐县人民法院
一 审 结 果：临朐县森林公安局胜诉
二 审 法 院：潍坊市中级人民法院
二 审 结 果：临朐县森林公安局胜诉

▶ 基本案情

原告许××之父许为×与本村村民许维×存在土地纠纷。2015年2月2日、2月3日原告许××擅自将位于临朐县五井镇花园河村村西八岐山溜内争议土地上的63株核桃树和9株侧柏树砍倒，将49株侧柏树苗拔出。经勘验，被砍倒的核桃树地径3—5公分（厘米）、侧柏树地径2—4公分（厘米），被拔出的侧柏树苗地径1公分（厘米）。经临朐县价格认证中心鉴定被毁林木损失为2 803元。2015年4月15日，被告向原告告知了拟作出行政处罚的事实、理由、依据以及听证的权利。同年4月19日，被告作出临森公行决字〔2015〕第03008号行政处罚决定书，并向原告进行了送达。原告不服，提起本案诉讼。

▶ 双方主张

许××诉称：

1. 临朐县森林公安局无管辖权。上诉人依法取得涉案土地承包经营权，该宗土地不是林地，因此产生的纠纷不属于被上诉人管辖范围。上诉人清除案外人许维×非法栽植在上诉人土地上的苗木，并无不当，被上诉人对上诉人作出处罚错误。

2. 被诉处罚决定事实不清、证据不足。被上诉人提供的现场勘验笔录、照片等不能证明被清除苗木数量，鉴定结论因缺失鉴定单位及鉴定人员资格证明而没有法律效力，庭后补充的鉴定结论资料不能作为证明被诉行为合法的有效证据。上诉人只是耕种自家土地，不存在开垦、采石等行为，被上诉人所作处罚决定适用法律错误。

临朐县森林公安局辩称：

被诉处罚决定认定事实清楚、证据充分，程序合法，适用法律正确。关于本案中被上诉人否具有管辖权，不以土地性质确定，而是以被损坏的物品确定；私力救济的前提是遵守法

律规定;上诉人的行为属于《森林法》第四十四条第一款中规定的违法活动;价格认证中心出具的鉴定合法有效,鉴定资格证明是按照法庭要求补充提交的证据。

▶ 争议焦点

本案争议焦点在于:临朐县森林公安局对本案是否具有管辖权,被诉处罚决定是否事实不清、证据不足、适用法律错误。

▶ 法院判决

根据《中华人民共和国森林法》第二十条第一款"依照国家有关规定在林区设立的森林公安机关,负责维护辖区社会治安,保护辖区内的森林资源,并可以依照本法规定,在国务院林业主管部门授权的范围内,代行本法第三十九条、第四十二条、第四十三条、第四十四条规定的行政处罚权"以及《国家林业局关于授权森林公安机关代行行政处罚权的决定》"一、授权森林公安机关查处森林法第三十九条、第四十二条、第四十三条、第四十四条规定的行政处罚案件"的规定,被上诉人临朐县森林公安局具有依据《中华人民共和国森林法》第三十九条、第四十二条、第四十三条、第四十四条的规定对辖区内发生的林业违法案件作出行政处罚的职权。本案中,被上诉人临朐县森林公安局提供的勘验笔录及现场照片、价格鉴定结论书、询问笔录等证据,已形成较为完备的证据体系,能够证明上诉人存在被诉行政处罚决定认定的毁坏林木的违法行为。被上诉人受案后,经勘验、调查、告知,依据《中华人民共和国森林法》第四十四条第一款作出处罚决定并送达,处罚程序合法,适用法律正确。上诉人所提"被上诉人对本案无管辖权,被诉处罚决定事实不清、证据不足、适用法律错误"的上诉理由,无事实和法律依据,本院不予采纳。

▶ 执法点评

1. 未告知行政处罚的定性依据,是否导致行政处罚决定不成立

在本案中,根据《行政处罚法》第三十一条关于"行政机关在作出行政处罚决定之前,应当告知当事人作出行政处罚决定的事实、理由及依据,并告知当事人依法享有的权利"的规定,第三十二条关于"当事人有权进行陈述和申辩。行政机关必须充分听取当事人的意见,对当事人提出的事实、理由和证据,应当进行复核;当事人提出的事实、理由或者证据成立的,行政机关应当采纳。行政机关不得因当事人申辩而加重处罚"的规定,以及第四十一条关于"行政机关及其执法人员在作出行政处罚决定之前,不依照本法第三十一条、第三十二条的规定向当事人告知给予行政处罚的事实、理由和依据,或者拒绝听取当事人的陈述、申辩,行政处罚决定不能成立;当事人放弃陈述或者申辩权利的除外"的规定,临朐县森林公安局在作出行政处罚决定之前,应当告知许××,作出行政处罚的事实、理由和依据等法定事项,并充分听取其意见并复核,否则,将承担"行政处罚决定不能成立"的不利后果。

根据现行法律规定,办理林业行政案件的依据,既包括认定违法行为的法律依据,即定性依据,也包括处罚违法行为的法律依据,即处罚依据。作为一起毁坏林木案件,本案的处罚依据是《森林法》第四十四条第一款,定性依据则是《森林法》第二十三条第一款。根据法院关于"被告临朐县森林公安局在临森公行决字〔2015〕第03008号行政处罚决定中未标明违反《中华人民共和国森林法》第二十三条第一款规定,但在处罚前告知了该内容,被告的该行为不足以导致撤销被诉处罚决定"的判词,可以看出,虽然在关于许××的行政处罚决定书中,临朐县森林公安局并未填写本应填写的定性依据,但是在作出行政处罚决定前已经告知了定性依据的基本内容。而正是基于行政机关已经履行先行告知义务,并未对许××的权利产生实质性侵害,法院才将行政处罚决定书中漏填定性依据的事实,认定为轻微违法,并"不足以导致撤销被诉处罚决定"。

但是,由上述问题,可以看出《行政处罚法》第三十一条、第三十二条和第四十一条规定仍然存在一些漏洞。例如,在实施行政处罚先行告知时,行政机关具有下列情形之一的,是否都必然导致"行政处罚决定不成立":(1)只告知当事人处罚的事实和理由,却没有告知处罚的依据;(2)只告知作出处罚的依据,而没有告知处罚的事实和理由;(3)虽然履行了上述告知义务,但并未充分听取当事人的陈述、申辩;(4)虽然告知并听取当事人的陈述、申辩,但并没有去复核;(5)虽然告知、听取并复核了当事人的陈述、申辩,却没有采纳其中成立的事实、理由或者证据;(6)其他导致行政处罚决定不成立的情形。

显然,上述问题能否得到有效解决,直接影响当事人陈述和申辩权利的行使程度,事关当事人合法权益能否获得充分的法律保障。我们建议,在修订《行政处罚法》时,应当对上述问题作出明确规定。

2. 非林地上的林木被毁案件的管辖权

判词确认:"上诉人依法取得涉案土地承包经营权,该宗土地不是林地,因此产生的纠纷不属于被上诉人管辖范围。上诉人清除案外人许维×非法栽植在上诉人土地上的苗木,并无不当,被上诉人对上诉人作出处罚错误。"这里提出一个问题:对于耕地、草地等非林业主管部门管辖的土地上的林木,被非所有人损毁,这样一类的案件应当由哪一个机关负责管辖和处理?

在讨论林木受损之前,先明确一个前提:不管林木位于何处,是生长在耕地上,还是生长在草地上,林木本身的所有权及其附着其上的行政管理秩序,都受法律保护。

首先,损害林木的法律责任。林木,包括树木和竹子。树木一般指乔木,不包括灌木。从保护程度上区分,林木分为一般保护林木和重点保护林木。以下仅讨论灌木之外的一般林木。林木受到损害,可能有多种原因。最典型的可以概括为两类:一是自然原因;一是人为原因。前者如山崩地裂、地震洪灾、泥石流等自然灾害,造成林木受损;后者如自己砍伐、他人砍伐等人为损害。因为前者而致损,其后果要么自认倒霉,要么保险公司来承担,或许政府赈灾会给一些补贴。因为后者而致损,其后果的承担则要相对复杂。但无论如何复杂,不外乎三种责任:民事责任、行政责任和刑事责任。其法律依据,在民事上,不外乎《中华人民共和国民法通则》《中华人民共和国物权法》《中华人民共和国合同法》等;在行政上,不外乎《治安管理处罚法》《森林法》《森林法实施条例》等;在刑事上,不外乎《刑法》及其法律解释和相关司法解释等。林木之上,通常附着两种法益:一是所有权;一是管理权。前者是私权法益,后者是公权法益。所有权是基本法益,管理权是非基本法益。不管怎么说,侵害林木就可能触及两种法益,导致行为人至少承担两种及以上的法律责任。

其次,"非林地上的林木"如何理解。一般情况下,发生林木被损害的案件,林业行政执法人员或者森林公安民警都会不约而同地关注同一个问题:被毁林木是否处于林地之中。

给人的感觉好像是：在林地之中，就是一种案件；不在林地之中，就是另一种案件。在林地之中，就归我管辖；不在林地之中，就不归我管辖。在某种意义上，上述结论是可能成立的。但是，就《森林法》的规定而言，上述结论是否成立就值得深究了。《森林法》第三十二条规定："采伐林木必须申请采伐许可证，按许可证的规定进行采伐；农村居民采伐自留地和房前屋后个人所有的零星林木除外。国有林业企业事业单位、机关、团体、部队、学校和其他国有企业事业单位采伐林木，由所在地县级以上林业主管部门依照有关规定审核发放采伐许可证。铁路、公路的护路林和城镇林木的更新采伐，由有关主管部门依照有关规定审核发放采伐许可证。农村集体经济组织采伐林木，由县级林业主管部门依照有关规定审核发放采伐许可证。农村居民采伐自留山和个人承包集体的林木，由县级林业主管部门或者其委托的乡、镇人民政府依照有关规定审核发放采伐许可证。采伐以生产竹材为主要目的的竹林，适用以上各款规定。"《森林法实施条例》第三十条第二款规定："因扑救森林火灾、防洪抢险等紧急情况需要采伐林木的，组织抢险的单位或者部门应当自紧急情况结束之日起30日内，将采伐林木的情况报告当地县级以上人民政府林业主管部门。"从上述条文，我们至少可以得出以下结论：第一，在中国的任何地方，要砍树先办证；第二，不办证的情况只有二种，一是农村居民采伐自留地和房前屋后个人所有的零星林木，二是因扑救森林火灾、防洪抢险等紧急情况需要采伐林木。换言之，只要不属于不办证的两种情况，那么，不管是城市的林木，还是农村的林木；是公路的林木，还是堤坝的林木；是学校的林木，还是企业的林木；是耕地上的林木，还是林地上的林木；是合法种植的林木，还是非法种植的林木等，都必须遵循一个原则：要砍树先办证。简单一句话：地无分林地耕地，树无分老树幼树，无论何人，皆有守护培植之责，皆应抱定砍树必先办证之信念。综上，"非林地上的林木"是否有特别的法律效应，就看这个"非林地"是否属于农村居民的自留地或者房前屋后。如果是，就意味着砍伐其上生长的林木，不需要申请采伐许可证；如果不是，那么意味着砍伐前必须申请采伐许可证。

最后，"非林地上的林木"受损的处理。当"非林地上的林木"不是因自然灾害而受损以及因紧急情况需要而被砍伐，且该"非林地"不属于农村居民的房前屋后或者自留地时，"非林地上的林木"受损，森林公安机关应当根据具体案情，依法作出不同处理。第一，林木为他人所有。(1)行为人以非法占有为目的，定为盗伐林木。视其损毁林木的数量多少，根据各省、自治区、直辖市关于盗伐林木刑事案件的立案标准，确定立为盗伐林木的行政案件，或者盗伐林木罪的刑事案件。(2)行为人在实施非法开垦、采石、采沙、采土等行为时，毁坏了他人所有的林木，则应当依据《森林法》第四十四条，定为毁坏林木，给予林业行政处罚。(3)行为人为泄愤、破坏生产等而毁坏林木，应当定为故意损毁财物，依据《治安管理处罚法》第四十九条给予治安管理处罚；损毁林木价值达到5 000元这一刑事立案标准时，则可以定为故意损坏财物罪，或者定为破坏生产经营罪。第二，林木为本人所有。未经取得林木采伐许可证，行为人就实施采伐的，应当定性为滥伐林木。视其数量大小，根据各省、自治区、直辖市关于滥伐林木刑事案件的立案标准，确定立为滥伐林木的行政案件，或者滥伐林木罪的刑事案件。

当然，如果被毁林木所在的"非林地"，属于农村居民房前屋后或者自留地，分两种情况讨论。第一，林木为他人所有。对林木实施毁坏的行为，可以定性为违反治安管理行为。可以包括两种情形:(1)以非法占有为目的,可以认定为盗窃的治安案件;数额较大,可以认定为盗窃罪的刑事案件。(2)以损毁为目的,可以认定为故意损毁财物的治安案件;数额较大,可以认定为故意毁坏财物罪的刑事案件。第二,林木为本人所有,损毁林木的行为,并无违法可言。损毁林木的行为,属于权利人行使所有权的合法行为。只是,损毁的林木必须是零星林木。而如何认定"零星林木",迄今为止,国家并未给出明确的立法、行政或者司法解释。这也算是一个森林法之"谜"吧。但愿,修订后的《森林法》不要再设置这样的谜团。

特别指出,关于采伐"非林地上的林木"如何定性处理,理论界和实践界都有不同的观点。有兴趣者,可以参阅《森林公安》刊登的两篇文章:(1)《关于采伐非林业用地上的林木如何定性的思考》(作者:王志宏;2015年第6期);(2)《无证采伐非规划林地上自己的林木如何定性》(作者:冯锦华;2016年第4期)。

▶ 司法点评

庭后补充的资料能否成为证明被诉行政行为合法性的有效证据

许××不服一审判决上诉称:"被诉处罚决定事实不清、证据不足。被上诉人提供的现场勘验笔录、照片等不能证明被清除苗木数量,鉴定结论因缺失鉴定单位及鉴定人员资格证明而没有法律效力,庭后补充的鉴定结论资料不能作为证明被诉行为合法的有效证据。"而被上诉人则辩称:"价格认证中心出具的鉴定合法有效,鉴定资格证明是按照法庭要求补充提交的证据。"问题在于,被告人是否可以在庭审以后自行补充相关证据?人民法院执法可以主动要求被告人在庭审后补充相关证据?

首先,不提供或者无正当理由逾期提供证据的,视为被诉具体行政行为没有相应的证据。根据《最高人民法院关于行政诉讼证据若干问题的规定》[①]第一条关于"根据行政诉讼法第三十二条和第四十三条的规定,被告对作出的具体行政行为负有举证责任,应当在收到起诉状副本之日起十日内,提供据以作出被诉具体行政行为的全部证据和所依据的规范性文件。被告不提供或者无正当理由逾期提供证据的,视为被诉具体行政行为没有相应的证据。被告因不可抗力或者客观上不能控制的其他正当事由,不能在前款规定的期限内提供证据的,应当在收到起诉状副本之日起十日内向人民法院提出延期提供证据的书面申请。人民法院准许延期提供的,被告应当在正当事由消除后十日内提供证据。逾期提供的,视为被诉具体行政行为没有相应的证据"的规定,临朐县森林公安局应当在收到起诉状副本之日起十日内,提供据以作出林业行政处罚的全部证据和所依据的规范性文件。在本案中,临朐县森林公安局在十日之内提供了证据,因此,不应当被视为没有相应的证据。

其次,在被告人提交的证据中,有一份鉴定结论,因没有提供鉴定单位及鉴定人员资格证明,有可能被人民法院认定为缺乏合法性而不被采纳。但是,在庭审后临朐县森林公安局补充了鉴定资格证明。显而易见,此类情形应当属于逾期提供证据。根据《最高人民

---

① 参见:《最高人民法院关于行政诉讼证据若干问题的规定》(法释〔2002〕21号 自2002年10月1日起施行)。

法院关于行政诉讼证据若干问题的规定》第八条关于"人民法院向当事人送达受理案件通知书或者应诉通知书时,应当告知其举证范围、举证期限和逾期提供证据的法律后果,并告知因正当事由不能按期提供证据时应当提出延期提供证据的申请"的规定,被告只有在"因正当事由不能按期提供证据"且"提出延期提供证据的申请"的情况下,其提供的证据才有可能被法院采纳。但是,本案中并没有相关证据,证明临朐县森林公安局曾向法院提出过延期申请。就此而言,人民法院不应当采纳该项证据,并将其"作为证明被诉行为合法的有效证据"。

当然,根据《最高人民法院关于行政诉讼证据若干问题的规定》第九条关于"根据行政诉讼法第三十四条第一款的规定,人民法院有权要求当事人提供或者补充证据。对当事人无争议,但涉及国家利益、公共利益或者他人合法权益的事实,人民法院可以责令当事人提供或者补充有关证据"的规定,除非人民法院要求或者责令临朐县森林公安局提供或者补充有关证据,临朐县森林公安局不得在庭审后提供或者补充有关证据,即便提供或者补充了有关证据,法院也不得将该证据"作为被诉行为合法的有效证据"。根据本案提供的信息,临朐县森林公安局显然是在法院的要求之下,提供了相关的鉴定资格证明。

最后,根据《最高人民法院关于行政诉讼证据若干问题的规定》第二条的规定,在具备法定条件的情况下,被告在第一审程序中仍然可以提供证据。即在原告许××"提出其在行政程序中没有提出的反驳理由或者证据"的情况下,且"经人民法院准许",作为被告的临朐县森林公安局才"可以在第一审程序中补充相应的证据"。

▶ 立法建议

关于陈述和申辩条款的修改意见

建议对《行政处罚法》第三十二条进行修改。

原来的条文是:当事人有权进行陈述和申辩。行政机关必须充分听取当事人的意见,对当事人提出的事实、理由和证据,应当进行复核;当事人提出的事实、理由或者证据成立的,行政机关应当采纳。

行政机关不得因当事人申辩而加重处罚。

建议条文是:当事人有权进行陈述和申辩。行政机关必须充分听取当事人的意见,对当事人提出的事实、理由、证据和依据,应当进行复核;当事人提出的事实、理由、证据或者依据成立的,行政机关应当采纳。

行政机关不得因当事人申辩而从重或者加重处罚。

▶ 守法与普法

本案是否属于"适用法律错误"

许××声称:"上诉人只是耕种自家土地,不存在开垦、采石等行为,被上诉人所作处罚决定适用法律错误。"显然,许××认为将其行为定性为毁坏林木,是适用法律错误。他认为,根据《森林法》第四十四条第一款关于"违反本法规定,进行开垦、采石、采砂、采土、采种、采脂和其他活动,致使森林、林木受到毁坏的,依法赔偿损失;由林业主管部门责令停止违法行为,补种毁坏株数一倍以上三倍以下的树木,可以处毁坏林木价值一倍以上五倍以下的罚款"的规定,只有"进行开垦、采石、采砂、采土、采种、采脂和其他活动,致使森林、林木受到毁坏的",才应当适用该条款;而他"只是耕种自家土地,不存在开垦、采石等行为",所以,"被上诉人所作处罚决定适用法律错误"。对此,法院没有做出正式的回应。那么,我们应当如何看待原告的这个质疑呢?

在回应原告的质疑之前,先行讨论两个问题。一是《森林法》第四十四条中的森林、林木的所有权归属。我们认为,该条规定中的森林、林木,应当归属于他人所有的,而不是违法嫌疑人本人所有。二是除了法律明定的"开垦、采石、采砂、采土、采种、采脂"外,"其他活动"也可以成为毁坏林木的方式之一。而"其他活动"是一个有待界定的概念。那么,谁有权界定这个概念呢?我们认为,行政机关及其执法人员在具体个案中应当具有相应的法律解释权力。首先,立法机关有权界定这个概念。我国一贯奉行的就是"谁立法谁解释"。《立法法》第四十五条明确规定:"法律解释权属于全国人民代表大会常务委员会。法律有以下情况之一的,由全国人民代表大会常务委员会解释:(一)法律的规定需要进一步明确具体含义的;(二)法律制定后出现新的情况,需要明确适用法律依据的。"其次,最高司法机关和行政机关也有权界定这个概念。根据《全国人民代表大会常务委员会关于加强法律解释工作的决议》①的规定,"二、凡属于法院审判工作中具体应用法律、法令的问题,由最高人民法院进行解释。凡属于检察院检察工作中具体应用法律、法令的问题,由最高人民检察院进行解释。最高人民法院和最高人民检察院的解释如果有原则性的分歧,报请全国人民代表大会常务委员会解释或决定。三、不属于审判和检察工作中的其他法律、法令如何具体应用的问题,由国务院及主管部门进行解释。"最后,在没有上述法律解释的情形下,作为执法者的行政机关及其执法人员,依法有权在具体个案中对这个概念作出解释。在本案中,临朐县森林公安局正是将"许××擅自将位于临朐县五井镇花园河村村西八岐山溜内争议土地上的63株核桃树和9株侧柏树砍倒,将49株侧柏树苗拔出"的行为,解释并认定为《森林法》第四十四条第一款的"其他活动"。② 司法者或许正是基于这一点,对临朐县森林公安局解释"其他活动"的权力保持了尊重,并没有回应上诉人许××关于法律适用的质疑。其实,不仅法院没有回应这一质疑,而且临朐县森林公安局也没有真正回答这个问题。面对质疑,临朐县森林公安局只是辩称:"被诉处罚决定认定事实清楚、证据充分,程序合法,适用法律正确。关于本案中被上诉人是否具有管辖权,不以土地性质确定,而是以被损坏的物品确定"。显然,临朐县森林公安局在这个问题上有些答非所问。上诉人质疑的是适用法律错误,而被上诉人回应的则是有无管辖权问题。

其次,如果许××的这一质疑被认可,那么他可能招致更严厉的行政处罚。根据本案提供的信息,许××对他人所有的财产——林木,擅自采取砍伐、拔出等方法实施毁坏,涉嫌构成《治安管理处罚法》第四十九条的违反治安管理行为——故意损毁财物,依法应当受到"处五日以上十日以下拘留,可以并处五百元以下罚款;情节较重的,处十日以上十五日以下拘留,可以并处一千元以下罚款";而不是涉嫌构成《森林法》第四十四条第一款的违反林业行

---

① 《全国人民代表大会常务委员会关于加强法律解释工作的决议》(1981年6月10日第五届全国人民代表大会常务委员会第十九次会议通过)。

② 也有一种可能,临朐县森林公安局是将许××所称的"耕种自家土地"的行为,认定为"开垦"的行为。

政管理行为——非法毁坏林木,受到被诉的林业行政处罚。

那么,本案许××的行为,究竟应当认定为毁坏林木的林业行政违法行为,还是认定为盗窃的违反治安管理行为?我们认为,该案行为应当认定为毁坏林木的林业行政违法行为,而不应当认定为盗窃的违反治安管理行为。两个行为的区别在于,毁坏林木的违法行为,其侵害的是双重法益。既包括财产所有权,又包括林业行政管理权。而盗窃的违法行为,其侵害则是财产所有权这个单一法益。一方面,本案的涉案对象是他人所有的63株核桃树、9株侧柏树以及49株侧柏树苗等林木,且不属于农村居民自留地或者房前屋后个人所有的林木。因此,许××对上述林木实施的毁坏行为,其所侵害就既有他人的林木所有权,也有林业行政管理权力。另一方面,将他人所有的"63株核桃树和9株侧柏树砍倒,49株侧柏树苗拔出"的涉案行为,应当被认定为《森林法》第四十四条第一款设定的进行"其他活动,致使森林、林木受到毁坏的"行为。同时,根据《最高人民法院关于审理破坏森林资源刑事案件具体应用法律若干问题的解释》(法释〔2000〕36号)第五条第二款的规定:"林木权属争议一方在林木权属确权之前,擅自砍伐森林或者其他林木,数量较大的,以滥伐林木罪论处。"而本案的起因却是土地纠纷,而非林木权属纠纷。因此,本案的违法行为,即擅自砍伐争议土地上非本人所有林木的行为,不应当认定为滥伐林木,而应当认定为毁坏林木。

> 判决书

许××与临朐县森林公安局行政处罚纠纷上诉案

山东省潍坊市中级人民法院
行政判决书

(2016)鲁07行终110号

上诉人(原审原告)许××。

委托代理人刘永×,临朐九山法律服务所法律工作者。

被上诉人(原审被告)临朐县森林公安局。住所地:

法定代表人李兴×,局长。

负责人马照×,副局长。

委托代理人刘×,该局工作人员。

山东省临朐县人民法院就许××诉临朐县森林公安局治安行政处罚一案作出(2015)临法行初字第25号行政判决,许××不服,向本院提起上诉。本院受理后,依法组成合议庭,于2016年3月21日公开开庭审理了本案。上诉人许××的委托代理人刘永×,被上诉人临朐县森林公安局负责人马照×及其委托代理人刘×到庭参加了诉讼。本案现已审理终结。

案经一审法院审理确认以下事实:原告许××之父许为×与本村村民许维×存在土地纠纷。2015年2月2日、2月3日原告许××擅自将位于临朐县五井镇花园河村村西八岐山溜内争议土地上的63株核桃树和9株侧柏树砍倒,将49株侧柏树苗拔出。经勘验,被砍倒的核桃树地径3—5公分(厘米)、侧柏树地径2—4公分(厘米),被拔出的侧柏树苗地径1公分(厘米)。经临朐县价格认证中心鉴定被毁林木损失为2803元。2015年4月15日,被告向原告告知了拟作出行政处罚的事实、理由、依据以及听证的权利。同年4月19日,被告作出临森公行决字〔2015〕第03008号行政处罚决定书,并向原告进行了送达。原告不服,提起本案诉讼。

一审法院审理认为,被告临朐县森林公安局对本辖区内发生的林业违法行为有作出行政处罚的职权。被告立案后,依职权开展调查,对被毁林木的现场进行了勘验,委托鉴定机构对被毁林木进行了价值鉴定。在对原告作出处罚前,告知了原告拟作出行政处罚的事实、理由、依据及其依法享有的陈述申辩、听证的权利;作出决定后依法送达了行政处罚决定书,处罚程序合法。被告根据现场勘验以及对报案人、证人、原告的调查,委托鉴定机构对被毁林木进行价格鉴定,认定原告的行为系毁林的违法行为,证据确凿;依据《中华人民共和国森林法》第四十四条第一款的规定对原告作出处罚,适用法律正确。原告提出在其土地经营权遭受侵害时,清除非法栽种在自己土地上的苗木,不构成违法毁林的辩解,不能成立。原告提出对被毁林木的土地存在使用权纠纷的辩解,与本案无关;被告临朐县森林公安局在临森公行决字〔2015〕第03008号行政处罚决定中未标明违反《中华人民共和国森林法》第二十三条第一款规定,但在处罚前告知了该内容,被告的该行为不足以导致撤销被诉处罚决定。被诉处罚决定,认定事实清楚,证据充分,程序合法,适用法律正确,处罚适当。根据《中华人民共和国行政诉讼法》第六十九条之规定,判决:驳回原告许××要求撤销被告作出的临森公行决字〔2015〕第03008号行政处罚决定的诉讼请求。案件受理费50元,由原告承担。

上诉人许××不服一审判决上诉称:一、上诉人依法取得涉案土地承包经营权,该宗土地不是林地,因此产生的纠纷不属于被上诉人管辖范围。上诉人清除案外人许维×非法栽植在上诉人土地上的苗木,并无不当,被上诉人对上诉人作出处罚错误。二、被诉处罚决定事实不清、证据不足。被上诉人提供的现场勘验笔录、照片等不能证明被清除苗木数量,鉴定结论因缺失鉴定单位及鉴定人员资格证明而没有法律效力,庭后补充的鉴定结论资料不能作为证明被诉行为合法的有效证据。三、上诉人只是耕种自家土地,不存在开垦、采石等行为,被上诉人所作处罚决定适用法律错误。请求二审法院撤销一审判决,改判撤销被上诉人作出的临森公行决字〔2015〕第03008号行政处罚决定书,或发回重审。

被上诉人临朐县森林公安局答辩称:被诉处罚决定认定事实清楚、证据充分,程序合法,适用法律正确。关于本案中被上诉人是否具有管辖权,不以土地性质确定,而是以被损坏的物品确定;私力救济的前提是遵守法律规定;上诉人的行为属于《森林法》第四十四条第一款中规定的违法活动;价格认证中心出具的鉴定合法有效,鉴定资格证明是按照法庭要求补充提交的证据。请求二审法院驳回上诉,维持一审判决。

上诉人、被上诉人在一审中提交的证据和依据均已随案卷移送本院。根据一、二审庭审举证、质证及辩论情况,本院认为一审法院对证据的认定意见以及查明的事实正确,本院二审予以确认。

本院认为,根据《中华人民共和国森林法》第二十条第一款"依照国家有关规定在林区设立的森林公安机关,负责维护辖区社会治安,保护辖区内的森林资源,并可以依照本法规定,在国务院林业主管部门授权的范围内,代行本法第三十九条、第四十二条、第四十三条、第四十四条规定的行政处罚权"以及《国家林业局关于授权森林公安机关代行行政处罚权的决定》"一、授权森林公安机关查处森林法第三十九条、第四十二条、第四十三条、第四十四条规定的行政处罚案件"的规定,被上诉人临朐县森林公安局具有依据《中华人民共和国森林法》第三十九条、第四十二条、第四十三条、第四十四条的规定对辖区内发生的林业违法案件作出行政处罚的职权。本案中,被上诉人临朐县森林公安局提供的勘验笔录及现场照片、价格鉴定结论书、询问笔录等证据,已形成较为完备的证据体系,能够证明上诉人存在被诉行政处罚决定认定的毁坏林木的违法行为。被上诉人受案后,经勘验、调查、告知,依据《中华人民共和国森林法》第四十四条第一款作出处罚决定并送达,处罚程序合法,适用法律正确。上诉人所称"被上诉人对本案无管辖权,被诉处罚决定事实不清、证据不足、适用法律错误"的上诉理由,无事实和法律依据,本院不予采纳。原审判决认定事实清楚,审判程序合法,适用法律正确,依法应予维持。依照《中华人民共和国行政诉讼法》第八十九条第一款第(一)项之规定,判决如下:

驳回上诉,维持原判。

二审案件受理费50元,由上诉人许××负担。

本判决为终审判决。

审　判　长　李正良
代理审判员　孔祥慧
代理审判员　李长明

二〇一六年五月三十一日
书　记　员　赵　倩

▶ 法律依据

《中华人民共和国行政诉讼法》(2014年第一次修正)

第六十九条　行政行为证据确凿,适用法律、法规正确,符合法定程序的,或者原告申请被告履行法定职责或者给付义务理由不成立的,人民法院判决驳回原告的诉讼请求。

第八十九条　人民法院审理上诉案件,按照下列情形,分别处理:

(一)原判决、裁定认定事实清楚,适用法律、法规正确的,判决或者裁定驳回上诉,维持原判决、裁定;

(二)原判决、裁定认定事实错误或者适用法律、法规错误的,依法改判、撤销或者变更;

(三)原判决认定基本事实不清、证据不足的,发回原审人民法院重审,或者查清事实后改判;

(四)原判决遗漏当事人或者违法缺席判决等严重违反法定程序的,裁定撤销原判决,发回原审人民法院重审。

原审人民法院对发回重审的案件作出判决后,当事人提起上诉的,第二审人民法院不得再次发回重审。

人民法院审理上诉案件,需要改变原审判决的,应当同时对被诉行政行为作出判决。

《中华人民共和国森林法》(2009年第二次修正)

第二十条 依照国家有关规定在林区设立的森林公安机关,负责维护辖区社会治安秩序,保护辖区内的森林资源,并可以依照本法规定,在国务院林业主管部门授权的范围内,代行本法第三十九条、第四十二条、第四十三条、第四十四条规定的行政处罚权。

武装森林警察部队执行国家赋予的预防和扑救森林火灾的任务。

第二十三条 禁止毁林开垦和毁林采石、采砂、采土以及其他毁林行为。

禁止在幼林地和特种用途林内砍柴、放牧。

进入森林和森林边缘地区的人员,不得擅自移动或者损坏为林业服务的标志。

第四十四条 违反本法规定,进行开垦、采石、采砂、采土、采种、采脂和其他活动,致使森林、林木受到毁坏的,依法赔偿损失;由林业主管部门责令停止违法行为,补种毁坏株数一倍以上三倍以下的树木,可以处毁坏林木价值一倍以上五倍以下的罚款。

违反本法规定,在幼林地和特种用途林内砍柴、放牧致使森林、林木受到毁坏的,依法赔偿损失;由林业主管部门责令停止违法行为,补种毁坏株数一倍以上三倍以下的树木。

拒不补种树木或者补种不符合国家有关规定的,由林业主管部门代为补种,所需费用由违法者支付。

第三章 是否主要证据不足

一、由"有专门知识的人"所作的鉴定意见，可以作为认定林业行政处罚案件事实的根据

——秦××诉浮梁县森林公安局行政处罚纠纷案

▶ 基本信息

行政相对人：秦××
被诉行政主体：浮梁县森林公安局
一 审 法 院：浮梁县人民法院
一 审 结 果：浮梁县森林公安局胜诉
二 审 法 院：景德镇市中级人民法院
二 审 结 果：浮梁县森林公安局胜诉

▶ 基本案情

2013年10月28日，原告秦××取得浮梁县森林资源监测中心出具的林木采伐作业设计书。2013年10月31日，原告秦××取得浮梁县林业局核发的林木采伐许可证，便开始在大湾里自己的山场采伐杉树188株，折材积为6.0838立方米，立木蓄积为9.3596立方米，林木价值为5840元。2014年1月17日，被告接到庄湾乡施家村村民举报后，对原告秦××采伐木材情况立案调查。2014年10月27日，被告应原告秦××的要求对其滥伐林木一案举行听证会。2014年11月14日，景德镇市森林资源监测中心出具了浮梁县庄湾乡施家村东家源秦××滥伐林木案调查鉴定意见书：认定原告秦××实际采伐林木范围不在设计采伐范围之内。2014年11月15日，被告对原告秦××作出了浮森公林罚决字(2014)第130号林业行政处罚决定：1.责令秦××补种滥伐林木数5倍的树木940株；2.并处以滥伐林木价值4倍的罚款人民币23360元。原告秦××不服，遂提起诉讼。原告认为其已获得浮梁县人民政府颁发的位于浮梁县庄湾乡施家村东家源组82.5亩的林权证。并按《林木采伐许可证》采伐木材，实际采伐林木的时间、位置及数量均合法，但被告根据错误的事实和违法的程序进行了错误的处罚。因此，请求法院撤销浮森公林罚决字(2014)第130号林业行政处罚决定书，并判决被告赔偿5840元的损失和600元的办证费用。

▶ **双方主张**

秦××诉称：

1. 一审法院认定的事实错误。上诉人获准的《林木采伐设计书》中的图纸和设计单位存档的图纸不一致。

2. 一审法院适用法律错误。根据法律规定，行政诉讼实行举证责任倒置，上诉人已指出了被上诉人据以处罚的依据——鉴定意见系无鉴定执业证书的人员作出的，且办案期限超过法定期限这两大问题及上诉人受处罚的事实证据。

3. 根据江西省林业厅赣林资字(2009)33(333)号关于进一步完善林木采伐管理政策的通知第(三)其他政策规定第一点第二款的规定，在采伐前应由林业主管部门将采伐的面积、四至等告知申请者，双方在拔(拨)交卡或采伐证上签字。因此，在本案中，别说是上诉人没砍错位置，就算是砍错了，也是林业主管部门的责任，因为其没有履行上述义务。故请求撤销一审法院的判决。

浮梁县森林公安局辩称：

1. 上诉人秦××未经批准擅自在采伐证规定范围以外的地点进行采伐，已构成滥发(伐)林木事实，且有相关证据予以佐证，足以认定，一审法院维持答辩人做出的具体行政行为是合法、有效的。

2. 上诉人提出设计图纸初稿问题，被上诉人认为设计图纸初稿是林业技术员实地勘察设计时根据采伐者提出的要求，对需要采伐的山场进行实地勘察的样稿，设计图纸初稿出来后报林业局林证股及主管领导审批然后由采伐申请人持批准的设计书到县办证大厅填写采伐许可证。采伐设计书中对四至范围及数量均已明确规定，采伐许可证是依据批准的设计书允许砍伐的内容填写，是采伐林木唯一的合法凭证。在林木采伐许可证规定的地点以外采伐本单位所有或者本人所有的森林或者其他林木的，应当定性为滥伐林木行为。景德镇市森林资源监测中心2014年11月14日出具的调查鉴定意见"在许可规定的地点以外采伐了林木"的鉴定结论已经很明确，滥伐的事实足以认定。上诉人秦××只凭勾画的初稿图纸复印件，而不按许可证的规定进行采伐，砍伐了设计批准范围以外的林木，违反了《中华人民共和国森林法》第32条的规定。

3. 上诉人称："鉴定意见系无鉴定执业证书的人员做出且办案期限超过法定期限"。并提出原审判决认定错误。答辩人认为一审法院判决适用法律是正确。第一，我国对司法鉴定机构和鉴定人是实行分类管理的，一类是法定登记管理的司法鉴定机构和鉴定人，一类是一般司法鉴定机构和鉴定人。《全国人民代表大会常务委员会关于司法鉴定管理问题的决定》(简称《关于司法鉴定管理问题的决定》)第二条规定范围之外的鉴定机构和鉴定人，不实行登记制度。《〈全国人民代表大会常务委员会关于司法鉴定管理问题的决定〉释义》解释道："实践中如果有的案件涉及的专门性问题需要鉴定，而登记范围以内的鉴定人或鉴定机构不能进行鉴定的，可以要求登记范围以外的技术部门或人员进行鉴定，并不妨碍司法鉴定工作。"《江西省司法鉴定条例》早在2002年发布，而《全国人民代表大会常务委员会关于司法鉴定管理问题的决定》及司法部的《司法鉴定人登记管理办法》是在2005年颁布的,林业案件所涉及的是林业专门知识问题,不在《全国人民代表大会常务委员会关于司法鉴定管理问题的决定》第二条规定的司法鉴定登记管理业务范畴,《司法鉴定程序通则》第五章附则第三十九(条):"本通则是司法鉴定机构和司法鉴定人进行司法鉴定活动应当遵守和采用的一般程序规则,不同专业领域的鉴定事项对其程序有特殊要求的,可以另行制定或者从其规定"。故在2011年12月江西省高级人民法院、江西省人民检察院、江西省公安厅出台了《关于办理破坏森林资源刑事案件若干问题的规定》:"有中级以上林业技术职称或者持有省林业行政主管部门颁发的林业技术鉴定资格证书的人员,具有森林案件的技术鉴定资格"。同级法后法优先于前法(江西省司法鉴定条例),因此,各类林业案件聘请有中级以上林业技术职称或者持有省林业行政主管部门颁发的林业技术鉴定资格证书的人员,所作出的鉴定意见可以作为诉讼证据使用,鉴定人员不需要执业证书。第二,办案期限并未超过法定期限,《林业行政处罚程序规定》第三十四条:林业行政处罚案件自立案之日起,应当在一个月内办理完毕;经行政负责人批准可以延长,但不得超过三个月,特殊情况下三个月内不能办理完毕的,报经上级林业行政主管部门批准,可以延长。《国家林业局办公室关于延长林业处罚案件办理时限有关问题的复函》:"二、对于报经批准延长办理时间的林业处罚案件,应当把握以下方面:(一)对于在一个月内不能办结的,需要延长办案时间的案件,必须经本行政机关负责人批准,并且延长时间不得超过2个月、(二)对于经上级林业主管部门批准延长办案时间的案件,具体延长时间以上(级)林业行政主管部门批准的延长时间为准;上级林业行政主管部门批准时,没有明确具体延长时间的,延长时间不得超过3个月。"《国家林业局办公室关于延长林业处罚案件办理时限有关问题的复函》对延期的时限作出规定是:"具体延长时间以上(级)林业行政主管部门批准的延长时间为准"。本案延长办理时间报告内容已经明确提出延长至11月30日,市森林公安局批准的"同意延长",就是认可我局在11月30日前办结该案,而事实中我局是在批准的期限内办理了此案,没有违反国家林业局及《林业行政处罚程序》第三十四条之规定。综上所述,一审法院认定事实清楚,适用法律准确,审理程序合法,请求判决予以维持。

▶ **争议焦点**

本案争议焦点在于:被诉行政处罚决定是否事实清楚、适用法律正确、程序合法。

▶ **法院判决**

景德镇市中级人民法院经审理认为:

根据《关于司法鉴定管理问题的决定》第一条:"司法鉴定是指在诉讼活动中鉴定人运用科学技术或者专门知识对诉讼涉及的专门性问题进行鉴别和判断并提供鉴定意见的活动;",《全国人民代表大会常务委员会关于司法鉴定管理问题的决定(释义)》第一条,司法鉴定是在诉讼活动中进行的,是一项涉及诉讼的活动,本决定之所以将诉讼法中的"鉴定"称为"司法鉴定",并不是鉴定活动本身具有司法职能,而是因为鉴定是在司法诉讼活动中进行的。只有在诉讼活动中对案件的某些专门性问题进行鉴别和判断的活动,才属于本条规定的司法鉴定,由本决定加以调整;《江西省司法鉴定条例》第二条规定:"本条例所称司法鉴定,是指司法鉴定人依法运用专门知识和技能,对涉及诉讼活动的专门性问题进行科学鉴别和判定的活动"。上诉人提出"鉴定意见系无鉴定执业证书的人员做出,鉴定人及鉴定单位不具有法定资质",本案中景德镇市森林资源监测中心于2014年11月14日作出的"浮梁县庄湾乡施家村东家源秦××滥伐林木案调查鉴定意见书",是被上诉人浮梁县森林公安局2014年11月15日作出"浮森公林罚决字(2014)第130号林业处罚决定书"的依据证明,不是在本行政诉讼活动中申请的司法鉴定,不受《关于司法鉴定管理问题的决定》第二条中规定"国家对从事下列司法鉴定业务的鉴定人和签订机构实行登记管理制度"的限制。根据《林业行政处罚程序规定》的第三十条:"为解决林业行政处罚案件中某些专门性问题,林业行政主管部门可以指派或者聘请有专门知识的人进行鉴定",本案鉴定人员具有相应专业知识,所作鉴定意见可以作为处罚依据,故该上诉理由不成立。

上诉人所提出的其他意见,被上诉人均以答辩说明。本院认为其答辩意见和理由符合相关法律、法规的规定,予以认同。

另外,上诉人的委托代理人提出采伐前应由林业主管部门将采伐的面积、四至等告知申请(人)。此事项林业主管部门应当是在有申请者申请采伐的前提下才有告知的义务,本案中上诉人秦××没有将采伐具体时间告诉林业主管部门,故林业主管部门无法与上诉人对采伐范围进行现场拔(拨)交。故该上诉理由亦不成立。

▶ 执法点评

1. 关于林业行政处罚案件的办案期限

第一,所谓"办案期限",通常是指行政机关办理行政处罚案件所需的时间长度。一般从行政案件受案或者立案之日始,至作出行政处理决定并送达当事人之日止。关于行政处罚案件的办案期限,虽然《行政处罚法》没有明确规定,但是相当多的部门规章都有明确规定。具体包括:(1)林业行政案件的办案期限。《林业行政处罚程序规定》第三十四条规定:"林业行政处罚案件自立案之日起,应当在一个月内办理完毕;经行政负责人批准可以延长,但不得超过三个月;特殊情况下三个月内不能办理完毕的,报上级林业行政主管部门批准,可以延长。"《国家林业局办公室关于延长林业处罚案件办理时限有关问题的复函》进一步指出:"对于报经批准延长办理时间的林业行政处罚案件,应当把握以下方面:(一)对于在一个月内不能办结的、需要延长办案时间的案件,必须经本行政机关行政负责人批准,并且延长时间不得超过两个月。(二)对于经上级林业主管部门批准延长办案时间的案件,具体延长时间以上级林业主管部门批准的延长时间为准;上级林业主管部门批准时,没有明确具体延长时间的,延长时间不得超过3个月。"(2)公安行政案件的办案期限。《公安机关办理行政案件程序规定》第一百四十一条规定:"公安机关办理治安案件的期限,自受理之日起不得超过三十日;案情重大、复杂的,经上一级公安机关批准,可以延长三十日。办理其他行政案件,有法定办案期限的,按照相关法律规定办理。为了查明案情进行鉴定的期间,不计入办案期限。对因违反治安管理行为人逃跑等客观原因造成案件在法定期限内无法作出行政处理决定的,公安机关应当继续进行调查取证,并向被侵害人说明情况,及时依法作出处理决定。"(3)环境行政案件的办案期限。《环境行政处罚办法》①第五十五条(作出处罚决定的时限)规定:"环境保护行政处罚案件应当自立案之日起的3个月内作出处理决定。案件办理过程中听证、公告、监测、鉴定、送达等时间不计入期限。"(4)卫生行政案件的办案期限。《卫生行政处罚程序》②第二十九条规定:"卫生行政机关应当自立案之日起三个月内作出行政处罚决定。因特殊原因,需要延长前款规定的时间的,应当报请上级卫生行政机关批准。"(5)农业行政案件的办案期限。《农业行政处罚程序规定》③第四十一条规定:"农业行政处罚案件自立案之日起,应当在三个月内作出处理决定;特殊情况下三个月内不能作出处理的,报经上一级农业行政处罚机关批准可以延长至一年。对专门性问题需要鉴定的,所需时间不计算在办案期限内。"

上述规定,既有很多共同点,也有许多不同之处,还有一些模糊的地方。具体包括:(1)办案期限的具体时长,少则一个月内如林政案件或者三十日内如治安案件,多则三个月内如卫生、农业、环境案件。(2)办案期限的延长,少则延长三十日如治安案件,有的可延长两个月如林政案件,多则延长九个月如农业案件,有些延长无限制如林政、卫生案件。(3)最长的办案期限,治安案件是六十日,环境案件为三个月,农业案件是一年,林政和卫生案件则无限定。(4)办案期限的起算,除治安案件从受理之日起计算外,大部分案件是从立案之日起计算。(5)办案期限的延长,有的需经上一级公安机关批准才可以延长三十日,有的经行政负责人批准即可延长两个月如林政案件,有的则没有延长的规定如环境案件。(6)不计入办案期限的时间,有的没有规定如林政、卫生案件,有的仅限于鉴定所需的时间如治安、农业案件,有的则包括听证、公告、监测、鉴定、送达等时间如环境案件。(7)办案期限的截止,都以作出处理决定,或者作出处罚决定,或者办理完毕为标准,也就是以处理决定书或者处罚决定书制作完成之日为截止之日。(8)延长办案期限的法定事由,大多表述为"特殊情况""特殊原因",赋予行政机关近乎无限的自由裁量权力,只有治安案件的表述为"案情重大、复杂",赋予行政机关较为合理的自由裁量权力。

第二,与森林公安机关相关的办案期限,主要涉及治安案件和林政案件两种类型。两相比较,治安案件的规定更为合理、严谨,也更合乎法治精神。主要体现:一是兼顾一般与特殊。一般情况下,最长的办案期限是六十日。特殊情况下,可以突破六十日。即"对因违反治安管理行为人逃跑等客观原因造成案件在法定期限内无法作出行政处理决定的,公安机关应当继续进行调查取证,并向被侵害人说明情况,及时依法作出处理决定"。这一规定,体现了执法机关的一种实事求是的态度,既考虑客观原因对案件的不利影响,也注重保障被侵害人的合法权益,更没有放弃自身的法定职责,是对公安执法常见困境的一种理性回应。二是延长条件和批准程序法定。必须是案情重大、复杂的,才允许延期,且必须报经上一级公安机关批准。当然,何为"案情重大、复杂",由公安机关自行判断。三是除却时间的规定合

---

① 参见:《环境行政处罚办法》(环境保护部令部令第8号 环境保护部2009年第三次部务会议于2009年12月30日修订通过 自2010年3月1日起施行)。

② 参见:《卫生行政处罚程序》(1997年6月19日卫生部令第53号发布)。

③ 参见:《农业行政处罚程序规定》(2006年4月25日农业部令第63号公布 根据2011年12月31日中华人民共和国农业部令2011年第4号公布的《农业部关于修订部分规章和规范性文件的决定》修订)。

乎法治精神。治安案件办案期限的除却时间,仅限于鉴定所需的时间,并未包括听证、公告、监测、送达等时间。我们认为,听证、送达、公告等所需时间,不应被排除出办案期限。理由如下:众所周知,一般程序包括两种类型,一种是不包含听证程序的一般程序,可以称之为最为普通的一般程序;一种是包含听证程序的一般程序,可以称之为最为完备的一般程序。对合乎法定条件的林政和治安案件而言,听证是其必须实施的法定程序之一。应当履行听证程序而未履行的,将被复议机关或者人民法院认定为"违反法定程序",并导致具体行政行为被撤销的不利后果。作为一般程序中的必经程序,听证所需时间自然是办案期限的组成部分。送达,更是所有林政和治安案件必备的程序性事务,如先行登记保存证据通知单的送达、林业行政处罚先行告知书的送达、林业行政处罚听证权利告知书的送达等,而这些法律文书的送达,本身就是一般程序的重要组成部分。当然,如果将送达仅限于处罚决定书或者处理决定书的送达,那么送达所需时间自然不应纳入办案期限之内。公告的适用,在治安案件中,主要有以下几种情形:(1)行政处罚决定和其他行政处理决定,经采取直接送达、委托其他公安机关代为送达,或者邮寄送达等送达方式仍无法送达的,可以公告送达。公告的范围和方式应当便于公民知晓,公告期限不得少于六十日。(2)对违法行为事实清楚,证据确实充分,依法应当予以行政处罚,因违法行为人逃跑等原因无法履行告知义务的,公安机关可以采取公告方式予以告知。自公告之日起七日内,违法嫌疑人未提出申辩的,可以依法作出行政处罚决定。(3)对应当退还原主或者当事人的财物,通知原主或者当事人在六个月内来领取;原主不明确的,应当采取公告方式告知原主认领。在通知原主、当事人或者公告后六个月内,无人认领的,按无主财物处理,登记后上缴国库,或者依法变卖或者拍卖后,将所得款项上缴国库。遇有特殊情况的,可酌情延期处理,延长期限最长不超过三个月。(4)作出吊销公安机关发放的许可证或者执照处罚的,应当在被吊销的许可证或者执照上加盖吊销印章后收缴。被处罚人拒不缴销证件的,公安机关可以公告宣布作废。(5)作出取缔决定的,可以采取在经营场所张贴公告等方式予以公告,责令被取缔者立即停止经营活动;有违法所得的,依法予以没收或者追缴。可以看出,除第(2)种情形的告知应当纳入办案期限外,其他情形的告知,都发生在行政处罚决定或者处理决定作出以后,自然不应纳入办案期限。

第三,具体到本案,秦××所称"办案期限超过法定期限"的上诉理由,究竟能否成立?根据判决书确认的事实,2014年1月17日,被告接到举报后,对原告秦××采伐木材情况立案调查。2014年11月15日,被告对原告秦××作出了浮森公林罚决字(2014)第130号林业行政处罚决定:责令秦××补种滥伐林木数5倍的树木940株,并处以滥伐林木价值4倍的罚款人民币23 360元。从立案调查到作出行政处罚决定,办案时间近十个月,超出正常办案期限九个月。根据《林业行政处罚程序规定》第三十四条的要求,林业行政处罚案件自立案之日起,应该在一个月内办理完毕;经行政负责人批准可以延长,但不得超过三个月;特殊情况下三个月内不能办理完毕的,报上级林业行政主管部门批准,可以延长。因此,浮梁县森林公安局是否属于超期办案,取决于其是否依法取得批准。换言之,浮梁县森林公安局应当向法院提交两份证据,一份是延长办案期限两个月的审批表,由行政负责人签署同意;一份是延长办案期限七个月的审批表,由上级林业主管部门签署同意。法院应当审查浮梁县森林公安局是否提交上述证据，所提交的证据是否符合《最高人民法院关于行政诉讼证据若干问题的规定》的有关规定。但是，从被告向法院提交的15份证据中，我们没有发现能够证明浮梁县森林公安局超期办案经过批准的相关证据。而且，从二审判决关于"上诉人所提出的其他意见，被上诉人均以答辩说明。本院认为其答辩意见和理由符合相关法律、法规的规定，予以认同"的表述中，可以看出，浮梁县森林公安局的确没有向法院提交上述证据，只是在答辩中作出了说明。这种做法显然无法满足《行政诉讼法》（2014年修订前）第三十二条的要求："被告对作出的具体行政行为负有举证责任，应当提供作出该具体行政行为的证据和所依据的规范性文件"，也不符合《最高人民法院关于行政诉讼证据若干问题的规定》第一条的规定："根据行政诉讼法第三十二条和第四十三条的规定，被告对作出的具体行政行为负有举证责任，应当在收到起诉状副本之日起十日内，提供据以作出被诉具体行政行为的全部证据和所依据的规范性文件。被告不提供或者无正当理由逾期提供证据的，视为被诉具体行政行为没有相应的证据。被告因不可抗力或者客观上不能控制的其他正当事由，不能在前款规定的期限内提供证据的，应当在收到起诉状副本之日起十日内向人民法院提出延期提供证据的书面申请。人民法院准许延期提供的，被告应当在正当事由消除后十日内提供证据。逾期提供的，视为被诉具体行政行为没有相应的证据。"

2. 关于"同位法后法优于前法"

在答辩中，浮梁县森林公安局声称：《江西省司法鉴定条例》早在2002年发布，而《关于司法鉴定管理问题的决定》及司法部的《司法鉴定人登记管理办法》是在2005年颁布的，林业案件所涉及的是林业专门知识问题，不在《关于司法鉴定管理问题的决定》第二条规定的司法鉴定登记管理业务范畴，《司法鉴定程序通则》第五章附则第三十九（条）："本通则是司法鉴定机构和司法鉴定人进行司法鉴定活动应当遵守和采用的一般程序规则，不同专业领域的鉴定事项对其程序有特殊要求的，可以另行制定或者从其规定"。故在2011年12月江西省高级人民法院、江西省人民检察院、江西省公安厅出台了《关于办理破坏森林资源刑事案件若干问题的规定》："有中级以上林业技术职称或者持有省林业行政主管部门颁发的林业技术鉴定资格证书的人员，具有森林案件的技术鉴定资格"。同级法后法优先于前法（江西省司法鉴定条例），因此，各类林业案件聘请有中级以上林业技术职称或者持有省林业行政主管部门颁发的林业技术鉴定资格证书的人员，所作出的鉴定意见可以作为诉讼证据使用，鉴定人员不需要执业证书。我们认为，这里的"同级法后法优于前法"的运用或许有误。

首先，浮梁县森林公安局关于"同级法后法优于前法"的说法，是正确的。后法优于前法，或者说，新法优于旧法，其适用都有一个前提，即两部法律是同一位阶的法律。例如，法律与法律之间、行政法规与行政法规之间等；而不同层级的法律之间，无法适用"后法优于前法"这一规则。例如，法律与行政法规之间、行政法规与地方性法规之间、地方性法规与部门规章之间等。

其次，浮梁县森林公安局论述中涉及的法律规范，总共有五部：(1)《江西省司法鉴定条例》由江西省人大常委会于2002年制定，属于地方性法规；(2)《关于司法鉴定管理问题的决定》由全国人民代表大会常务委员会于2005年制定，属于法律；(3)《司法鉴定人登记管理办法》①经国务院批准由司法部于2005年公布施行,属于行政法规;(4)《司法鉴定程序通则》由司法部于2007年制定,属于部门规章;(5)《关于办理破坏森林资源刑事案件若干问题的规定》由江西省高级人民法院、江西省人民检察院、江西省公安厅于2011年联合发布,属于规范性文件。在这五部法律规范中,尽管先后关系明确,但法律位阶各不相同,并不构成前法与后法的关系。无论是(4)(5)相比,还是(1)(5)相较,都无法得出可以优先适用(5)的结论。

最后,根据现行法律,鉴定可以分为两种类型,一是司法鉴定,一是行政鉴定。所谓行政鉴定,是指在行政执法中而不是在司法中发生的鉴定。一方面,浮梁县森林公安局对上述法律规范的比较和论述,既无法证明被诉行为中鉴定意见的合法性,也没有真正回应秦××关于鉴定人员必须持有执业证书的质疑。因为,上述法律规范中的第(1)至(4)项,都是关于司法鉴定的规范,第(5)项所规范的鉴定,则是涉林刑事司法中的鉴定,而秦××质疑的是行政执法中的鉴定。另一方面,面对秦××的质疑,浮梁县森林公安局只需要论证,行政鉴定不同于司法鉴定,不应当适用司法鉴定的规则。关于林业行政执法中的行政鉴定,《林业行政处罚程序规定》第三十条早有明确规定:"为解决林业行政处罚案件中某些专门性问题,林业行政主管部门可以指派或者聘请有专门知识的人进行鉴定。鉴定人进行鉴定后,应当提出书面鉴定结论并签名或者盖章,注明本人身份。"在这里,对鉴定人的要求是"有专门知识",不需要其具有鉴定人的身份或者名号,更不需要其同时具有鉴定执业证书。正因为如此,浮梁县森林公安局向法院提交了"资源证复印件",用来证明其聘请的人员具有"专门知识"。

▶ 司法点评

法院对林业行政案件中"鉴定"的司法态度

我们认为,针对林业行政执法中的一个证据痛点,即鉴定结论或者鉴定意见的合法性的认定,本案判决给出了一个合乎现行法律、切合执法实际的阐释。特别是对林业行政案件中的鉴定人是否必须具备司法鉴定资格的问题,本案判决给出了一个明确的答案。

(1) 鉴定有司法鉴定和行政鉴定之分。就此而言,很多地方的行政机关和人民法院存在模糊认识,当事人包括其委托的律师也常有误解。通常是把行政鉴定混同于司法鉴定,从而要求法院适用有关司法鉴定的法律规范,来对行政机关提交的鉴定意见或者鉴定结论进行审查。实际上,司法鉴定不同于行政鉴定,对像本案这类行政执法过程中发生的鉴定,不应当适用关于司法鉴定的法律——《关于司法鉴定管理问题的决定》。

(2) 不同领域的行政执法,对行政鉴定的要求也各不相同,有的规定很详细,有的规定很笼统,有的规定很严格,有的规定很宽松,并没有统一的标准。例如,《林业行政处罚程序规定》中的鉴定规范就很简单宽松,《公安机关办理行政案件程序规定》中的鉴定规定就相对严格。首先,从条文数量上看,林业鉴定规范仅有1个条款,治安鉴定规范则有13个条款。其次,从对鉴定人的要求来看,林业和治安鉴定的基本要求是一致的,即要求鉴定人具有"专

---

① 参见:《司法鉴定人登记管理办法》(司法部令第96号 根据《全国人民代表大会常务委员会关于司法鉴定管理问题的决定》第十六条规定,《司法鉴定人登记管理办法》已经国务院批准,于2005年9月30日公布施行)。

门知识",但治安鉴定的分类更细,要求更明确。如要求"对人身伤害的鉴定由法医进行",除法定情形外,"卫生行政主管部门许可的医疗机构具有执业资格的医生出具的诊断证明,可以作为公安机关认定人身伤害程度的依据"。再次,从对鉴定机构的要求来看,林业鉴定对鉴定机构没有要求;治安鉴定则很明确,如"对精神病的鉴定,由有精神病鉴定资格的鉴定机构进行""涉案物品价值不明或者难以确定的,公安机关应当委托价格鉴证机构估价"等等。最后,无论从执法机关提交检材的要求、鉴定机关实施鉴定的程序,还是鉴定意见的审查与告知、鉴定费用的承担,以及重新鉴定的条件和次数等方面来看,治安鉴定的要求都比林业鉴定的要求更为严格。但是,我们认为,无论规范的详略宽严,法院在审查认定不同行政执法领域的鉴定意见时,应当将被诉的行政执法领域的鉴定规范作为法律依据,而不应当将其他行政执法领域的鉴定规范作为法律依据,更不应当将司法鉴定的法律规范作为审查依据。因此,本案鉴定意见的审查依据,应当是《林业行政处罚程序规定》,既不应当是《公安机关办理行政案件程序规定》,更不应当是《关于司法鉴定管理问题的决定》。

林政案件中的"鉴定"是否必须出自登记在册的鉴定人和鉴定机构,景德镇市中级人民法院的司法态度非常明确。判决指出:本案中景德镇市森林资源监测中心于2014年11月14日作出的"浮梁县庄湾乡施家村东家源秦××滥伐林木案调查鉴定意见书",是被上诉人浮梁县森林公安局2014年11月15日作出"浮森公林罚决字(2014)第130号林业处罚决定书"的依据证明,不是在本行政诉讼活动中申请的司法鉴定,不受《关于司法鉴定管理问题的决定》第二条中规定"国家对从事下列司法鉴定业务的鉴定人和签订机构实行登记管理制度"的限制。根据《林业行政处罚程序规定》的第三十条:"为解决林业行政处罚案件中某些专门性问题,林业行政主管部门可以指派或者聘请有专门知识的人进行鉴定",本案鉴定人员具有相应专业知识,所作鉴定意见可以作为处罚依据,故该上诉理由不成立。

▶ 立法建议

关于办案期限条款的修改意见

建议对《林业行政处罚程序规定》第三十四条进行修改:明确"特殊情况"为"案情重大、复杂",明确最长办案期限为6个月,明确鉴定所需时间不计入办案期限,引入"中止调查"环节。建议条款如下:

第××条 林业行政处罚案件自立案(或者受案)之日起,应当在一个月内办理完毕;经行政负责人批准可以延长,但不得超过三个月;案情重大、复杂三个月内不能办理完毕的,报上级林业主管部门批准,可以再延长三个月。

为了查明案情进行鉴定的期间,不计入办案期限。

在经上级林业主管部门批准的延长期满后,仍不能结案的,经本机关行政负责人批准,可以中止案件调查,封档留存,书面告知报案人、受害人,并应当同时报上级林业主管部门备案。待有新线索时,再重新启动调查程序,并向报案人、受害人说明情况,及时依法作出处理决定。

中止案件调查的具体条件,由林业主管部门根据本地区实际情况规定。

> 判决书

秦××诉浮梁县森林公安局行政处罚纠纷案

江西省景德镇市中级人民法院
行政判决书

(2015)景行终字第7号

上诉人(一审原告)秦××。
委托代理人郑立×,江西正德律师事务所律师。
被上诉人(一审被告)浮梁县森林公安局。所在地址:浮梁县城利发路。
法定代表人谢临×,该局局长。
委托代理人杨拔×,该局副局长。
委托代理人张腊×,该局干警。

一审原告秦××诉一审被告浮梁县森林公安局行政处罚一案,浮梁县人民法院于2015年3月6日作出(2015)浮行初字第1号行政判决,一审原告秦××不服,在法定期限内提出上诉。本院受理后,依法组成合议庭对本案进行了书面审理。现已审理终结。

一审法院经审理查明,2013年10月28日,原告秦××取得浮梁县森林资源监测中心出具的林木采伐作业设计书。2013年10月31日,原告秦××取得浮梁县林业局核发的林木采伐许可证,便开始在大湾里自己的山场采伐杉树188株,折材积为6.083 8立方米,立木蓄积为9.359 6立方米,林木价值为5 840元。2014年1月17日,被告接到庄湾乡施家村村民举报后,对原告秦××采伐木材情况立案调查。2014年10月27日,被告应原告秦××的要求对其滥伐林木一案举行听证会。2014年11月14日,景德镇市森林资源监测中心出具了浮梁县庄湾乡施家村东家源秦××滥伐林木案调查鉴定意见书:认定原告秦××实际采伐林木范围不在设计采伐范围之内。2014年11月15日,被告对原告秦××作出了浮森公林罚决字(2014)第130号林业行政处罚决定:1.责令秦××补种滥伐林木数5倍的树木940株;2.并处以滥伐林木价值4倍的罚款人民币23 360元。原告秦××不服,遂提起诉讼。原告认为其已获得浮梁县人民政府颁发的位于浮梁县庄湾乡施家村东家源组82.5亩的林权证。并按《林木采伐许可证》采伐木材,实际采伐林木的时间、位置及数量均合法,但被告根据错误的事实和违法的程序进行了错误的处罚。因此,请求法院撤销浮森公林罚决字(2014)第130号林业行政处罚决定书,并判决被告赔偿5 840元的损失和600元的办证费用。被告辩称,我局依据《中华人民共和国森林法》第二十条授予的法定职责,于2014年11月15日对原告作出浮森公林罚决字(2014)第130号林业行政处罚决定,具有事实和法律依据,并非错误,请求法院予以维持并驳回原告秦××的无理请求,并于2014年12月30日向本院提供了作出该行政处罚决定的证据:

(1)2014年9月30日县森林资源监测中心提供的"说明"。证明2-1.2是一个地块,分两个细班。

(2) 浮梁县森林资源监测中心提供的说明图纸。证明原告采伐地点和设计地点不一致。

(3) 原告林权证复印件。证明原告拥有林木的面积。

(4) 图纸复印件。证明原告林地设计采伐的地点、位置。

(5) 吴龙华笔录。证明原设计人员未答应原告在3号地采伐。

(6) 林木采伐设计书复印件。

(7) 林木采伐许可证复印件。

(8) 县林业资源监测中心关于秦××大湾里山场采伐林木调查鉴定意见书。

(9) 景德镇市资源监测中心关于秦××滥伐林木案的调查鉴定意见书。

证据(6)—(9)证明原告经批准采伐的数量、地点以及原告实际采伐的数量、地点。

(10) 国家林业局关于在林木采伐许可证规定的地点以外采伐林木行为定性的复函。证明原告的采伐行为属滥伐行为。

(11) 江西省林业厅赣林资字(2009)333号规定。证明原告应先提交拔(拨)交卡而原告未填写。

(12) 听证笔录。证明原告伐前未拔(拨)交。

(13)《林业行政处罚程序规定》第三十条。证明鉴定人员有资质。

(14) 资源证复印件。证明鉴定人员资质。

(15) 笔录。证明办案人员未违反法律程序办案。

以上证据证明了原告秦××未按林木采伐许可证规定的地点砍伐林木的事实及适用的法律依据。

经庭审质证,一审法院对以下证据作如下确认:被告提供的两份调查鉴定意见书及其他证据依据,基本事实清楚,程序合法,能证明原告秦××未按林木采伐许可证规定的地点采伐林木的事实,可以作为本案定案的依据。

一审法院认为,原告请求法院撤销浮森公林罚决字(2014)第130号林业行政处罚决定的诉求,因其未能提供充分的事实证据和法律依据而不予支持;原告请求被告赔偿5 840元损失和600元办证费用的诉求,不具备赔偿条件也不予支持。被告依据《中华人民共和国森林法》第二十条行使处罚职责,主体适格,程序合法;被告根据原告未按林木采伐许可证规定的地点采伐林木的事实予以处罚,事实清楚;被告依据《中华人民共和国森林法》第三十二条、第三十九条第二款之规定予以处罚,适用行政法律、法规正确,应予维持。根据《中华人民共和国行政诉讼法》第五十四条第(一)项之规定,判决如下:一、维持浮梁县森林公安局作出的浮森公林罚决字(2014)第130号林业行政处罚决定。二、驳回原告秦××的其他诉讼请求。本案受理费50元,由原告秦××负担。

一审原告秦××不服一审判决,向本院提起上诉,请求撤销原审判决,依法改判支持上诉人的原诉讼请求,其主要上诉理由是:(1) 一审法院认定的事实错误。上诉人获准的《林木采伐设计书》中的图纸和设计单位存档的图纸不一致;(2) 一审法院适用法律错误。根据法律规定,行政诉讼实行举证责任倒置,上诉人已指出了被上诉人据以处罚的依据——鉴定意见系无鉴定执业证书的人员作出的,且办案期限超过法定期限这两大问题及上诉人受处罚的事实证据。3. 根据江西省林业厅赣林资字(2009)33(333)号关于进一步完善林木采伐管理政策的通知第(三)其他政策规定第一点第二款的规定,在采伐前应由林业主管部门将采伐的面积、四至等告知申请者,双方在拨(拨)交卡或采伐证上签字。因此,在本案中,别说是上诉人没砍错位置,就算是砍错了,也是林业主管部门的责任,因为其没有履行上述义务。故请求撤销一审法院的判决。

一审被告服从一审判决,并针对上诉人的上诉提出如下答辩意见:1. 上诉人秦××未经批准擅自在采伐证规定范围以外的地点进行采伐,已构成滥发(伐)林木事实,且有相关证据予以佐证,足以认定,一审法院维持答辩人做出的具体行政行为是合法、有效的。2. 上诉人提出设计图纸初稿问题,被上诉人认为设计图纸初稿是林业技术员实地勘察设计时根据采伐者提出的要求,对需要采伐的山场进行实地勘察的样稿,设计图纸初稿出来后报林业局林证股及主管领导审批然后由采伐申请人持批准的设计书到县办证大厅填写采伐许可证。采伐设计书中对四至范围及数量均已明确规定,采伐许可证是依据批准的设计书允许砍伐的内容填写,是采伐林木唯一的合法凭证。在林木采伐许可证规定的地点以外采伐本单位所有或者本人所有的森林或者其他林木的,应当定性为滥伐林木行为。景德镇市森林资源监测中心2014年11月14日出具的调查鉴定意见"在许可规定的地点以外采伐了林木"的鉴定结论已经很明确,滥伐的事实足以认定。上诉人秦××只凭勾画的初稿图纸复印件,而不按许可证的规定进行采伐,砍伐了设计批准范围以外的林木,违反了《中华人民共和国森林法》第32条的规定。3. 上诉人称:"鉴定意见系无鉴定执业证书的人员做出且办案期限超过法定期限"。并提出原审判决认定错误。答辩人认为一审法院判决适用法律是正确。第一,我国对司法鉴定机构和鉴定人是实行分类管理的,一类是法定登记管理的司法鉴定机构和鉴定人,一类是一般司法鉴定机构和鉴定人。《全国人民代表大会常务委员会关于司法鉴定管理问题的决定》第二条规定范围之外的鉴定机构和鉴定人,不实行登记制度。《〈全国人民代表大会常务委员会关于司法鉴定管理问题的决定〉释义》解释道:"实践中如果有的案件涉及的专门性问题需要鉴定,而登记范围以内的鉴定人或鉴定机构不能进行鉴定的,可以要求登记范围以外的技术部门或人员进行鉴定,并不妨碍司法鉴定工作。"《江西省司法鉴定条例》早在2002年发布,而《全国人民代表大会常务委员会关于司法鉴定管理问题的决定》及司法部的《司法鉴定人登记管理办法》是在2005年颁布的,林业案件所涉及的是林业专门知识问题,不在《全国人民代表大会常务委员会关于司法鉴定管理问题的决定》第二条规定的司法鉴定登记管理业务范畴,《司法鉴定程序通则》第五章附则第三十九(条):"本通则是司法鉴定机构和司法鉴定人进行司法鉴定活动应当遵守和采用的一般程序规则,不同专业领域的鉴定事项对其程序有特殊要求的,可以另行制定或者从其规定"。故在2011年12月江西省高级人民法院、江西省人民检察院、江西省公安厅出台了《关于办理破坏森林资源刑事案件若干问题的规定》:"有中级以上林业技术职称或者持有省林业行政主管部门颁发的林业技术鉴定资格证书的人员,具有森林案件的技术鉴定资格"。同级法后法优先于前法(江西省司法鉴定条例),因此,各类林业案件聘请有中级以上林业技术职称或者持有省林业行政主管部门颁发的林业技术鉴定资格证书的人员,所作出的鉴定意见可以作为诉讼证据使用,鉴定人员不需要执业证书。第二,办案期限并未超过法定期限,《林业行政处罚程序规定》第三十四条:林业行政处罚案件自立案之日起,应当在一个月内办理完毕;经行政负责人批准可以延长,但不得超过三个月,特殊情况下三个月内不能办理完毕的,报经上级林业行政主管部门批准,可以延长。《国家林业局办公室关于延长林业处罚案件办理时限有关问题的复函》:"二、对于报经批准延长办理时间的林业处罚案件,应当把握以下方面:(一)对于在一个月内不能办结的,需要延长办案时间的案件,必须经本行政机关负责人批准,并且延长时间不得超过 2 个月、(二)对于经上级林业主管部门批准延长办案时间的案件,具体延长时间以上(级)林业行政主管部门批准的延长时间为准;上级林业行政主管部门批准时,没有明确具体延长时间的,延长时间不得超过 3 个月。"《国家林业局办公室关于延长林业处罚案件办理时限有关问题的复函》对延期的时限作出规定是"具体延长时间以上(级)林业行政主管部门批准的延长时间为准"。本案延长办理时间报告内容已经明确提出延长至 11 月 30 日,市森林公安局批准的"同意延长",就是认可我局在 11 月 30 日前办结该案,而事实中我局是在批准的期限内办理了此案,没有违反国家林业局及《林业行政处罚程序》第三十四条之规定。综上所述,一审法院认定事实清楚,适用法律准确,审理程序合法,请求判决予以维持。

经审理查明,一审认定的事实,有经开庭质证的证据予以证实,所作认证符合最高人民法院《关于行政诉讼证据若干问题的规定》的有关规定,本院予以确认。

本院认为,根据《全国人民代表大会常务委员会关于司法鉴定管理问题的决定》第一条:"司法鉴定是指在诉讼活动中鉴定人运用科学技术或者专门知识对诉讼涉及的专门性问题进行鉴别和判断并提供鉴定意见的活动;"、《全国人民代表大会常务委员会关于司法鉴定管理问题的决定(释义)》第一条,司法鉴定是在诉讼活动中进行的,是一项涉及诉讼的活动,本决定之所以将诉讼法中的"鉴定"称为"司法鉴定",并不是鉴定活动本身具有司法职能,而是因为鉴定是在司法诉讼活动中进行的。只有在诉讼活动中对案件的某些专门性问题进行鉴别和判断的活动,才属于本条规定的司法鉴定,由本决定加以调整;《江西省司法鉴定条例》第二条规定:"本条例所称司法鉴定,是指司法鉴定人依法运用专门知识和技能,对涉及诉讼活动的专门性问题进行科学鉴别和判定的活动"。上诉人提出"鉴定意见系无鉴定执业证书的人员做出,鉴定人及鉴定单位不具有法定资质",本案中景德镇市森林资源监测中心于 2014 年 11 月 14 日作出的"浮梁县庄湾乡施家村东家源秦××滥伐林木案调查鉴定意见书",是被上诉人浮梁县森林公安局 2014 年 11 月 15 日作出"浮森公林罚决字(2014)第 130 号林业处罚决定书"的依据证明,不是在本行政诉讼活动中申请的司法鉴定,不受《全国人民代表大会常务委员会关于司法鉴定管理问题的决定》第二条中规定"国家对从事下列司法鉴定业务的鉴定人和签订机构实行登记管理制度"的限制。根据《林业行政处罚程序规定》的第三十条:"为解决林业行政处罚案件中某些专门性问题,林业行政主管部门可以指派或者聘请有专门知识的人进行鉴定",本案鉴定人员具有相应专业知识,所作鉴定意见可以作为处罚依据,故该上诉理由不成立。

上诉人所提出的其他意见,被上诉人均以答辩说明。本院认为其答辩意见和理由符合相关法律、法规的规定,予以认同。

另外，上诉人的委托代理人提出采伐前应由林业主管部门将采伐的面积、四至等告知申请(人)。此事项林业主管部门应当是在有申请者申请采伐的前提下才有告知的义务，本案中上诉人秦××没有将采伐具体时间告诉林业主管部门，故林业主管部门无法与上诉人对采伐范围进行现场拔(拨)交。故该上诉理由亦不成立。

综上，本院认为，被上诉人浮梁县森林公安局作出的浮森公林罚(2014)第130号《林业行政处罚》决定书，符合《中华人民共和国森林法》的相关规定，行政行为合法；一审人民法院认定的事实清楚，证据确实充分，审判程序合法，适用法律正确，依法应予维持；上诉人的上诉理由均不成立，不予支持。依照《中华人民共和国行政诉讼法》第六十一条第(一)项之规定，判决如下：

驳回上诉，维持原判。

本案二审诉讼费50元，由上诉人承担。

本判决为终审判决。

审　判　长　李　锋
审　判　员　陈华明
代理审判员　程丽君

二〇一五年六月三日
书　记　员　龚　罡

▶ 法律依据

《中华人民共和国森林法》(2009年第二次修正)

第二十条　依照国家有关规定在林区设立的森林公安机关，负责维护辖区社会治安秩序，保护辖区内的森林资源，并可以依照本法规定，在国务院林业主管部门授权的范围内，代行本法第三十九条、第四十二条、第四十三条、第四十四条规定的行政处罚权。

武装森林警察部队执行国家赋予的预防和扑救森林火灾的任务。

第三十九条　盗伐森林或者其他林木的，依法赔偿损失；由林业主管部门责令补种盗伐株数十倍的树木，没收盗伐的林木或者变卖所得，并处盗伐林木价值三倍以上十倍以下的罚款。

滥伐森林或者其他林木，由林业主管部门责令补种滥伐株数五倍的树木，并处滥伐林木价值二倍以上五倍以下的罚款。

拒不补种树木或者补种不符合国家有关规定的，由林业主管部门代为补种，所需费用由违法者支付。

盗伐、滥伐森林或者其他林木，构成犯罪的，依法追究刑事责任。

《全国人民代表大会常务委员会关于司法鉴定管理问题的决定》[①]

为了加强对鉴定人和鉴定机构的管理，适应司法机关和公民、组织进行诉讼的需要，保障诉讼活动的顺利进行，特作如下决定：

---

① 《全国人民代表大会常务委员会关于司法鉴定管理问题的决定》(2005年2月28日第十届全国人民代表大会常务委员会第十四次会议通过　自2005年10月1日起施行)。

一、司法鉴定是指在诉讼活动中鉴定人运用科学技术或者专门知识对诉讼涉及的专门性问题进行鉴别和判断并提供鉴定意见的活动。

二、国家对从事下列司法鉴定业务的鉴定人和鉴定机构实行登记管理制度：

（一）法医类鉴定；

（二）物证类鉴定；

（三）声像资料鉴定；

（四）根据诉讼需要由国务院司法行政部门商最高人民法院、最高人民检察院确定的其他应当对鉴定人和鉴定机构实行登记管理的鉴定事项。

法律对前款规定事项的鉴定人和鉴定机构的管理另有规定的，从其规定。

《江西省司法鉴定条例》①

第二条　本条例所称司法鉴定，是指司法鉴定人依法运用专门知识和技能，对涉及诉讼活动的专门性问题进行科学鉴别和判定的活动。

司法鉴定的范围包括：司法医学鉴定、司法精神病学鉴定、物证技术鉴定、司法会计鉴定，涉及诉讼的事故、资产、价格、产品质量、建筑工程质量、知识产权等鉴定以及诉讼过程中依法应当进行的其他鉴定。

《林业行政处罚程序规定》（1996年10月1日林业部发布）

第三十条　为解决林业行政处罚案件中某些专门性问题，林业行政主管部门可以指派或者聘请有专门知识的人进行鉴定。

鉴定人进行鉴定后，应当提出书面鉴定结论并签名或者盖章，注明本人身份。

《国家林业局办公室关于延长林业处罚案件办理时限有关问题的复函》②

北京市园林绿化局：

《北京市园林绿化局关于林业行政案件延长办案时限有关问题的请示》（京绿法文〔2008〕2号）收悉。经研究，现函复如下：

一、同意你局对《林业行政处罚程序规定》第三十四条中"特殊情况"认定提出的处理意见。

二、对于报经批准延长办理时间的林业行政处罚案件，应当把握以下方面：

（一）对于在一个月内不能办结的、需要延长办案时间的案件，必须经本行政机关行政负责人批准，并且延长时间不得超过两个月。

（二）对于经上级林业主管部门批准延长办案时间的案件，具体延长时间以上级林业行政主管部门批准的延长时间为准；上级林业行政主管部门批准时，没有明确具体延长时间的，延长时间不得超过3个月。

（三）在经上级林业主管部门批准的延长期满后，仍不能结案的，经本机关行政负责人批准同意，可以中止案件调查，封档留存，书面告知报案人、受害人，并应当同时报上级林业

---

① 《江西省司法鉴定条例》（2002年6月1日江西省第九届人民代表大会常务委员会第三十次会议通过　自2002年8月1日起施行）。

② 《国家林业局办公室关于延长林业处罚案件办理时限有关问题的复函》（2008年3月19日　办策字〔2008〕12号）。

主管部门备案。待有新线索时,再重新启动调查程序。

中止案件调查的具体条件,由你局根据本地区实际情况规定。

特此函复。

《关于办理破坏森林资源刑事案件若干问题的规定》[①]

第十四条 有中级以上林业技术职称或者持有由省林业行政主管部门颁发的林业技术鉴定资格证书的人员,具有森林案件的技术鉴定资格;中级以上林业技术职称或者持有由省森林防火指挥部颁发的森林火灾鉴定技术资格证书的人员,具有森林火灾案件的技术鉴定资格。

《关于进一步完善林木采伐管理政策的通知》[②]

三、放活商品林采伐管理

(三)其他政策规定

1. 林业主管部门由"伐前拨交、伐中检查、伐后验收"的全过程管理,改为森林经营者伐前、伐中和伐后自主管理,林业主管部门提供指导服务和监督检查。

森林经营者在申请林木采伐时,要与林业主管部门签订凭证采伐承诺书,并在采伐前进行伐区拨交,由林业主管部门将采伐证规定的面积、四至等告知申请采伐者,双方在伐区拨交卡或采伐证上签字(拨交卡式样见附件3),明确森林经营者应履行的法定义务和承担的法律责任。

2. 林业主管部门要督促森林经营者在采伐后及时更新造林。对实施皆伐作业并达到一定面积的,森林经营者要与林业主管部门以合同形式约定交纳更新造林保证金,确保在伐区采伐结束后的次年内必须完成更新造林。造林更新保证金要规范管理,标准不得超过国家造林亩均补贴水平。验收合格的,造林更新保证金要及时退回,不合格的或未及时更新的,由县级以上林业主管部门按规定处以造林所需费用2倍的罚款。

[①] 《关于办理破坏森林资源刑事案件若干问题的规定》(2011年12月江西省高级人民法院、江西省人民检察院、江西省公安厅出台)。

[②] 《关于进一步完善林木采伐管理政策的通知》(江西省林业厅办公室2009年10月10日印发 赣林资字〔2009〕333号)。

二、根据一份起诉意见书即作出林业行政处罚决定的，属于主要证据不足

——谭某诉东方市林业局林业行政处罚纠纷案

▶ 基本信息

行政相对人：谭某
被诉行政主体：东方市林业局
一 审 法 院：东方市人民法院
一 审 结 果：东方市林业局败诉

▶ 基本案情

经审理查明，涉案土地位于东方市四更镇四南村，又名黑树港，土地使用权归东方市外经海资贸易公司（原东方县对虾养殖公司）。2001年12月30日，原告谭某与东方市外经海资贸易公司签订《黑树港虾场承包合同书》，由原告谭某承包黑树港虾场。2013年5月20日，东方市森林公安局对谭某作出东森公罚书字（2013）第05号《林业行政处罚决定书》，责令谭某停止非法开垦林地建塘的行为，限期恢复原貌。2013年7月14日，东方市森林公安局作出东森公撤罚字（2013）第001号《撤销林业行政处罚决定书》，撤销了东森公罚书字（2013）第05号《林业行政处罚决定书》。2014年5月9日，东方市林业局对谭某作出林罚书字（2014）第04号《林业行政处罚决定书》，认定谭某占用林地建虾塘面积为7.52亩，要求谭某停止占用林地建虾塘的违法行为，限期恢复原状，并处罚款50 083.2元。2014年5月26日，东方市林业局作出东林撤罚字（2014）第01号《撤销林业行政处罚决定书》，撤销了林罚书字（2014）第04号《林业行政处罚决定书》。2014年9月28日，东方市林业局对谭某作出东林责改通字（2014）第01号《关于责令（限期）改正通知书》（以下简称《通知书》），认定谭某未经林业部门审批同意，在东方市四更镇四南村（黑树港）处继续占用林地18.1亩建高位塘养殖，改变了林地用途，要求谭某接到通知书之日起十五日内自行恢复该林地原状。谭某不服该行政处罚，向法院提起行政诉讼。

▶ 双方主张

谭某诉称：

第一，本案所涉土地使用权系东方市外经海资贸易公司（原东方县对虾养殖公司）所有。土地用途为养殖对虾，土地使用年限为三十年。2001年12月30日，原告取得该地的开发使用权及虾场经营权。

第二，被告作出的处罚程序违法，也剥夺了原告陈述、申辩的权利。

第三,本案已进入刑事诉讼程序,东方市人民检察院以非法占用农用地罪正在审查起诉,被告又以同样的理由给予原告行政处罚是违法的。

第四,被告适用法律错误,原告使用的土地是养殖用地,而不是林地,被告适用《中华人民共和国森林法实施条例》和《海南省经济特区林地管理条例》来处理本案是错误的。

东方市林业局辩称:

第一,被告作出的通知书是合法的,根据《中华人民共和国森林法实施条例》第四十一条第二款、《海南经济特区林地管理条例》第三十四条规定,林业局作出的通知,责令原告限期恢复原状是合法的。

第二,本案的通知书对当事人的权利义务不产生实际影响,不属于人民法院的受案范围。被告向原告送达通知书只是催告书送达之前的一项必经程序,通知书不是终局性的结论,对原告的权利义务不产生实际影响。

▶ 争议焦点

本案的争议焦点有两个:一是被告东方市林业局作出的《通知书》是否属于人民法院的管辖范围;二是被告东方市林业局作出的《通知书》是否事实清楚,证据确实充分,程序合法,适用法律正确。

▶ 法院判决

东方市人民法院经审理认为:被告东方市林业局作出的《通知书》属于行政处罚行为,对原告谭某的权利义务产生了实际影响,原告谭某的起诉符合法律规定;东方市林业局作出的《通知书》未在法定期限内提交证据材料,其作出的《通知书》也违反了法定程序。故判决:撤销东方市林业局于2014年9月28日作出的东林责改通字(2014)第01号《关于责令(限期)改正通知书》。

▶ 执法点评

1. 东方市林业局的举证责任和举证期限

原告谭某于2014年10月16日提起行政诉讼。东方市人民法院于2014年10月30日受理,于10月31日向被告东方市林业局送达了起诉状副本及应诉通知书,于11月13日公开开庭审理了本案。被告于2014年11月13日向法院提供了作出被诉具体行政行为的证据:1. 东方市森林公安局起诉意见书,来源于东方市森林公安局,证明原告违法占地的事实;2. 通知书,来源于东方市林业局,证明被告依法通知原告限期改正的事实;3. 催告书,来源于东方市林业局,证明林业部门对谭某作出最后决定。就上述事实而言,东方市林业局至少存在如下违法之处:

一是不依法履行举证责任。根据行政诉讼法第三十二条和第四十三条的规定,被告对作出的具体行政行为负有举证责任,应当在收到起诉状副本之日起十日内,提供据以作出被诉具体行政行为的全部证据和所依据的规范性文件。被告不提供或者无正当理由逾期提供证据的,视为被诉具体行政行为没有相应的证据。被告因不可抗力或者客观上不能控制的其他正当事由,不能在前款规定的期限内提供证据的,应当在收到起诉状副本之日起十日内向人民法院提出延期提供证据的书面申请。人民法院准许延期提供的,被告应当在正当事由消除后十日内提供证据。逾期提供的,视为被诉具体行政行为没有相应的证据。东方市林业局 10 月 31 日收到起诉状副本及应诉通知书后,既没有于 11 月 10 日之前,向法院提交作出行政处罚决定的证据,也没有向人民法院提出延期提供证据的书面申请,而是在 11 月 13 日开庭审理案件时,才向法院提供了三件证据。由此,东方市林业局逾期提供证据,应当视为被诉行政处罚决定没有相应的证据。

二是主要证据不足。即便东方市林业局如期履行了举证责任,其提交的证据仍然不能充分证明本案事实。东方市林业局向法院提供的证据主要有三件:第一件证据是东方市森林公安局起诉意见书,来源于东方市森林公安局,证明原告违法占地的事实。从证据形式看,这件证据不符合法定形式,不属于《林业行政处罚程序规定》第十六条规定的证据种类。从证据取得看,这件证据不是东方市林业局行政调查所得,而是东方市森林公安局刑事侦查所得。根据《最高人民法院关于行政诉讼证据若干问题的规定》(法释〔2002〕21 号)第五十条的规定,这件证据并不具有合法性,不能作为认定案件事实的依据。换个角度来说,即便本案是公安行政案件,即便按照《公安机关办理行政案件程序规定》(2012 年)第二十九条关于"刑事案件转为行政案件办理的,刑事案件办理过程中收集的证据材料,可以作为行政案件的证据使用"的规定,公安机关也只有向侦查机关先行调取该项证据,并将其作为收取书证笔录的附件以后,才能将其与收取书证笔录或者调取书证笔录一起,共同作为认定案件事实的依据。公安机关既不能直接将刑事证据当作行政证据予以使用,也不能单独将刑事证据当作行政证据予以使用。第二件证据是《关于责令(限期)改正通知书》,来源于东方市林业局,证明被告依法通知原告限期改正的事实。从内容上看,本件证据是一份处罚决定书。它只能证明东方市林业局作出了处罚决定,但不能证明违法事实本身。第三件证据是催告书,来源于东方市林业局,证明林业部门对谭某作出最后决定。从内容上看,本件证据不能证明"林业部门对谭某作出最后决定",却能证明行政机关申请人民法院强制执行前,依法向当事人履行了催告程序。实际上,这件证据是在行政处罚执行过程中形成的一个程序性证据,不能证明违法事实,只能证明程序事实。综上,东方市林业局既没有提供依法立案的证据,也没有提供调查取证的证据,更没有提供行政处罚先行告知的证据。唯一有可能证明谭某违法事实存在的证据,还不是由东方市林业局在查处行政案件过程中获取的行政证据,而是由东方市森林公安局在刑事侦查过程中获取的刑事证据。所以,本案可以认定为"主要证据不足"。

2.《关于责令(限期)改正通知书》《催告书》的性质认定

法院需要审查的第一个问题就是,《关于责令(限期)改正通知书》的性质,它是否就是林业行政处罚决定书?东方市林业局持否定态度。其理由是:第一,被告作出的通知书是合法的,根据《中华人民共和国森林法实施条例》第四十一条第二款、《海南经济特区林地管理条例》第三十四条规定,林业局作出的通知,责令原告限期恢复原状是合法的;第二,本案的通知书对当事人的权利义务不产生实际影响,不属于人民法院的受案范围。被告向原告送达通知书只是催告书送达之前的一项必经程序,通知书不是终局性的结论,对原告的权利义务不产生实际影响。我们的观点和法院一致,《关于责令(限期)改正通知书》实际上就是处罚决定书。理由如下:

首先,《催告书》是被告东方市林业局要求原告谭某履行《关于责令(限期)改正通知书》的催告行为。被告所作的"东方市林业局作出的《通知书》不是最终结论,最终结论是《催告书》"辩解,并不符合现行法律规定。根据《行政强制法》第五十三条关于"当事人在法定期限内不申请行政复议或者提起行政诉讼,又不履行行政决定的,没有行政强制执行权的行政机关可以自期限届满之日起三个月内,依照本章规定申请人民法院强制执行"的规定,以及第五十四条关于"行政机关申请人民法院强制执行前,应当催告当事人履行义务。催告书送达十日后当事人仍未履行义务的,行政机关可以向所在地有管辖权的人民法院申请强制执行"的规定,应当是先有行政决定的作出,然后才有履行行政决定的催告行为。可以说,没有行政决定,就没有行政催告。所谓皮之不存毛将焉附。如果按照被告的说法,"被告向原告送达通知书只是催告书送达之前的一项必经程序,通知书不是终局性的结论",那么,既然没有"终局性结论",又何来催告呢? 即便有催告,也只能是空穴来风、无风起浪。

其次,《通知书》是行政处罚决定书。根据《行政强制法》第五十五条关于"行政机关向人民法院申请强制执行,应当提供下列材料:(一)强制执行申请书;(二)行政决定书及作出决定的事实、理由和依据;(三)当事人的意见及行政机关催告情况……"的规定,催告是对当事人履行行政决定书的告知和催促。也可以说,没有行政决定书,就没有催告书。而行政决定书又有很多类型,如行政许可决定书、行政奖励决定书、行政强制决定书、行政处罚决定书等。《通知书》中"责令谭某立即停止违法行为,限其接到通知书之日起十五日内自行恢复该林地原状"的内容,恰恰就是《森林法实施条例》第四十一条第二款设定的处罚内容,也是《海南经济特区林地管理条例》第三十四条设定的处罚内容。显然,《通知书》没有采用处罚决定的"形",却抓住了行政处罚决定的"神"。所以说,《通知书》就是行政处罚决定书。

最后,《通知书》对当事人权利义务产生了实际的影响。被告东方市林业局向原告谭某作出的《通知书》,虽然是以通知的形式,而不是以行政处罚决定书的形式作出的,但从《通知书》的内容来看,"责令停止违法行为"限制了原告的权利,"限在十五日内自行恢复该林地原状"是对原告义务的设定。因此,仅仅基于《通知书》对当事人权利义务产生实际影响,就足以将作出《通知书》的行为纳入人民法院的管辖范围。

▶ 司法点评

本案应当被法院认定为"适用法律错误"

被告东方市林业局于2014年9月28日作出《关于责令(限期)改正通知书》(以下简称《通知书》),认定谭某在未经林业部门审批同意的情况下,在东方市四更镇四南村(黑树港)处继续占用林地18.1亩建高位塘养殖,改变了林地用途,故依据《中华人民共和国森林法实施条例》第四十一条和《海南经济特区林地管理条例》第三十四条之规定,责令谭某立即停止违法行为,限其接到通知书之日起十五日内自行恢复该林地原状。我们认为,本案应当被认定为"适用法律错误"。理由如下:

《森林法实施条例》第四十一条第二款第二句设定的违法行为是"非法开垦林地",即"对森林、林木未造成毁坏或者被开垦的林地上没有森林、林木的,由县级以上人民政府林业主管部门责令停止违法行为,限期恢复原状,可以处非法开垦林地每平方米10元以下的罚款。"《海南经济特区林地管理条例》第三十四条第二句也设定了"非法开垦林地"的违法行为,即"对森林、林木未造成毁坏或者被开垦的林地上没有森林、林木的,由县级以上人民政府林业主管部门责令停止违法行为,限期恢复原状,可以处以非法开垦林地每平方米5元以上10元以下的罚款。"而《森林法实施条例》第四十三条第一款设定的违法行为是"非法改变林地用途",即"未经县级以上人民政府林业主管部门审核同意,擅自改变林地用途的,由县级以上人民政府林业主管部门责令限期恢复原状,并处非法改变用途林地每平方米10元至30元的罚款。"由此,如果东方市林业局认定,"谭某在未经林业部门审批同意的情况下,在东方市四更镇四南村(黑树港)处继续占用林地18.1亩建高位塘养殖,改变了林地用途",那么,谭某实施的违法行为就是"非法改变林地用途",应当适用的处罚依据就是《森林法实施条例》第四十三条第一款,而不是《森林法实施条例》第四十一条第二款和《海南经济特区林地管理条例》第三十四条。退一步说,即便东方市林业局执法人员出现笔误,误将第四十三条写成了第四十一条,该行政处罚决定仍然属于适用法律错误。因为,按照第四十三条第一款规定,在责令限期恢复原状的同时,还应当并处每平方米10元至30元的罚款。而通知书的内容仅仅是,"责令谭某立即停止违法行为,限其接到通知书之日起十五日内自行恢复该林地原状",并未包含罚款的内容。其实,本案所有的证据材料都显示,谭某实施了"非法改变林地用途"的行为,但东方市林业局最终却将其认定为"非法开垦林地"。所以说,误写法条的可能性并不存在。

> 判决书

谭某诉东方市林业局林业行政处罚纠纷案

海南省东方市人民法院
行政判决书

(2014)东行初字第11号

原告谭某,男,汉族。

委托代理人符开某,东方市法律援助中心律师。

被告东方市林业局。

法定代表人王某,局长。

委托代理人苏汝某,海南鳞洲律师事务所律师。

原告谭某诉被告东方市林业局林业行政处罚纠纷一案,于2014年10月16日向本院提起行政诉讼。本院于2014年10月30日受理后,于2014年10月31日向被告送达了起诉状副本及应诉通知书。本院依法适用简易程序,于2014年11月13日公开开庭审理了本案。原告谭某及其委托代理人符开某、被告东方市林业局的委托代理人苏汝某到庭参加诉讼。本案现已审理终结。

被告东方市林业局于2014年9月28日作出《关于责令(限期)改正通知书》(以下简称《通知书》),认定谭某在未经林业部门审批同意的情况下,在东方市四更镇四南村(黑树港)处继续占用林地18.1亩建高位塘养殖,改变了林地用途,故依据《中华人民共和国森林法实施条例》第四十一条和《海南经济特区林地管理条例》第三十四条之规定,责令谭某立即停止违法行为,限其接到通知书之日起十五日内自行恢复该林地原状。被告于2014年11月13日向本院提供了作出被诉具体行政行为的证据:1. 东方市森林公安局起诉意见书,来源于东方市森林公安局,证明原告违法占地的事实;2. 通知书,来源于东方市林业局,证明被告依法通知原告限期改正的事实;3. 催告书,来源于东方市林业局,证明林业部门对谭某作出最后决定。

原告谭某诉称:第一,本案所涉土地使用权系东方市外经海资贸易公司(原东方县对虾养殖公司)所有,该地位于东方市四更镇黑树港,其四至范围为:东至番薯地,西至北部湾海面,南至四更村排水沟,北至淡水沟。土地用途为养殖对虾,土地使用年限为三十年。2001年12月30日,原告与东方市外经海资贸易公司签订《黑树港虾场承包合同书》,原告取得该地的开发使用权及虾场经营权。第二,被告作出的处罚程序违法,也剥夺了原告陈述、申辩的权利。第三,本案已进入刑事诉讼程序,东方市人民检察院以非法占用农用地罪正在审查起诉,被告又以同样的理由给予原告行政处罚是违法的。第四,被告适用法律错误,原告使用的土地是养殖用地,而不是林地,被告适用《中华人民共和国森林法实施条例》和《海南省经济特区林地管理条例》来处理本案是错误的。综上所述,请求:撤销被告作出的东林责改通字(2014)第01号《关于责令(限期)改正通知书》。

原告提供的证据有:1. 国有土地使用证[东国用(1990)字第001号],来源于东方市外经海资贸易公司,2. 黑树港虾场承包合同书,来源于东方市外经海资贸易公司,3. 协议书,来源于东方市外经海资贸易公司,4. 补充协议书,来源于东方市外经海资贸易公司,5. 收据(2张),以上第1至5份证据证明原告使用土地有合法手续;6. 通知书,证明被告作出的行政处罚违法。

被告东方市林业局辩称:第一,被告作出的通知书是合法的,根据《中华人民共和国森林法实施条例》第四十一条第二款、《海南经济特区林地管理条例》第三十四条规定,林业局作出的通知,责令原告限期恢复原状是合法的;第二,本案的通知书对当事人的权利义务不产生实际影响,不属于人民法院的受案范围。被告向原告送达通知书只是催告书送达之前的一项必经程序,通知书不是终局性的结论,对原告的权利义务不产生实际影响。综上所述,原告对通知书不服提起行政诉讼不属于人民法院管辖,请求驳回原告的起诉。

经庭审质证,原告对被告提供的三份证据以被告提交证据超过举证期限且无正当理由为由不予质证。被告对原告提供的第一份至第五份证据的真实性、合法性没有异议,对其关联性及证明内容有异议,对原告提供的第六份证据的真实性、合法性没有异议,对其证明内容有异议。本院对原告、被告提供的证据作如下确认:

(一)对被告提供的证据的确认:被告提供的三份证据因提交证据的时间已超过举证期限且无正当理由,也未向本院申请延长举证期限,故对被告提供的三份证据不予确认;

(二)对原告提供的证据的确认:对原告提供的六份证据的真实性、合法性予以确认;原告提供的第一份至第五份证据证明原告使用涉案土地手续合法,对其证明内容予以确认,原告提供的第六份证据证明被告东方市林业局对原告作出要求原告自行恢复林地原状的通知,对其证明内容予以确认。

经审理查明,涉案土地位于东方市四更镇四南村,又名黑树港,土地使用权归东方市外经海资贸易公司(原东方县对虾养殖公司)。2001年12月30日,原告谭某与东方市外经海资贸易公司签订《黑树港虾场承包合同书》,由原告谭某承包黑树港虾场。2013年5月20日,东方市森林公安局对谭某作出东森公罚书字(2013)第05号《林业行政处罚决定书》,责令谭某停止非法开垦林地建塘的行为,限期恢复原貌。2013年7月14日,东方市森林公安局作出东森公撤罚字(2013)第001号《撤销林业行政处罚决定书》,撤销了东森公罚书字(2013)第05号《林业行政处罚决定书》。2014年5月9日,东方市林业局对谭某作出林罚书字(2014)第04号《林业行政处罚决定书》,认定谭某占用林地建虾塘面积为7.52亩,要求谭某停止占用林地建虾塘的违法行为,限期恢复原状,并处罚款50 083.2元。2014年5月26日,东方市林业局作出东林撤罚字(2014)第01号《撤销林业行政处罚决定书》,撤销了林罚书字(2014)第04号《林业行政处罚决定书》。2014年9月28日,东方市林业局对谭某作出东林责改通字(2014)第01号《关于责令(限期)改正通知书》,认定谭某未经林业部门审批同意,在东方市四更镇四南村(黑树港)处继续占用林地18.1亩建高位塘养殖,改变了林地用途,要求谭某接到通知书之日起十五日内自行恢复该林地原状。谭某不服该行政处罚,向本院提起行政诉讼。

另查明,东方市人民检察院以非法占用农用地罪批捕谭某,该案现正在审查起诉中。

本院认为,本案的争议焦点有两个:一是被告东方市林业局作出的《通知书》是否属于人民法院的管辖范围;二是被告东方市林业局作出的《通知书》是否事实清楚,证据确实充分,程序合法,适用法律正确。

首先,关于东方市林业局作出的《通知书》是否符合人民法院的管辖范围的问题。被告东方市林业局向原告谭某作出的《通知书》虽然是以通知的形式作出的,从《通知书》的内容来看,"责令停止违法行为"是对原告权利的限制,"限在十五日内自行恢复该林地原状"是对原告义务的设定。被告辩解东方市林业局作出的《通知书》不是最终结论,最终结论是《催告书》。本院认为,《催告书》是被告东方市林业局要求原告履行《通知书》的催告行为,东方市林业局作出的《通知书》内容适用《中华人民共和国森林法实施条例》第四十一条和《海南经济特区林地管理条例》第三十四的规定,符合行政处罚的方式,因此从《通知书》的内容和东方市林业局作出的《催告书》两方面,均可认定东方市林业局作出的《通知书》对原告谭某的权利义务产生了实际影响,是行政处罚具体行政行为,属于人民法院的管辖范围,故对被告的辩解意见本院不予采信。其次,关于被告东方市林业局作出的《通知书》是否事实清楚,证据确实充分,程序合法,适用法律正确的问题。根据《最高人民法院关于行政诉讼证据若干问题的规定》第一条第一款规定,被告不提供或者无正当理由逾期提供证据的,视为被诉具体行政行为没有相应的证据。被告东方市林业局提交证明其作出具体行政行为合法的证据已超过举证期限,应视为其作出的行政处罚没有相应的证据。本院经开庭审理,被告在作出《通知书》之前未履行告知义务,作出《通知书》时未告知行政相对人有陈述、申辩和听证的权利,未告知行政相对人申请复议和起诉的权利,其具体行政行为违反了法定程序。

综上所述,被告东方市林业局作出的《通知书》属于行政处罚行为,对原告谭某的权利义务产生了实际影响,原告谭某的起诉符合法律规定;东方市林业局作出的《通知书》未在法定期限内提交证据材料,其作出的《通知书》也违反了法定程序。依据《中华人民共和国行政诉讼法》第五十四条第一款第(二)项第1、2目之规定,判决如下:

撤销东方市林业局于2014年9月28日作出的东林责改通字(2014)第01号《关于责令(限期)改正通知书》。

案件受理费50元,由被告东方市林业局负担。

如不服本判决,可在判决书送达之日起十五日内提起上诉,向本院递交上诉状,并按对方当事人的人数递交上诉状副本,上诉于海南省第二中级人民法院。

审判员　王小娟

二〇一四年十一月十八日

书记员　宁会钦

法律依据

《最高人民法院关于行政诉讼证据若干问题的规定》(法释〔2002〕21号)

第一条　根据行政诉讼法第三十二条和第四十三条的规定,被告对作出的具体行政行为负有举证责任,应当在收到起诉状副本之日起十日内,提供据以作出被诉具体行政行为的全部证据和所依据的规范性文件。被告不提供或者无正当理由逾期提供证据的,视为被诉具体行政行为没有相应的证据。

被告因不可抗力或者客观上不能控制的其他正当事由,不能在前款规定的期限内提供证据的,应当在收到起诉状副本之日起十日内向人民法院提出延期提供证据的书面申请。人民法院准许延期提供的,被告应当在正当事由消除后十日内提供证据。逾期提供的,视为被诉具体行政行为没有相应的证据。

《中华人民共和国行政诉讼法》(1989年)

第五十四条　人民法院经过审理,根据不同情况,分别作出以下判决:

(一)具体行政行为证据确凿,适用法律、法规正确,符合法定程序的,判决维持。

(二)具体行政行为有下列情形之一的,判决撤销或者部分撤销,并可以判决被告重新作出具体行政行为:

1. 主要证据不足的;
2. 适用法律、法规错误的;
3. 违反法定程序的;
4. 超越职权的;
5. 滥用职权的。

(三)被告不履行或者拖延履行法定职责的,判决其在一定期限内履行。

(四)行政处罚显失公正的,可以判决变更。

《海南经济特区林地管理条例》①

第三十四条　擅自在林地上进行开垦、采石、采矿、挖砂、取土、挖塘及其他活动,致使森林、林木受到毁坏的,依照森林法第四十四条的规定予以处罚;对森林、林木未造成毁坏或者被开垦的林地上没有森林、林木的,由县级以上人民政府林业主管部门责令停止违法行为,限期恢复原状,可以处以非法开垦林地每平方米5元以上10元以下的罚款。

---

①　《海南经济特区林地管理条例》(2003年6月6日海南省第三届人民代表大会常务委员会第三次会议通过　根据2009年5月27日海南省第四届人民代表大会常务委员会第九次会议《关于修改〈海南省林地管理条例〉的决定》修正)。

三、以无证据证明的价值(款)为基准,作出罚款处罚的,属于主要证据不足

——卓××诉鹿寨县林业局林业行政处罚纠纷案

▶ 基本信息

行政相对人:卓××
被诉行政主体:鹿寨县林业局
一　审　法　院:鹿寨县人民法院
一　审　结　果:鹿寨县林业局部分败诉

▶ 基本案情

被告林业局于2014年12月30日作出《处罚决定书》,认定原告卓××于2014年5月20日,在鹿寨县四排乡(现为四排镇)江南村石庙屯收购农户滥伐的杉树原木9.0322立方米欲运输到桂林市出售,其行为已违反《中华人民共和国森林法》第四十三条的规定,决定予以:没收收购滥伐的杉树原木9.0322立方米,处木材价款7771元的三倍罚款23313元。

▶ 双方主张

原告卓××诉称:

2014年5月20日,原告卓××收购本屯农户卖给的9.0322立方(米)杉木,在运往四排乡石庙屯归堆的路上被被告林业局查扣,原告卓××不服,以被告林业局扣押原告卓××木头程序违法为由提起行政诉讼,认为:

第一,经法院一、二审判决,认定被告林业局扣押原告卓××的原木及车辆的行政行为程序违法,同时责令被告林业局在判决书生效之日起十日内对原告卓××收购的原木作出具体行政行为,但被告林业局至2014年12月30日才作出处罚决定,对此原告卓××认为被告已超过期限,属无效的行政行为。

第二,原告卓××收购的是农户的零星散树,不是滥伐的林木,对原告卓××以收购滥伐的林木的行为予以处罚是适用法律错误,因此,请求撤销被告林业局作出的鹿林罚书字(2014)第094号《处罚决定书》。

被告林业局辩称:

在收到鹿寨县人民法院作出(2014)鹿行初字第13号《行政判决书》的四天后,被告林业局即对原告卓××收购滥伐的9.0322立方(米)林木重新进行林业行政处罚立案调查程序,并于2014年8月5日放行了运输木材的车辆,但由于原告卓××不配合,加上案件涉及人员复杂且数量多,案件办理期限相对延长,但被告林业局已严格按照《林业行政处罚程序

规定》第三十四条的规定申请延期并已得到本级和上一级主管部门的批准,《处罚决定书》是在经批准延期的期限内作出的,并未超期,因此是有效的处罚决定;原告卓××诉称其系合法购买村民卖给的零星散树,并不是滥伐的林木,但经本局调查,卖木材给原告卓××的村民均承认其所卖的林木均未办理采伐证,即使是零星树木也未按《自治区林业局关于加强房前屋后零星林木采伐管理的通知》(1999年11月10日桂林政〔1999〕141号)文件的规定提请审批,均属滥伐林木,因此对原告卓××的行为定性为收购滥伐林木是正确的。

▶ 争议焦点

本案的争议焦点:被诉处罚决定是否事实清楚,证据是否确实充分,程序是否合法,适用法律是否正确。

▶ 法院判决

法院认为,原告卓××违法收购滥伐的林木,被告林业局依据《中华人民共和国森林法》第四十三条的规定,作出没收收购滥伐的杉树原木9.032 2立方米的处罚决定事实清楚,适用法律正确,处理恰当,应当予以维持。但被告林业局作出并处木材价款7 771元的三倍罚款23 313元的处罚决定,因举不出该涉案的9.032 2立方米杉树原木价值为7 771元的充分证据。因此,被告林业局作出的该项处罚决定证据不足,应当应予撤销。判决:维持被告鹿寨县林业局于2014年12月30日作出的鹿林罚书字(2014)第094号《林业行政处罚决定书》中"1. 没收收购滥伐的杉树原木9.032 2立方米。"的处罚决定;撤销被告鹿寨县林业局于2014年12月30日作出的鹿林罚书字(2014)第094号《林业行政处罚决定书》中"2. 处木材价款7 771元的三倍罚款计23 313元。"的处罚决定。

▶ 执法点评

1. 有关勘验笔录的几个相关问题

针对被告林业局提供的第三组证据:被告林业局出具的《四排乡江南村石庙屯滥砍伐林木调查勘验情况报告》、调查勘验勾绘图、《杉原木换算林木蓄积量》及木材检尺码单各一份,证明原告卓××收购的原木采伐来源现场地点、测算的数量和其采伐的林木不属于零星木。法院认为,第三组证据系林业公安聘请被告林业局的两名工作人员进行勘验,但被告林业局并无证据证实该两名勘验人员有无对滥伐林木的勘验资质,因此对两名勘验人员出具的勘验报告等证据材料本院不予认定。我们认为,上述证据及其证据认定,涉及勘验笔录制作及其审核认定,不仅行政机关应当高度重视,而且司法机关也应当认真对待。

首先,勘验笔录,无论是行政机关制作的勘验笔录,还是人民法院制作的勘验笔录,都具有较高的证明效力。《最高人民法院关于行政诉讼证据若干问题的规定》(法释〔2002〕21号)第六十三条规定:"证明同一事实的数个证据,其证明效力一般可以按照下列情形分别认定……(二)鉴定结论、现场笔录、勘验笔录、档案材料以及经过公证或者登记的书证优于其他书证、视听资料和证人证言……(五)法庭主持勘验所制作的勘验笔录优于其他部门主持勘验所制作的勘验笔录……"但是,勘验笔录必须具有合法性,即必须由法定主体依照法定程序制作完成。

其次,勘验检查人员并不需要具有勘验资质。从《林业行政处罚程序规定》第二十九条关于"林业行政执法人员对与违法行为有关的场所、物品可以进行勘验、检查。必要时,可以指派或者聘请具有专门知识的人进行勘验、检查,并可以邀请与案件无关的见证人和有关的当事人参加。当事人拒绝参加的,不影响勘验、检查的进行。勘验、检查应当制作《林业行政处罚勘验、检查笔录》,由参加勘验、检查的人和被邀请的见证人、有关的当事人签名或者盖章"的规定,可以看出,勘验笔录是林业主管部门主持并制作的文书,是林业行政执法人员行使职权的结果。一方面,勘验笔录必须由执法人员制作并签名,执法人员就是勘验检查人员和记录人员,法律并没有要求其具备勘验资质。另一方面,对被指派或者聘请参加现场勘验的人,法律也只是要求其具有专门知识,并没有要求其具有勘验资质。而是否邀请具有专门知识的人参加现场勘验,完全取决于林业主管部门的态度和需要。其实,在法律文书《勘验检查笔录》的格式文本中,如何对待专门知识的人,林业主管部门的态度依据非常明显。该笔录的前半部分有勘验检查人员、记录人员、见证人、当事人四个栏目需要填写,而前两项均要求填写的是工作单位、职业职务职称、林业行政执法件号码。这其中并没有受指派或者聘请的具有专门知识的人的位置。可以说,在执法实践中,具有专门知识的人在法律文书中,已经被排除出勘验笔录的制作过程,尽管在部门规章的法律文本上仍然有它们的法律地位。

再次,按照上述要求,被告林业局应当提供四排乡(现为四排镇)江南村石庙屯滥砍伐林木现场的勘验笔录。具体包括:法律文书《林业行政处罚勘验、检查笔录》,勘验、检查现场图等附图,以及现场照片(概览照、细目照等),木材检尺码单等附件。而被告林业局实际上提供的是"四排乡江南村石庙屯滥砍伐林木调查勘验情况报告"之类的证据。从现行法律规定来看,在林业行政处罚的证据种类中,并没有"调查勘验报告"这样的证据类型。同时,作为林业公安聘请或者指派的两名林业局工作人员,并非本案行政执法人员,依法无权以自己的名义出具勘验、检查报告。所以,两名聘请或者指派的林业局人员出具的勘验报告等证据材料没有被法庭认定和采纳,并不是法院所说的"被告林业局并无证据证实该两名勘验人员有无对滥伐林木的勘验资质"的问题,而是两名聘请或者指派的林业局人员不具有本案执法人员身份的问题。换句话说,即便两名聘请或者指派的林业局人员具有勘验资质,其以自己名义出具的勘验报告,也绝不可能是《林业行政处罚勘验、检查笔录》这一法定的证据种类,而只能是鉴定结论或者其他书证之类的证据材料。

最后,如果按照《林业行政处罚程序规定》第二十九条的规定,而不是机械套用《勘验笔录》法律文书的要求,那么,在被告林业局指派两名工作人员参加本案现场勘验的情况下,被告林业局应当提供四项证据:(1)呈请指派某某与某某勘验现场的审批表;(2)关于某某与某某的指派书;(3)被指派人具有专门知识的证明,通常是被指派人持有的相关领域专业技术职称证书的复印件;(4)勘验笔录及其附件。在勘验笔录的文书中,除格式文本中原有栏目外,应当增加被指派人或者聘请人一栏,由本案两名被指派人在此签名。其中,前三项是程序性证据,用以证明实体性证据,即第四项证据的取得,符合规章的要求。一言以蔽之,只有提供上述四项材料作为一组证据,才能充分证明被告林业局依法进行了现场勘验,其勘验过程的记录即勘验笔录,也才能被法院采纳为认定案件事实的依据。

2. 本案属于主要证据不足

能够证明案件主要事实的证据,就是主要证据。案件的主要事实,既包括定性的事实,也包括处罚的事实。能够证明定性事实的证据是主要证据,能够证明处罚事实的证据也是主要证据。根据《森林法》第四十三条关于"在林区非法收购明知是盗伐、滥伐的林木的,由林业主管部门责令停止违法行为,没收违法收购的盗伐、滥伐的林木或者变卖所得,可以并处违法收购林木的价款一倍以上三倍以下的罚款;构成犯罪的,依法追究刑事责任"的规定,本案的定性事实主要包括:(1)行为,卓××有收购林木的行为;(2)对象,卓××收购的林木是滥伐的林木;(3)主观,卓××明知其收购的林木是滥伐的林木;(4)地点,卓××收购林木的地点是林区。本案的处罚事实主要包括:(1)数量或者数额,收购林木的数量;有变卖行为的,变卖林木的所得数额;(2)收购林木的价款。为证明上述待证事实,鹿寨县林业局向法院提供了第二组和第三组证据。第三组证据没有被法院采纳。第二组证据中共有6份询问笔录。除原告卓××和司机梁××的询问笔录外,另外4份是出售林木的村民的询问笔录。其实,原告卓××总共收购了6位村民的林木,但鹿寨县林业局只对4位村民进行了调查。在这4份询问笔录中,一方面,没有对收购林木的计量标准进行统一:梁××的杉树是10株,黎××的杉树是一立方米多一点,黎××的杉树是50～60株,梁××的杉树原木是数量不明。导致卓××收购林木的总数难以准确计算,违法事实不清楚。执法人员应当问明采伐的株数、出售的株数以及大致的木材体积。即便无法问明木材的体积,至少也得问清采伐与出售的株数。如果问明了采伐、出售、收购的林木的数量,卓××以及上述四人的陈述又能够相互印证,那么第三组证据即使未被法院采纳,也影响不了本案事实的认定。另一方面,没有对收购林木的价款进行全面的调查,只调查了四次收购中的一次,即收购黎××的杉树50～60株得款3 000元,另外三次收购的价款不明或者未予调查,导致卓××收购林木的价款不明,处罚事实不清。正是基于"被告林业局作出并处木材价款7 771元的三倍罚款23 313元的处罚决定,因举不出该涉案的9.032 2立方米杉树原木价值为7 771元的充分证据",法院才判决"被告林业局作出的该项处罚决定证据不足,本院应予撤销"。顺便指出,法院在判决中混淆了一个概念:把收购价款等同于原木价值。根据《森林法》第四十三条关于"可以并处违法收购林木的价款一倍以上三倍以下的罚款"的规定,本案缺乏的是收购林木的价款的证据,而不是杉树原木价值的证据。

其实,本案不仅是处罚的证据不足,违法事实的证据也不充分。在所有证据中,即便第二组、第三组证据都被法院采纳,本案仍然是事实不清,证据不足。无论在第二组证据中,还是在第三组证据中,既没有能够证明卓××主观上明知的证据,也缺乏有能够证明收购地点属于林区的证据,所谓"在林区"非法收购滥伐林木的行为难以认定。

综上,鹿寨县林业局提供的证据,既不能充分证明非法收购滥伐的林木成立,也不能充分证明收购林木的价款就是7 771元。因此,本案属于事实不清,主要证据不足,应予撤销。

▶ 司法点评

《广西壮族自治区木材运输管理条例》中关于行政强制措施的条款涉嫌违法

首先,《森林法》第三十七条并未设定行政强制措施,按照《行政强制法》第十一条第二款关于"法律中未设定行政强制措施的,行政法规、地方性法规不得设定行政强制措施"的规定,无论是作为行政法规的《森林法实施条例》,还是作为地方性法规的《广西壮族自治区木材运输管理条例》,都不得设定行政强制措施。因此,严格说来,《森林法实施条例》第三十七条关于"无证运输木材的,木材检查站应当予以制止,可以暂扣无证运输的木材"的规定,违反了《行政强制法》第十一条第二款的规定,是违法的。但是,鉴于森林法及其实施条例的立法时间,早于行政强制法,所以,无论是立法者,还是执法者,特别是司法者,都在执法和司法实践中认同了《森林法实施条例》设定暂扣的合法性。值得特别指出的是,如果《森林法实施条例》不是在木材运输领域,而是在木材经营领域,设定了暂扣或者扣押、查封等行政强制措施,就是完全合法的立法行为。理由在于,《行政强制法》第十一条第二款明确规定:"法律规定特定事项由行政法规规定具体管理措施的,行政法规可以设定除本法第九条第一项、第四项和应当由法律规定的行政强制措施以外的其他行政强制措施。"而作为法律,《森林法》第三十六条的规定恰恰又是"林区木材的经营和监督管理办法,由国务院另行规定。"因此,作为行政法规,《森林法实施条例》可以设定除《行政强制法》第九条第一项、第四项和应当由法律规定的行政强制措施以外的其他行政强制措施。即既可以设定"查封场所、设施或者财物"的行政强制措施,也可以设定"扣押财物"的行政强制措施。

其次,《森林法实施条例》第三十七条(以下简称第三十七条)规定:"经省、自治区、直辖市人民政府批准在林区设立的木材检查站,负责检查木材运输;无证运输木材的,木材检查站应当予以制止,可以暂扣无证运输的木材,并立即报请县级以上人民政府林业主管部门依法处理。"《广西壮族自治区木材运输管理条例》第十一条(以下简称第十一条)规定:"有下列行为之一的,县级以上人民政府林业主管部门或者其委托的木材检查站有权扣留木材:(一)无木材运输证的;(二)运输的木材树种、材种、规格、数量及运输时间、起止地点与木材运输证记载不符的;(三)使用伪造、涂改或者通过倒卖、转让等非法方式取得木材运输证的;(四)使用其他无效木材运输证的;(五)依法必须经过植物检疫的木材,未经检疫或者无有效植物检疫证书的;(六)不接受检查强行通过检查站的。"尽管一个称之为暂扣,一个称之为扣留,其实都属于行政强制措施——扣押。与《森林法实施条例》第三十七条相比,地方性法规第十一条存在以下变化和问题:(1)改变了法定主体。前者的法定主体只是木材检查站,后者的法定主体却是林业主管部门。在行政法规的第三十七条,只为木材检查站,而没有为林业主管部门,设定暂扣的情况下,地方性法规的第十一条,为林业主管部门设定扣留的行政强制措施,间接违反了《行政强制法》第十一条第一款关于"法律对行政强制措施的对象、条件、种类作了规定的,行政法规、地方性法规不得作出扩大规定"的禁止性规定。(2)改变了实施方式。第三十七条规定的是直接实施的方式,实施主体只能是法定主体本身(木材检查站)。而第十一条却增加了委托实施的方式,即由林业主管部门委托木材检查站实施。这一规定直接违反了《行政强制法》第十七条关于"行政强制措施由法律、法规规定的行政机关在法定职权范围内实施。行政强制措施权不得委托"的禁止性规定。(3)增加了适用条件。第三十七条暂扣的对象是木材,适用的条件只有1个,即无木材运输证。而第十一条的对象虽然还是木材,但适用的条件却有6个。除无木材运输证这一条件外,另外增加了5个。从体系解释的角度,考虑《森林法实施条例》第四十四条关于"无木材运输证运输木材的,由县级以上人民政府林业主管部门没收非法运输的木材,对货主可以并处非法运输木材价款30%以下的罚款。运输的木材数量超出木材运输证所准运的运输数量的,由县级以上人民政府林业主管部门没收超出部分的木材;运输的木材树种、材种、规格与木材运输证规定不符又无正当理由的,没收其不相符部分的木材。使用伪造、涂改的木材运输证运输木材的,由县级以上人民政府林业主管部门没收非法运输的木材,并处没收木材价款10%至50%的罚款"的表述,可以将第三十七条"无木材运输证的"概念,解释为包括(1)无木材运输证的;(2)运输的木材数量超出木材运输证所准运的运输数量的;(3)运输的木材树种、材种、规格与木材运输证规定不符的;(4)使用伪造、涂改的木材运输证运输木材的等四种情形。而在第十一条关于"无木材运输证的"解释中,我们可以发现,"(五)依法必须经过植物检疫的木材,未经检疫或者无有效植物检疫证书的;(六)不接受检查强行通过检查站的"两种情形,是对"无木材运输证的"内涵的扩大解释。这种扩大解释,同样违反了《行政强制法》第十一条第一款关于"法律对行政强制措施的对象、条件、种类作了规定的,行政法规、地方性法规不得作出扩大规定"的禁止性规定。

▶ 立法建议

建议修改《行政强制法》第十一条第一款

我们认为,《行政强制法》第十一条存在法律漏洞,应当予以弥补。因为《行政强制法》第十一条第一款关于"法律对行政强制措施的对象、条件、种类作了规定的,行政法规、地方性法规不得作出扩大规定"的规定,只是针对已有法律对行政强制措施作出规定的情况下,行政法规、地方性法规不得作出扩大规定的情形。但没有考虑另外一种情况,即没有法律,却有行政法规已对行政强制措施作出了规定,地方性法规是否可以作出扩大规定。我们认为,两种情形应当适用同一的法律原则。建议在《行政强制法》第十一条第一款后面,增加一句话,作为第二款。原来的第二款变为第三款。修改后的条款如下:

第十一条　法律对行政强制措施的对象、条件、种类作了规定的,行政法规、地方性法规不得作出扩大规定。

行政法规对行政强制措施的对象、条件、种类作了规定的,地方性法规不得作出扩大规定。

法律中未设定行政强制措施的,行政法规、地方性法规不得设定行政强制措施。但是,法律规定特定事项由行政法规规定具体管理措施的,行政法规可以设定除本法第九条第一项、第四项和应当由法律规定的行政强制措施以外的其他行政强制措施。

▶ 判决书

卓××诉鹿寨县林业局林业行政处罚纠纷案

广西壮族自治区鹿寨县人民法院
行政判决书

(2015)鹿行初字第2号

原告卓××。
委托代理人吴×,广西桂邦律师事务所律师。(特别授权)
被告鹿寨县林业局,住所地鹿寨县鹿寨镇建中东路30-1号。

法定代表人黄×。

委托代理人陶××。

委托代理人温××。

原告卓××不服被告鹿寨县林业局(下称：林业局)2014年12月30日作出的鹿林罚书字(2014)第094号《林业行政处罚决定书》(以下简称《处罚决定书》)，于2015年1月7(日)向本院提起诉讼。本院受理后，于2015年1月8日向被告林业局送达了起诉状副本及应诉通知书。本院依法组成合议庭，于2015年1月28日公开开庭审理了本案。原告卓××及其委托代理人吴×、被告林业局的委托代理人陶××、温××到庭参加了诉讼。本案现已审理终结。

被告林业局于2014年12月30日作出《处罚决定书》，认定原告卓××于2014年5月20日，在鹿寨县四排乡(现为四排镇)江南村石庙屯收购农户滥伐的杉树原木9.032 2立方米欲运输到桂林市出售，其行为已违反《中华人民共和国森林法》第四十三条的规定，决定予以：1. 没收收购滥伐的杉树原木9.032 2立方米；2. 处木材价款7 771元的三倍罚款23 313元。被告林业局在举证期限内向本院提交作出被诉具体行政行为的证据及法律依据。证据：

第一组证据：编号为1056851林立字(2014)第094号《林业行政处罚立案登记表》一份、林罚扣字(2014)第094号《暂扣物品通知单》一份，证明被告林业局对原告卓××涉嫌收购滥伐林木已于2014年8月4日作出具体行政行为。

第二组证据：1. 对原告卓××的询问笔录一份，证明涉案杉原木系原告卓××收购本屯村民黎××、梁××、梁××、黎××、龙××、卓××六人无证采伐的杉树原木；2. 对梁××的询问笔录一份，证明原告卓××雇请梁××的桂K×××××号车辆运输收购到的杉树原木；3. 对梁××的询问笔录一份，证明梁××在勾地时，在未办理采伐证的情况下将地边的十株杉树采伐后出售给原告卓××；4. 对黎××的询问笔录一份，证明黎××在未办理采伐证的情况下将自留山内的杉树采伐并出售给原告卓××，数量一立方米多一点；5. 对黎××的询问笔录一份，证明黎××在未办理采伐证的情况下，请勾机将其责任林地内的杉树勾倒后截断并出售给原告卓××，共有50至60株，树龄均在30至40年、胸径6至14厘米之间，得款3 000元；6. 对梁××的询问笔录一份，证明梁××在未办理采伐证的情况下采伐自留地内的杉树原木并出售给原告卓××。

第三组证据：被告林业局出具的《四排乡江南村石庙屯滥砍伐林木调查勘验情况报告》、调查勘验勾绘图、《杉原木换算林木蓄积量》及木材检尺码单各一份，证明原告卓××收购的原木采伐来源现场地点、测算的数量和其采伐的林木不属于零星木。

第四组证据：听证申请书、听证通知书、听证会议记录、听证报告书、集体讨论会议纪要各一份，证明被告林业局在作出《处罚决定书》之前已告知原告卓××相关权利义务，并举行了听证，所作的处罚已按法定程序办理。

第五组证据：被告林业局、柳州市林业局《关于延长时间办结行政案件的请示》的批示各一份，证明被告林业局作出处罚决定的期限经批准延期。

法律依据：1.《林业行政处罚程序规定》第三十四条规定："林业行政处罚案件自立案之日起，应当在一个月内办理完毕；经行政负责人批准可以延长，但不得超过三个月；特殊情况下三个月内不能办理完毕的,报经上级林业行政主管部门批准,可以延长"。2.《中华人民共和国森林法》第三十二条的规定:"采伐林木必须申请采伐许可证,按许可证的规定进行采伐,农村居民采伐自留地和房前屋后个人所有的零星林木除外";第四十三条的规定:"在林区非法收购明知是盗伐、滥伐的林木的,由林业主管部门责令停止违法行为,没收违法收购的盗伐、滥伐的林木或者变卖所得,可以并处违法收购林木的价款一倍以上三倍以下的罚款;构成犯罪的,依法追究刑事责任"。3.《自治区林业局关于加强房前屋后零星林木采伐管理的通知》(1999年11月10日桂林政〔1999〕141号)的有关条款规定:农村居民自留地和房前屋后个人所有的零星树木范围的界定为:1.农村居民房前屋后个人所有的零星树木,是指森林资源规划设计调查所划定的农村居民点小班范围内的房前屋后个人所有的零星树木。2.农村居民自留地上的树木,是指政府划定给农民,以解决蔬菜、口粮等土地上个人种植的树木。3.承包耕地以及路旁、村旁、水旁等个人所有的零星树木作为散生木统计,纳入森木采伐限额管理,须依法申办林木采伐许可证。

原告卓××诉称,2014年5月20日,原告卓××收购本屯农户卖给的9.0322立方(米)杉木,在运往四排乡石庙屯归堆的路上被被告林业局查扣,原告卓××不服,以被告林业局扣押原告卓××木头程序违法为由提起行政诉讼,认为:第一,经法院一、二审判决,认定被告林业局扣押原告卓××的原木及车辆的行政行为程序违法,同时责令被告林业局在判决书生效之日起十日内对原告卓××收购的原木作出具体行政行为,但被告林业局至2014年12月30日才作出处罚决定,对此原告卓××认为被告已超过期限,属无效的行政行为。第二,原告卓××收购的是农户的零星散树,不是滥伐的林木,对原告卓××以收购滥伐的林木的行为予以处罚是适用法律错误,因此,请求撤销被告林业局作出的鹿林罚书字(2014)第094号《处罚决定书》。

原告卓××向本院提出的证据有:

第一组证据:鹿林罚书字(2014)第094号《处罚决定书》,证明原告卓××受到被告林业局林业处罚事实;被告林业局作出的被诉处罚决定时间是2014年12月30日,其处罚行为已经超出时限规定。

第二组证据:(2014)鹿行初字第13号《行政判决书》、(2014)柳市行终字第108号《行政判决书》,证明判决被告林业局自判决书生效之日起十日作出具体行政行为的规定,被告林业局作出的被诉处罚决定行为已经远远超出上述时限规定,其行为是违法行为。

被告林业局辩称,在收到鹿寨县人民法院作出(2014)鹿行初字第13号《行政判决书》的四天后,被告林业局即对原告卓××收购滥伐的9.0322立方(米)林木重新进行林业行政处罚立案调查程序,并于2014年8月5日放行了运输木材的车辆,但由于原告卓××不配合,加上案件涉及人员复杂且数量多,案件办理期限相对延长,但被告林业局已严格按照《林业行政处罚程序规定》第三十四条的规定申请延期并已得到本级和上一级主管部门的批准,《处罚决定书》是在经批准延期的期限内作出的,并未超期,因此是有效的处罚决定;原告卓××诉称其系合法购买村民卖给的零星散树,并不是滥伐的林木,但经本局调查,卖木材给原告卓××的村民均承认其所卖的林木均未办理采伐证,即使是零星树木也未按《自治区林业局关于加强房前屋后零星林木采伐管理的通知》(1999年11月10日桂林政〔1999〕141号)文件的规定提请审批,均属滥伐林木,因此对原告卓××的行为定性为收购滥伐林木是正确的。综述,被告林业局于 2014 年 12 月 30 日作出的《处罚决定书》是合法有效的,请求法院驳回原告卓××的诉讼请求。

经庭审质证,本院认为被告林业局提交的第一、二、四、五组证据满足证据的合法性、真实性和关联性要求,本院予以确认,第三组证据系林业公安聘请被告林业局的两名工作人员进行勘验,但被告林业局并无证据证实该两名勘验人员有无对滥伐林木的勘验资质,因此对两名勘验人员出具的勘验报告等证据材料本院不予认定;对原告卓××提交的第一组证据即本案被诉的具体行政行为,本院认为不应作为证据使用,原告卓××提交的第二组证据系本院生效的判决及柳州市中级人民法院二审判决,具有客观真实性,本院予以确认,但其用以证明的内容本院不予采纳。

经审理查明,2014 年 5 月 20 日上午,原告卓××非法收购其所在村屯村民梁××、梁××、黎××、黎××、龙××、卓××等六人无证滥伐林地内零星种植的杉木共 9.032 2 立方米,欲运往市场销售,途中被被告林业局执法人员截获并扣押。原告卓××对被告林业局扣押其林木及运输林木的车辆的强制措施不服,于 2014 年 6 月 11 日向本院提起行政诉讼。本院经审理认为被告林业局的行政强制措施程序违法,应予撤销,本院遂于 2014 年 7 月 30 日作出(2014)鹿行初字第 13 号《行政判决书》,判决:一、撤销被告鹿寨县林业局于 2014 年 5 月 20 日实施的扣押原告卓××违法收购的 9.032 2 立方米林木及运输该批林木的桂 K×××××号车辆的行政强制措施行为。二、责令被告鹿寨县林业局于本判决生效之日起十个工作日内对原告卓××违法收购滥伐的 9.032 2 立方米林木重新作出具体行政行为。本院于 2014 年 8 月 1 日向原、被告双方送达了判决书,原告卓××不服向柳州市中级人民法院上诉,柳州市中级人民法院以(2014)柳市行终字第 108 号《行政判决书》维持本院(2014)鹿行初字第 13 号《行政判决书》。被告林业局收到本院(2014)鹿行初字第 13 号《行政判决书》后,于 8 月 4 日遂对原告卓××违法收购的杉原木立案查处,8 月 5 日将运输林木的车辆放行并于当日暂扣了涉案的 9.032 2 立方米杉树原木,同时也向原告卓××送达了《暂扣物品通知单》。被告林业局认为该案涉及人员众多,案情复杂,经两次延期申请获批准,后于 2014 年 12 月 30 日作出《处罚决定书》,认定原告卓××于 2014 年 5 月 20 日在鹿寨县四排乡(现为四排镇)江南村石庙屯收购农户滥伐的杉树原木 9.032 2 立方米欲运输到桂林市出售的行为违反了《中华人民共和国森林法》第四十三条的规定而作出被诉《处罚决定书》,决定:1. 没收收购滥伐的杉树原木 9.032 2 立方米;2. 处木材价款 7 771 元的三倍罚款 23 313 元。原告卓××不服引起本案诉讼。

本院认为,法院生效判决书认定的事实无需(须)再证明。本院已生效的(2014)鹿行初字第 13 号《行政判决书》对本案涉案的 9.032 2 立方米杉原木已作了认定,系原告卓××违法收购的滥伐林木,因此被告林业局依据《中华人民共和国森林法》第四十三条的规定,作出没收收购滥伐的杉树原木 9.032 2 立方米的处罚决定事实清楚,适用法律正确,处理恰当,本院予以维持。但被告林业局作出并处木材价款 7 771 元的三倍罚款 23 313 元的处罚决定,因举不出该涉案的 9.032 2 立方米杉树原木价值为 7 771 元的充分证据。因此,被告林业局作出的该项处罚决定证据不足,本院应予撤销。原告卓××诉称被告林业局超期限作出处罚决定,程序违法,应予以全部撤销,本院认为被告林业局于收到本院判决书的五日后已作出暂扣涉案的 9.032 2 立方米杉原木的行政行为,至于直至 2014 年 12 月 30 日才作出被诉《处罚决定书》系经案件延期办理申请并已获批准,并没有违反林业部颁发的《林业行政处罚程序规定》第三十四条规定,因此对原告卓××的诉称意见本院不予采纳。综上,本院对原告卓××的诉请意见及被告鹿寨县林业局的辩称意见均不予全部支持。依照《中华人民共和国行政诉讼法》第五十四条之规定,判决如下:

一、维持被告鹿寨县林业局于 2014 年 12 月 30 日作出的鹿林罚书字(2014)第 094 号《林业行政处罚决定书》中"1. 没收收购滥伐的杉树原木 9.032 2 立方米。"的处罚决定。

二、撤销被告鹿寨县林业局于 2014 年 12 月 30 日作出的鹿林罚书字(2014)第 094 号《林业行政处罚决定书》中"2. 处木材价款 7 771 元的三倍罚款计 23 313 元。"的处罚决定。

案件受理 50 元,由原告卓××负担 25 元,被告鹿寨县林业局负担 25 元。

如不服本判决,可在判决书送达之日起十五日内,向本院递交上诉状,并按对方当事人的人数提出副本,上诉于广西壮族自治区柳州市中级人民法院。

审 判 长　卢红民
人民陪审员　翁庆芳
人民陪审员　邱禄兴

二〇一五年三月十七日

书 记 员　刘 玲

> **法律依据**

《广西壮族自治区木材运输管理条例》①

第十一条　有下列行为之一的,县级以上人民政府林业主管部门或者其委托的木材检查站有权扣留木材:

(一)无木材运输证的;

(二)运输的木材树种、材种、规格、数量及运输时间、起止地点与木材运输证记载不符的;

(三)使用伪造、涂改或者通过倒卖、转让等非法方式取得木材运输证的;

(四)使用其他无效木材运输证的;

(五)依法必须经过植物检疫的木材,未经检疫或者无有效植物检疫证书的;

(六)不接受检查强行通过检查站的。

《中华人民共和国行政诉讼法》(1989 年)

第五十四条　人民法院经过审理,根据不同情况,分别作出以下判决:

(一)具体行政行为证据确凿,适用法律、法规正确,符合法定程序的,判决维持。

(二)具体行政行为有下列情形之一的,判决撤销或者部分撤销,并可以判决被告重新作出具体行政行为:

---

① 《广西壮族自治区木材运输管理条例》(1997 年 7 月 25 日广西壮族自治区第八届人民代表大会常务委员会第二十九次会议通过　根据 2004 年 6 月 3 日广西壮族自治区第十届人民代表大会常务委员会第八次会议《关于修改〈广西壮族自治区木材运输管理条例〉的决定》修正　根据 2012 年 03 月 23 日广西壮族自治区人大常委会关于修改《广西壮族自治区反不正当竞争条例》等十九件地方性法规的决定修改)。

1. 主要证据不足的；
2. 适用法律、法规错误的；
3. 违反法定程序的；
4. 超越职权的；
5. 滥用职权的。

（三）被告不履行或者拖延履行法定职责的，判决其在一定期限内履行。

（四）行政处罚显失公正的，可以判决变更。

《林业行政处罚程序规定》（1996年9月27日中华人民共和国林业部令第8号）

第三十四条 林业行政处罚案件自立案之日起，应当在一个月内办理完毕；经行政负责人批准可以延长，但不得超过三个月；特殊情况下三个月内不能办理完毕的，报上级林业行政主管部门批准，可以延长。

《中华人民共和国森林法》（2009年第二次修正）

第四十三条 在林区非法收购明知是盗伐、滥伐的林木的，由林业主管部门责令停止违法行为，没收违法收购的盗伐、滥伐的林木或者变卖所得，可以并处违法收购林木的价款一倍以上三倍以下的罚款；构成犯罪的，依法追究刑事责任。

四、因林业主管部门内部流转程序使其超过举证期限的，不属于逾期提供证据的正当理由
——杨长×与禄丰县林业局林业行政处罚纠纷上诉案

▶ 基本信息

行政相对人：杨长×
被诉行政主体：禄丰县林业局
一　审　法　院：禄丰县人民法院
一　审　结　果：禄丰县林业局败诉
二　审　法　院：云南省楚雄彝族自治州中级人民法院
二　审　结　果：禄丰县林业局败诉

▶ 基本案情

2013年7月18日，禄丰县林业局以禄林罚决字(2013)第0103017号林业行政处罚决定书认定，2012年10月20日，杨长×在未办理林地使用许可证的情况下，擅自在广通镇新民村委会庙湾村项板子山修建道路，致使林地用途被改变。依法给予杨长×如下行政处罚：(1)责令限期恢复原状；(2)并处非法改变用途林地每平方米25元的罚款：357平方米×25元/平方米(米^2)=8 925元。杨长×在收到处罚决定书后不服，申请行政复议。楚雄州林业局于2013年9月30日作出楚州林复决字(2013)第001号行政复议决定书，维持了禄丰县林业局的处罚决定。杨长×不服，提起行政诉讼，要求法院撤销上述行政处罚决定。一审法院判决撤销了上述林业行政处罚决定。禄丰县林业局不服，提出上诉。

▶ 双方主张

禄丰县林业局上诉称：

原判以上诉人逾期提交证据视为没有证据为由，撤销上诉人对被上诉人作出的禄林罚决字(2013)第0103017号林业行政处罚决定，适用法律不当。上诉人认为，上诉人在开庭前5日提交证据，虽然逾期提交，但并不影响法院审理案件。同时，上诉人逾期提交证据有正当理由。为履行法定职责，保护林业资源，使被上诉人的违法行为得到应有处罚，现提出上诉，请上级法院支持上诉人的诉讼请求。

被上诉人杨长×答辩称：

一审法院适用法律正确，在一审庭审时，被告对其逾期提交证据并未提出正当理由，上诉人的上诉请求不能成立，请依法驳回上诉，维持原判。

> 争议焦点

本案争议焦点在于：上诉人逾期提交证据是否有正当理由。

> 法院判决

二审法院认为，上诉人禄丰县林业局对逾期提交证据并无异议，且对其逾期提交证据未提出正当理由，故根据法律规定，应视为被诉具体行政行为没有相应的证据，对上诉人禄丰县林业局所作的行政处罚决定，应当予以撤销。依法判决如下：驳回上诉，维持原判。

> 执法点评

因单位内部流转程序使其超过举证期限的，不属于法院认定的被告逾期提交证据的正当理由

根据《行政诉讼法》①第三十二条关于"被告对作出的具体行政行为负有举证责任，应当提供作出该具体行政行为的证据和所依据的规范性文件"的规定，对禄林罚决字（2013）第0103017号林业行政处罚决定，禄丰县林业局负有提供证据和依据的法定义务。不仅如此，根据该法第四十三条的规定，禄丰县林业局还"应当在收到起诉状副本之日起十日内向人民法院提交作出具体行政行为的有关材料，并提出答辩状"。一审法院于2013年10月30日向被告禄丰县林业局送达了起诉状副本、举证通知书及相关材料。禄丰县林业局收到后，依法应当在2013年11月9日前向法院提交证据。但是，直到2013年11月19日，禄丰县林业局才向一审法院提交所作具体行政行为的证据，逾期提交。现在的问题是：第一，针对被告逾期提交证据的行为，《行政诉讼法》是否存在被告应当承担法律责任的规定；第二，因单位内部流转程序使被告超过举证期限，是否可以作为逾期提交证据的正当理由；第三，被告在开庭前5日提交证据，虽然逾期提交，但并不影响法院审理案件，是否可以免除被告应当承担的不利法律后果。

就第一个问题而言，首先应当明确的是，《行政诉讼法》的确没有规定逾期提交证据的法律责任。但是，《最高人民法院关于执行〈中华人民共和国行政诉讼法〉若干问题的解释》②第二十六条第二款对这一问题有明确规定，即"被告应当在收到起诉状副本之日起10日内提交答辩状，并提供作出具体行政行为时的证据、依据；被告不提供或者无正当理由逾期提供的，应当认定该具体行政行为没有证据、依据。"因此，禄丰县林业局只有提供了法院能够认同的"正当理由"，才有可能免除其行为被认定为"没有证据"这一不利后果。就第二个问题而言，虽然，在一审庭审时，禄丰县林业局对其逾期提供证据并未提出正当理由，在二审庭审时，上诉人以"单位内部流转程序"的说法，作为其超过举证期限提交证据的理由。但是，这一说法，既没有得到被上诉人的认同，也没有得到二审法院的认可。显然，作为被告的行政机关在收到起诉状副本之后，以单位自身的制度要求或者客观存在的原因，诸如单位内部

---

① 《中华人民共和国行政诉讼法》（1989年4月4第七届全国人民代表大会第二次会议通过　自1990年10月1日起施行）。

② 《最高人民法院关于执行〈中华人民共和国行政诉讼法〉若干问题的解释》（1999年11月24最高人民法院审判委员会第1088次会议通过　自2000年3月10起施行　法释〔2000〕8号）。

流转程序复杂,法制人员外出休假,以及单位负责人出国或者出差等,作为其逾期提供证据的理由,不会被法院视为逾期提供证据的正当理由。第三,从客观上说,被告逾期提供证据的确没有影响法院的审理,但是,现行法律要求被告提供的是,逾期提供证据的正当理由,而不是逾期提供证据没有影响法院的开庭审理。换句话说,法律要求的是行为的理由,被告提供的是行为的影响。这两者之间显然风马牛不相及。

值得指出,新《行政诉讼法》(2017年第二次修正)进一步完善了逾期举证的法律规定。主要表现在:一是,延长了被告的举证期限,将原来的十日内延长为十五日,即第六十七条的规定:"人民法院应当在立案之日起五日内,将起诉状副本发送被告。被告应当在收到起诉状副本之日起十五日内向人民法院提交作出行政行为的证据和所依据的规范性文件,并提出答辩状。"二是,对"视为没有相应证据"作了例外规定,即第三十四条第二款的规定:"被告不提供或者无正当理由逾期提供证据,视为没有相应证据。但是,被诉行政行为涉及第三人合法权益,第三人提供证据的除外。"三是,明确了延期提供证据的前提条件,即第三十六条的规定:"被告在作出行政行为时已经收集了证据,但因不可抗力等正当事由不能提供的,经人民法院准许,可以延期提供。"

▶ 判决书

杨长×与禄丰县林业局林业行政处罚纠纷上诉案

云南省楚雄彝族自治州中级人民法院
行政判决书

(2014)楚中行终字第5号

上诉人(原审被告)禄丰县林业局。
法定代表人杨×,局长。
委托代理人周贤×,云南周贤江律师事务所律师,代理权限为特别授权代理。
被上诉人(原审原告)杨长×,男。

上诉人禄丰县林业局因林业行政处罚一案,不服楚雄市人民法院(2013)楚行初字第30号行政判决,向本院提起上诉,本院于2014年1月6日受理后,依法组成合议庭于2014年2月24日公开开庭进行了审理。上诉人禄丰县林业局的委托代理人周贤×、被上诉人杨长×到庭参加诉讼。本案现已审理终结。

原审法院根据本案有效证据认定的事实是:2013年7月18日,被告禄丰县林业局以禄林罚决字(2013)第0103017号林业行政处罚决定书认定,2012年10月20日,原告杨长×在未办理林地使用许可证的情况下,擅自在广通镇新民村委会庙湾村项板子山修建道路,致使林地用途被改变。经测算,杨长×非法占用林地面积357平方米。杨长×的行为违反了《中华人民共和国森林法实施条例》第十六条第一款的规定,已构成违法。依据《中华人民共和国森林法实施条例》第四十三条第一款的规定,给予杨长×如下行政处罚:1. 责令限期恢复原状;2. 并处非法改变用途林地每平方米25元的罚款:357平方米×25元/平方米(米^2)=

8 925 元。原告杨长×在收到禄林罚决字(2013)第 0103017 号处罚决定书后不服,于 2013 年 8 月 12 日向楚雄州林业局申请行政复议,楚雄州林业局于 2013 年 9 月 30 日作出楚州林复决字(2013)第 001 号行政复议决定书,维持了禄丰县林业局的处罚决定。

原审法院认为,《中华人民共和国行政诉讼法》第三十二条规定:被告对作出的行政行为负有举证责任,应当提供作出该具体行政行为的证据和所依据的规范性文件。同时,最高人民法院《关于执行〈中华人民共和国行政诉讼法〉若干问题的解释》第二十六条规定:在行政诉讼中,被告对其作出的具体行政行为承担举证责任;被告应当在收到起诉状副本之日起十日内提交答辩状,并提供作出具体行政行为时的证据、依据;被告不提供或者无正当理由逾期提供的,应当认定该具体行政行为没有证据、依据。本案立案受理后,本院于 2013 年 10 月 30 日向被告禄丰县林业局送达了起诉状副本、举证通知书及相关材料。被告禄丰县林业局收到后,直到 2013 年 11 月 19 日才向本院提交所作具体行政行为的证据,逾期提交,并且在庭审时对其逾期提交证据并未提出正当理由,故根据法律规定,应视为被诉具体行政行为没有相应的证据,对被告禄丰县林业局所作的行政处罚决定,本院应予撤销。依照《中华人民共和国行政诉讼法》第三十二条、第四十三条、第五十四条第一款第(二)项第 1 目及最高人民法院《关于执行〈中华人民共和国行政诉讼法〉若干问题的解释》第二十六条之规定判决:撤销被告禄丰县林业局 2013 年 7 月 18 日作出的禄林罚决字(2013)第 0103017 号林业行政处罚决定书。案件受理费 50 元,由被告禄丰县林业局承担。

上诉人禄丰县林业局不服一审判决提起上诉,请求撤销原判,改判驳回被上诉人的诉讼请求,维持禄林罚决字(2013)第 0103017 号林业行政处罚决定书。主要理由是:原判以上诉人逾期提交证据视为没有证据为由,撤销上诉人对被上诉人作出的禄林罚决字(2013)第 0103017 号林业行政处罚决定,适用法律不当。上诉人认为,上诉人在开庭前 5 日提交证据,虽然逾期提交,但并不影响法院审理案件。同时,上诉人逾期提交证据有正当理由。为履行法定职责,保护林业资源,使被上诉人的违法行为得到应有处罚,现提出上诉,请上级法院支持上诉人的诉讼请求。

被上诉人杨长×答辩称,一审法院适用法律正确,在一审庭审时,被告对其逾期提交证据并未提出正当理由,上诉人的上诉请求不能成立,请依法驳回上诉,维持原判。

原审被告禄丰县林业局在举证期限内未向原审法院提交证据材料。

原审原告杨长×向原审法院提交的证据材料已随案移送本院。

二审中,各方当事人未提交新的证据材料。经审查,原审经庭审质证认定的证据合法有效,可以证明原审查明的事实,本院予以确认。

经审查,本院确认原审法院审判程序合法。

二审中,本案当事人围绕本案争议的焦点,即上诉人逾期提交证据是否有正当理由。上诉人认为,上诉人作出的林业行政处罚事实清楚,证据充分,上诉人逾期提交证据是因单位内部流转程序使其超过举证期限,逾期提交证据理由正当。被上诉人认为,上诉人逾期提交证据没有正当理由。

本院认为,上诉人禄丰县林业局对逾期提交证据并无异议,且对其逾期提交证据未提出正当理由,故根据法律规定,应视为被诉具体行政行为没有相应的证据,对上诉人禄丰县林业局所作的行政处罚决定,应当予以撤销。

综上所述,一审判决认定事实清楚,程序合法,适用法律正确,判处并无不当,依照《中华人民共和国行政诉讼法》第六十一条第(一)项的规定,判决如下:

驳回上诉,维持原判。

二审案件受理费 50 元,由上诉人禄丰县林业局承担(已交)。

本判决为终审判决。

审判长　刘　芳

审判员　陈翠连

审判员　魏跃萍

二〇一四年二月二十七日

书记员　董学琴

法律依据

《中华人民共和国行政诉讼法》(1989 年)

第三十二条　被告对作出的具体行政行为负有举证责任,应当提供作出该具体行政行为的证据和所依据的规范性文件。

第四十条　公民、法人或者其他组织因不可抗力或者其他特殊情况耽误法定期限的,在障碍消除后的十日内,可以申请延长期限,由人民法院决定。

第五十四条　人民法院经过审理,根据不同情况,分别作出以下判决:

(一)具体行政行为证据确凿,适用法律、法规正确,符合法定程序的,判决维持。

(二)具体行政行为有下列情形之一的,判决撤销或者部分撤销,并可以判决被告重新作出具体行政行为:

1. 主要证据不足的;
2. 适用法律、法规错误的;
3. 违反法定程序的;
4. 超越职权的;
5. 滥用职权的。

(三)被告不履行或者拖延履行法定职责的,判决其在一定期限内履行。

(四)行政处罚显失公正的,可以判决变更。

第六十一条　人民法院审理上诉案件,按照下列情形,分别处理:

(一)原判决认定事实清楚,适用法律、法规正确的,判决驳回上诉,维持原判;

(二)原判决认定事实清楚,但适用法律、法规错误的,依法改判;

(三)原判决认定事实不清,证据不足,或者由于违反法定程序可能影响案件正确判决的,裁定撤销原判,发回原审人民法院重审,也可以查清事实后改判。当事人对重审案件的判决、裁定,可以上诉。

最高人民法院关于执行《中华人民共和国行政诉讼法》若干问题的解释(法释〔2000〕8 号)

第二十六条　在行政诉讼中,被告对其作出的具体行政行为承担举证责任。

被告应当在收到起诉状副本之日起 10 日内提交答辩状,并提供作出具体行政行为时的证据、依据;被告不提供或者无正当理由逾期提供的,应当认定该具体行政行为没有证据、依据。

五、针对同一事实,在未重新调查取证的情况下,再次作出内容相同的林业行政处罚决定的,属于事实依据不足

——崔××与乐陵市林业局林业行政处罚纠纷上诉案

▶ 基本信息

行政相对人:崔××
被诉行政主体:乐陵市林业局
一 审 法 院:乐陵市人民法院
一 审 结 果:乐陵市林业局胜诉
二 审 法 院:山东省德州市中级人民法院
二 审 结 果:乐陵市林业局败诉

▶ 基本案情

崔××于2002年开始承包乐陵市花园镇关王堂村27亩土地,双方口头约定承包期限3年,承包费每亩200元。地里有原先村集体种植的枣树若干棵。2005年承包到期后,崔××继续承包该土地。2011年6月8日,花园镇关王堂村民委员会向乐陵市林业局举报,称上诉人崔××于2010年12月25日晚,未经任何单位批准,将位于该承包地内的200多棵枣树砍伐。被上诉人乐陵市林业局接报后,立即对该案立案调查。2012年3月10日,乐陵市林业局作出乐林听权告字(2012)第(0302)号林业行政处罚听证权利告知书,决定拟给予崔××如下行政处罚:一、补种树木2 850棵;二、没收卖树款1 000元;三、罚款128 250元。崔××不服,要求听证。2012年4月8日上午9时,乐陵市林业局就该案举行了听证会。2012年4月12日,乐陵市林业局作出第一次处罚决定,即乐林罚书字(2012)第(0401)号林业行政处罚决定,决定给予崔××如下行政处罚:① 罚款128 250元;② 没收树款1 000元;③ 补种树木2 850棵。2013年8月27日,乐陵市林业局以维护花园镇的稳定为由撤销以上处罚决定。2013年5月8日,乐陵市林业局作出第二次处罚决定,即乐林罚书字(2013)第(0501)号林业行政处罚决定,处罚内容和第一次处罚决定内容完全一致。崔××不服,向乐陵市人民政府申请行政复议。2013年8月29日,乐陵市人民政府以乐陵市林业局在作出乐林罚书字(2013)第(0501)号林业行政处罚决定之前未重新告知申请人相应权利为由撤销了该行政处罚决定。2013年9月26日16时,乐陵市林业局向崔××送达了乐林听权告字(2013)第(0901)号林业行政处罚听证权利告知书。2013年10月11日,乐陵市林业局作出第三次林业行政处罚决定,内容和前两次处罚决定一致,即乐林罚书字(2013)第(1001)号林业行政处罚决定,并向崔××送达。崔××不服,提起诉讼。一审法院判决维持了上述林业行政处罚决定。崔××不服,提起上诉。

▶ 双方主张

崔××上诉称：

一、被上诉人在作出乐林罚书字(2013)第(1001)号行政处罚决定书前未告知申请人依法享有的权利，违反法定程序。乐陵市林业局称在 2013 年 9 月 26 日 16 时，因崔××不在家，留置送达了乐林听权告字(2013)第(0901)号林业行政处罚听证权利告知书，同去的关玉(王)堂村干部张同×、宋连×在场签字予以证明。但在一审中张同×、宋连×就送达的具体时间说不清，语言前后矛盾，送达过程不可信。

二、2005 年 6 月 30 日上诉人与乐陵市花园镇关王(堂)村民委员会签订土地承包合同，约定上诉人承包本村土地 27 亩，可自由耕种，在对原有耕地中 200 棵枣树加强管理的同时，可以多种果树，多种的果树归承包人所有。合同签订后上诉人按照合同履行了相关义务，2009 年美国白蛾肆意，致使承包地中枣树死亡，花园镇关王堂村村支书崔玉×让上诉人将死亡枣树砍伐(有录音为证)。后因双方履行承包合同问题产生纠纷，崔玉×到被上诉人处举报上诉人偷伐枣树，被上诉人依据崔玉×单独委托的鉴定机构出具的德乐陵价字(2012)8 号价格认定书对上诉人作出处罚决定违反法律规定。根据法律规定委托鉴定应有司法机关或行政机关指定或由当事人双方共同认定的鉴定部门来鉴定；根据《山东省价格鉴证操作规范》第 11-3 规定价格认定结论书必须写明价格鉴定时间(基准日期)、依据、原则、方法和价格鉴定查勘及测量过程，然而德乐陵认字(2012)9 号价格认定书未有上述必备条款，应属无效鉴定。

三、根据《行政处罚法》第 24 条之规定，对当事人的同一个违法行为，不得给予两次以上罚款的行政处罚，上诉人砍伐枣树的行为不是盗伐，是经村支书批准的砍伐。被上诉人已两次做出相同的处罚决定，第一次自动撤销，第二次复议后撤销，又第三次做出相同的处罚决定，前后 1 年半的时间做出三次处罚，不但是滥用职权，而且违反了《行政处罚法》第 24 条之规定。

被上诉人乐陵市林业局答辩称：

一、上诉人以证人张同×、宋连×陈述的时间不准确为由，说 2013 年 9 月 23 日为其送达听证权利告知书的过程是编造的不准确。两证人都曾多次参与给崔××送达相关法律文书，对哪一次的具体时间记不清楚很正常，但不能因此否定送达的事实。

二、上诉人没有证据表明枣树是崔玉×让其砍伐的。

三、对枣树的价格认定单方委托并不违法，且上诉人从未要求对德乐陵价认字(2012)9 号价格认定书重新认定。

四、被上诉人没有对上诉人的同一违法行为给予两次以上处罚，撤销原处罚决定重新做出处罚仍是对上诉人的一次处罚。

▶ 争议焦点

本案争议焦点在于：被诉行政处罚决定是否事实清楚、程序合法、适用法律正确。

▶ 法院判决

二审法院认为，首先，被上诉人乐陵市林业局作出的乐林罚书字(2013)第(1001)号林业行政处罚决定认定事实不清。无论是被上诉人对相关证人及崔××的询问笔录，还是被上诉人提供的两次勘验检查笔录,都不能证明该处罚决定认定的285棵枣树的所有权全部属于花园镇关王堂村。对于被砍伐的树中是否有崔××自己种植的以及种植的数目,故该处罚决定认定崔××盗伐林木285棵事实不清。同时,在乐林罚书字(2012)第(0401)号林业行政处罚决定与乐林罚书字(2013)第(0501)号林业行政处罚决定均已被撤销的前提下,针对同一事实,被上诉人乐陵市林业局在未重新调查取证的情况下第三次作出内容相同的林业行政处罚决定属于事实依据不足。其次,被上诉人乐陵市林业局作出的乐林罚书字(2013)第(1001)号林业行政处罚决定程序违法。乐陵市人民政府作出的乐行复决字(2013)02号复议决定认定乐陵市林业局的第二次处罚决定应视为一个新的具体行政行为。因此,乐陵市林业局因第二次处罚决定被撤销后作出的第三次处罚决定[乐林罚书字(2013)第(1001)号林业行政处罚决定],也应视为一个新的具体行政行为。《林业行政处罚程序规定》第三十一条第二款规定:"情节复杂或者重大违法行为需要给予较重行政处罚的,林业行政主管部门的负责人应当集体讨论决定",但乐陵市林业局作出乐林罚书字(2013)第(1001)号林业行政处罚决定未经单位负责人集体讨论决定,程序违法。依法判决如下:一、撤销乐陵市人民法院作出的(2014)乐行初字第3号行政判决;二、撤销乐陵市林业局作出的乐林罚书字(2013)第(1001)号林业行政处罚决定。

▶ 执法点评

作出撤销处罚决定后的林业主管部门是否有权重新作出处罚决定

在执法实践中,经常会遇到"撤销处罚决定"的情形。根据《行政处罚法》《中华人民共和国行政复议法》(简称《行政复议法》)《行政诉讼法》的相关规定,有权作出撤销处罚决定的主体,主要是林业主管部门、行政复议机关和人民法院。但真正困扰林业主管部门及其执法人员的问题,不是谁有权作出撤销处罚决定,而是作出撤销处罚决定后应该怎么办的问题。一是林业主管部门作出撤销自身所作处罚的决定后,是否还有权重新作出处罚决定;二是如果有权重新作出处罚决定,林业主管部门是否需要重新立案调查。

对于第一个问题,我们认为,可以分成三种情形予以讨论。第一种情形,行政机关作出撤销自身所作处罚的决定后,不得重新作出处罚决定。根据《行政处罚法》第五十四条关于"行政机关应当建立健全对行政处罚的监督制度。县级以上人民政府应当加强对行政处罚的监督检查。公民、法人或者其他组织对行政机关作出的行政处罚,有权申诉或者检举;行政机关应当认真审查,发现行政处罚有错误的,应当主动改正"的规定,如果发现林业行政处罚有错误的,无论是由县级以上人民政府在监督检查中发现的,还是在公民、法人或者其他组织申诉或者检举中获知的,抑或林业主管部门在执法质量考评中自己发现的,林业主管部门都应当主动改正。自行撤销处罚决定当然可以作为主动改正的方式。但是,在作出撤销自身所作处罚的决定以后,林业主管部门是否有权重新作出处罚决定呢?我们认为,根据"法无授权不可为"的行政原则,如果法律中没有关于"作出撤销自身所作处罚的决定后,行政机关可以重新作出处罚决定"的法律规定,那么林业主管部门在作出撤销自身所作处罚的决定后,就不得重新作出处罚决定。如果林业主管部门仍然坚持重新作出处罚决定,那么该行政处罚决定就属于没有法律依据即作出具体行政行为,直接违背了依法行政的基本原则。而现行的《行政处罚法》中并不存在这样的规定。因此,在目前的法律框架下,作出撤销处罚决定的林业主管部门无权重新作出处罚决定。当然，现实中还存在另外一种情况，即处罚决定尚未生效时，就被发现存在遗漏或者错误。此时，如果遗漏或者错误可以补救，那么应当允许林业主管部门及时弥补漏洞，改正错误。

第二种情形，行政复议机关决定撤销被复议的具体行政行为。根据《行政复议法》第二十八条第一款关于"行政复议机关负责法制工作的机构应当对被申请人作出的具体行政行为进行审查，提出意见，经行政复议机关的负责人同意或者集体讨论通过后，按照下列规定作出行政复议决定……（三）具体行政行为有下列情形之一的，决定撤销、变更或者确认该具体行政行为违法；决定撤销或者确认该具体行政行为违法的，可以责令被申请人在一定期限内重新作出具体行政行为：1.主要事实不清、证据不足的；2.适用依据错误的；3.违反法定程序的；4.超越或者滥用职权的；5.具体行政行为明显不当的。（四）被申请人不按照本法第二十三条的规定提出书面答复、提交当初作出具体行政行为的证据、依据和其他有关材料的，视为该具体行政行为没有证据、依据，决定撤销该具体行政行为"的规定，被复议机关撤销被申请的具体行政行为后，林业主管部门是否有权重新作出林业行政处罚决定，应当包括两种情形：一是当复议机关只作出撤销具体行政行为的决定时，林业主管部门不得重新作出处罚决定；二是在复议机关决定撤销具体行政行为并责令被申请人在一定期限内重新作出具体行政行为时，林业主管部门可以且应当重新作出处罚决定。

第三种情形，人民法院判决撤销被诉的具体行政行为。根据《行政诉讼法》第五十四条第二项关于"人民法院经过审理，根据不同情况，分别作出以下判决……（二）具体行政行为有下列情形之一的，判决撤销或者部分撤销，并可以判决被告重新作出具体行政行为：1.主要证据不足的；2.适用法律、法规错误的；3.违反法定程序的；4.超越职权的；5.滥用职权的"规定，被法院撤销被诉具体行政行为后，林业主管部门是否有权重新作出林业行政处罚决定，应当包括两种情形：一是当法院只作出撤销具体行政行为的判决时，林业主管部门不得重新作出处罚决定；二是在法院判决撤销具体行政行为的同时，判决被告重新作出具体行政行为时，林业主管部门可以且应当重新作出处罚决定。

对于第二个问题，我们认为，对于"重新作出处罚决定"这一表述，不应当单纯地将其理解为"重新作出处罚决定书"，而应当将其理解为"重新立案调查，依法作出处罚决定"。理由在于，即便从文义上来理解，根据《行政处罚法》的规定及其立法精神，"作出处罚决定"的含义，既不可能仅指"作出处罚决定书"这样一个步骤或者程序，也不可能仅限于包含"处罚决定"字样的更多步骤或者程序，如作出"处罚决定意见书"、作出"处罚决定先行告知书"、作出"处罚决定听证权利告知书"等，而应当指包含了一般程序所必须具备的所有步骤或者程序。由此，"重新作出处罚决定"的含义，应当就是重新按照一般程序的规定依法作出处罚决定的意思。

应当指出的是，即便依据行政复议决定，或者依据行政判决书，林业主管部门获得了"重新作出具体行政行为"的权力（实际上也是法定义务），其行使权力或者履行义务之路也注定是不平坦的。一方面，面对重新立案调查，违法嫌疑人是否还愿意以及多大程度的配合，就是一个现实问题。执法实践中，更为常见的现象是，面对违法嫌疑人的不配合、不理睬，甚至明确的拒绝，行政执法人员束手无策。在现行法律没有规定，拒绝调查应当承担不利法律责任的情况下，行政执法人员如何才能获得当事人的配合，从而顺利完成调查取证的任务，已经成为摆在行政机关面前的一个近乎无法化解的死结。另一方面，根据《行政复议法》第二十八条第二款关于"行政复议机关责令被申请人重新作出具体行政行为的,被申请人不得以同一的事实和理由作出与原具体行政行为相同或者基本相同的具体行政行为"的规定,以及根据《行政诉讼法》第五十五条关于"人民法院判决被告重新作出具体行政行为的,被告不得以同一的事实和理由作出与原具体行政行为基本相同的具体行政行为"的规定,在重新立案调查后,即便违法嫌疑人积极配合,林业主管部门也很难做到不以"同一的事实和理由作出与原具体行政行为相同或者基本相同的具体行政行为"。除非林业主管部门证实了存在不同的事实和理由,并作出与原处罚决定不同的处罚决定,或者虽然是同一的事实和理由,但林业主管部门作出了与原处罚决定不同的处罚决定。真实的情况是,这样的好事很难发生。

▶司法点评

针对同一事实,在未重新调查取证的情况下,再次作出内容相同的林业行政处罚决定,认定为"违反法定程序"更为合适

判决显示,乐陵市林业局对崔××先后作出三次行政处罚决定。(1) 2012年4月12日,乐陵市林业局作出第一次处罚决定,即乐林罚书字(2012)第(0401)号林业行政处罚决定,决定给予崔××罚款128 250元、没收树款1 000元、补种树木2 850棵的行政处罚。2013年8月27日,乐陵市林业局以维护花园镇的稳定为由撤销以上处罚决定。(2) 2013年5月8日,乐陵市林业局作出第二次处罚决定,即乐林罚书字(2013)第(0501)号林业行政处罚决定,处罚内容和第一次处罚决定内容完全一致。2013年8月29日,乐陵市人民政府以乐陵市林业局在作出乐林罚书字(2013)第(0501)号林业行政处罚决定之前未重新告知申请人相应权利为由撤销了该行政处罚决定。(3) 2013年9月26日16时,乐陵市林业局向崔××送达了乐林听权告字(2013)第(0901)号林业行政处罚听证权利告知书。2013年10月11日,乐陵市林业局作出第三次林业行政处罚决定,内容和前两次处罚决定一致,即乐林罚书字(2013)第(1001)号林业行政处罚决定,并向崔××送达。

判决认为,乐陵市林业局的上述行为,存在两个违法之处。(1) 在乐林罚书字(2012)第(0401)号林业行政处罚决定与乐林罚书字(2013)第(0501)号林业行政处罚决定均已被撤销的前提下,针对同一事实,乐陵市林业局在未重新调查取证的情况下第三次作出内容相同的林业行政处罚决定属于事实依据不足。(2) 乐陵市林业局作出的乐林罚书字(2013)第(1001)号林业行政处罚决定程序违法。乐陵市人民政府作出的乐行复决字(2013)02号复议决定认定乐陵市林业局的第二次处罚决定应视为一个新的具体行政行为。因此,乐陵市林业局因第二次处罚决定被撤销后作出的第三次处罚决定[乐林罚书字(2013)第(1001)号林业行政处罚决定],也应视为一个新的具体行政行为。《林业行政处罚程序规定》第三十一条第二款规定:"情节复杂或者重大违法行为需要给予较重行政处罚的,林业行政主管部门的负责人应当集体讨论决定。"但乐陵市林业局作出乐林罚书字(2013)第(1001)号林业行政处罚决定未经单位负责人集体讨论决定,程序违法。

我们认为,换一个视角来观察被诉行政处罚,或许可以有不一样的结论。一是,在作出撤销第一次行政处罚决定后,乐陵市林业局根本无权作出第二次和第三次行政处罚决定。理由在于,一方面,根据上文"执法点评"的相关论述,在2013年8月27日乐陵市林业局以维护花园镇的稳定为由,撤销第一次处罚决定[乐林罚书字(2012)第(0401)号]后,乐陵市林业局无权重新作出处罚决定;另一方面,即便乐陵市林业局有权作出第二次处罚决定[乐林罚书字(2013)第(0501)号],在2013年8月29日乐陵市人民政府作出撤销第二次处罚决定但未同时责令其重新作出具体行政行为的情况下,乐陵市林业局擅自重新作出处罚决定,同样属于于法无据。二是,即便乐陵市林业局有权作出第三次处罚决定[乐林罚书字(2013)第(1001)号],即便该处罚决定经过了行政机关的负责人集体讨论,该处罚决定仍然违法。理由在于,根据上文"执法点评"的相关论述,如果需要重新作出处罚决定,乐陵市林业局应当重新立案调查,依法作出处罚决定。而乐陵市林业局并未重新立案调查,只是在弥补了第二次处罚决定时应当履行而没有履行的告知程序后,就直接作出了第三次处罚决定。该行为应当认定为违反法定程序。

▶ 判决书

崔××与乐陵市林业局林业行政处罚纠纷上诉案

山东省德州市中级人民法院
行政判决书

(2014)德中行终字第35号

上诉人(原审原告):崔××,男,1968年4月20日出生,汉族。
委托代理人:徐×,山东圣义律师事务所律师。
被上诉人(原审被告):乐陵市林业局。
法定代表人:韩金×,局长。
委托代理人:张凤×,山东方洲律师事务所律师。
委托代理人:齐景×,乐陵市林业局工作人员。

上诉人崔××因林业行政处罚一案,不服乐陵市人民法院(2014)乐行初字第3号行政判决,向本院提起上诉。本院受理后,依法组成合议庭公开开庭审理了本案。上诉人崔××及其委托代理人徐×,被上诉人乐陵市林业局的委托代理人张凤×、齐景×到庭参加了诉讼。本案现已审理终结。

原审法院查明:原告崔××于2002年开始承包乐陵市花园镇关王堂村27亩土地,承包期限3年,承包费每亩200元。地里有原先村集体种植的枣树若干棵。至2005年承包到期后,崔××继续承包该土地。2011年6月8日,花园镇关王堂村民委员会向乐陵市林业局举报,称本案原告崔××于2010年12月25日晚,未经任何单位批准,将位于该承包地内的200多棵枣树砍伐。乐陵市林业局接报后,立即对该案立案调查,并询问了关王堂村党支部书记崔玉×、村干部张×祥、村民代表张建×、村民张×忠及崔××本人,并做了询问笔录。原告崔××在询问笔录中承认砍伐了300多棵枣树,卖给买树的了,每棵树价值3元,是让买树的人伐的,共卖了1 000元左右。但辩解称是该村堂(党)支部书记崔玉×让其砍伐的,被砍伐的枣树有一半是自己种植的,同时承认伐树未向该村负责人请示,也未办理林木采伐许可证。2011年6月8日14时37分—16时30分,被告乐陵市林业局工作人员到案发现场进行了勘查。勘查结果为:所伐枣树位于村西30米东西路北侧,现场留有砍伐树桩285个,树桩直径10 cm—18 cm,另有3个直径5 cm,1个直径7 cm,1个直径8 cm,在勘验检查笔录上,勘验人于含×、关王堂村党支部书记崔玉×、村班干部张同×及原告崔××签名并按手印。2012年3月6日,受花园镇关王堂村民委员会委托乐陵市价格认定中心对被砍伐的枣树作出德乐陵价认字(2012)9号价格认定结论书,认定被盗伐285棵枣树的价格为25 650元。2012年3月10日,乐陵市林业局作出乐林听权告字(2012)第(0302)号林业行政处罚听证权利告知书,决定拟给予崔××如下行政处罚:一、补种树木2 850棵;二、没收卖树款1 000元;三、罚款128 250元。崔××不服,要求听证。2014年4月8日上午9时,乐陵市林业局在其三楼会议室就该案举行了听证。崔××及其委托代理人徐×、关王堂村党支部书记崔玉×参加了听证会。2012年4月12日,乐陵市林业局作出乐林罚书字(2012)第(0401)号林业行政处罚决定书,决定给予崔××如下行政处罚:① 罚款128 250元;② 没收树款1 000元;③ 补种树木2 850棵。2013年8月27日,乐陵市林业局以维护花园镇的稳定为由撤销以上处罚决定。2013年5月8日,乐陵市林业局作出乐林罚书字(2013)第(0501)号林业行政处罚决定书,决定给予崔××如下行政处罚:① 罚款128 250元;② 没收树款1 000元;③ 补种树木2 850棵。崔××不服,向乐陵市人民政府申请行政复议。乐陵市人民政府于2013年8月29日以乐陵市林业局在作出乐林罚书字(2013)第(0501)号林业行政处罚决定之前应重新告知申请人相应权利为由撤销了该行政处罚决定。2013年9月26日16时,乐陵市林业局向崔××送达了乐林听权告字(2013)第(0901)号林业行政处罚听证权利告知书,拟对崔××作出如下行政处罚:① 罚款128 250元;② 没收树款1 000元;③ 补种树木2 850棵。当时崔××未在家,其妻子在家,乐陵市林业局工作人员将该告知书留置在崔××家中,并由同去的关王堂村班干部张同×、宋连×在场签字予以证明。张同×、宋连×二人在本案开庭审理时也出庭作证,证明以上送达情况属实。2013年10月11日,乐陵市林业局向崔××送达了乐林罚书字(2013)第(1001)号林业行政处罚决定书。崔××不服,诉来本院。

原审法院认为:原告崔××未经县级以上人民政府林业主管部门批准,在未办理林木采伐许可证的情况下,擅自采伐其承包的村集体土地里的枣树,事实清楚,证据充分,其行为违反了《中华人民共和国森林法》的相关规定。被告乐陵市林业局依据《中华人民共和国森林法》第三十九条第一款、《中华人民共和国森林法实施条例》第三十八条第二款的规定对原告崔××进行处罚符合法定程序,依法应予维持。原告崔××称被告乐陵市林业局未告知给予其行政处罚的事实、理由和依据、拒绝听取当事人的陈述、申辩的意见不能成立;其称乐陵市林业局未告知其依法享有的权利、违反法定程序的陈述没有依据,本院不予采纳。依据《中华人民共和国行政诉讼法》第五十四条第一款第一项之规定,判决维持乐陵市林业局作出的乐林罚书字(2013)第(1001)号林业行政处罚决定书;

崔××不服原审法院判决,向本院提起上诉。其上诉请求为:1. 依法撤销(2014)乐行初字第3号行政判决书。2. 依法撤销乐林罚书字(2013)第(1001)号行政处罚决定书。3. 诉讼费用由被告承担。

崔××上诉理由为:一审认定事实不清,请求依法撤销。一、被上诉人在作出乐林罚书字(2013)第(1001)号行政处罚决定书前未告知申请人依法享有的权利,违反法定程序。乐陵市林业局称在2013年9月26日16时,因崔××不在家,留置送达了乐林听权告字(2013)第(0901)号林业行政处罚听证权利告知书,同去的关玉(王)堂村干部张同×、宋连×在场签字予以证明。但在一审中张同×、宋连×就送达的具体时间说不清,语言前后矛盾,送达过程不可信。二、2005年6月30日上诉人与乐陵市花园镇关王(堂)村民委员会签订土地承包合同,约定上诉人承包本村土地27亩,可自由耕种,在对原有耕地中200棵枣树加强管理的同时,可以多种果树,多种的果树归承包人所有。合同签订后上诉人按照合同履行了相关义务,2009年美国白蛾肆意,致使承包地中枣树死亡,花园镇关王堂村村支书崔玉×让上诉人将死亡枣树砍伐(有录音为证)。后因双方履行承包合同问题产生纠纷,崔玉×到被上诉人处举报上诉人偷伐枣树,被上诉人依据崔玉×单独委托的鉴定机构,出具的德乐陵价字(2012)8号价格认定书对上诉人作出处罚决定违反法律规定。根据法律规定委托鉴定应有司法机关或行政机关指定或由当事人双方共同认定的鉴定部门来鉴定;根据《山东省价格鉴证操作规范》第11-3规定价格认定结论书必须写明价格鉴定时间(基准日期)、依据、原则、方法和价格鉴定查勘及测量过程,然而德乐陵认字(2012)9号价格认定书未有上述必备条款,应属无效鉴定。三、根据《行政处罚法》第二十四条之规定,对当事人的同一个违法行为,不得给予两次以上罚款的行政处罚,上诉人砍伐枣树的行为不是盗伐,是经村支书批准的砍伐。被上诉人已两次做出相同的处罚决定,第一次自动撤销,第二次复议后撤销,又第三次做出相同的处罚决定,前后1年半的时间做出三次处罚,不但是滥用职权,而且违反了《行政处罚法》第二十四条之规定。

被上诉人乐陵市林业局答辩称:一、上诉人以证人张同×、宋连×陈述的时间不准确为由,说2013年9月23日为其送达听证权利告知书的过程是编造的不准确。两证人都曾多次参与给崔××送达相关法律文书,对哪一次的具体时间记不清楚很正常,但不能因此否定送达的事实。二、上诉人没有证据表明枣树是崔玉×让其砍伐的。三、对枣树的价格认定单方委托并不违法,且上诉人从未要求对德乐陵价认字(2012)9号价格认定书重新认定。四、被上诉人没有对上诉人的同一违法行为给予两次以上处罚,撤销原处罚决定重新做出处罚仍是对上诉人的一次处罚。

案经本院审理查明:上诉人崔××于2002年开始承包乐陵市花园镇关王堂村27亩土地,双方口头约定承包期限3年,承包费每亩200元。地里有原先村集体种植的枣树若干棵。2005年承包到期后,崔××继续承包该土地。2011年6月8日,花园镇关王堂村民委员会向乐陵市林业局举报,称上诉人崔××于2010年12月25日晚,未经任何单位批准,将位于该承包地内的200多棵枣树砍伐。被上诉人乐陵市林业局接报后,当天对该案立案调查,并询问了证人崔玉×、张×祥、张建×、张×忠及崔××本人,制作了询问笔录。崔××在询问笔录中承认让买树的人砍伐了300多棵枣树,每棵树价值3元,共卖了1 000元左右。但其辩解称是该村党支部书记崔玉×让其砍伐的,被砍伐的枣树有一半是自己种植的,同时承认伐树未向该村负责人请示,也未办理林木采伐许可证。2011年6月8日14时37分—16时30分,被上诉人乐陵市林业局工作人员到案发现场进行了勘查。勘查结果为:所伐枣树位于村西30米东西路北侧,现场留有砍伐树桩285个,树桩直径10 cm—18 cm,另有3个直径5 cm、1个直径7 cm、1个直径8 cm的树桩。2012年3月2日,乐陵市林业局局长办公会对崔××一案进行了集体讨论。2012年3月6日,受花园镇关王堂村民委员会委托,乐陵市价格认定中心对被砍伐的枣树作出德乐陵价认字(2012)9号价格认定结论书,认定被盗伐285棵枣树的价格为25 650元。2012年3月10日,乐陵市林业局作出乐林听权告字(2012)第(0302)号林业行政处罚听证权利告知书,决定拟对崔××进行以下处罚:一、补种树木2 850棵;二、没收卖树款1 000元;三、罚款128 250元。崔××不服,要求听证。2012年4月8日上午9时,乐陵市林业局就该案举行了听证会。2012年4月9日15时17分—16时29分,乐陵市林业局工作人员到案发现场进行了第二次勘查。勘查结果与第一次现场勘验结果不完全一致,除第一次勘验笔录中载明的树桩,另有直径4 cm和直径5 cm的树桩各4个。2012年4月12日,乐陵市林业局作出第一次处罚决定,即乐林罚书字(2012)第(0401)号林业行政处罚决定,决定给予崔××如下行政处罚:① 罚款128 250元;② 没收树款1 000元;③ 补种树木2 850棵。2013年8月27日,乐陵市林业局以维护花园镇的稳定为由撤销以上处罚决定。2013年5月8日,乐陵市林业局作出第二次处罚决定,即乐林罚书字(2013)第(0501)号林业行政处罚决定,处罚内容和第一次处罚决定内容完全一致。崔××不服,向乐陵市人民政府申请行政复议。2013年8月29日,乐陵市人民政府以乐陵市林业局在作出乐林罚书字(2013)第(0501)号林业行政处罚决定之前未告知申请人相应权利为由撤销了该行政处罚决定。2013年9月26日16时,乐陵市林业局向崔××送达了乐林听权告字(2013)第(0901)号林业行政处罚听证权利告知书。2013年10月11日,乐陵市林业局作出第三次林业行政处罚决定,内容和前两次处罚决定一致,即乐林罚书字(2013)第(1001)号林业行政处罚决定,并向崔××送达。

本院认为,首先,被上诉人乐陵市林业局作出的乐林罚书字(2013)第(1001)号林业行政处罚决定认定事实不清。无论是被上诉人对相关证人及崔××的询问笔录,还是被上诉人提供的两次勘验检查笔录,都不能证明该处罚决定认定的285棵枣树的所有权全部属于花园镇关王堂村。对于被砍伐的树中是否有崔××自己种植的以及种植的数目,故该处罚决定认定崔××"盗伐"林木285棵事实不清。同时,在乐林罚书字(2012)第(0401)号林业行政处罚决定与乐林罚书字(2013)第(0501)号林业行政处罚决定均已被撤销的前提下,针对同一事实,被上诉人乐陵市林业局在未重新调查取证的情况下第三次作出内容相同的林业行政处罚决定属于事实依据不足。其次,被上诉人乐陵市林业局作出的乐林罚书字(2013)第(1001)号林业行政处罚决定程序违法。乐陵市人民政府作出的乐行复决字(2013)02号复议决定认定乐陵市林业局的第二次处罚决定应视为一个新的具体行政行为。因此,乐陵市林业局因第二次处罚决定被撤销后作出的第三次处罚决定[乐林罚书字(2013)第(1001)号林业行政处罚决定],也应视为一个新的具体行政行为。《林业行政处罚程序规定》第三十一条第二款规定:"情节复杂或者重大违法行为需要给予较重行政处罚的,林业行政主管部门的负责人应当集体讨论决定",但乐陵市林业局作出乐林罚书字(2013)第(1001)号林业行政处罚决定未经单位负责人集体讨论决定,程序违法。

综上所述,被上诉人乐陵市林业局作出的乐林罚书字(2013)第(1001)号行政处罚决定认定事实不清、程序违法,依法应予撤销。原审判决认定事实不清,证据不足,依法应予撤销。依照《中华人民共和国行政诉讼法》第六十一条第(三)项和第五十四条第(二)项第1目、第3目的规定,判决如下:

一、撤销乐陵市人民法院作出的(2014)乐行初字第3号行政判决;

二、撤销乐陵市林业局作出的乐林罚书字(2013)第(1001)号林业行政处罚决定;

二审案件受理费50元,由被上诉人乐陵市林业局承担。

本判决为终审判决。

审 判 长　师延锋

审 判 员　王　鲲

代理审判员　宋冬梅

二〇一四年六月三十日

书 记 员　袁　娜

▶ 法律依据

《中华人民共和国行政诉讼法》(1989年)

第六十一条　人民法院审理上诉案件,按照下列情形,分别处理:

(一)原判决认定事实清楚,适用法律、法规正确的,判决驳回上诉,维持原判;

(二)原判决认定事实清楚,但适用法律、法规错误的,依法改判;

(三)原判决认定事实不清,证据不足,或者由于违反法定程序可能影响案件正确判决的,裁定撤销原判,发回原审人民法院重审,也可以查清事实后改判。当事人对重审案件的判决、裁定,可以上诉。

第五十四条　人民法院经过审理,根据不同情况,分别作出以下判决:

(一)具体行政行为证据确凿,适用法律、法规正确,符合法定程序的,判决维持。

(二)具体行政行为有下列情形之一的,判决撤销或者部分撤销,并可以判决被告重新作出具体行政行为:

1. 主要证据不足的;
2. 适用法律、法规错误的;
3. 违反法定程序的;
4. 超越职权的;
5. 滥用职权的。

(三)被告不履行或者拖延履行法定职责的,判决其在一定期限内履行。

(四)行政处罚显失公正的,可以判决变更。

《林业行政处罚程序规定》(1996年9月27日中华人民共和国林业部令第8号)

第三十一条　林业行政处罚案件经调查事实清楚、证据确凿的,应当填写《林业行政处罚意见书》,并连同《林业行政处罚登记表》和证据等有关材料,由林业行政执法人员送法制工作机构提出初步意见后,再交由本行政主管部门负责人审查决定。

情节复杂或者重大违法行为需要给予较重行政处罚的,林业行政主管部门的负责人应当集体讨论决定。

《中华人民共和国行政处罚法》(2009年第一次修正)

第二十四条　对当事人的同一个违法行为,不得给予两次以上罚款的行政处罚。

第四章　是否违反法定程序

一、不依法送达林业行政处罚先行告知书的,属于违反法定程序
——邓某兵诉广东省始兴县林业局林业行政撤销案

▶ **基本信息**

行 政 相 对 人：邓某兵
被诉行政主体：始兴县林业局
一　审　法　院：始兴县人民法院
一　审　结　果：始兴县林业局败诉

▶ **基本案情**

始兴县林业局经调查确认,2014年3月23日,邓某兵携家人在森林防火期内,到始兴县罗坝镇河渡村罗竹坝山场扫墓,未经批准擅自在森林防火区内野外用火,已构成了擅自在森林防火区内野外用火。2015年2月12日,始兴县林业局对邓某兵作出始林罚决字(2015)第B401号《林业行政处罚决定书》,对原告邓某兵处以罚款500元及警告的行政处罚。原告(邓某兵)获悉被告作出被诉具体行政行为后,即向本院提起行政诉讼,请求撤销被告作出的始林罚决字第B401号《林业行政处罚决定书》。

▶ **双方主张**

邓某兵诉称：

被告作出的始林罚决字(2015)第B401号《林业行政处罚决定书》不合法,缺乏主要的事实依据,并且程序违法。原告是2014年3月22日去罗坝山场扫墓。被告在询问"受害人"谢某章询问笔录亦认定2014年3月22日发生的"山火",但是,被告只凭几份并与"受害人"谢某章、谢某荣等人有利害关系人的询问笔录,就此认定原告在2014年3月23日擅自在森林防火区的野外用火,被告没有合法有效且确凿的证据证实上述事实,被告就连此次山火的点火人都未找到,就此认定原告违反野外用火,并向原告作出行政处罚,明显缺乏事实依据。被告自己在林业行政处罚文书送达回证上,并由被告自己填写的"邓某兵拒绝签名"也是违法,被告连该始林罚决字(2015)第B401号《林业行政处罚决定书》都未送达给原告,就此怎么能说"原告拒绝签名"呢？[注：原告是通过(2014)韶始法民初字第70号、95号案件才知道

该局对原告已作出其行政处罚]，该送达回证二位见证人的签名，也是被告后添加形成，原告根本未见过该二位见证人。同时，2014年5月5日15日（时）40分，被告亦未向原告送达及口头宣读过该《林业行政处罚先行告知书》，故此，被告亦认为原告拒绝签名。被告没有第三方领导或居委会干部在现场证实原告拒绝签收处罚决定书，先行告知书。由被告自我填写上述二份法律文书并称已送达，更是严重违法，实际上剥夺了原告依法享有的陈述和申辩权利，以及申请重新鉴定权利。被告作出的行政处罚决定不合法，事实不清且程序违法，侵害了原告的合法权益。

始兴县林业局辩称：

一、主体适格：根据《森林防火条例》第五条第二款以及第五十条的规定，始兴县林业局对原告的违法行为作出行政处罚是符合主体资格的。

二、始兴县林业局2015年2月12日作出的始林罚决字（2015）第B401号《林业行政处罚决定书》程序合法，事实清楚，适用法律正确。

1. 2014年3月24日下午谢某荣来到始兴县林业局报案称：2014年3月23日原告一家在始兴县罗坝镇河渡罗竹坝山场扫墓时用火引起火灾，烧毁其家在该山场种植的500多株杨梅树。接报后，对此案进行了受理和立案登记，并于同年同月的25日森林公安分局的干警马上到现场勘查，并聘请了林业专业人员对失火山场进行了鉴定，经鉴定，烧毁的树种有杨梅树、酸枣树和部分杉幼林等，过火林地面积为12亩。为了进一步弄清事实，4月7日，向村民收集各家被烧毁的各种经济林或杉幼林情况，并经村委会确认，于4月10日聘请始兴县物价局价格认证中心对过火造成的直接经济损失进行鉴定，经鉴定，损失为98 773元。根据两份鉴定结论，原告的违法行为均不构成刑事立案标准。根据《广东省森林防火管理规定》第十八条规定，尚未引起森林火灾，或因过失引起森林火灾，尚未造成重大损失的，按《森林防火条例》的规定处罚。于是始兴县林业局决定依照《森林防火条例》第五十条的规定，对原告作出林业行政处罚。在作出处罚决定前的2014年5月5日依法对原告履行了先行告知的义务，但由于多种原因，于2015年1月12（日）撤销了（2014）第B408号林业行政处罚决定书，并对原告擅自在森林防火区并且是森林防火期的野外用火一案重新处理。经过再次调查，认为原告2014年3月23日在罗坝镇河渡村罗竹坝野外用火造成过火林地面积12亩，经济林、杉幼林的经济损失98 773元事实清楚，证据充分，可以依法作出行政处罚，为了吸取上次教训，2015年1月30日上午通知原告领取行政处罚先行告知书，但原告不配合，于2015年2月2日15时35分，该局执法人员华胜某、谭赣某、陈宏某邀请了始兴县太平镇城郊居委会治保主任赖书某一起前往原告办公地点进行送达，但原告拒而不见，无法送达，最后依法采取公告的形式进行送达，于2015年2月4日将《林业行政处罚先行告知书》分别在原告身份证上的住址始兴县太平镇塘背28号、城东居委会，煌宫酒店以及原告现住址的天元帝景住宅小区××栋A单元等地门口张贴公告（有照片为证）。7天后，未收到原告的任何陈述、申辩等意见，于是该局2015年2月12日再次作出始林罚决字（2015）第B401号《林业行政处罚决定书》。处罚决定书依法进行了送达。但由于原告又一次不配合，于是采取由原告所在的居委会协助送达。居委会副主任刘春某送给了原告的同胞兄弟邓某才（财）。为了不影响原告权利，又采用邀请太平镇司法所所长卢道某、居委会治保主任朱定某一起前往原告现住址天元帝景××栋A单元201进行送达，是由其家保姆收取。另外还采用了邮寄送达的方式。总之为了弄清事实真相以及不影响原告的权利,想尽了办法依法依规进行了送达相关的法律文书,程序是合法的。

2. 事实清楚:一是原告一家2014年3月23日前往罗坝镇河渡村罗竹坝山场扫墓引起山火是有村民谢某传、李健某、刘美某、谢某章等证人证言证实,虽然谢某章在顿岗法庭起诉原告时写的是2014年3月22日,但事后他经过村民以及其家人的回顾已确认2014年3月22日是他一大家扫墓的时间,当天是没有发生火灾的,应该是2014年3月23日,他错把自己家扫墓的时间当成发生火灾的时间,而且村民一致证实谢某章的酸枣树和谢某荣的杨梅树是在同一天被烧毁的,他们那里没有发生过两次山火。二是2014年3月23日是《广东省森林防火管理规定》第四条规定的每年9月1日至次年的4月15日是我省森林特别防火期,特别防火期没有经县级以上地方人民政府批准是不能野外用火的。为此原告2014年3月23日扫墓用火是违法行为。三是经过现场勘查,林业专业人员以及物价认证中心的鉴定,火灾造成过火的森林面积12亩,经济林、杉幼林的经济损失9万余元。为此认定原告在森林防火期内未经批准擅自野外用火造成经济林、杉幼林的损失事实是清楚的,证据是充分的。

3. 适用法律是正确,始兴县林业局2015年2月12日作出始林罚决字(2015)第B401号《林业行政处罚决定书》适用法律是正确的,原告是2014年3月23日在罗坝镇河渡村罗竹坝扫墓引起火灾的。2014年3月23日是广东省特别防火期,特别防火期如特殊需要用火必须经县以上人民政府或授权单位批准,但原告扫墓用火是没有经过批准的,为此处罚决定适用《森林防火条例》第二十五条的规定是正确的,由于原告违反了《森林防火条例》第二十五条造成了森林火灾。于是适用第五十条之规定对原告进行罚款500元也是正确的。

▶ 争议焦点

本案争议焦点在于:被诉行政处罚决定是否事实清楚、程序合法。

▶ 法院判决

始兴县人民法院经审理认为:被告广东省始兴县林业局作出的始林罚决字(2015)第B401号《林业行政处罚决定书》的具体行政行为程序违法。

根据《中华人民共和国行政处罚法》第三十一条、第四十一条规定,行政机关作出行政处罚决定之前,应当依照法律规定履行告知的义务。本案中,被告虽然在作出行政处罚决定之前于2015年2月4日通过邮寄方式将行政处罚先行告知书邮寄至始兴县煌宫假日酒店,及采取公告送达形式在城东居委会、煌宫酒店、原告户籍所在地、原告住处楼梯口张贴公告,但根据原告提供的企业机读档案登记资料显示,始兴县煌宫假日酒店为个人独资企业,投资人为黄燕某,被告未提供证据证明煌宫假日酒店是原告的户籍所在地、或经常居住地,也未提供证据证明原告是煌宫假日酒店的员工,或是经营者,原告对挂号信回执上的签名也不认可。因此,不符合法律规定的邮寄送达方式;至于公告送达,《中华人民共和国民事诉讼法》第九十二条"受送达人下落不明,或者用本节规定的其他方式无法送达的,公告送达。自发出公告之日起,经过六十日,即视为送达。"被告于2015年2月4日在城东居委会、煌宫酒店、原告户籍所在地、原告住处楼梯口张贴公告向原告送达行政处罚先行告知书,但在2015

年 2 月 12 日即作出行政处罚决定,违反了上述"自发出公告之日起,经过六十日,即视为送达。"的规定,应视为没有送达。综上所述,被告在对原告作出行政处罚决定之前,未依法履行告知的义务,违反法定程序,其所作的行政处罚决定不能成立。原告请求撤销被告作出的被诉具体行政行为的理由成立,本院予以支持。

> **执法点评**

执法实践中遭遇的难题之一,就是如何有效地将法律文书送达给当事人。本案中,执法机关和执法人员为了送达而大费周章,可谓费尽心机,对行政处罚先行告知书采用了邮寄送达、公告送达的方式,对行政处罚决定书采用了留置送达、委托送达的方式。但所有这些送达方式都没有被法院认定为是合法的送达方式。当然,真正导致行政处罚决定书被撤销的原因,是行政处罚先行告知书的送达没有被法院认定,从而构成"违反法定程序"这一撤销判决的法定情形。尽管如此,本案执法机关和执法人员在送达中的各种做法,仍然能够给我们提供足够的教训和启示。

1. 本案送达方式存在的问题

依法对当事人进行行政处罚的先行告知,是行政处罚决定能够成立的必经程序。而告知的法定方式是将先行告知书送达给当事人,使其知晓其被处罚的事实、理由和依据,知晓其享有的陈述或者申辩的权利。换言之,没有向当事人依法送交先行告知书,就是没有对当事人进行先行告知;没有对当事人进行先行告知,行政处罚依法不能成立。根据《行政处罚法》和《民事诉讼法》的规定,送达的方式不仅有多种,而且有先后之分,更有各自的适用条件。而本案查明的事实是:始兴县林业局于"2015 年 1 月 30 日上午通知原告领取行政处罚先行告知书,但原告不配合。2015 年 2 月 2 日 15 时 35 分,该局执法人员华胜某、谭赣某、陈宏某邀请了始兴县太平镇城郊居委会治保主任赖书某一起前往原告办公地点进行送达,但原告拒而不见,无法送达,最后依法采取公告的形式进行送达,于 2015 年 2 月 4 日将《林业行政处罚先行告知书》分别在原告身份证上的住址始兴县太平镇塘背 28 号、城东居委会、煌宫酒店以及原告现住址的天元帝景住宅小区××栋 A 单元等地门口张贴公告(有照片为证)"。始兴县林业局"在作出行政处罚决定之前于 2015 年 2 月 4 日通过邮寄方式将行政处罚先行告知书邮寄至始兴县煌宫假日酒店,及采取公告送达形式在城东居委会、煌宫酒店、原告户籍所在地、原告住处楼梯口张贴公告"。由上述送达的具体情形可以看出,始兴县林业局没有依法选择和适用送达的方式,因而出现了以下违法和错误。

一是对告知方式的理解错误。根据《行政处罚法》第三十一条、《林业行政处罚程序规定》第十八条的规定,在作出行政处罚决定之前,行政机关应当告知当事人行政处罚的事实、理由和依据,并告知其依法享有的权利(即陈述和申辩的权利)。告知的内容应当采用正式的书面文书的形式,而不应当采用非正式的口头表述的形式;告知的方式应当是行政机关依法将相关文书送达当事人,而非通知当事人前往行政机关领取相关文书。因此,这里的"通知原告领取先行告知书"的方式,并不符合现行法律的规定。

二是对送达地点的理解错误。鉴于本案当事人是公民,而非法人或者其他组织,根据《行政处罚法》第四十条、《民事诉讼法》(2012 年修订)第八十五条的相关规定,执法人员应当前往当事人的住所,而不是原告办公地点进行送达。另外,在"执法人员华胜某、谭赣某、陈宏某邀请了始兴县太平镇城郊居委会治保主任赖书某一起前往原告办公地点进行送达，但原告拒而不见"的情况下，对邓某兵进行直接送达已不可行；同时，因无法见到邓某兵，执法机关无法取得其拒绝接受文书的证据，见证人也无法作出其拒绝接受文书的见证，对邓某兵进行留置送达也不可行。我们认为，如果回到当时的送达现场，执法人员似乎可以采用以下做法：离开办公地点，前往邓某兵的住所进行送达。既然邓某兵在办公地点"拒而不见"，执法机关可以视为他不在办公地点。因此前往其住所进行送达，不仅合理而且合法。执法机关应当按照《民事诉讼法》第八十五条关于"送达诉讼文书，应当直接送交受送达人。受送达人是公民的，本人不在交他的同住成年家属签收"的规定，再次对邓某兵进行直接送达。如果邓某兵不在，就交他的同住成年家属签收。如果其同住成年家属不在住所或者拒而不见，那么本次送达也将无法进行，执法机关应当果断终止本次送达。但是，如果其同住成年家属在家并拒绝接受法律文书，那么执法人员应当按照《民事诉讼法》第八十六条的规定，对邓某兵进行留置送达。即可以邀请始兴县太平镇城郊居委会治保主任赖书某到场，说明情况，在送达回证上记明拒收事由和日期，由送达人、见证人签名或者盖章，把文书留在邓某兵的住所；也可以把文书留在邓某兵的住所，并采用拍照、录像等方式记录送达过程，即视为送达。

三是对公告送达的误解。首先，本案不适用公告送达。从《民事诉讼法》第九十二条关于"受送达人下落不明，或者用本节规定的其他方式无法送达的，公告送达"的规定看，公告送达有一个必要前提，即受送达人下落不明或者用其他方式无法送达。而从本案查明的事实来看，上述必要前提并不存在。受送达人邓某兵并非下落不明，只是拒而不见；也没有证据表明，用其他方式如留置送达、代为送达、邮寄送达等无法送达。因此，本案根本不适用公告送达的方式。其次，公告送达期限违法。退一步说，假设邓某兵下落不明，可以对其进行公告送达，本案公告送达的期限仍然违法。始兴县林业局于2015年2月4日在城东居委会、煌宫酒店、原告户籍所在地、原告住处楼梯口张贴公告向原告送达行政处罚先行告知书，在2015年2月12日即作出行政处罚决定，直接违反了《民事诉讼法》第九十二条关于"自发出公告之日起，经过六十日，即视为送达"的规定。

四是对邮寄送达的误用。尽管始兴县林业局声称，在作出行政处罚决定之前于2015年2月4日通过邮寄方式将行政处罚先行告知书邮寄至始兴县煌宫假日酒店，也向法院提交了林业行政处罚先行告知书的邮寄回执，以证明其采用邮寄送达方式送达了行政处罚先行告知书。但是，法院认为不符合法律规定的邮寄送达方式，其列举的理由有三：一则，根据邓某兵提供的企业机读档案登记资料显示，始兴县煌宫假日酒店为个人独资企业，投资人为黄燕某，而非邓某兵；二则，始兴县林业局未提供证据证明煌宫假日酒店是邓某兵的户籍所在地或经常居住地，也未提供证据证明邓某兵是煌宫假日酒店的员工或是经营者；三则，邓某兵对挂号信回执上的签名也不认可。我们认为，除上述原因外，还有法律自身的因素。《民事诉讼法》第八十八条规定：直接送达诉讼文书有困难的，可以邮寄送达。邮寄送达的，以回执上注明的收件日期为送达日期。《林业行政处罚程序规定》第三十九条第三款规定，被处罚人不在本地的，可以挂号邮寄送达。邮寄送达的，以挂号回执上注明的收件日期为送达日期。从上述条文可以看出，法律关于邮寄送达的规定比较简单，行政机关无法得知应当进行何种具体的操作，才能确保邮寄送达获得合法认定。就此而言，始兴县林业局的邮寄送达出现错误，也是在所难免。另外，邓某兵本人并非不在本地，如果按照第三十九条第三款规定，本案并不符合邮寄送达的法定条件。特别指出的是,根据《中华人民共和国邮政法》第五十五条的规定,快递企业即邮政企业以外的经营快递业务的企业,不得经营由邮政企业专营的信件寄递业务,不得寄递国家机关公文。而行政处罚先行告知书、行政处罚决定书等法律文书,都可以归属于国家机关公文。因此,如果采用邮寄方式来实施行政处罚的先行告知,那么行政机关选择的邮寄单位,就只能是邮政企业,而不能是快递企业。否则,行政机关通过快递公司的邮寄送达行为,很有可能被法院认定为不符合邮寄送达的法律规定,从而将其视为没有送达。

2. 关于送达方式的选择

我们认为,行政机关应当按照行政处罚法和民事诉讼法的规定,选择法定的送达方式并依法送达。按照《行政处罚法》第四十条的规定及其精神,依照《民事诉讼法》第八十四条至九十二条的规定,结合《林业行政处罚程序规定》第三十九条的规定,对当事人进行行政处罚先行告知书、行政处罚决定书等法律文书的送达,存在两种情形:一种情形是当事人在场的,应当在宣告后当场交付。另一种情形是当事人不在场,应当在七日内依照《民事诉讼法》的有关规定,将行政处罚决定书送达当事人。不在场的送达,应当按照法定次序依次展开:(1)直接送达。法律文书应当直接送交当事人,并由当事人在送达回证上签名或者盖章。当事人是公民的,本人不在交他的同住成年家属签收;当事人是法人或者其他组织的,应当由法人的法定代表人、其他组织的主要负责人或者该法人、组织负责收件的人签收;当事人有代理人的,可以送交其代理人签收;当事人已向行政机关指定代收人的,送交代收人签收。当事人的同住成年家属,法人或者其他组织的负责收件的人,代理人或者代收人在送达回证上签收的日期为送达日期。(2)留置送达。前提条件:当事人或者他的同住成年家属拒绝接收法律文书。具体做法有两种:送达人可以邀请有关基层组织或者所在单位的代表到场,说明情况,在送达回证上记明拒收事由和日期,由送达人、见证人签名或者盖章,把法律文书留在当事人的住所;也可以把法律文书留在当事人的住所,并采用拍照、录像等方式记录送达过程,即视为送达。(3)代为送达或者邮寄送达。前提条件:直接送达法律文书有困难(《林业行政处罚程序规定》要求"被处罚人不在本地")。具体做法:可以委托当事人所在地的行政机关代为送达,或者邮寄送达。邮寄送达的,以回执上注明的收件日期为送达日期。(4)转交送达。当事人是军人的,通过其所在部队团以上单位的政治机关转交。当事人被监禁的,通过其所在监所转交。当事人被采取强制性教育措施的,通过其所在强制性教育机构转交。代为转交的机关、单位收到法律文书后,必须立即交当事人签收,以在送达回证上的签收日期为送达日期。(5)公告送达。前提条件:当事人下落不明,或者用上述规定的其他方式无法送达。具体做法:公告送达的,自发出公告之日起,经过六十日,即视为送达。公告送达,应当在案卷中记明原因和经过。

▶ **立法建议**

关于送达条款的修改意见

应当指出,无论是《行政处罚法》,还是《林业行政处罚程序规定》,都有关于送达行政处罚决定书的法律条款,但没有关于送达行政处罚先行告知书、鉴定意见以及其他应当送达的法律文书的法律规定。为此,建议将《行政处罚法》中的"行政处罚决定书"改为"法律文书",

以便将先行告知书、鉴定意见书等法律文书包含在内。初拟条款如下：

第四十条 送达给当事人的法律文书应当在宣告后当场交付当事人；当事人不在场的，行政机关应当在七日内依照民事诉讼法的有关规定，将法律文书送达当事人。

> 判决书

邓某兵诉广东省始兴县林业局林业行政撤销案

广东省始兴县人民法院
行政判决书

(2015)韶始法行初字第9号

原告：邓某兵，男，汉族，住广东省始兴县太平镇。
委托代理人：张锦某，男，汉族，住广东省始兴县。
被告：广东省始兴县林业局。
法定代表人：林德某，局长。
委托代理人：李仕某，始兴县林业局法制股科员。
委托代理人：吴群某，广东墨江律师事务所律师。
第三人谢某荣，男，汉族，住广东省始兴县县罗坝镇河渡村。

原告邓某兵诉被告广东省始兴县林业局林业行政撤销一案，于2015年2月13日向本院提起诉讼。本院2015年2月15日立案受理后，依法组成合议庭，于2015年4月16日开庭审理了本案，原告委托代理人张锦某、被告始兴县林业局委托代理人李仕某、吴群某，第三人谢某荣到庭参加了诉讼，本案现已审理终结。

2015年2月2(12)日被告广东省始兴县林业局作出始林罚决字(2015)第B401号林业行政处罚决定，以原告邓某兵于2014年3月23日，携带家人在森林防火期内，到始兴县罗坝镇河渡村罗竹坝山场扫墓，未经批准擅自在森林防火区内野外用火，违反了《森林防火条例》第二十五条的规定，依据《森林防火条例》第五十条的规定，对原告邓某兵处以500元的罚款，并给予警告的处分。被告依法向本院提供了作出具体行政行为的证据、依据：

1. 立案登记表，证明被告依法立案。
2. 邓某兵、邓某福的询问笔录。证明被告依法对二人进行询问。
3. 谢某荣、李健某、谢某传、刘美某、谢某章、谢某福、谢某兵的询问笔录，证明邓某兵一家在森林防火期内未经批准野外用火的事实。
4. (2014)韶始法顿民初字第95号民事调解书，证明邓某兵、邓某福承认因扫墓引发山火的事实。
5. 村委会证明，证明对谢某章的调查询问过程是合法的。
6. 罗坝河渡村罗竹坝屋背山场火警现场鉴定意见，证明邓某兵一家野外用火烧毁果树、林木12亩。
7. 始价认鉴(2014)22号罗坝河渡村罗竹坝屋背山场被烧毁杨梅树等价格鉴定书，证明邓某兵一家野外用火造成经济损失98 773元。

8. 林业行政处罚先行告知书邮寄回执及林业行政处罚先行告知书公告及照片、证明等,证明被告采用邮寄及公告送达方式送达行政处罚告知书。

9. 林业行政处罚决定书,证明邓某兵的违法行为被依法作出处罚。

10. 林业处罚决定书送达回执、照片、证明,证明林业行政处罚决定书采用村委会转交和留置送达两种送达方式。

被告依法向本院提供以下法规、规范性法律文件:

1. 《森林防火条例》。
2. 《广东省森林防火管理规定》。

原告邓某兵诉称:被告作出的始林罚决字(2015)第B401号《林业行政处罚决定书》不合法,缺乏主要的事实依据,并且程序违法。原告是2014年3月22日去罗坝山场扫墓。被告在询问"受害人"谢某章询问笔录亦认定2014年3月22日发生的"山火",但是,被告只凭几份并与"受害人"谢某章、谢某荣等人有利害关系人的询问笔录,就此认定原告在2014年3月23日擅自在森林防火区的野外用火,被告没有合法有效且确凿的证据证实上述事实,被告就连此次山火的点火人都未找到,就此认定原告违反野外用火,并向原告作出行政处罚,明显缺乏事实依据。被告自己在林业行政处罚文书送达回证上,并由被告自己填写的"邓某兵拒绝签名"也是违法,被告连该始林罚决字(2015)第B401号《林业行政处罚决定书》都未送达给原告,就此怎么能说"原告拒绝签名"呢?[注,原告是通过(2014)韶始法民初字第70号、95号案件才知道该局对原告已作出其行政处罚],该送达回证二位见证人的签名,也是被告后添加形成,原告根本未见过这二位见证人。同时,2014年5月5日15时40分,被告亦未向原告送达及口头宣读过该《林业行政处罚先行告知书》,故此,被告亦认为原告拒绝签名。被告没有第三方领导或居委会干部在现场证实原告拒绝签收处罚决定书,先行告知书。由被告自我填写上述二份法律文书并称已送达,更是严重违法,实际上剥夺了原告依法享有的陈述和申辩权利,以及申请重新鉴定权利。综上,被告作出的行政处罚决定不合法,事实不清且程序违法,侵害了原告的合法权益。现根据《中华人民共和国行政诉讼法》相关法律之规定,特向人民法院提起行政诉讼,请求人民法院判决撤销始林罚决字(2015)第B401《林业行政处罚决定书》,并由被告始兴县林业局承担本案的诉讼费用。

原告邓某兵向本院提供了以下证据:

1. 身份证,证明原告诉讼主体资格、身份基本情况及居住地信息。

2. 始林罚(2015)第B401号《林业行政处罚决定书》,证明:(1)该处罚决定程序违法,认定事实不清。(2)被告最初作出处罚决定之前,未依法向原告履行告知义务,就此草率对原告作出其行政处罚决定,违反行政处罚法相关法律之规定。(3)被告对原告送达处罚决定书及先行告知书送达程序违法的事实。证明该行政处罚决定不能成立。

3. 送达回证(证明),证明:(1)原告至今仍未收到被告处罚前的先行告知书及第B401号行政处罚决定书的事实。(2)被告代为转交机关、单位收到行政诉讼文书后,必须立即交收送达人签收,以在送达回证上签收日期,为送达日期,可见被告该B401号行政处罚决定书2015年2月12日送达居委会,再由居委会刘春某代收后,又转送给邓某兵的胞兄邓某财。(3)证明该B401号处罚决定书未送达原告并由原告签收的事实。(4)证明被告向其居委会代为转交的过程中,只转交了该 B401 号处罚决定书,未送达林业行政处罚告知书的事实,故此,说明该送达程序严重违法。

4. 企业机读登记资料,证明:(1)煌宫酒店投资人属黄艳某的事实。(2)原告邓某兵不是其酒店的股东或出资人或经营管理人的事实;同时证明邓某兵亦不属其酒店的其他工作人员。(3)被告 2015 年 2 月 4 日通过邮寄送达方式,邮寄送达程序违法。

5. 始林字(2015)4 号《关于撤销始林发〈林业行政处罚决定书〉的决定》,证明:(1)被告向原告作出的(2014)第 B408 号《林业行政处罚决定书》认定存在事实不清,证据不足的事实。证明至今被告仍然采用大部分原来相关证据,认定邓某兵存在擅自在森林防火区内野外用火违法行为的事实。(2)被告对原告作出的(2015)第 B401 号《林业行政处罚决定书》亦存在事实不清,证据不足的事实,说明两者处罚对事实亦不能佐证原告邓某兵存在违法的事实。(3)被告至今仍未把该(2015)第 4 号《关于撤销始林发〈林业行政处罚决定书〉的决定》依法送达原告。说明被告对当事人同一个"违法行为"存在两次以上罚款的行政处罚,是违背行政法相关法律规定的。(4)被告对原告上述处罚认定事实不清,至今为止被告连发生此次山火的点火人都未查清,就草率对原告作出其错误的行政处罚。

被告广东省始兴县林业局答辩称:始兴县林业局作出的始林罚决字(2015)第 B401 号《林业行政处罚决定书》主体适格。程序合法,事实清楚,适用法律正确。请求法院依法予以维持。一、主体适格:根据《森林防火条例》第五条第二款:县级以上地方人民政府林业主管部门负责本行政区域森林防火的监督和管理工作,承担本级人民政府森林防火指挥机构的日常工作。以及第五十条的规定:违反本条例规定,森林防火期内未经批准擅自在森林防火区内野外用火的,由县级以上地方人民政府林业主管部门责令停止违法行为,给予警告,对个人并处 200 元以上 3 000 元以下罚款的规定。始兴县林业局对原告的违法行为作出行政处罚是符合主体资格的。二、始兴县林业局 2015 年 2 月 12 日作出的始林罚决字(2015)第 B401 号《林业行政处罚决定书》程序合法,事实清楚,适用法律正确。1. 2014 年 3 月 24 日下午谢某荣来到始兴县林业局报案称:2014 年 3 月 23 日原告一家在始兴县罗坝镇河渡罗竹坝山场扫墓时用火引起火灾,烧毁其家在该山场种植的 500 多株杨梅树。接报后,对此案进行了受理和立案登记,并于同年同月的 25 日森林公安分局的干警马上到现场勘查,并聘请了林业专业人员对失火山场进行了鉴定,经鉴定,烧毁的树种有杨梅树、酸枣树和部分杉幼林等,过火林地面积为 12 亩。为了进一步弄清事实,4 月 7 日,向村民收集各家被烧毁的各种经济林或杉幼林情况,并经村委会确认,于 4 月 10 日聘请始兴县物价局价格认证中心对过火造成的直接经济损失进行鉴定,经鉴定,损失为 98 773 元。根据两份鉴定结论,原告的违法行为均不构成刑事立案标准。根据《广东省森林防火管理规定》第十八条规定,尚未引起森林火灾,或因过失引起森林火灾,尚未造成重大损失的,按《森林防火条例》的规定处罚。于是始兴县林业局决定依照《森林防火条例》第五十条的规定,对原告作出林业行政处罚。在作出处罚决定前的 2014 年 5 月 5 日依法对原告履行了先行告知的义务,但由于多种原因,于 2015 年 1 月 12(日)撤销了(2014)第 B408 号林业行政处罚决定书,并对原告擅自在森林防火区并且是森林防火期的野外用火一案重新处理。经过再次调查,认为原告 2014 年 3 月 23 日在罗坝镇河渡村罗竹坝野外用火造成过火林地面积 12 亩,经济林、杉幼林的经济损失 98 773 元事实清楚,证据充分,可以依法作出行政处罚,为了吸取上次教训,2015 年 1 月 30 日上午通知原告领取行政处罚先行告知书,但原告不配合,于2015年2月2日15时35分,该局执法人员华胜某、谭赣某、陈宏某邀请了始兴县太平镇城郊居委会治保主任赖书某一起前往原告办公地点进行送达,但原告拒而不见,无法送达,最后依法采取公告的形式进行送达,于2015年2月4日将《林业行政处罚先行告知书》分别在原告身份证上的住址始兴县太平镇塘背28号、城东居委会,煌宫酒店以及原告现住址的天元帝景住宅小区××栋A单元等地门口张贴公告(有照片为证)。7天后,未收到原告的任何陈述、申辩等意见,于是该局2015年2月12日再次作出始林罚决字(2015)第B401号《林业行政处罚决定书》。处罚决定书依法进行了送达。但由于原告又一次不配合,于是采取由原告所在的居委会协助送达。居委会副主任刘春某送给了原告的同胞兄弟邓某才(财)。为了不影响原告权利,又采用邀请太平镇司法所所长卢道某、居委会治保主任朱定某一起前往原告现住址天元帝景××栋A单元201进行送达,是由其家保姆收取。另外还采用了邮寄送达的方式。总之为了弄清事实真相以及不影响原告的权利,想尽了办法依法依规进行了送达相关的法律文书,程序是合法的。2. 事实清楚:一是原告一家2014年3月23日前往罗坝镇河渡村罗竹坝山场扫墓引起山火是有村民谢某传、李健某、刘美某、谢某章等证人证言证实,虽然谢某章在顿岗法庭起诉原告时写的是2014年3月22日,但事后他经过村民以及其家人的回顾已确认2014年3月22日是他一大家扫墓的时间,当天是没有发生火灾的,应该是2014年3月23日,他错把自己家扫墓的时间当成发生火灾的时间,而且村民一致证实谢某章的酸枣树和谢某荣的杨梅树是在同一天被烧毁的,他们那里没有发生过两次山火。二是2014年3月23日是《广东省森林防火管理规定》第四条规定的每年9月1日至次年的4月15日是我省森林特别防火期,特别防火期没有经县级以上地方人民政府批准是不能野外用火的。为此原告2014年3月23日扫墓用火是违法行为。三是经过现场勘查,林业专业人员以及物价认证中心的鉴定,火灾造成过火的森林面积12亩,经济林、杉幼林的经济损失9万余元。为此认定原告在森林防火期内未经批准擅自野外用火造成经济林、杉幼林的损失事实是清楚,证据是充分的。3. 适用法律是正确,始兴县林业局2015年2月12日作出始林罚决字(2015)第B401号《林业行政处罚决定书》适用法律是正确的,原告是2014年3月23日在罗坝镇河渡村罗竹坝扫墓引起火灾的。2014年3月23日是广东省特别防火期,特别防火期如特殊需要用火必须经县以上人民政府或授权单位批准,但原告扫墓用火是没有经过批准的,为此处罚决定适用《森林防火条例》第二十五条的规定是正确的,由于原告违反了《森林防火条例》第二十五条造成了森林火灾。于是适用第五十条之规定对原告进行罚款500元也是正确的。综上所述,始兴县林业局2015年作出的始林罚决字(2015)第B401号《林业行政处罚决定书》主体适格,程序合法、事实清楚,适用法律正确,依法应维持。

第三人谢某荣发表诉讼意见:被告广东省始兴县林业局作出的林业行政处罚决定合法,请求法院维持始兴县林业局2015年2月12日作出的始林罚决字(2015)第B401号《林业行政处罚决定书》。

第三人谢某荣没有向本院提交证据。

经庭审质证,本院对于原告、被告提供的证据,均予以采纳,其证明目的,本院将结合其他证据认定。

经庭审查明,被告于2014年4月25日作出始林罚决字(2014)第B408号《林业行政处罚决定书》,认定原告于2014年3月23日与邓某福等一家人在森林防火期内,到始兴县罗坝镇河渡村罗竹坝山场扫墓,未经批准擅自在森林防火区内野外用火,违反了《森林防火条例》第二十五条的规定,已构成违法。依据《森林防火条例》第五十条的规定,对原告处以500元罚款、责令停止违法行为并给予警告。原告不服,向本院提起诉讼,请求法院撤销该行政处罚决定。在诉讼过程中,被告于2015年1月14日作出始林字(2015)4号《关于撤销始林罚决字(2014)第B408号〈林业行政处罚决定书〉的决定》,内容为"我局在开展2014年度林业执法监督检查中,发现2014年4月25日对邓某兵擅自在森林防火区内野外用火行为作出的《林业行政处罚决定书》(始林罚决字(2014)第B408号)案件认定存在事实不清、证据不足。经研究,决定撤销始兴县林业局作出的始林发(罚)决字(2014)第B408号《林业行政处罚决定书》,对邓某兵擅自在森林防火区内野外用火一案重新补充调查,再做处理"。2015年1月14日,原告向本院申请撤诉,本院作出(2015)韶始法行初字第2号行政裁定书,准予原告撤诉。在被告重新作出被诉具体行政行为时,由于原告不配合,致被告无法将始林罚权告字(2015)第B401号《林业行政处罚先行告知书》直接送达原告,被告遂于2015年2月4日采用邮寄送达方式,将始林罚权告字(2015)第B401号《林业行政处罚先行告知书》邮寄送达至始兴县煌宫假日酒店,同时分别在始兴县太平镇天元小区××栋(原告的住所地)楼梯口处、始兴县太平镇塘背28号(原告的户籍所在地)、始兴县太平镇城东居委会(原告住所所在的居委会)、始兴县煌宫假日酒店张贴公告,公告内容为:"违法嫌疑人姓名:邓某兵,男,1963年×月×日出身(生),汉族,身份证号码:4402221963×××0014,户籍所在地:始兴县太平镇塘背28号。始兴县林业局现查明,邓某兵于2014年3月23日,携家人在森林防火期内,到始兴县罗坝镇河渡村罗竹坝山场扫墓,未经批准擅自在森林防火区内野外用火。证实以上事实的证据有:证人证言、现场勘察(查)笔录、照片、人民法院民事调解书等证据证实。综上所述,邓某兵的行为已构成了擅自在森林防火区内野外用火,根据《森林防火条例》第五十条之规定,县级以上地方人民政府林业主管部门将对邓某兵作出处罚。对上述告知事项,邓某兵有权提出陈述和申辩的权利。始兴县林业局根据行政处罚先行告知的有关规定,将采取公告方式予以告知,自公告之日起七日内如邓某兵未提出申辩,林业局将依法对邓某兵作出行政处罚。"2015年2月12日被告作出始林罚决字(2015)第B401号《林业行政处罚决定书》,对原告邓某兵处以罚款500元及警告的行政处罚。由于被告无法将林业行政处罚决定书直接送达原告,被告遂委托太平镇城东居委会干部将行政处罚决定书转送给了原告的胞弟邓某才(财)。2015年2月13日,被告又在太平镇司法所干部和太平镇城东居委会干部的见证下将行政处罚决定书留置送达在原告家中。原告获悉被告作出被诉具体行政行为后,即向本院提起行政诉讼,请求撤销被告作出的始林罚决字第B401号《林业行政处罚决定书》。

本院认为:被告广东省始兴县林业局作出的始林罚决字(2015)第B401号《林业行政处罚决定书》的具体行政行为程序违法。

《中华人民共和国行政处罚法》第三十一条规定:"行政机关在作出行政处罚决定之前,应当告知当事人作出行政处罚决定的事实、理由及依据,并告知当事人依法享有的权利。"第四十一条"行政机关及其执法人员在作出行政处罚决定之前,不依照本法第三十一条、第三十二条的规定向当事人告知给予行政处罚的事实、理由和依据,或者拒绝听取当事人的陈述、申辩,行政处罚决定不能成立……"根据上述规定,行政机关作出行政处罚决定之前,应当依照法律规定履行告知的义务。本案中,被告虽然在作出行政处罚决定之前于2015年2月

4日通过邮寄方式将行政处罚先行告知书邮寄至始兴县煌宫假日酒店,及采取公告送达形式在城东居委会、煌宫酒店、原告户籍所在地、原告住处楼梯口张贴公告,但根据原告提供的企业机读档案登记资料显示,始兴县煌宫假日酒店为个人独资企业,投资人为黄燕某,被告未提供证据证明煌宫假日酒店是原告的户籍所在地、或经常居住地,也未提供证据证明原告是煌宫假日酒店的员工,或是经营者,原告对挂号信回执上的签名也不认可。因此,不符合法律规定的邮寄送达方式;至于公告送达,《中华人民共和国民事诉讼法》第九十二条"受送达人下落不明,或者用本节规定的其他方式无法送达的,公告送达。自发出公告之日起,经过六十日,即视为送达。"被告于2015年2月4日在城东居委会、煌宫酒店、原告户籍所在地、原告住处楼梯口张贴公告向原告送达行政处罚先行告知书,但在2015年2月12日即作出行政处罚决定,违反了上述"自发出公告之日起,经过六十日,即视为送达。"的规定,应视为没有送达。

综上所述,被告在对原告作出行政处罚决定之前,未依法履行告知的义务,违反法定程序,其所作的行政处罚决定不能成立。原告请求撤销被告作出的被诉具体行政行为的理由成立,本院予以支持。根据《中华人民共和国行政诉讼法》第五十四条第一款第(二)项和最高人民法院关于执行《中华人民共和国行政诉讼法》若干问题的解释第五十七条第二款第(三)项的规定,判决如下:

撤销被告广东省始兴县林业局作出的始林罚决字(2015)第B401号《林业行政处罚决定书》。

本案受理费50元,由被告广东省始兴县林业局负担。

如不服本判决,可在判决书送达之日起十五日内,向本院递交上诉状,并按对方当事人的人数提出副本,上诉于韶关市中级人民法院。

审 判 长 刘建华
审 判 员 易远明
人民审判员 李 丹

二〇一五年五月七日

书 记 员 蒋芬

法律依据

《中华人民共和国行政诉讼法》

第五十四条 人民法院经过审理,根据不同情况,分别作出以下判决:

(一)具体行政行为证据确凿,适用法律、法规正确,符合法定程序的,判决维持。

(二)具体行政行为有下列情形之一的,判决撤销或者部分撤销,并可以判决被告重新作出具体行政行为:

1. 主要证据不足的;
2. 适用法律、法规错误的;
3. 违反法定程序的;
4. 超越职权的;
5. 滥用职权的。

(三)被告不履行或者拖延履行法定职责的,判决其在一定期限内履行。

(四) 行政处罚显失公正的,可以判决变更。

最高人民法院关于执行《中华人民共和国行政诉讼法》若干问题的解释(法释〔2000〕8号)

第五十七条 人民法院认为被诉具体行政行为合法,但不适宜判决维持或者驳回诉讼请求的,可以作出确认其合法或者有效的判决。

有下列情形之一的,人民法院应当作出确认被诉具体行政行为违法或者无效的判决:

(一) 被告不履行法定职责,但判决责令其履行法定职责已无实际意义的;

(二) 被诉具体行政行为违法,但不具有可撤销内容的;

(三) 被诉具体行政行为依法不成立或者无效的。

《中华人民共和国民事诉讼法》[①]

第九十二条 受送达人下落不明,或者用本节规定的其他方式无法送达的,公告送达。自发出公告之日起,经过六十日,即视为送达。

公告送达,应当在案卷中记明原因和经过。

《森林防火条例》(2008年修订)

第五条 森林防火工作实行地方各级人民政府行政首长负责制。

县级以上地方人民政府根据实际需要设立的森林防火指挥机构,负责组织、协调和指导本行政区域的森林防火工作。

县级以上地方人民政府林业主管部门负责本行政区域森林防火的监督和管理工作,承担本级人民政府森林防火指挥机构的日常工作。

县级以上地方人民政府其他有关部门按照职责分工,负责有关的森林防火工作。

第二十五条 森林防火期内,禁止在森林防火区野外用火。因防治病虫鼠害、冻害等特殊情况确需野外用火的,应当经县级人民政府批准,并按照要求采取防火措施,严防失火;需要进入森林防火区进行实弹演习、爆破等活动的,应当经省、自治区、直辖市人民政府林业主管部门批准,并采取必要的防火措施;中国人民解放军和中国人民武装警察部队因处置突发事件和执行其他紧急任务需要进入森林防火区的,应当经其上级主管部门批准,并采取必要的防火措施。

第五十条 违反本条例规定,森林防火期内未经批准擅自在森林防火区内野外用火的,由县级以上地方人民政府林业主管部门责令停止违法行为,给予警告,对个人并处200元以上3 000元以下罚款,对单位并处1万元以上5万元以下罚款。

《广东省森林防火管理规定》[②]

第十八条 违反本规定第四条第三款、第五条、第八条第一款,尚未引起森林火灾,或者因过失引起森林火灾,尚未造成重大损失的,按《森林防火条例》的规定处罚。

[①] 《中华人民共和国民事诉讼法》(1991年4月9日第七届全国人民代表大会第四次会议通过 根据2007年10月28日第十届全国人民代表大会常务委员会第三十次会议《关于修改〈中华人民共和国民事诉讼法〉的决定》第一次修正 根据2012年8月31日第十一届全国人民代表大会常务委员会第二十八次会议《关于修改〈中华人民共和国民事诉讼法〉的决定》第二次修正)。

[②] 《广东省森林防火管理规定》(1995年11月21日广东省第八届人民代表大会常务委员会第十八次会议通过,根据1997年9月22日广东省第八届人民代表大会常务委员会第三十一次会议《关于修改〈广东省森林防火管理规定〉第十八条的决定》第一次修正 根据2003年7月25日广东省第十届人民代表大会常务委员会第五次会议《关于修改〈广东省森林防火管理规定〉有关条文的决定》第二次修正)。

二、在林业行政处罚先行告知后，没有复核当事人申辩的，属于违反法定程序

——汤××诉封丘县林业局林业行政处罚案

▶ 基本信息

原　　告：汤××
被　　告：封丘县林业局
一审法院：长垣县人民法院
一审结果：封丘县林业局败诉

▶ 基本案情

原告汤××系封丘县应举镇丁寨村村民。其于2014年9月5日采伐应举镇丁寨村西北地的七棵杨树。2014年9月23日，被告封丘县林业局作出封林罚决字(2014)第122号林业行政处罚决定书，认定原告的行为属于滥伐林木，给予其补种5倍树木35棵并给予3倍罚款3 881.4元的行政处罚。原告不服，诉讼至法院，请求依法撤销该林业行政处罚决定书。

▶ 双方主张

原告汤××诉称：

原告采伐的系自己自留地的七棵杨树，是个人所有的零星树木，原告在学生急用学费的情况下，采伐自己的杨树卖给他人，是依法处置自己的财产，不侵害他人的权利，依据《中华人民共和国森林法》第三十二条的规定，原告的采伐行为不需要办理采伐许可证，也构不成滥伐林木，故被告认定的事实不清，无法律依据，请求依法撤销封林罚决字(2014)第122号林业行政处罚决定书。原告向法院提交证人孙×出庭作证证言一份，用以证明原告伐树的地系自留地，该自留地是在原告结婚前分的。

被告封丘县林业局辩称：

被告作出的处罚决定书认定事实清楚，原告主张采伐的是其自留地的零星树木的抗辩理由不成立，封丘县从1982年就取消了自留地。该处罚决定书程序合法、适用法律正确。

▶ 争议焦点

本案争议焦点在于：被诉行政处罚决定是否事实清楚、程序合法、适用法律正确。

▶ 法院判决

长垣县人民法院经审理认为:被告在作出封林罚决字(2014)第122号林业行政处罚决定书前,告知原告有陈述和申辩的权利,但在原告汤××提出该七棵杨树的种植地系其自留地的申辩后,被告没有提供证据证明其进行了复核,故被告作出被诉行政行为违反法定程序。

▶ 执法点评

1. 从实体的角度观察,被诉处罚决定的主要事实不清

从实体的角度看,本案的主要事实不清。汤××采伐本人所有的林木,是否构成滥伐林木,取决于被伐林木是否需要办理采伐许可证。根据《森林法》第三十二条的规定,只有农村居民采伐自留地和房前屋后个人所有的零星林木,才不需要办理林木采伐许可证。因此,封丘县林业局要想认定农村居民汤××构成滥伐林木,就必须证明被采伐的林木不是零星林木,且林木所在地既不是其自留地也不是其房前屋后。而经庭审质证,法院只确认了被告提供的第一组证据材料(林业行政处罚立案登记表原件一份),认为其符合证据的真实性、合法性、关联性,可以作为证据使用;其他六组证据材料因不能证明其证明目的,对其证明目的的全部不予采信。显而易见,单凭一份林业行政处罚立案登记表,根本无法证明滥伐林木案的主要事实。就此而言,单凭本案事实不清,主要证据不足,法院就可以直接作出撤销判决,根本无须再去审查执法程序上有无违法之处。

退一步说,如果其他六组证据材料全部被采信,本案的主要事实是否就清楚了呢?答案是:否。在六组材料中,被告宣称:第四组和第五组证据材料用以证明该处罚决定程序合法,适用法律正确;第七组用以证明处罚决定书认定事实清楚,程序合法,适用法律依据正确。那么,可以证明案件主要事实的证据材料,只剩下第二组和第三组。但是,第二组的6份证据材料只能证明,汤××采伐了自己所有的林木,采伐林木时没有办理采伐许可证。换句话说,第二组能够证明汤××无证采伐了自己所有的林木,但不能证明其采伐行为属于滥伐林木。第三组的5份证据材料,只能证明原告汤××采伐林木的数量(包括树种、株数及其体积)和价值,但不能证明其采伐林木数量和价值就是滥伐林木的数量和价值。可见,即便被告提供的所有证据都被法院采纳,对本案主要事实的证明也无所助益。法院仍然会基于主要证据不足,作出撤销被诉行政处罚决定的判决。

2. 关于制作有关复核当事人申辩情况法律文书的建议

针对当事人的陈述和申辩,行政机关及其执法人员应当依法进行复核,并将复核情况记录在案。以下文书的表述方式,仅供参考。

关于复核张××的申辩的情况说明

某年某月某日,为调查核实张××盗伐林木案,我单位执法人员某某和某某,前往某某单位,就张××在处罚先行告知时的申辩事项:(1)……(2)……,进行调查和核实。经走访某某单位(情况说明,附件1),访谈某某工作人员(询问笔录,附件2),查阅相关档案(证书复印件,附件3),以及进行……一系列调查,可以证实:张××申辩的第(1)(2)项事实全部成立(或者张××申辩的所有事实均不成立;或者某项事实成立,某项事实不成立等)。

特此说明。

附件:

1. 某某单位出具的关于某某事项的情况说明
2. 某某工作人员的询问笔录
3. 某某证书的复印件1份

执法人员:某某、某某
时　　间:某年某月某日

▶ 司法点评

从程序的角度观察,被诉处罚决定违反了法定程序

从实体的角度看,本案属于主要事实不清,证据不足。从程序的角度看,本案则属于违反法定程序。证明本案程序性事实的证据材料,主要是第四组和第五组。第四组证据材料中的第一份(林业行政处罚先行告知书原件)、第二份(林业行政处罚意见书原件),以及第五组证据材料中的第一份(行政人员的执法证原件)、第二份(林业行政处罚文书送达回证原件)和第三份(先行登记保存证据通知单原件),能够证明:适格的执法人员(执法证)依法进行了调查取证(先行登记保存证据),在拟作出的行政处罚经审核同意后(林业行政处罚意见书),告知了当事人拟作出的处罚决定的事实、理由和依据,以及依法享有的陈述和申辩的权利(林业行政处罚先行告知书、送达回证)。大多数执法者认为,案件进行到这一环节,基本上没有什么问题了。无非是充分听取当事人的陈述和申辩,然后作出行政处罚决定书,当场交付或者送达给当事人,行政处罚决定开始生效,案件就可以终结了。剩下的就是漫长的等待,等待当事人自觉履行处罚决定,或者提出复议、诉讼,或者由行政机关申请法院强制执行。而这其中的一个重要环节——复核,即法律要求的由行政机关及其执法人员复核当事人提出的事实、理由或者证据,并应当采纳能够成立的事实、理由和证据,在执法实践中不是被忽略了,就是就被大大简化了。即便当事人在这一环节作出了陈述和申辩,执法者也可以置之不理,或者仅仅作出口头回应、答复。当然也可以表现为一种更为正式的做法,即让当事人在先行告知书上亲笔写上"我不陈述、不申辩",然后签名或者盖章并注明时间。此类无视或者漠视当事人申辩的做法,法院往往无法发现,当事人往往也难以质疑。因为,先行告知书上已经载明了当事人不申辩的意思表示和签名。但是,本案出现了很多案件中难得出现的一幕,当事人不仅向行政机关表达了异议,而且将口头质疑转换为正式的书面文书,即第四组证据材料中的第三份——2014年9月21日汤××的行政处罚申辩书原件。更为关键的是,这一份证据材料不仅为行政机关所接受,而且被行政机关提交给了法院。从证据收集角度看,封丘县林业局的这一磊落做法值得赞赏,值得提倡。在这里,执法机关并没有因为当事人对处罚决定有异议,就拒绝接受或者隐匿甚至销毁承载异议的证据(即申辩书)。

但是,从遵循法定程序角度看,执法者却有一个较为深刻的教训值得记取。在收到当事人的申辩书以后,复核当事人提出的事实、理由和证据,并采纳成立的事实、理由和证据,既是封丘县林业局的法定义务,也是本案执法程序中的主要程序、必经程序。一方面,根据《行政处罚法》第四十一条的规定,即便行政机关及其执法人员在作出行政处罚决定之前,依照该法第三十一条、第三十二条的规定向当事人告知给予行政处罚的事实、理由和依据,但在当事人提出陈述或者申辩后,拒绝听取当事人的陈述、申辩的,行政处罚决定仍将不能成立。而本案恰恰是"在原告汤××提出该7棵杨树的种植地系其自留地的申辩后,被告没有提供证据证明其进行了复核",所以,其行政处罚决定依法不能成立。另一方面,根据《行政处罚法》第三条关于"公民、法人或者其他组织违反行政管理秩序的行为,应当给予行政处罚的,依照本法由法律、法规或者规章规定,并由行政机关依照本法规定的程序实施。没有法定依据或者不遵守法定程序的,行政处罚无效"的规定,封丘县林业局没有遵守本案的法定程序——复核当事人的陈述或者申辩,因而其作出的行政处罚无效。

> 判决书

汤××诉封丘县林业局林业行政处罚案

河南省长垣县人民法院
行政判决书

(2015)长行初字第5号

原告汤××。
被告封丘县林业局。
法定代表人柴成×,任局长。
机构代码:00554996-7
委托代理人郑利×,河南中同合律师事务所律师。

原告汤××诉被告封丘县林业局林业行政处罚一案,向封丘县人民法院提起行政诉讼,经新乡市中级人民法院指定该案由长垣县人民法院审理。本院受理后,依法组成合议庭,公开开庭进行了审理。原告汤××、被告封丘县林业局特别授权委托代理人郑利×到庭参加了诉讼。本案现已审理终结。

被告封丘县林业局封林罚决字(2014)第122号林业行政处罚决定书认定,汤××于2014年9月5日早上10点左右,在封丘县应举镇丁寨村西北地滥伐林木7棵,折合立木蓄积2.5876立方米,该行为违反了《中华人民共和国森林法》第三十二条的规定,根据《中华人民共和国森林法》第三十九条第二款之规定,给予汤××补种5倍树木35棵、并给予3倍罚款3881.4元的行政处罚。被告向本院提交的证据材料有:

第一组:林业行政处罚立案登记表原件一份,用以证明被告受理案件来源合法;

第二组:1. 2014年9月11日汤××询问笔录原件两份,2. 2014年9月17日孙清×询问笔录原件一份,3. 2014年9月5日勘验、检查笔录原件一份,4. 滥伐林木现场照片原件三张,5. 滥伐林木示意图原件一份,6. 2014年9月6日封丘县林业局林政股证明原件一份,该组证据材料用以证明原告在没有采伐林木许可证的情况下滥伐林木的事实;

第三组:1. 封林聘/委字(2014)第1号(鉴定/检测/评估)聘请/委托书原件一份,2. 封林技字(2014)第004号封丘县林业技术鉴定报告书原件一份,3. 封价证鉴(2014)67号关于对滥伐林木的价格鉴定结论书原件一份,4. 封林委字(2014)第1号价格(补充、重新)鉴定委托书复印件一份,5. 委托(补充、重新)价格鉴定物品明细表复印件一份,该组证据材料用以证明原告汤××滥伐林木的计算面积及价格由相关专业机关进行了鉴定;

第四组:1. 林业行政处罚先行告知书原件一份,2. 林业行政处罚意见书原件一份,3. 2014年9月21日汤××的行政处罚申辩书原件一份;

第五组:1. 行政人员的执法证原件各一份,2. 林业行政处罚文书送达回证原件一份,3. 先行登记保存证据通知单原件一份;

第四、五组证据材料用以证明该处罚决定程序合法,适用法律正确;

第六组:2014年9月6日村委会证明原件一份,用以证明原告汤××滥伐林木的事实;

第七组:封林罚决字(2014)第122号林业行政处罚决定书原件一份,用以证明决定书认定事实清楚,程序合法,适用法律依据正确。

原告汤××诉称,原告采伐的系自己自留地的七棵杨树,是个人所有的零星树木,原告在学生急用学费的情况下,采伐自己的杨树卖给他人,是依法处置自己的财产,不侵害他人的权利,依据《中华人民共和国森林法》第三十二条的规定,原告的采伐行为不需要办理采伐许可证,也构不成滥伐林木,故被告认定的事实不清,无法律依据,请依法撤销封林罚决字(2014)第122号林业行政处罚决定书。原告向本院提交证据材料有:证人孙×出庭作证证言一份,用以证明原告伐树的地系自留地,该自留地是在原告结婚前分的。

被告封丘县林业局依法递交了答辩状,并在庭审中辩称,被告作出的处罚决定书认定事实清楚,原告主张采伐的是其自留地的零星树木的抗辩理由不成立,封丘县从1982年就取消了自留地。该处罚决定书程序合法、适用法律正确。

故请求依法维持封林罚决字(2014)第122号林业行政处罚决定书。

经庭审质证,原告对被告提供的两份询问笔录的时间有异议,笔录是9月6日做的,且只做了一份笔录,当时没有签字、按手印,该询问笔录上的手印、签字是后补的,跟林业行政处罚先行告知书是一天签的;原告对被告提供的其他证据材料无异议。被告对原告提供的证据材料有异议,认为该证人对自留地的情况没有很清楚的予以说明,无法认定所要证明的证明目的,不能证明这块地是自留地。

经庭审质证,本院对证据作如下确认:被告提供的第一组证据材料符合证据的真实性、合法性、关联性,可以作为证据使用。被告提供的其他证据材料不能证明其证明目的,故对其证明目的不予采信。自留地的所有权属于集体,个人不能充分证明该七棵杨树种植地的性质,故原告提供的证据材料不能作为证据使用。

经审理查明,原告汤××系封丘县应举镇丁寨村村民。其于2014年9月5日采伐应举镇丁寨村西北地的七棵杨树。2014年9月23日,被告封丘县林业局作出林罚决字(2014)第122号林业行政处罚决定书,认定原告的行为属于滥伐林木,给予其补种5倍树木35棵并给予3倍罚款3 881.4元的行政处罚。原告不服,诉讼至法院,请求依法撤销该林业行政处罚决定书。

本院认为,《中华人民共和国行政处罚法》第三十二条规定:"当事人有权进行陈述和申辩。行政机关必须充分听取当事人的意见,对当事人提出的事实、理由和证据,应当进行复核,当事人提出的事实、理由或证据成立的,行政机关应当采纳。"被告在作出封林罚决字(2014)第122号林业行政处罚决定书前,告知原告有陈述和申辩的权利,但在原告汤××提出该七棵杨树的种植地系其自留地的申辩后,被告没有提供证据证明其进行了复核,故被告作出被诉行政行为违反法定程序。依照《中华人民共和国行政诉讼法》第五十四条第(二)项第3目之规定判决如下:

撤销被告封丘县林业局于2014年9月23日作出的封林罚决字(2014)第122号林业行政处罚决定书。

案件受理费50元,由被告封丘县林业局承担。

如不服本判决,可自判决书送达之日起十五日内向本院递交上诉状,并按对方当事人的人数提出副本,上诉于河南省新乡市中级人民法院。

审判长 王美荣

审判员 王 霞

审判员 黄琦超

二〇一五年三月十六日

书记员 唐 悦

法律依据

《中华人民共和国森林法》(2009年第二次修正)

第三十二条 采伐林木必须申请采伐许可证,按许可证的规定进行采伐;农村居民采伐自留地和房前屋后个人所有的零星林木除外。

国有林业企业事业单位、机关、团体、部队、学校和其他国有企业事业单位采伐林木,由所在地县级以上林业主管部门依照有关规定审核发放采伐许可证。

铁路、公路的护路林和城镇林木的更新采伐,由有关主管部门依照有关规定审核发放采伐许可证。

农村集体经济组织采伐林木,由县级林业主管部门依照有关规定审核发放采伐许可证。

农村居民采伐自留山和个人承包集体的林木,由县级林业主管部门或者其委托的乡、镇人民政府依照有关规定审核发放采伐许可证。

采伐以生产竹材为主要目的的竹林,适用以上各款规定。

第三十九条 盗伐森林或者其他林木的,依法赔偿损失;由林业主管部门责令补种盗伐株数十倍的树木,没收盗伐的林木或者变卖所得,并处盗伐林木价值三倍以上十倍以下的罚款。

滥伐森林或者其他林木,由林业主管部门责令补种滥伐株数五倍的树木,并处滥伐林木价值二倍以上五倍以下的罚款。

拒不补种树木或者补种不符合国家有关规定的,由林业主管部门代为补种,所需费用由违法者支付。

盗伐、滥伐森林或者其他林木,构成犯罪的,依法追究刑事责任。

《中华人民共和国行政处罚法》(2009年第一次修正)

第三十二条 当事人有权进行陈述和申辩。行政机关必须充分听取当事人的意见,对当事人提出的事实、理由和证据,应当进行复核;当事人提出的事实、理由或者证据成立的,行政机关应当采纳。

行政机关不得因当事人申辩而加重处罚。

《中华人民共和国行政诉讼法》(1989年)

第五十四条　人民法院经过审理,根据不同情况,分别作出以下判决:

(一) 具体行政行为证据确凿,适用法律、法规正确,符合法定程序的,判决维持。

(二) 具体行政行为有下列情形之一的,判决撤销或者部分撤销,并可以判决被告重新作出具体行政行为:

1. 主要证据不足的;
2. 适用法律、法规错误的;
3. 违反法定程序的;
4. 超越职权的;
5. 滥用职权的。

(三) 被告不履行或者拖延履行法定职责的,判决其在一定期限内履行。

(四) 行政处罚显失公正的,可以判决变更。

三、作出没收较大数额财产的林业行政处罚决定，未告知当事人听证权利的，属于违反法定程序

——潘××与百色市右江区林业局行政处罚纠纷上诉案

▶ 基本信息

行政相对人：潘××
被诉行政主体：百色市右江区林业局
一 审 法 院：百色市右江区人民法院
一 审 结 果：百色市右江区林业局胜诉
二 审 法 院：百色市中级人民法院
二 审 结 果：百色市右江区林业局败诉

▶ 基本案情

2014年5月23日，原告雇请桂L×××××（1303挂）重型半挂牵引车从田林县运输一车桉原木往南宁，途经百色市右江区永乐乡下塘高速路口路段时，被被告林业执法工作人员拦查，发现原告所运输的木材规格与随车的《木材运输证》《运输木材明细表》所记载的准运规格不相符，被告遂将该车木材进行先行登记保存于百色市右江区城东大型停车场内，并通知原告。次日，被告委托百色市右江区木材检验技术服务中心对桂L×××××（1303挂）车承运的木材进行检验，同日，百色市右江区木材检验技术服务中心派两名具有检验资质的工作人员对桂L×××××（1303挂）车承运的木材进行检验，经检验，原告承运的木材总根数为2 710根，总材积为53.253立方米。在原告承运的2 710根木材中，与准运规格不符是1 459根，材积为21.415 8（27.415 8）立方米。原告在检验单和勘验、检查笔录上签名确认。2014年6月13日，原告到被告处接受询问后，被告向原告送达了《林业行政处罚先行告知书》，告知拟没收其规格不符部分的桉原木27.415 8立方米木材，并告知原告依法享有陈述和申辩权利，原告明确放弃陈述和申辩权利，要求马上处理。2014年6月16日，被告依据《广西壮族自治区木材运输管理条例》第十四条第二款的规定，作出百右林罚决字(2014)第185号《林业行政处罚决定书》，没收原告规格不符部分的桉原木27.415 8立方米木材，并送达原告。原告不服，于2014年7月3日向本院提起行政诉讼，请求：撤销百右林罚决字(2014)第185号《林业行政处罚决定书》；判决被告扣押原告木材违法。

▶ 双方主张

上诉人潘××上诉称：
一审判决认定事实不清，判决有误。被上诉人在2014年5月23日对上诉人木材运输

的执法过程中,没有木材检验尺资质的执法人员错误地选择一个并不具有强制效力的推荐性验尺标准即"单码标准"来否定当前市场上通行的"双码标准",导致上诉人适用"双码标准"验尺的木材出现部分所谓的"规格不符"的情况,混淆事实真相。且被上诉人在执法过程中出现严重的程序违法,没有依法告知上诉人申请听证的权利,并未经机关负责人员批准即违法实施登记保存,在登记保存到期后又非法扣押上诉人的木材。请求二审法院依法撤销一审判决,依法判令撤销被上诉人作出的百右林罚决字(2014)第185号《林业行政处罚决定书》,判决被上诉人扣押上诉人木材违法,由被上诉人承担本案一审、二审诉讼费用。

被上诉人百色市右江区林业局答辩称:

一审法院判决认定的事实清楚,证据确凿。百色市右江区木材检验技术服务中心及其检验人员具有木材检验资质,对上诉人作出没收规格不符部分原木27.4158平(立)方米是有事实和法律依据。被上诉人对上诉人作出的是"没收"的行政处罚决定,并非属该条法律规定的几种听证情形,所以,不存在违反法律程序。被上诉人没有非法扣押上诉人的木材,"先行登记保存"木材没有违反法律程序,上诉人运输的木材规格不符,是不争的事实,且没有正当理由予以说明。上诉人上诉请求缺乏事实依据。请求二审法院驳回上诉人的上诉,维持一审判决。

▶争议焦点

本案争议焦点在于:被上诉人作出的百右林罚决字(2014)第185号《林业行政处罚决定书》是否合法。

▶法院判决

依据《中华人民共和国行政处罚法》第四十二条第一款规定:行政机关作出责令停产停业、吊销许可证或者执照、较大数额罚款等行政处罚决定(之)前,应当告知当事人有要求举行听证的权利;当事人要求听证的,行政机关应当组织听证。本案中,被上诉人作出没收上诉人27.4158平(立)方米原木的行政处罚,属于作出没收较大数额财产的行政处罚的具体行政行为,应当适用听证程序,但被上诉人作出行政处罚决定之前,既未告知上诉人有权要求举行听证的权利,也未按规定举行听证,违反了法定程序,应予纠正。被上诉人在案件审理期间,认为在作出《林业行政处罚决定书》时,程序上存在些瑕疵,特自行撤销百右林罚决字(2014)第185号《林业行政处罚决定书》,是符合法律规定的,本院应以支持。上诉人表示不撤回上诉,本院准许。判决:撤销百色市右江区人民法院(2014)右行初字第25号行政判决;确认被上诉人百色市右江区林业局2014年6月16日作出百右林罚决字(2014)第185号《林业行政处罚决定书》程序违法。

▶执法点评

没收较大数量的木材,属于应当告知听证权利的法定情形

本案当事人潘××承运的木材总根数为2710根,总材积为53.253立方米。其中,与准运规格不符是1459根,材积为27.4158立方米。根据《森林法实施条例》第四十四条第二款关于"运输的木材数量超出木材运输证所准运的运输数量的,由县级以上人民政府林业主管部门没收超出部分的木材;运输的木材树种、材种、规格与木材运输证规定不符又无正当理由的,没收其不相符部分的木材"的规定,百色市右江区林业局作出了没收原告规格不符部分的桉原木 27.415 8 立方米木材的处罚决定。针对没收这一处罚种类,当事人认为,百色市右江区林业局应当告知其有听证的权利。但是,一审法院认为,不应当。理由是,根据《行政处罚法》第四十二条第一款规定:"行政机关作出责令停产停业、吊销许可证或者执照、较大数额罚款等行政处罚决定之前,应当告知当事人有要求举行听证的权利;当事人要求听证的,行政机关应当组织听证。"本案被告对原告作出的是没收处罚决定,而非该条规定的几种情形。所以对原告关于被告没有告知原告享有听证权利,程序违法的主张不予采纳。被上诉人百色市右江区林业局答辩称,被上诉人对上诉人作出的是"没收"的行政处罚决定,并非属该条法律规定的几种听证情形,所以,不存在违反法律程序。所持观点与一审法院完全相同。

那么,"没收"究竟是否属于应当告知听证权利的法定情形呢? 一方面,从形式上看,根据《行政处罚法》第四十二条的规定,应当告知当事人听证权利的法定情形,包括行政机关作出的以下四种行政处罚:(1) 责令停产停业;(2) 吊销许可证或者执照;(3) 较大数额罚款;(4) 等行政处罚(即与前三种处罚种类旗鼓相当的行政处罚)。从形式上看,本案百色市右江区林业局对潘××作出的是"没收"处罚决定,而在该条明确列举的三种处罚种类中并无这一类型。所以,右江区林业局认为,对"没收"处罚的对象潘××,只需进行行政处罚的先行告知,无须进行听证权利告知,即已完成法定的程序义务。一审法院也赞同右江区林业局的上述观点,认定右江区林业局并未违反法定程序。另一方面,从实质上看,应当进行听证权利告知的法定情形,除三种明确规定的种类以外,还有一个"等行政处罚"。这个"等行政处罚"是一个并不确定的法律概念,是一个需要进一步明确具体含义的规定。而《行政处罚法》又属于全国人大制定的基本法律。根据《立法法》第四十五条关于"法律解释权属于全国人民代表大会常务委员会。法律有以下情况之一的,由全国人民代表大会常务委员会解释:(一)法律的规定需要进一步明确具体含义的;(二)法律制定后出现新的情况,需要明确适用法律依据"的规定,以及第五十条关于"全国人民代表大会常务委员会的法律解释同法律具有同等效力"的规定,《行政处罚法》第四十二条"等行政处罚"的规定,恰恰属于"需要进一步明确具体含义的"情况,应当由全国人大常委会予以解释。但是,迄今为止,全国人大常委会并未就此规定作出过任何法律解释。退一步说,根据《立法法》第六十四条关于"全国人民代表大会常务委员会工作机构可以对有关具体问题的法律询问进行研究予以答复,并报常务委员会备案"的规定,相关工作机构可以对有关"等行政处罚"适用问题的法律咨询进行研究予以答复。但是,迄今为止,这样的答复也未出现。因此,在"等行政处罚"既无法律解释,又无相关答复的情况下,"没收"不可能被右江区林业局认定为属于应当告知听证权利的情形。

但是,二审法院却认为,"被上诉人作出行政处罚决定之前,既未告知上诉人有权要求举行听证的权利,也未按规定举行听证,违反了法定程序,应予纠正"。之所以作出如此判决,其核心在于,法院对"等行政处罚"作出了一个解释,认定"本案中,被上诉人作出没收上诉人 27.415 8 立方米原木的行政处罚,属于作出没收较大数额财产的行政处罚的具体行政行为,应当适用听证程序"。其实,对"等行政处罚"作出上述解释和认定的,并非本案而是指导案例 6 号——黄泽×、何伯×、何×诉四川省成都市金堂工商行政管理局行政处罚案(最高人民法院 2012 年 4 月 9 日发布)。该案的裁判要点是:"行政机关作出没收较大数额涉案财产的行政处罚决定时,未告知当事人有要求举行听证的权利或者未依法举行听证的,人民法院应当依法认定该行政处罚违反法定程序。"法院生效裁判[四川省金堂县人民法院行政判决书(2006)金堂行初字第3号、成都市中级人民法院行政判决书(2006)成行终字第228号]认为:《中华人民共和国行政处罚法》第四十二条规定:"行政机关作出责令停产停业、吊销许可证或者执照、较大数额罚款等行政处罚决定之前,应当告知当事人有要求举行听证的权利。"虽然该条规定没有明确列举"没收财产",但是该条中的"等"系不完全列举,应当包括与明文列举的"责令停产停业、吊销许可证或者执照、较大数额罚款"类似的其他对相对人权益产生较大影响的行政处罚。为了保证行政相对人充分行使陈述权和申辩权,保障行政处罚决定的合法性和合理性,对没收较大数额财产的行政处罚,也应当根据行政处罚法第四十二条的规定适用听证程序。

综上,尽管《行政处罚法》没有明确规定"没收"属于应当告知听证权利的法定情形,也没有法律解释和相关法律答复对此予以明确。但是,基于立法目的的考量及指导案例的指引,没收较大数量或者数额的财产的行政处罚,应当被纳入听证告知法定情形的"等行政处罚"的范围。由此,在作出没收较大数量或者数额财产的行政处罚决定时,如没收价值较大或者数量较大的猎捕工具、野生动物及其制品、林木种子等,执法机关依法应当告知当事人享有听证权利。关于没收"较大数量或者数额"财产的认定标准,如果地方法律有规定的,从其规定。如果没有相应规定,应当比照所在地关于听证的地方立法中对"较大数额的罚款"的罚款数额的规定。应当指出的是,为方便执法,立法者应当对《行政处罚法》的听证条款作出相应修改,将没收较大数额财产的处罚,也作为应当告知听证权利的法定情形之一。

▶ 司法点评

内部行政程序的法律效力——未经批准的先行登记保存证据通知单是否应当被法院采纳为证据

上诉人认为,被上诉人在执法过程中出现严重的程序违法,未经机关负责人员批准即违法实施登记保存,在登记保存到期后又非法扣押上诉人的木材。被上诉人答辩称,被上诉人没有非法扣押上诉人的木材,"先行登记保存"木材没有违反法律程序,上诉人运输的木材规格不符,是不争的事实,且没有正当理由予以说明。二审法院认同一审法院的认定,即虽然被告没有在规定的期限内作出处理决定,但并不影响被告对原告运输规格不符部分桉原木27.415 8立方米的事实认定。却并未明确回答上诉人提出的问题:未经批准即实施先行登记保存,是否违反法定程序?违反法定程序收集的书证(先行登记保存证据通知单),可否被法院采纳为证据?如果不被采纳,是否影响案件事实的认定,并最终影响行政处罚的合法性?我们认为,未经批准即实施先行登记保存,违反了法定程序。违反法定程序收集的书证(先行登记保存证据通知单),不应被法院采纳为证据。作为书证的该项证据不被采纳,在本案中并不影响法院对案件事实的认定。

首先,未经批准即实施先行登记保存属于违法行为。先行登记保存,是行政机关的调查手段之一,应当严格依照法律规定予以实施。《行政处罚法》第三十七条第二款规定,在证据可能灭失或者以后难以取得的情况下,经行政机关负责人批准,可以先行登记保存,并应当在七日内及时作出处理决定,在此期间,当事人或者有关人员不得销毁或者转移证据。《林业行政处罚程序规定》第二十六条则进一步明确,林业行政主管部门收集证据时,在证据可能灭失或者以后难以取得的情况下,经行政机关负责人批准,可以先行登记保存,填写《林业行政处罚登记保存通知单》，并应当在七日内及时作出处理决定，在此期间，当事人或者有关人员不得销毁或者转移证据。就本案而言，只有经右江区林业局负责人批准，执法者才有权实施先行登记保存。因此，未经批准而实施的先行登记保存，应当被认定为违反法定程序。

其次，违反法定程序收集的书证（先行登记保存证据通知单），不应被法院采纳为证据。违反法定程序获取的证据材料，是否可以作为认定案件事实的证据？对这一问题的回答，不同的法律领域有不同的答案。(1) 在行政执法领域，《行政处罚法》《林业行政处罚程序规定》对此都保持沉默，《治安管理处罚法》《公安机关办理行政案件程序规定》却有明确的规定。《治安管理处罚法》第七十九条规定："公安机关及其人民警察对治安案件的调查，应当依法进行。严禁刑讯逼供或者采用威胁、引诱、欺骗等非法手段收集证据。以非法手段收集的证据不得作为处罚的根据。"《公安机关办理行政案件程序规定》第二十四条规定："公安机关必须依照法定程序，收集能够证实违法嫌疑人是否违法、违法情节轻重的证据。严禁刑讯逼供和以威胁、欺骗等非法方法收集证据。采用刑讯逼供等非法方法收集的违法嫌疑人的陈述和申辩以及采用暴力、威胁等非法方法收集的被侵害人陈述、其他证人证言，不能作为定案的根据。收集物证、书证不符合法定程序，可能严重影响执法公正的，应当予以补正或者作出合理解释；不能补正或者作出合理解释的，不能作为定案的根据。"如果本案是治安案件，收集物证、书证不符合法定程序，可能严重影响执法公正情形的，负责审核的法制机构可以要求执法机关予以补正或者作出合理解释；不能补正或者作出合理解释的，不能作为定案的根据。但是，本案是林政案件，依法不能直接适用公安法律规范，而林业法律规范又没有相应规定，因此，林业部门的法制机构在审核案件时，针对未经审批即收集书证的情况，唯一能做的恐怕就是要求执法机构补办审批手续。(2) 在行政诉讼领域，对这一问题的回答，《行政诉讼法》和《最高人民法院关于执行〈中华人民共和国行政诉讼法〉若干问题的解释》（法释〔2000〕8号）提供了一个明确的答案。《行政诉讼法》第四十三条第三款规定："以非法手段取得的证据，不得作为认定案件事实的根据。""法释〔2000〕8号"第三十条规定："下列证据不能作为认定被诉具体行政行为合法的根据：(一) 被告及其诉讼代理人在作出具体行政行为后自行收集的证据；(二) 被告严重违反法定程序收集的其他证据。"按照上述规定，右江区林业局未经批准，对木材实施先行登记保存所收集的先行登记保存证据通知单，恰好符合上述法律规定。因此，对先行登记保存证据通知单这一证据，法院既可以将其认定为"以非法手段取得的证据"，也可以将其认定为"严重违反法定程序收集的其他证据"，从而不将该证据作为认定案件事实的根据。

最后，先行登记保存证据通知单不被采纳，并不影响法院对案件事实的认定。之所以出现不影响案件事实认定这样的结局，关键在于，证明本案当事人实际运输了何种规格和多少数量木材的证据，除了先行登记保存证据通知单外，还有其他的证据。(1) 先行登记保存证据通知单。2014年5月23日，右江区林业局发现潘××所运输的木材规格与随车的《木材运输证》《运输木材明细表》所记载的准运规格不相符，遂将该车木材进行先行登记保存于百色市右江区城东大型停车场内，并通知原告。(2) 检验单和勘验、检查笔录。5月24日，右江区林业局委托百色市右江区木材检验技术服务中心对桂L×××××（1303挂）车承运的木材进行检验，同日，百色市右江区木材检验技术服务中心派两名具有检验资质的工作人员对桂L×××××（1303挂）车承运的木材进行检验，经检验，原告承运的木材总根数为

2 710根,总材积为53.253立方米。在原告承运的2 710根木材中,与准运规格不符的有1 459根,材积为27.415 8立方米,原告在检验单和勘验、检查笔录上签名确认。从上述证据可以看出,真正能够证明木材的规格和数量的证据,主要是检验单和勘验、检查笔录,而不仅仅是先行登记保存证据通知单。更为重要的是,检验单和勘验、检查笔录具备证据的"三性"(关联性、客观性、合法性),应当也能够被法院采纳为证明案件事实的证据。一方面,检验单和勘验、检查笔录并非两份相互独立的证据。其中,勘验、检查笔录是独立的证据种类,检验单则不是独立的证据种类,而是勘验、检查笔录的附件。另一方面,勘验、检查笔录满足《林业行政处罚程序规定》第二十九条的法律要件:主持勘验检查的主体是林业行政执法人员;勘验、检查的对象是对与违法行为有关的车辆和木材;聘请参与勘验、检查的右江区木材检验技术服务中心具有木材检验资质的两名检验人员,是"具有专门知识的人";邀请了当事人潘××参加勘验、检查;制作的《林业行政处罚勘验、检查笔录》中,有参加勘验、检查的人和被邀请的当事人的签名或者盖章。

> 判决书

潘××与百色市右江区林业局行政处罚纠纷上诉案

广西壮族自治区百色市中级人民法院
行政判决书

(2015)百中行终字第26号

上诉人(一审原告)潘××。

委托代理人何耀×,广西广合律师事务所律师。

被上诉人(一审被告)百色市右江区林业局。住所地:百色市右江区城东路站前大道林业小区。

法定代表人丘百×,局长。

委托代理人梁丽×,广西澄碧律师事务所律师。

上诉人潘××因被上诉人百色市右江区林业局行政处罚纠纷一案,不服百色市右江区人民法院2014年9月30日作出的(2014)右行初字第25号行政判决,向本院提起上诉。本院于2015年2月28日受理了本案并依法组成合议庭,2014(2015)年3月30日公开开庭审理了本案。上诉人潘××及其委托代理人何耀×,被上诉人百色市右江区林业局的委托代理人梁丽×到庭参加诉讼,被上诉人的法定代表人丘百×经合法传唤不到庭参加诉讼。本案现已审理终结。

一审审理查明:2014年5月23日,原告雇请桂L××××× (1303挂)重型半挂牵引车从田林县运输一车桉原木往南宁,途经百色市右江区永乐乡下塘高速路口路段时,被被告林业执法工作人员拦查,发现原告所运输的木材规格与随车的《木材运输证》《运输木材明细表》所记载的准运规格(2.6米×6厘米435根,材积为4.828 5立方米、2.6米×8厘米416根,材积为7.488立方米、2.6米×10厘米325根,材积为8.45立方米、2.6米×12厘米275根,材积为10.175立方米、2.6米×14厘米198根,材积为9.702立方米、2.6米×16厘

85根,材积为5.355立方米、2.6米×18厘米51根,材积为4.029立方米)不相符,被告遂将该车木材进行先行登记保存于百色市右江区城东大型停车场内,并通知原告。次日,被告委托百色市右江区木材检验技术服务中心对桂L×××××(1303挂)车承运的木材进行检验,同日,百色市右江区木材检验技术服务中心派两名具有检验资质的工作人员对桂L×××××(1303挂)车承运的木材进行检验,经检验,原告承运的木材总根数为2 710根,总材积为53.253立方米,其中2.6米×5厘米42根,材积为0.348 6立方米、2.6米×6厘米352根,材积为3.907 2立方米、2.6米×7厘米267根,材积为3.818 1立方米、2.6米×8厘米426根,材积为7.668立方米、2.6米×9厘米311根,材积为6.842立方米、2.6米×10厘米512根,材积为13.312立方米、2.6米×11厘米150根,材积为4.65立方米、2.6米×12厘米147根,材积为5.439立方米、2.6米×13厘米45根,材积为1.89立方米、2.6米×14厘米10根,材积为0.49立方米、2.6米×16厘米1根,材积为0.063立方米,共2 263根,48.427 9立方米;1.3米×7厘米21根,材积为0.128 1立方米、1.3米×8厘米106根,材积为0.848立方米、1.3米×9厘米133根,材积为1.33立方米、1.3米×10厘米115根,材积为1.38立方米、1.3米×11厘米35根,材积为0.49立方米、1.3米×12厘米30根,材积为0.51立方米、1.3米×13厘米5根,材积为0.095立方米、1.3米×14厘米2根,材积为0.044立方米,共447根,4.825 1立方米。

在原告承运的2 710根木材中,与准运规格不符是1 459根,材积为21.415 8(27.415 8)立方米,其中2.6米×5厘米42根,材积为0.348 6立方米、2.6米×7厘米267根,材积为3.818 1立方米、2.6米×8厘米10根,材积为0.18立方米、2.6米×9厘米311根,材积为6.842立方米、2.6米×10厘米187根,材积为4.862立方米、2.6米×11厘米150根,材积为4.65立方米、2.6米×13厘米45根,材积为1.89立方米、1.3米×7厘米21根,材积为0.128 1立方米、1.3米×8厘米106根,材积为0.848立方米、1.3米×9厘米133根,材积为1.33立方米、1.3米×10厘米115根,材积为1.38立方米、1.3米×11厘米35根,材积为0.49立方米、1.3米×12厘米30根,材积为0.51立方米、1.3米×13厘米5根,材积为0.095立方米、1.3米×14厘米2根,材积为0.044立方米,原告在检验单和勘验、检查笔录上签名确认。

2014年6月13日,原告到被告处接受询问后,被告向原告送达了《林业行政处罚先行告知书》,告知拟没收其规格不符部分的桉原木27.415 8立方米木材,并告知原告依法享有陈述和申辩权利,原告明确放弃陈述和申辩权利,要求马上处理。2014年6月16日,被告依据《广西壮族自治区木材运输管理条例》第十四条第二款的规定,作出百右林罚决字(2014)第185号《林业行政处罚决定书》,没收原告规格不符部分的桉原木27.415 8立方米木材,并送达原告。原告不服,于2014年7月3日向本院提起行政诉讼,请求:1.撤销百右林罚决字(2014)第185号《林业行政处罚决定书》;2.判决被告扣押原告木材违法。

一审审理认为:被告提供的《技术证》是广西林业行业特有工种职业技能鉴定机构颁发给木材检验人员李玉×、龙广×的合法有效证件,能证明李玉×、龙广×检验人员的身份及是否具有从事木材检验的资格,具有真实性、合法性,且原告无其他证据予以推翻,检验人员所作出的检验数据和结果,可以作为本案的定案依据。根据《中华人民共和国国家标准》(原木检验)(GB、(/)T 144—2013)第4.6:"检尺径的进级:原木的检尺径小于等于14厘米的,以 1 厘米进级,尺寸不足 1 厘米时,足 0.5 厘(米)进级,不足 0.5 厘米舍去;检尺径大于 14 厘米的,以 2 厘米进级,尺寸不足 2 厘米时,足 1 厘米进级,不足 1 厘米舍去。"的规定,检验人员的检尺行为并没有违反国家标准的规定,所作出的检验数据合法有效,可作为本案的定案依据。原告运输规格不相符的 27.415 8 立方米木材,有木材运输证、运输木材明细表、木材检验单、司机卢×的询问笔录相互印证,原告也承认其雇请的桂L×××××(挂1303)所运输的木材中存在与随车的《木材运输证》和《运输木材明细表》准运的规格不相符的事实,这些证据之间形成一个完整的证据链。被告认定原告运输规格不符部分的 27.415 8 立方米桉原木的事实清楚,证据充分,对原告运输规格不符的木材进行查处并无不当。二、被告作出行政处罚行为的程序是否合法问题。被告根据他人举报,派出持有《广西壮族自治区行政执法证》的执法人员对原告雇请车辆运输的木材进行检查,并依照《中华人民共和国行政处罚法》第三十七条第二款规定,对原告的木材进行先行登记保存,同时委托具有木材检验资质部门对涉案的木材进行检验,并开展调查取证,在作出处罚决定前向原告送达了林业行政处罚先行告知书,并告知原告享有陈述和申辩的权利,在查清事实,原告明确表示放弃陈述、申辩权利后作出行政处罚决定书并送达原告。被告的执法程序符合《中华人民共和国行政处罚法》第三十一条、第三十二条和第三十七条的规定,执法程序合法。原告在诉讼中提出,被告没有告知原告享有听证权利,没有在规定的期限内作出处理决定,程序违法。《中华人民共和国行政处罚法》第四十二条第一款规定:"行政机关作出责令停产停业、吊销许可证或者执照,较大数额罚款等行政处罚决定(之)前,应当告知当事人有要求举行听证的权利;当事人要求听证的,行政机关应当组织听证。"本案被告对原告作出的是没收处罚决定,而非该条规定的几种情形。虽然被告没有在规定的期限内作出处理决定,但并不影响被告对原告运输规格不符部分桉原木 27.415 8 立方米的事实认定。故对原告的该主张本院不予采纳。三、关于被告作出行政处罚行为适用法律、法规是否正确问题。原告进行木材运输,没有按照林业部门颁发的《木材运输证》和《运输木材明细表》准运规格进行运输,违反了《广西壮族自治区木材运输管理条例》第十一条第(二)项:"运输木材的树种、材种、规格、数量及运输时间、起止地点与木材运输证记载不符"的规定,依照《广西壮族自治区木材运输管理条例》第十四条第二款的规定,被告作为区域内林业主管部门,对原告作出没收规格不符部分的桉原木 27.415 8 立方米决定,符合法律规定。综上所述,被告作出的被诉具体行政行为,事实清楚,证据充分,程序合法,适用法律法规正确。据此,判决驳回原告潘××的诉讼请求。一审判决后,原告不服,在法定期限内向本院提起上诉。

上诉人潘××上诉称,一审判决认定事实不清,判决有误。被上诉人在 2014 年 5 月 23 日对上诉人木材运输的执法过程中,没有木材检验尺资质的执法人员错误地选择一个并不具有强制效力的推荐性验尺标准即"单码标准"来否定当前市场上通行的"双码标准",导致上诉人适用"双码标准"验尺的木材出现部分所谓的"规格不符"的情况,混淆事实真相。且被上诉人在执法过程中出现严重的程序违法,没有依法告知上诉人申请听证的权利,并未经机关负责人员批准即违法实施登记保存,在登记保存到期后又非法扣押上诉人的木材。请求二审法院依法撤销一审判决,依法判令撤销被上诉人作出的百右林罚决字(2014)第 185 号《林业行政处罚决定书》,判决被上诉人扣押上诉人木材违法,由被上诉人承担本案一审、二审诉讼费用。

被上诉人百色市右江区林业局答辩称,一审法院判决认定的事实清楚,证据确凿。百色市右江区木材检验技术服务中心及其检验人员具有木材检验资质,对上诉人作出没收规格不符部分原木27.415 8平(立)方米是有事实和法律依据。被上诉人对上诉人作出的是"没收"的行政处罚决定,并非属该条法律规定的几种听证情形,所以,不存在违反法律程序。被上诉人没有非法扣押上诉人的木材,"先行登记保存"木材没有违反法律程序,上诉人运输的木材规格不符,是不争的事实,且没有正当理由予以说明。上诉人上诉请求缺乏事实依据。请求二审法院驳回上诉人的上诉,维持一审判决。

经审查,本院确认一审判决确认的证据合法有效,可作为定案依据。据此,本院查明的事实与一审判决查明的事实一致。本案在审理过程中,被上诉人于2015年4月15日向本院提出,因该决定在程序上存在些瑕疵,特自行撤销百右林罚决字(2014)第185号《林业行政处罚决定书》。

本院认为,本案的争议焦点是,被上诉人作出的百右林罚决字(2014)第185号《林业行政处罚决定书》是否合法。依据《中华人民共和国行政处罚法》第四十二条第一款规定:行政机关作出责令停产停业、吊销许可证或者执照、较大数额罚款等行政处罚决定(之)前,应当告知当事人有要求举行听证的权利;当事人要求听证的,行政机关应当组织听证。本案中,被上诉人作出没收上诉人27.415 8平(立)方米原木的行政处罚,属于作出没收较大数额财产的行政处罚的具体行政行为,应当适用听证程序,但被上诉人作出行政处罚决定之前,既未告知上诉人有权要求举行听证的权利,也未按规定举行听证,违反了法定程序,应予纠正。被上诉人在案件审理期间,认为在作出《林业行政处罚决定书》时,程序上存在些瑕疵,特自行撤销百右林罚决字(2014)第185号《林业行政处罚决定书》,是符合法律规定的,本院应以支持。上诉人表示不撤回上诉,本院准许。依照《中华人民共和国行政诉讼法》第五十四条第(二)项第3目和最高人民法院关于执行《中华人民共和国行政诉讼法》若干问题的解释第五十条第三款、第五十九条第(一)项的规定,判决如下:

撤销百色市右江区人民法院(2014)右行初字第25号行政判决;

确认被上诉人百色市右江区林业局2014年6月16日作出百右林罚决字(2014)第185号《林业行政处罚决定书》程序违法。

本判决为终审判决。

审判长 刘　亮
审判员 何振峰
审判员 罗　敏

二〇一五年四月二十四日
书记员 陆心悦

> **法律依据**

《中华人民共和国行政诉讼法》(1989年)

第五十四条 人民法院经过审理,根据不同情况,分别作出以下判决:

(一)具体行政行为证据确凿,适用法律、法规正确,符合法定程序的,判决维持。

(二)具体行政行为有下列情形之一的,判决撤销或者部分撤销,并可以判决被告重新作出具体行政行为:

1. 主要证据不足的;

2. 适用法律、法规错误的;

3. 违反法定程序的;

4. 超越职权的;

5. 滥用职权的。

(三)被告不履行或者拖延履行法定职责的,判决其在一定期限内履行。

(四)行政处罚显失公正的,可以判决变更。

最高人民法院关于执行《中华人民共和国行政诉讼法》若干问题的解释(法释〔2000〕8号)

第五十条 被告在一审期间改变被诉具体行政行为的,应当书面告知人民法院。

原告或者第三人对改变后的行为不服提起诉讼的,人民法院应当就改变后的具体行政行为进行审理。

被告改变原具体行政行为,原告不撤诉,人民法院经审查认为原具体行政行为违法的,应当作出确认其违法的判决;认为原具体行政行为合法的,应当判决驳回原告的诉讼请求。

原告起诉被告不作为,在诉讼中被告作出具体行政行为,原告不撤诉的,参照上述规定处理。

第五十九条 根据行政诉讼法第五十四条第(二)项规定判决撤销违法的被诉具体行政行为,将会给国家利益、公共利益或者他人合法权益造成损失的,人民法院在判决撤销的同时,可以分别采取以下方式处理:

(一)判决被告重新作出具体行政行为;

(二)责令被诉行政机关采取相应的补救措施;

(三)向被告和有关机关提出司法建议;

(四)发现违法犯罪行为的,建议有权机关依法处理。

《广西壮族自治区木材运输管理条例》

第十一条 有下列行为之一的,县级以上人民政府林业主管部门或者其委托的木材检查站有权扣留木材:

(一)无木材运输证的;

(二)运输的木材树种、材种、规格、数量及运输时间、起止地点与木材运输证记载不符的;

(三)使用伪造、涂改或者通过倒卖、转让等非法方式取得木材运输证的;

(四)使用其他无效木材运输证的;

(五)依法必须经过植物检疫的木材,未经检疫或者无有效植物检疫证书的;

(六)不接受检查强行通过检查站的。

第十四条 无木材运输证运输木材的,由县级以上人民政府林业主管部门没收非法运输的木材,对货主可以并处非法运输木材价款30%以下的罚款。

运输的木材数量超出木材运输证所准运的运输数量的,由县级以上人民政府林业主管部门没收超出部分的木材;运输的木材树种、材种、规格与木材运输证规定不符又无正当理由的,没收其不相符部分的木材。

使用伪造、涂改或者通过欺骗、倒卖、转让等非法手段取得木材运输证运输木材的,由县级以上人民政府林业主管部门没收非法运输的木材,并处没收木材价款10%至50%的罚款。

承运无木材运输证的木材的,由县级以上人民政府林业主管部门没收运费,并处运费1倍至3倍的罚款。

《中华人民共和国行政处罚法》(2009年第一次修正)

第三十一条 行政机关在作出行政处罚决定之前,应当告知当事人作出行政处罚决定的事实、理由及依据,并告知当事人依法享有的权利。

第三十二条 当事人有权进行陈述和申辩。行政机关必须充分听取当事人的意见,对当事人提出的事实、理由和证据,应当进行复核;当事人提出的事实、理由或者证据成立的,行政机关应当采纳。

行政机关不得因当事人申辩而加重处罚。

第三十七条 行政机关在调查或者进行检查时,执法人员不得少于两人,并应当向当事人或者有关人员出示证件。当事人或者有关人员应当如实回答询问,并协助调查或者检查,不得阻挠。询问或者检查应当制作笔录。

行政机关在收集证据时,可以采取抽样取证的方法;在证据可能灭失或者以后难以取得的情况下,经行政机关负责人批准,可以先行登记保存,并应当在七日内及时作出处理决定,在此期间,当事人或者有关人员不得销毁或者转移证据。

执法人员与当事人有直接利害关系的,应当回避。

第四十二条 行政机关作出责令停产停业、吊销许可证或者执照、较大数额罚款等行政处罚决定之前,应当告知当事人有要求举行听证的权利;当事人要求听证的,行政机关应当组织听证。当事人不承担行政机关组织听证的费用。听证依照以下程序组织:

(一)当事人要求听证的,应当在行政机关告知后三日内提出;

(二)行政机关应当在听证的七日前,通知当事人举行听证的时间、地点;

(三)除涉及国家秘密、商业秘密或者个人隐私外,听证公开举行;

(四)听证由行政机关指定的非本案调查人员主持;当事人认为主持人与本案有直接利害关系的,有权申请回避;

(五)当事人可以亲自参加听证,也可以委托一至二人代理;

(六)举行听证时,调查人员提出当事人违法的事实、证据和行政处罚建议;当事人进行申辩和质证;

(七)听证应当制作笔录;笔录应当交当事人审核无误后签字或者盖章。

当事人对限制人身自由的行政处罚有异议的,依照治安管理处罚条例有关规定执行。

四、听证结束后,行政机关负责人未对调查结果进行再次审查的,属于违反法定程序
——张××诉宁安市××局林业行政处罚案

▶ 基本信息

行 政 相 对 人:张××
被诉行政主体:宁安市××局
一 审 法 院:宁安市人民法院
一 审 结 果:宁安市××局败诉

▶ 基本案情

被告××局于2013年10月18日作出宁×公×罚决字[×]第×号××行政处罚决定书,主要内容为:张××在2013年4月至6月期间未经林业行政主管部门审核同意,同时也为(未)向林业行政主管部门提交用地申请,便通过朋友孙×雇佣(用)了一台挖掘机,擅自在刘××、刘×Y、张×共同承包的林地内建房、挖鱼池,面积共计6 001平方米。××局于2013年10月18日,根据《森林法实施条例》第十六条、第四十三条一款的规定对张××作出:1. 2013年12月31日前将非法改变用途林地恢复原状;2. 处以非法改变用途林地罚款120 020.00元。原告不服,诉讼至法院,请求依法撤销该林业行政处罚决定书。

▶ 双方主张

原告张××诉称:

请求法院依法撤销宁安市××局于2013年10月18日作出的宁×公×罚决字[×]第×号××行政处罚决定书。理由一,决定书认定事实错误,主要证据不足。1. 涉诉的32亩承包地不是刘××、刘×Y、张×共同承包的;2. 被告在该行政处罚决定书中认定涉案地块为林地错误;3. 被告认定原告实施建房和挖鱼池的行为没有事实依据。理由二,程序违法。1. 被告作出的××行政处罚决定剥夺了原告听证的权利;2. 被告未依法向原告送达××行政处罚文书;3. 被告自行鉴定地类和面积违反法定程序。

被告××局辩称:

2004年1月1日,张×同××村委会签订40亩草地承包合同,承包期限25年,自2004年1月1日至2028年12月31日。2005年4月28日,张×与刘××、刘×Y签订合伙种树协议书,张×提供自己承包的荒地给刘××、刘×Y,三人共同栽植速生杨树,期限与原承包合同一致,刘××提供树苗、刘×Y提供资金、张×负责管理维护,三人按1∶1∶1比例平均受益,三人合伙期间任何一方不得私自抵押、转让。2005年5月1日,刘××、刘×Y与刘×

Z签订合伙植树协议书,二人将受益分成三股,由刘×Z负责管护所需费用,该协议与原草地合同期限同时有效,同时终止。张×与刘××、刘×Y合伙种树期间,私自与张××签订草地转包合同应为无效,张×无权擅自转包土地经营权。张×承包的荒地在2005年被划为退耕还林工程造林,且张×还在××镇财政所领取退耕还林苗木款。张×、刘××、刘×Y三人种植的杨树经有关部门验收,省退耕办登记在册,已经变更为林业用地。2013年8月8日,宁安市××公安局的询问笔录中,张××承认是在同年4月份用勾机子勾的鱼池,6月份盖的房子,且与刘××的询问笔录相互印证,能够认定张××实施了建房和挖鱼池的行为。被告依据《中华人民共和国森林法实施条例》的相关规定,处罚前告知原告应当享有的听证权利、送达了相关行政处罚文书。综上,被告作出的宁×公×罚决字[×]第×号××行政处罚决定书程序合法,事实清楚,适用法律正确。

第三人××村委会述称:

××村委会于2004年1月1日发包给张×的涉案地块的土地性质是荒草甸子,既不是耕地,也不是林地,不存在退耕还林的问题。张×将其中的15亩荒草甸子转包给张××是经村委会同意的,村委会从未提出申请将张×转包给张××的15亩草甸子地的地类变更为林地。

第三人张×述称:

其与××村委会签订的承包协议,承包的涉案地块是草甸子地、沼泽地,将其中的15亩土地转包给张××是通过××村委会同意的。

▶ **争议焦点**

本案争议焦点在于:被诉行政处罚决定是否事实清楚、程序合法、适用法律正确。

▶ **法院判决**

法院经审理认为:该行政处罚在处理程序上存在严重瑕疵,且主要证据不足。第一,本案被告××局未提供其作出宁×公×罚决字[×]第×号××行政处罚前,告知当事人张××对作出行政处罚决定的事实、理由及依据,并告知当事人依法享有权利的证据。即本案被告未向原告交待(代)陈述权和申辩权,亦未听取原告的陈述和申辩,剥夺原告的陈述、申辩权。第二,被告虽然对听证权利向原告进行了告知,但被告在听证期限开始前就已填写《林业行政处罚意见书》,并报被告法制部门和负责人审查作出了处理意见,违反《林业行政处罚程序规定》第三十八条关于听证结束后填写《林业行政处罚意见书》报送相关部门审查决定的处理程序,剥夺了原告要求听证的权利。第三,被告在送达林业行政处罚决定书时,原告拒绝签收,被告××局没有按照《中华人民共和国民事诉讼法》的规定,邀请有关基层组织或者所在单位的代表到场,说明情况,在送达回证上记明拒收事由和日期,由送达人、见证人签名或盖章,送达程序不合法。第四,本案涉案地块不具有林权证,被告××局仅以退耕还林苗木领取情况统计表认定涉案地块的土地性质为林地系主要证据不足。

▶ 执法点评

行政机关应当重视程序性证据的收集

在行政诉讼中,被告对其作出的具体行政行为承担举证责任。这里被告应当提供的证据,不仅包括实体性证据——证明违法行为存在及情节轻重的证据,而且包括程序性证据——行政机关是否遵守法定程序的证据。换一个角度,在行政执法中,行政机关应当全面收集证据,不仅要收集证明违法行为成立的实体性证据,而且要收集行政机关依法行政的程序性证据。在一般程序中,程序性证据有很多,但告知当事人处罚的事实、理由和依据,告知其享有陈述或者申辩的权利,是行政机关必须履行的法定义务,是影响行政处罚决定能否成立的主要因素之一。在本案中,用以证明××局处理行政案件程序合法的证据(证据7组),既有林业行政处罚立案登记表、听证权利告知书、林业行政处罚意见书,也有林业行政处罚决定书、责令限期恢复原状通知书、行政处罚文书送达回证,恰恰没有行政处罚先行告知书。显然被告之所以败诉,其中一个重要原因,就是被告没有提供已经履行告知义务的证据,进而导致行政处罚不成立。

在执法实践中,行政机关往往采用以下两种方式,证明已经履行了告知义务。一种方式是仅提供一份证据,即《林业行政处罚先行告知书》,但告知书上不仅有"某年某月某日收到""我不要求陈述、申辩"等字样,而且附有当事人的签名或者盖章。一种方式是提供两份证据,一份是《林业行政处罚先行告知书》,另一份是《林业行政处罚送达回证》。送达回证应当包含当事人签名确认某年某月某日已经收到《林业行政处罚先行告知书》等必备要素;采用留置送达的,应当在备注栏写明当事人或者其同住成年家属拒绝接收的情况,并由见证人签名确认。

▶ 司法点评

行政处罚告知书(包括行政处罚先行告知书和行政处罚听证权利告知书)与行政处罚意见书的先后顺序

法院认为,"被告虽然对听证权利向原告进行了告知,但被告在听证期限开始前就已填写《林业行政处罚意见书》,并报被告法制部门和负责人审查作出了处理意见,违反《林业行政处罚程序规定》第三十八条关于听证结束后填写《林业行政处罚意见书》报送相关部门审查决定的处理程序,剥夺了原告要求听证的权利。"显然,在法院看来,在行政处罚听证权利告知书(以下简称听证告知书)和行政处罚意见书(以下简称处罚意见书)的问题上,被告违反了法定程序,应当是先制作和送达听证告知书,后制作处罚意见书。其实,在听证告知书和处罚意见书的先后顺序、听证告知书和行政处罚先行告知书(以下简称先行告知书)的先后顺序的问题上,不仅行政和司法机关之间观点各异,行政机关相互之间也常常意见相左。那么,先行告知书、听证告知书和处罚意见书之间究竟孰先孰后?先行告知书和听证告知书之间究竟孰先孰后?先行告知书和听证告知书是可以任择其一,还是应当全部送达?如果应当全部送达,是否可以同时送达?如果不能同时送达,应当先送达哪一份告知书?

首先,先行告知书、听证告知书与处罚意见书孰先孰后的问题。答案:处罚意见书的制作和签署在前,先行告知书、听证告知书的制作和送达在后。理由如下:一是,从形式上看,无论是先行告知书,还是听证告知书,都盖有行政机关的印章。这印章本身,意味着告知书上的内容是代表行政机关的意见,而非执法者的个人意见。二是,从内容上看,告知书上的内容,除了行政处罚的事实、理由和依据外,主要就是行政机关拟作出的处罚,即具体的处罚内容。三是,既然先行告知书和听证告知书中传递的内容,是行政机关而非执法者个人的意见,那么在两个告知书之前,一定存在一个能够代表行政机关意见的文书。四是,既然这个文书是代表行政机关的意见,那么这个文书必定经过内部行政程序,并由行政机关负责人或者集体讨论签署同意的文书。五是,这样一种需要经过负责人审批的文书,不管是称作"林业行政处罚审批表""林业行政处罚呈批表",还是写作"林业行政处罚意见书""行政处罚审核意见书",都是一个内部的行政决定,其核心内容无非是打算给予当事人何种处罚。一言以蔽之,先制作和签署处罚意见书,后告知当事人处罚意见书的内容。

其次,听证告知书与先行告知书是否都要送达的问题。答案:两种告知书都要依法制作并送达,缺一不可。理由如下:一是,从属性上看,根据现行法律的规定,行政处罚的法定程序,只有简易程序和普通程序两种,且两种程序都是独立程序。而听证程序却不是可与前两者并列的独立程序,而是属于依附于普通程序的附加程序,属于非独立程序。因此,以是否具备听证的法定条件为标准,可以将普通程序分为两种:无须告知听证的普通程序和应当告知听证的普通程序。二是,从功能上看,听证程序是一种较为特别的调查程序。这里的"特别",是指与"普通"的调查程序相比,听证程序不是由调查人员对当事人进行的单向调查,而是一种带有司法色彩的行政调查。即由非调查人员担任主持人,平等听取调查人员和当事人的陈述、申辩,引导双方就案件事实、证据和依据展开质证,从而对已经查明的案情、收集的证据、适用的法律等问题,进行再一次的公开的调查和核实。三是,在无须告知听证程序的普通程序中,向当事人进行行政处罚的先行告知,既是法定义务,也是必经程序。而依法制作并送达行政处罚先行告知书,则是履行上述义务的法定方式。如果没有依法履行先行告知义务,根据《行政处罚法》第三十一条、第四十一条规定,将导致行政处罚决定不能成立。四是,在包含听证程序的普通程序中,除了先行告知是必经程序外,附加的听证告知也是必经程序。而依法制作并送达听证告知书,同样是履行上述程序的法定方式。如果没有依法履行听证告知程序,同样将导致行政处罚决定不能成立。因此,对行政机关及其执法人员而言,在包含听证程序的普通程序中,对当事人进行先行告知和听证告知,既是法定义务,也是必经程序。先行告知书和听证告知书两种文书都应当依法制作并送达当事人。

再次,送达听证告知书与先行告知书的先后问题。答案:应当先行制作并送达听证告知书,然后制作并送达先行告知书。换句话说,在包含听证程序的普通程序中,两者不能同时制作并送达当事人。理由如下:一是根据《行政处罚法》第三十一条、第四十一条规定,在行政处罚决定书制作并送达之前,有一个必经的程序,即依法向当事人履行行政处罚的先行告知。二是无论是依据《行政处罚法》第四十二条、第四十三条规定,听证结束后,行政机关依照本法第三十八条关于"调查终结,行政机关负责人应当对调查结果进行审查,根据不同情况,分别作出如下决定:(一)确有应受行政处罚的违法行为的,根据情节轻重及具体情况,作出行政处罚决定……对情节复杂或者重大违法行为给予较重的行政处罚,行政机关的负责人应当集体讨论决定"的规定作出决定,还是依据《林业行政处罚程序规定》第三十七条、第三十八条规定,听证结束后,林业行政主管部门依照本规定第三十一条关于"林业行政处罚案件经调查事实清楚、证据确凿的,应当填写《林业行政处罚意见书》,并连同《林业行政处罚登记表》和证据等有关材料,由林业行政执法人员送法制工作机构提出初步意见后,再交由本行政主管部门负责人审查决定"的规定作出决定,都意味着,在听证完成后,应当根据听证报告书的内容,按照内部行政程序制作处罚意见书,然后将拟作出处罚的事实理由和依据及陈述、申辩权利告知当事人,也就是将承载处罚意见书主要内容的《行政处罚先行告知书》依法送达当事人。

最后,先行告知书、听证告知书与处罚意见书的正确排序。一方面,在无须告知听证的普通程序中,上述文书的顺序应当是:先制作处罚意见书,后制作并送达先行告知书。此类普通程序的完整步骤包括:(1)立案(制作立案登记表);(2)调查(制作呈请先行登记保存审批表、先行登记保存证据通知单、勘验检查笔录、聘请书等各种法律文书);(3)审查(制作处罚意见书);(4)先行告知(制作并送达先行告知书);(5)听取申辩并复核(听取当事人陈述或者申辩并复核);(6)再次审查(经复核申辩内容成立者,应依据新的事实和证据,制作新的处罚意见书);(7)再次先行告知(制作并送达新的先行告知书);(8)决定(制作处罚决定书);(9)送达(送达处罚决定书并填写送达回证);(10)执行(当事人自觉履行,收集缴款单、代缴罚款申请书等书证;行政机关代履行或者申请法院强制执行,制作没收物品处理清单、催告书等法律文书);(11)立卷归档(将法律文书装订立卷并归档)。其中,如果告知后当事人没有申辩,那么上述(5)(6)(7)即不再需要。如果经复核其申辩不成立的,那么上述(6)(7)即不再需要。另一方面,在应当告知听证的普通程序中,上述法律文书的顺序应当是:首先制作处罚意见书,其次制作并送达听证告知书(如果听证采纳了新的证据,影响原来的处罚意见,那么需要制作新的处罚意见书),最后制作并送达先行告知书。此类普通程序的完整步骤包括:(1)立案;(2)调查;(3)审查;(4)听证告知(依据处罚意见书制作并送达听证告知书);(5)听证;(6)再次审查(依据听证报告书制作新的处罚意见书);(7)先行告知(制作并送达先行告知书);(8)听取申辩并复核;(9)决定;(10)送达;(11)执行;(12)立卷归档。其中,如果当事人不要求听证,那么上述(5)(6)即不再需要。特别要指出的是,在听证结束以后,无论维持原来的处罚意见,还是改变原来的处罚意见,行政机关都应当按照《行政处罚法》第四十三条关于"听证结束后,行政机关依照本法第三十八条的规定,作出决定"的明确要求,即依据第三十八条关于"调查终结,行政机关负责人应当对调查结果进行审查"的要求,再次制作新的《林业行政处罚意见书》,并据此制作并向当事人依法送达《林业行政处罚先行告知书》。

▶ 判决书

张××诉宁安市××局林业行政处罚案

黑龙江省宁安市人民法院
行政判决书

(2014)宁行初字第1号

原告张××。

委托代理人王××。

第四章 是否违反法定程序

被告宁安市××局。

法定代表人张×Y,男,局长。

委托代理人齐××。

委托代理人吴××。

第三人宁安市××村村民委员会。

法定代表人王×,男,主任。

第三人张×。

原告张××因不服被告宁安市××局(以下简称××局)于2013年10月18日作出的宁×公×罚决字[×]第×号××行政处罚决定书,于2013年12月19日向本院提起行政诉讼,本院于当日受理后,于2013年12月23日向被告××局送达了起诉状副本、应诉通知书、权利义务及举证通知书、合议庭组成人员告知书。因××村村民委员会(以下简称××村委会)、张×与本案有利害关系,本院依法通知其作为第三人参加诉讼,于2013年12月23日向××村委会、张×送达了起诉状副本、参加诉讼通知书、权利义务及举证通知书、合议庭组成人员告知书。本院依法组成合议庭,于2014年1月15日公开开庭审理了本案。原告张××及其委托代理人王××,被告××局委托代理人齐××、吴××,第三人××村委会、张×到庭参加诉讼。本案现已审理终结。

被告××局于2013年10月18日作出宁×公×罚决字[×]第×号××行政处罚决定书,该决定书主要内容为:张××在2013年4月至6月期间未经林业行政主管部门审核同意,同时也为(未)向林业行政主管部门提交用地申请,便通过朋友孙×雇佣(用)了一台挖掘机,擅自在刘××、刘×Y、张×共同承包的林地内建房、挖鱼池,面积共计6 001平方米。××局于2013年10月18日,根据《森林法实施条例》第十六条、第四十三条一款的规定对张××作出:1. 2013年12月31日前将非法改变用途林地恢复原状;2. 处以非法改变用途林地罚款120 020.00元。

被告××局在法定举证期限内向本院提交了作出被诉具体行政行为的证据、依据:

证据1组:刘××、刘×Y的诉求书;刘××、张××、王×的询问笔录以及褚××和吴××林业行政执法证各一份,欲证明:1. 2013年3月刘××和刘×Y到造林地查看时,发现涉案地块被推成鱼池并建设了房屋地基基础,并于2013年5月27日到××局反映情况要求追究相关人员的法律责任;2. 张×是在刘××和刘×Y不知情的情况下把三人植树造林的林地转让给张××;3. 张××未经有关机关批准雇人勾鱼池、盖房子;4. 转包给张××林地时的盖章时间是在××局立案调查之后;5. ××公安局的办案人员具备行政执法资格。

原告张××质证有异议,称:1. 诉求书没有刘××的签名,不具有客观真实性,且诉求书的内容属法院民事审判庭审理范围;2. 询问前未按法定程序进行告知、未提供居民身份证复印件且证人未出庭接受质证,无法核实内容的真实性;3. 涉案地貌是荒草地块,没有树,不是林地,询问笔录内容不属实,且与勘验笔录内容相悖,能够证明被告认定原告挖鱼池建房没有事实依据、法律依据;4. 处理案件的是××公安局,被告××局未对本案进行立案查处;5. 林业行政执法证上标注的工作单位是宁安市××局,但在询问笔录上的工作单位是××公安局,且询问人张×Z工作证没有申报,应视为不具有行政执法权。

第三人××村委会质证无异议。

第三人张×质证无异议。

证据2组：勘验检查笔录及四张照片，欲证明张×、刘××、刘×Y合伙植树的地方有6 001平方米被推成了鱼池和建成了彩钢房，用于养鱼和饲养家畜，鱼池周围有挖掘机的挖掘痕迹，北侧杨树林平均高度为6米，根径都在12至22厘米，在彩钢房和鱼池中间有少量新长出来的杨树苗。

原告张××质证有异议，称：1. 勘验检查时未通知原告到场，违反勘验检查程序规定；实际勘验检查时间与制作笔录内容时间不符；未邀请专业测绘人员进行定位、测绘，勘验检查人员未到报案现场勘验检查，勘验笔录内容虚假；2. 原告未参与拍照，拍摄情况不清楚，对照片标注内容不认可。

第三人××村委会质证，称张×承包的是××村的草甸子地，是废弃地。

第三人张×质证无异议。

证据3组：公证书一份、合伙植树协议书二份，欲证明：1. 2004年1月1日张×承包了××村委会32亩草地，承包期限是25年；2. 2005年4月28日张×同刘××和刘×Y三人签订合伙植树协议书，合同约定三人合伙植树协议与原承包荒地的合同任何一方不得私自抵押转让，如需抵押转让须经三方同意，否则无效。张×擅自将林地转包给张××的行为无效；3. 2005年5月1日刘××、刘×Y和刘×Z三人签订了合伙植树协议书，刘×Z负责杨树的管理管护工作，三人签订的协议与原协议同时有效，同时废止。

原告张××质证对公证书无异议，认为该份证据能够证明涉案地块为××村的未利用地，不是林地，被告决定书中认定涉案地块为林地没有事实依据；对两份合伙植树协议书有异议，称该两份协议书与本案无关，未经法院确认，不能直接认定该协议书有效。

第三人××村委会质证称只与张×有利害关系，认可张×与原告签订的协议。

第三人张×的质证意见同原告一致。

证据4组：李××、孙××、罗××专业资格证书各一份，欲证明本案鉴定人员具备法定鉴定资格。

原告张××质证对三个证书的形式要件无异议，对证明的问题有异议，称：1. 该三位鉴定人与本案被告有利害关系，应依法回避；2. 三位鉴定人的专业证书为营林工程师，不具有森调、测绘专业知识和鉴定执业资格。

第三人××村委会质证意见同原告一致。

第三人张×的质证意见同原告一致。

证据5组：退耕还林树苗统计表、造林小班验收卡片、造林验收合格卡各一份，欲证明张×已经在海浪财政所领取退耕还林补助款925元，刘××、刘×Y和张×合伙种植的杨树已经林业总站验收合格，登记在册，该地块已经由原来的荒地变更为林业用地。

原告张××质证有异议，称该三份证据与本案无关，张×的承包地是32亩，领取苗木的只有18.5亩，按照退耕还林条例规定，即便领取退耕还林的种苗补助，也不能将涉案的地块性质改为林业用地。

第三人××村委会质证意见同原告一致。

第三人张×质证称其所承包的草地没有种苗补助，种树的给补助，没有种树的不给补助。当时其没有进行申请，是财税所通知领取的，领取数额记不清了，补助款已自用。其他的质证意见同原告一致。

证据6组:聘请委托书、地块认定情况说明、聘请书、鉴定意见书和现场勘测图各一份,欲证明:1.张×的林地在2005年被划为退耕还林工程造林,上报到省退耕办,登记造册,该荒地已经变更为林业用地;2.涉案林地位于海浪镇××村,为杨树滥伐迹地,改变林地用途面积是0.6001公倾(顷)。

原告张××质证有异议,称:1.林地性质是以林权证确认的,不能进行鉴定,且××公安不是林业行政主管部门,其直接委托被告单位不具有森调资质和测绘资质的人员对涉案地类和面积进行鉴定,违反法律规定;2.仅以退耕还林苗木领取情况认定涉案地块为林业用地错误,且《地块认定情况说明》不是鉴定书,形式要件不合法,不能作为定案依据;3.鉴定人员不具有森调、测绘专业知识和鉴定资格,也没有附有鉴定机构和鉴定人的鉴定资质证明,且鉴定人员系属应回避范畴,鉴定意见书违反法律规定;4.被告制作的勘验检查笔录记载未发现杨树伐根,鉴定人编造杨木滥伐迹地0.6001公顷严重违法。

第三人××村委会质证意见同原告一致。

第三人张×的质证意见同原告一致。

证据7组:林业行政处罚立案登记表、听证权利告知书、林业行政处罚意见书、林业行政处罚决定书、责令现(限)期恢复原状通知书、行政处罚文书送达回证各一份,欲证明××局处理行政案件程序合法。

原告张××质证有异议,称××公安局违法立案、剥夺原告听证权利、未按法定程序送达、被告决定报批程序违法、处罚决定认定事实错误、超审限办案,程序严重违法。

第三人××村委会质证意见同原告一致。

第三人张×的质证意见同原告一致。

被告作出××行政处罚决定的法律依据:《森林法实施条例》第十六条、四十三条第一款、三十二条第一款。

原告张××诉称,请求法院依法撤销宁安市××局于2013年10月18日作出的宁×公×罚决字[×]第×号××行政处罚决定书。理由一,决定书认定事实错误,主要证据不足。1.涉诉的32亩承包地不是刘××、刘×Y、张×共同承包的;2.被告在该行政处罚决定书中认定涉案地块为林地错误;3.被告认定原告实施建房和挖鱼池的行为没有事实依据。理由二,程序违法。1.被告作出的××行政处罚决定剥夺了原告听证的权利;2.被告未依法向原告送达××行政处罚文书;3.被告自行鉴定地类和面积违反法定程序。

原告张××为证明自己的主张提交以下证据:

证据1:××年宁公证经字第×号公证书一份,欲证明:(1)2004年张×与××村村民委员会签订了32亩荒草地承包合同;(2)××村委会允许张×在该荒草地块上搞养殖、建养殖设施;(3)××行政处罚决定书中认定该荒草地块为张×、刘××、刘×Y三人的共同承包地(的)错误。

被告××局质证对形式要件无异议,对证明的问题有异议,称2004年发包时地块是荒地,但原告勾鱼池、盖房子时该地块已经是林地了。

第三人××村委会质证无异议。

第三人张×质证无异议。

证据2：2012年3月30日张×与原告签订的《草地承包合同》一份，欲证明：(1)经××村委会同意，张×将自己承包的32亩荒草地转包给原告15亩；(2)××村委会同意原告在该荒草地上养鱼和建养殖设施；(3)刘××、刘×Y、张×三人约定协商一致后方可转让的约定不能对抗善意第三人。

被告××局质证对形式要件无异议，对证明的问题有异议。称：1.转包合同中村委会是在××局立案调查之后签字盖章的；2.转包时该块地不是荒地，在2005年该涉案地块已经变更为林业用地；3.张×未经刘××、刘×Y同意转包林地行为无效。

第三人××村委会质证无异议。

第三人张×质证无异议。

证据3：××村村民委员会证明一份，欲证明：涉案地块仍属于未利用地中的荒草地块，至今未变更为林地。

被告××局质证有异议，称虽然村委会没有提出申请将草甸子地变更为林地，但结合被告提供的证据5，涉案荒地在2005年已经变更为林业用地。

第三人××村委会质证无异议。

第三人张×质证无异议。

证据4：申请法院调取的××村土地现状图二份、宁安市××××局证明一份，欲证明：(1)涉案地块始终属于未利用地中的荒草地块，位置位于××村的版图内；(2)涉案荒草地块经测量面积为4 454平方米。

被告××局质证有异议，称：1.证明应由负责人签字，并加盖出具单位公章；2.该证明只能证实荒草地变更为林业用地时并没有到××××局办理变更登记，不能否认原告在挖鱼池建房时这块地的性质是林地的事实。

第三人××村委会质证无异议，称这块荒甸子周围都是村民的责任田，中间不可能留一块地种树。

第三人张×质证意见同宁西村委会一致。

第三人××村委会、张×未提交证据。

被告××局辩称，2004年1月1日，张×同××村委会签订40亩草地承包合同，承包期限25年，自2004年1月1日至2028年12月31日。2005年4月28日，张×与刘××、刘×Y签订合伙种树协议书，张×提供自己承包的荒地给刘××、刘×Y，三人共同栽植速生杨树，期限与原承包合同一致，刘××提供树苗、刘×Y提供资金、张×负责管理维护，三人按1∶1∶1比例平均受益，三人合伙期间任何一方不得私自抵押、转让。2005年5月1日，刘××、刘×Y与刘×Z签订合伙植树协议书，二人将受益分成三股，由刘×Z负责管护所需费用，该协议与原草地合同期限同时有效，同时终止。张×与刘××、刘×Y合伙种树期间，私自与张××签订草地转包合同应为无效，张×无权擅自转包土地经营权。张×承包的荒地在2005年被划为退耕还林工程造林，且张×还在××镇财政所领取退耕还林苗木款。张×、刘××、刘×Y三人种植的杨树经有关部门验收，省退耕办登记在册，已经变更为林业用地。2013年8月8日，宁安市××公安局的询问笔录中，张××承认是在同年4月份用勾机子勾的鱼池，6月份盖的房子，且与刘××的询问笔录相互印证，能够认定张××实施了建房和挖鱼池的行为。被告依据《中华人民共和国森林法实施条例》的相关规定，处罚前告知原告应当享有的听证权利、送达了相关行政处罚文书。综上,被告作出的宁×公×罚决字[×]第×号××行政处罚决定书程序合法,事实清楚,适用法律正确。请求法院依法维持被告作出的××行政处罚决定书。

第三人××村委会述称,××村委会于2004年1月1日发包给张×的涉案地块的土地性质是荒草甸子,既不是耕地,也不是林地,不存在退耕还林的问题。张×将其中的15亩荒草甸子转包给张××是经村委会同意的,村委会从未提出申请将张×转包给张××的15亩草甸子地的地类变更为林地。

第三人张×述称,其与××村委会签订的承包协议,承包的涉案地块是草甸子地、沼泽地,将其中的15亩土地转包给张××是通过××村委会同意的。

经庭审举证、质证,本院对上述证据作如下确认:

被告提交的证据2、4、5、6、7,本院认为证据2违反了《林业行政处罚程序规定》第二十九条关于勘验检查的规定,被告未邀请当事人参加,亦未聘请相关测绘人员对勘验现场进行测绘;证据4的三份资格证书的持有人均为宁安市××局工程师,与本案处罚主体具有利害关系,系属自行回避范围,且该三人不具备森调、测绘专业知识;证据5退耕还林树苗统计表、造林验收卡、造林验收合格证不能与其他证据形成证据链条,无法证实涉案的15亩地块的土地性质为林地;证据6中林业局聘请的鉴定人员,出具的情况说明、鉴定意见书均为××局的工程师和林政股出具,与处罚主体具有利害关系,应自行回避,现场勘测图没有制图人签字,形式要件不合法,亦没有同其他证据形成证据链条证实涉案地块为林地。故对上述证据所要证明的问题不予采信。提交的证据7证明不了被告对原告的××行政处罚程序合法,故对证据7不予采信。提交的证据1、3能够证实涉诉案件的立案原因、调查情况以及涉案地块的发包、转包过程,但无法证实涉案地块的土地性质为林地,故对证据1、3的形式要件予以采信,对证明的内容不予采信。

原告提交的证据1、2、3、4,本院认为该4份证据能够形成证据链条,内容真实、合法,与本案具有关联性,予以采信。

经审理查明,2004年1月1日,××村委会将位于本村村东的32亩草地发包给张×,承包期限25年,自2004年1月1日至2028年12月31日止。2004年2月24日双方到××公证处公证承包合同效力。2005年4月28日,张×以32亩草地为出资与刘××、刘×Y三人签订合伙植树协议。2012年3月30日经××村委会同意,张×将其承包的32亩草地中的15亩草地转包给张××,承包期16年,自2012年3月30日至2028年12月31日止。2013年7月25日,宁安市××局接到报案称涉案地块被原告挖鱼池和建彩钢房。经初查,××局于2013年7月29日正式立案,进行调查核实后于2013年10月18日作出宁×公×罚决字[×]第×号××行政处罚决定书,认定原告张××擅自在刘××、刘×Y、张×共同承包的林地内建房、挖鱼池,面积共计6 001平方米。并作出责令原告于2013年12月31日前将非法改变用途林地恢复原状并处以非法改变用途林地120 020元罚款的处罚决定。原告对此××行政处罚决定不服,向宁安市人民法院提起行政诉讼,要求撤销被告作出的宁×公×罚决字[×]第×号××行政处罚决定书。

另查明,涉案地块没有林权证。

本院认为,行政机关应当严格按照法定程序作出具体行政行为。依据《中华人民共和国行政处罚法》第三十一条规定:"行政机关在作出行政处罚决定之前,应当告知当事人作出行政处罚决定的事实、理由及依据,并告知当事人依法享有的权利。"最高人民法院《关于执行〈中华人民共和国行政诉讼法〉若干问题的解释》第二十六条第一款规定:"在行政诉讼中,被告对其作出的具体行政行为承担举证责任。"本案被告××局未依照上述法律规定,提供其作出宁×公×罚决字[×]第×号××行政处罚前,告知当事人张××对作出行政处罚决定的事实、理由及依据,并告知当事人依法享有权利的证据。即本案被告未向原告交待(代)陈述权和申辩权,亦未听取原告的陈述和申辩,剥夺原告的陈述、申辩权;根据《林业行政处罚程序规定》第三十七条的规定:"林业行政主管部门作出责令停产停业、吊销许可证、较大数额罚款等行政处罚决定之前,应当告知当事人有要求举行听证的权利。"第三十八条规定:"听证结束后,林业行政主管部门依照本规定第三十一条,作出决定。"被告虽然对听证权利向原告进行了告知,但被告在听证期限开始前就已填写《林业行政处罚意见书》,并报被告法制部门和负责人审查作出了处理意见,违反《林业行政处罚程序规定》第三十八条关于听证结束后填写《林业行政处罚意见书》报送相关部门审查决定的处理程序,剥夺了原告要求听证的权利;根据《中华人民共和国行政处罚法》第四十条的规定:"行政处罚决定书应当在宣告后当场交付当事人;当事人不在场的,行政机关应当在七日内依照民事诉讼法的有关规定,将行政处罚决定书送达当事人。"被告在送达林业行政处罚决定书时,原告拒绝签收,被告××局没有按照《中华人民共和国民事诉讼法》的规定,邀请有关基层组织或者所在单位的代表到场,说明情况,在送达回证上记明拒收事由和日期,由送达人、见证人签名或盖章,送达程序不合法;综上,该行政处罚在处理程序上存在严重瑕疵。

《中华人民共和国森林法》第三条规定:"国家所有的和集体所有的森林、林木和林地,个人所有的林木和使用的林地,由县级以上地方人民政府登记造册,发放证书,确认所有权或者使用权。"经庭审查明,本案涉案地块不具有林权证,该地块位于宁安市海浪镇××村版图内,××村委会亦表示该地块的土地性质属于未利用地中的荒草地,既不是耕地,也不是林地,不存在退耕还林的问题。第三人张×亦表示其从未向××镇人民政府申请种苗补助,是××镇财税所通知领取的苗木款,涉案地块性质从未改变。故被告××局仅以退耕还林苗木领取情况统计表认定涉案地块的土地性质为林地系主要证据不足。

综上所述,依照《中华人民共和国行政诉讼法》第五十四条第二项第一目、第三目之规定,判决如下:

撤销被告宁安市××局于2013年10月18日作出的宁×公×罚决字[×]第×号××行政处罚决定书。

案件受理费50元,由被告宁安市××局负担。

如不服本判决,可在判决书送达之日起十五日内,向本院递交上诉状,并按对方当事人的人数递交上诉状副本,上诉于黑龙江省牡丹江市中级人民法院。

审　判　长　王海东
代理审判员　杨海鸥
人民陪审员　史贵臣

二〇一四年三月六日

书　记　员　王丽

> 法律依据

《中华人民共和国行政处罚法》(2009 年第一次修正)

第三十一条 行政机关在作出行政处罚决定之前,应当告知当事人作出行政处罚决定的事实、理由及依据,并告知当事人依法享有的权利。

第三十八条 调查终结,行政机关负责人应当对调查结果进行审查,根据不同情况,分别作出如下决定:

(一)确有应受行政处罚的违法行为的,根据情节轻重及具体情况,作出行政处罚决定;

(二)违法行为轻微,依法可以不予行政处罚的,不予行政处罚;

(三)违法事实不能成立的,不得给予行政处罚;

(四)违法行为已构成犯罪的,移送司法机关。

对情节复杂或者重大违法行为给予较重的行政处罚,行政机关的负责人应当集体讨论决定。

第四十条 行政处罚决定书应当在宣告后当场交付当事人;当事人不在场的,行政机关应当在七日内依照民事诉讼法的有关规定,将行政处罚决定书送达当事人。

第四十二条 行政机关作出责令停产停业、吊销许可证或者执照、较大数额罚款等行政处罚决定之前,应当告知当事人有要求举行听证的权利;当事人要求听证的,行政机关应当组织听证。当事人不承担行政机关组织听证的费用。听证依照以下程序组织:

(一)当事人要求听证的,应当在行政机关告知后三日内提出;

(二)行政机关应当在听证的七日前,通知当事人举行听证的时间、地点;

(三)除涉及国家秘密、商业秘密或者个人隐私外,听证公开举行;

(四)听证由行政机关指定的非本案调查人员主持;当事人认为主持人与本案有直接利害关系的,有权申请回避;

(五)当事人可以亲自参加听证,也可以委托一至二人代理;

(六)举行听证时,调查人员提出当事人违法的事实、证据和行政处罚建议;当事人进行申辩和质证;

(七)听证应当制作笔录;笔录应当交当事人审核无误后签字或者盖章。

当事人对限制人身自由的行政处罚有异议的,依照治安管理处罚法有关规定执行。

第四十三条 听证结束后,行政机关依照本法第三十八条的规定,作出决定。

《林业行政处罚程序规定》(1996 年林业部发布)

第三十一条 林业行政处罚案件经调查事实清楚、证据确凿的,应当填写《林业行政处罚意见书》,并连同《林业行政处罚登记表》和证据等有关材料,由林业行政执法人员送法制工作机构提出初步意见后,再交由本行政主管部门负责人审查决定。

情节复杂或者重大违法行为需要给予较重行政处罚的,林业行政主管部门的负责人应当集体讨论决定。

第三十七条 林业行政主管部门作出责令停产停业、吊销许可证、较大数额罚款等行政处罚决定之前,应当告知当事人有要求举行听证的权利;当事人要求听证的,林业行政主管部门应当组织听证,制发《举行听证通知》,制作《林业行政处罚听证笔录》。当事人不承担林业行政主管部门组织听证的费用。听证依照法定程序进行。

第三十八条 听证结束后,林业行政主管部门依照本规定第三十一条,作出决定。

《中华人民共和国森林法》(2009 年第二次修正)

第三条 森林资源属于国家所有,由法律规定属于集体所有的除外。

国家所有的和集体所有的森林、林木和林地,个人所有的林木和使用的林地,由县级以上地方人民政府登记造册,发放证书,确认所有权或者使用权。国务院可以授权国务院林业主管部门,对国务院确定的国家所有的重点林区的森林、林木和林地登记造册,发放证书,并通知有关地方人民政府。

森林、林木、林地的所有者和使用者的合法权益,受法律保护,任何单位和个人不得侵犯。

《中华人民共和国森林法实施条例》①

第十六条 勘查、开采矿藏和修建道路、水利、电力、通讯等工程,需要占用或者征收、征用林地的,必须遵守下列规定:

(一)用地单位应当向县级以上人民政府林业主管部门提出用地申请,经审核同意后,按照国家规定的标准预交森林植被恢复费,领取使用林地审核同意书。用地单位凭使用林地审核同意书依法办理建设用地审批手续。占用或者征收、征用林地未经林业主管部门审核同意的,土地行政主管部门不得受理建设用地申请。

(二)占用或者征收、征用防护林林地或者特种用途林林地面积 10 公顷以上的,用材林、经济林、薪炭林林地及其采伐迹地面积 35 公顷以上的,其他林地面积 70 公顷以上的,由国务院林业主管部门审核;占用或者征收、征用林地面积低于上述规定数量的,由省、自治区、直辖市人民政府林业主管部门审核。占用或者征收、征用重点林区的林地的,由国务院林业主管部门审核。

(三)用地单位需要采伐已经批准占用或者征收、征用的林地上的林木时,应当向林地所在地的县级以上地方人民政府林业主管部门或者国务院林业主管部门申请林木采伐许可证。

(四)占用或者征收、征用林地未被批准的,有关林业主管部门应当自接到不予批准通知之日起 7 日内将收取的森林植被恢复费如数退还。

第四十三条 未经县级以上人民政府林业主管部门审核同意,擅自改变林地用途的,由县级以上人民政府林业主管部门责令限期恢复原状,并处非法改变用途林地每平方米 10 元至 30 元的罚款。

临时占用林地,逾期不归还的,依照前款规定处罚。

《中华人民共和国行政诉讼法》(1989 年)

第五十四条 人民法院经过审理,根据不同情况,分别作出以下判决:

(一)具体行政行为证据确凿,适用法律、法规正确,符合法定程序的,判决维持。

(二)具体行政行为有下列情形之一的,判决撤销或者部分撤销,并可以判决被告重新

---

① 《中华人民共和国森林法实施条例》(2000 年 1 月 29 日中华人民共和国国务院令 278 号发布 根据 2011 年 1 月 8 日《国务院关于废止和修改部分行政法规的决定》修订)。

作出具体行政行为：

1. 主要证据不足的；
2. 适用法律、法规错误的；
3. 违反法定程序的；
4. 超越职权的；
5. 滥用职权的。

（三）被告不履行或者拖延履行法定职责的，判决其在一定期限内履行。

（四）行政处罚显失公正的，可以判决变更。

最高人民法院《关于执行〈中华人民共和国行政诉讼法〉若干问题的解释》（法释〔2000〕8号）

第二十六条 在行政诉讼中，被告对其作出的具体行政行为承担举证责任。

被告应当在收到起诉状副本之日起10日内提交答辩状，并提供作出具体行政行为时的证据、依据；被告不提供或者无正当理由逾期提供的，应当认定该具体行政行为没有证据、依据。

五、先作出林业行政处罚决定，后展开补充调查(鉴定)的,属于违反法定程序
——杨××与来凤县林业局林业行政处罚纠纷上诉案

▶ 基本信息

行 政 相 对 人：杨××
被诉行政主体：来凤县林业局
一 审 法 院：来凤县人民法院
一 审 结 果：来凤县林业局败诉
二 审 法 院：恩施土家族苗族自治州中级人民法院
二 审 结 果：来凤县林业局败诉

▶ 基本案情

2013年9月10日，原告在湖南省龙山县购买了一株楠木树蔸，委托他人运输，当晚22时许原告行至来凤县九龙盘境内时被来凤县森林公安查获，之后因原告没有办理木材运输许可证被告将原告的树蔸扣押，根据《中华人民共和国森林法实施条例》第四十四条第一款之规定，被告于2013年9月12日作出鄂来林罚书字(2013)第109号林业行政处罚决定书，决定"没收其无证运输的楠木(树蔸)壹株"。原告不服该行政处罚决定，于2013年10月29日向恩施州林业局提起行政复议，恩施州林业局维持了被告鄂来林罚书字(2013)第109号林业行政处罚决定。另查明，1. 本林业行政处罚案的实际承办机关是来凤县林业公安局，但对原告出具林业行政处罚决定书的处罚机关是被告来凤县林业局。2. 2013年12月6日，被告委托恩施鑫森野生动植物司法鉴定所对原告的树蔸进行了鉴定，其结论为楠木类。

▶ 双方主张

杨××诉称：

1. 被上诉人的处罚没有明确的法律依据，依法不予处罚。上诉人运输的是一个腐烂树蔸，不是法律规定应当办理木材运输证的再生树蔸，不属于应当办理木材运输证的范围。虽经被上诉人在具体行政行为作出之后，补充鉴定上诉人运输的是楠木类，但并没有任何法律法规规定楠木类就一定要办理木材运输证。

2. 依法应撤销责令被告来凤县林业局重新作出具体行政行为的判决。本案中，撤销被上诉人的该具体行政行为，并不会给国家利益、公共利益或者他人的合法权益造成损失。而一审法院据此判决责令被上诉人在判决生效后重新作出具体行政行为，依法应撤销该判决。综上，请求二审法院撤销湖北省来凤县人民法院(2014)鄂来凤行初字第00003号行政判决

书的第二项判决;由被上诉人承担一审和二审案件的受理费。

被上诉人来凤县林业局二审未予答辩。

▶ 争议焦点

本案的争议焦点为:被诉行政处罚决定的主要证据是否充足,法定程序是否违反,法律适用是否正确。

▶ 法院判决

湖北省恩施土家族苗族自治州中级人民法院经审理认为:

作出该林业处罚决定书的处罚机关是被上诉人来凤县林业局,而实际的承办机关是来凤县森林公安局。被上诉人来凤县林业局提供的影响本案定案的直接证据是上诉人运输的树蔸属楠木类,是在该林业行政处罚决定书作出后才委托鉴定部门进行鉴定。一审法院据此认定被上诉人作出的此林业处罚决定书主要证据不足,判决予以撤销正确。根据《湖北省木材流通管理条例》第三条规定:本条例所称木,是指各类木、竹及木竹制品,以及以木竹为原(燃)料、消耗木竹资源较多的林产品。具体品种由省人民政府规定。本条例所称木材流通,是指木材经营、加工、运输活动。据此,《湖北省林业厅关于规定木材具体品种的通知》(鄂林政字〔1999〕第290号)规定我省实施检查的木材具体品种包括:一、木、竹:各种规格的木材、小径材、竹材、竹片。二、木竹制品:各种木、竹成品、半成品,各种木、竹人造板,木片,木纸浆。三、消耗木竹资源较多的林产品:木炭、香菇、木耳、茯苓、树皮、再生树蔸、竹笋、松香。城乡居民运输自用的木竹制品、运输装有物品的或回收的专用木制包装箱可免办木材运输证。同时根据《湖北省木材运输证核发管理办法》第三条的规定,凡在本省范围内起运、转运出省,或省内流通的木材、松香产品和再生树蔸、树桩、活立木,均需办理木材运输证。办理木材运输证的具体品种,按原省林业厅鄂林政字(1999)第290号和省林业局林资发(2003)第41号文件规定执行。因本案涉及的树蔸不是再生树蔸,也并非木材及木竹制品及消耗木竹资源较多的林产品,因此不属于应当办理木材运输证的范围,同时本案不是必须再行作出具体行政行为的林业行政案件,原审判令重新作出具体行政行为已无必要,上诉人的上诉理由成立,上诉请求应予支持。

▶ 执法点评

1. 来凤县森林公安局在没有受到行政委托的情况下,无权查处本案

根据《行政处罚法》第十五条的规定,行政处罚由具有行政处罚权的行政机关在法定职权范围内实施。根据《森林法》《森林法实施条例》的规定,林业行政处罚权由县级以上人民政府林业主管部门依法行使。根据《森林法》第二十条以及国家林业局1998年第1号令的授权,森林公安机关可以自己的名义,对《森林法》第三十九条、第四十二条、第四十三条和第四十四条的违法行为,依法作出行政处罚决定。根据《行政处罚法》第十八条、第十九条的规定及其目的,森林公安机关可以接受林业行政主管部门的委托并以委托部门的名义,作出林业行政处罚决定。《林业行政处罚程序规定》对上述规定又作了进一步的细化和明确。即实施林业行政处罚的机关,必须是县级以上林业行政主管部门,法律、法规授权的组织以及林业行政主管部门依法委托的组织,其他任何机关和组织,不得实施林业行政处罚。林业行政主管部门依法委托实施林业行政处罚,必须办理书面委托手续,并由委托的林业行政主管部门报上一级林业行政主管部门备案。委托的林业行政主管部门对受委托的组织实施行政处罚的行为负责监督,并对该行为的后果承担法律责任。受委托组织在委托范围内,以委托的林业行政主管部门名义实施行政处罚;不得再委托其他组织或者个人实施行政处罚。

本案中,原告杨××受罚的行为被认定为无木材运输证运输木材,该违法案件的实际承办机关是来凤县森林公安局,对原告出具林业行政处罚决定书的处罚机关是被告来凤县林业局。但是,无木材运输证运输木材——《森林法实施条例》第四十四条第一款所设定的违法行为,并不属于《森林法》第二十条授权森林公安机关查处的林业行政处罚案件。来凤县森林公安局如果想成为查处该案件的合法主体,必须满足两个条件,即事先取得来凤县林业局的书面委托,并由来凤县林业局报上一级林业行政主管部门备案。而从庭审中被告提供的有效定案证据中,反映不出被告来凤县林业局委托来凤县森林公安局调查处理本行政处罚案。尽管法院没有明确指出来凤县森林公安局缺乏执法主体资格,但实际上,来凤县森林公安局查处本案,既无法律法规授权,也无行政机关的依法委托,来凤县森林公安局无权对本案实施调查和处理。既然来凤县森林公安局并不具备查处本案的合法权力,那么其查处本案的行为,就应当被认定为超越职权的行为。同时,其查处过程中所获得的证据,也将因没有法律依据,或者因来源不合法,而不会被法院所采信。因此,无论是以超越职权的理由,还是从主要证据不足的角度,来凤县人民法院即可以判决撤销本案的行政处罚决定。

2. 本案的鉴定结论既不能作为认定案件事实的依据,也不能作为认定被诉处罚决定合法的依据

来凤县林业局于2013年9月12日作出鄂来林罚书字〔2013〕第109号林业行政处罚决定书,决定"没收其无证运输的楠木(树蔸)壹株"。2013年12月6日,来凤县林业局委托恩施鑫森野生动植物司法鉴定所对原告的树蔸进行了鉴定,其结论为楠木类。一方面,本案的鉴定结论,作为本案唯一的直接证据,是作出行政处罚决定后才由鉴定机构作出。这种先决定后调查,即先对违法行为作出行政处罚决定,再收集认定违法事实的证据材料——鉴定结论的做法,严重违反先调查后决定的法定程序。根据《最高人民法院关于行政诉讼证据若干问题的规定》(法释〔2002〕21号)第五十七条第(一)项关于"下列证据材料不能作为定案依据:(一)严重违反法定程序收集的证据材料"的规定,涉案树蔸属于"楠木类"的鉴定结论,不能作为杨××案件的定案依据。另一方面,根据"法释〔2002〕21号"第六十条关于"下列证据不能作为认定被诉具体行政行为合法的依据:(一)被告及其诉讼代理人在作出具体行政行为后或者在诉讼程序中自行收集的证据"的规定,涉案树蔸属于"楠木类"的鉴定结论,也不能作为认定被诉林业行政处罚合法的依据。

▶ **司法点评**

1. 来凤县林业局和森林公安机关均无权扣押楠木树蔸

2013年9月10日,杨××在湖南省龙山县购买了一株楠木树蔸,委托他人运输,当晚22时许杨××行至来凤县九龙盘境内时被来凤县森林公安查获,之后因杨××没有办理木材运输许可证,来凤县林业局将杨××的树蔸扣押。根据上述法院查明的事实,我们认为,无论是来凤县林业局,还是来凤县森林公安局,对无证运输的木材,均无扣押的法定职权。首先,根据《森林法实施条例》第三十七条关于"经省、自治区、直辖市人民政府批准在林区设立的木材检查站,负责检查木材运输;无证运输木材的,木材检查站应当予以制止,可以暂扣无证运输的木材,并立即报请县级以上人民政府林业主管部门依法处理"的规定,以及《行政强制法》第十七条第一款关于"行政强制措施由法律、法规规定的行政机关在法定职权范围内实施"以及第二十二条关于"查封、扣押应当由法律、法规规定的行政机关实施,其他任何行政机关或者组织不得实施"的规定,暂扣(即扣押)只能由木材检查站实施,林业主管部门或者森林公安局均不得实施。实施暂扣的范围,既不包括盗伐林木、滥伐林木、毁坏林木案件中的林木,也不包括非法收购盗伐、滥伐的林木案件中的林木,以及擅自经营(含加工)木材案件中的木材,而只能是无证运输案件中的木材。其次,根据《行政强制法》第十七条关于"行政强制措施权不得委托。依据《中华人民共和国行政处罚法》的规定行使相对集中行政处罚权的行政机关,可以实施法律、法规规定的与行政处罚权有关的行政强制措施"的规定,森林公安机关不得接受木材检查站的委托实施暂扣,但可以作为行使相对集中行政处罚权的行政机关,实施与林业行政处罚权有关的暂扣。综上,无论是来凤县林业局,还是来凤县森林公安局,均无权以自己的名义,或者以木材检查站的名义,对无证运输的楠木树蔸实施暂扣。

2. 无证运输案件的主要证据

能够证明案件主要事实的证据,就是本案的主要证据。无证运输案件的主要事实至少包括:一是木材的货主、承运人;二是运输木材的数量;三是运输木材没有运输证;四是运输的木材是依法应当办理运输证的木材。执法实践中,在木材的货主没有随车同行的情况下,是货主到底是谁的事实,而不是木材是否应当办理运输证的事实,才是案件调查面临的主要难题。司机要么不愿意说,要么说不知道。即便司机提供了货主的电话,即便第一次打通了电话,且对方承认自己就是货主,但在获悉执法人员身份后,可能马上就不承认自己是货主,有的直接挂断电话;再次联系时,干脆就是电话不接、短信不回,或者电话关机甚至停机。很多无证运输的案件,都是因为无法找到货主,或者无法确认货主而搁浅。在现行法律中,既没有中止调查的规定,也没有如何处理涉案木材的规定,查处案件的行政机关往往是左右为难、无所适从。但是,杨××案件需要解决的,恰恰不是货主的问题,而是木材是否应当办理运输证的问题。而恰恰就是在这个问题上,来凤县林业局没有提供足以定案的证据。我们认为,在办理此类案件时,行政机关及其执法人员应当做好两方面证据材料的收集和固定。

一方面,应当明确本省"凭证运输的木材"范围,收集能够确定"凭证运输的木材"范围的法律依据。应当指出,尽管《森林法》第三十七条和《森林法实施条例》第三十五条规定,从林区运出木材,必须持有县级以上人民政府林业主管部门核发的木材运输证,但都没有对应当办理运输证的"木材"究竟是什么作出解释。法理认为,同一部法律中,在没有特别解释的情况下,对同一个法律概念应当作出同一的解读。因此,可以把木材经营(含加工)环节的"木材"概念和木材运输环节的"木材"概念,作同一的解释,也就是《森林法实施条例》第三十四条第三款"所称木材,是指原木、锯材、竹材、木片和省、自治区、直辖市规定的其他木材。"

"省、自治区、直辖市规定的其他木材",既可以是省、自治区、直辖市人民代表大会及其常务委员会规定的其他木材,也可以是省、自治区、直辖市人民政府规定的其他木材,还可以是省、自治区、直辖市林业主管部门规定的其他木材。那么,在湖北省,哪些木材属于"凭证运输的木材"呢?根据《湖北省木材流通管理条例》《湖北省木材运输证核发管理办法》《湖北省林业厅关于规定木材具体品种的通知》等地方性法规及规范性文件规定,应当"凭证运输的木材",是指各类木、竹及木竹制品,以及以木竹为原(燃)料、消耗木竹资源较多的林产品。具体品种包括:(1)木、竹:各种规定的木材、小径材、竹材、竹片。(2)木竹制品:各种木、竹成品、半成品,各种木、竹人造板,木片,木纸浆。(3)消耗木竹资源较多的林产品:木炭、香菇、木耳、茯苓、树皮、再生树蔸、竹笋、松香。

另一方面,应当明确涉案木材和"凭证运输的木材"之间的关联,收集能够证明涉案木材是否属于"凭证运输的木材"的证据材料。在杨××案件中,一审法院以"被告来凤县林业局提供的影响本案定案的直接证据是原告运输的树蔸属楠木类,是在被诉林业行政处罚决定书作出后才委托鉴定部门进行鉴定"为理由,"依法认定被告此次作出的林业行政处罚决定书之具体行政行为主要证据不足,应予撤销"。按照这一司法逻辑,如果本案定案的直接证据是本林业行政处罚决定书作出前就委托了鉴定部门进行鉴定,那么本案就不属于主要证据不足。其实不然,我们认为,即便执法者在调查取证阶段即已获取"楠木树蔸"的鉴定结论,依然不能充分证明该树蔸就属于"凭证运输的木材"。而只有当鉴定结论显示涉案树蔸是"再生树蔸",而不是什么"楠木树蔸"时,该直接证据才能真正成为本案的主要证据,上述司法逻辑也才能真正成立。毫无疑问,面对涉案树蔸,一个腐烂树蔸,执法者凭借常识即可判断,它既不是木、竹(各种规定的木材、小径材、竹材、竹片),也不是木竹制品(各种木、竹成品、半成品,各种木、竹人造板,木片,木纸浆),也不是消耗木竹资源较多的林产品(木炭、香菇、木耳、茯苓、再生树蔸、树皮、竹笋、松香)。即便本着严格执法的精神,需要确认涉案树蔸是否为"凭证运输的木材",鉴定事项也应该是涉案树蔸是否属于再生树蔸,而不该是树蔸的种属是否"楠木类"。因为,涉案树蔸是否"楠木树蔸",与本案待证事实——涉案树蔸是否属于"凭证运输的木材"之间,毫无关联。

综上,运输案件中的涉案木材是否属于"凭证运输的木材",完全取决于运输行为发生地的地方法律(地方性法规、地方政府规章等)的具体规定。假如该案发生在广东省,那么根据《广东省木材经营加工运输管理办法》①第三条关于"本办法所称木材,包括原木、锯材、竹材、单板、木片、枝桠材、薪材(含柴炭)、树蔸、胸径5厘米以上的移植树木和木(竹)制半成品等"的规定,杨××运输的树蔸就属于"凭证运输的木材",应当依法办理木材运输证。杨××无证运输涉案树蔸,自然应当受到《森林法实施条例》第四十四条第一款的处罚。

---

① 《广东省木材经营加工运输管理办法》(2011年5月5日省政府令第159号发布,自2011年9月1日起施行2018年1月23日省政府令第251号修改)。

> 判决书

杨××与来凤县林业局林业行政处罚纠纷上诉案

湖北省恩施土家族苗族自治州中级人民法院
行政判决书

(2014)鄂恩施中行终字第00049号

上诉人(原审原告)杨××。

委托代理人左红×,湖北震邦华广律师事务所律师,特别授权。

委托代理人周承×,特别授权。

被上诉人(原审被告)来凤县林业局。住所地:来凤县翔凤镇观城坡路31号。

法定代表人唐连×,局长。

上诉人杨××与被上诉人来凤县林业局林业行政处罚一案,不服来凤县人民法院(2014)鄂来凤行初字第00003号行政判决,向本院提起上诉。本院受理后,依法组成合议庭审理了本案,现已审理终结。

原审查明,2013年9月10日,原告在湖南省龙山县购买了一株楠木树蔸,委托他人运输,当晚22时许原告行至来凤县九龙盘境内时被来凤县森林公安查获,之后因原告没有办理木材运输许可证被告将原告的树蔸扣押,根据《中华人民共和国森林法实施条例》第四十四条第一款之规定,被告于2013年9月12日作出鄂来林罚书字(2013)第109号林业行政处罚决定书,决定"没收其无证运输的楠木(树蔸)壹株"。原告不服该行政处罚决定,于2013年10月29日向恩施州林业局提起行政复议,恩施州林业局维持了被告鄂来林罚书字(2013)第109号林业行政处罚决定。另查明,1.本林业行政处罚案的实际承办机关是来凤县林业公安局,但对原告出具林业行政处罚决定书的处罚机关是被告来凤县林业局。2.2013年12月6日,被告委托恩施鑫森野生动植物司法鉴定所对原告的树蔸进行了鉴定,其结论为楠木类。

原审认为,本林业行政处罚案的实际承办机关是来凤县森林公安局,但对原告出具林业行政处罚决定书的处罚机关是被告来凤县林业局,从庭审中被告提供的有效定案证据中反映不出被告来凤县林业局委托来凤县森林公安局调查处理本行政处罚案。且被告来凤县林业局提供的影响本案定案的直接证据是原告运输的树蔸属楠木类,是在本林业行政处罚决定书作出后才委托鉴定部门进行鉴定。故此应依法认定被告此次作出的林业行政处罚决定书之具体行政行为主要证据不足,应予撤销。被告应重新作出具体行政行为。原告诉请返还没收的树蔸的诉讼请求不是本案调整的范围,其诉讼请求不予支持。依照《中华人民共和国行政诉讼法》第五十四条第(二)项第1目及《最高人民法院关于执行〈中华人民共和国行政诉讼法〉若干问题的解释》第五十九条第一项、第五十六条第(四)项的规定,判决:一、撤销被告来凤县林业局作出的鄂来林罚书字(2013)第109号林业行政处罚决定书。二、责令被告来凤县林业局在本判决生效后重新作出具体行政行为。三、驳回原告其他的诉讼请求。案件受理费50元,由被告来凤县林业局承担。

上诉人杨××不服原审法院前述判决,上诉称:1. 被上诉人的处罚没有明确的法律依据,依法不予处罚。上诉人运输的是一个腐烂树蔸,不是法律规定应当办理木材运输证的再生树蔸,不属于应当办理木材运输证的范围。虽经被上诉人在具体行政行为作出之后,补充鉴定上诉人运输的是楠木类,但并没有任何法律法规规定楠木类就一定要办理木材运输证。2. 依法应撤销第二项判决。本案中,撤销被上诉人的该具体行政行为,并不会给国家利益、公共利益或者他人的合法权益造成损失。而一审法院据此判决责令被上诉人在判决生效后重新作出具体行政行为,依法应撤销该判决。综上,请求二审法院撤销湖北省来凤县人民法院(2014)鄂来凤行初字第00003号行政判决书的第二项判决;由被上诉人承担一审和二审案件的受理费。

被上诉人来凤县林业局二审未予答辩。

二审查明事实与原审判决认定的事实相同。

本院认为,本案中,作出该林业处罚决定书的处罚机关是被上诉人来凤县林业局,而实际的承办机关是来凤县森林公安局。被上诉人来凤县林业局提供的影响本案定案的直接证据是上诉人运输的树蔸属楠木类,是在该林业行政处罚决定书作出后才委托鉴定部门进行鉴定。一审法院据此认定被上诉人作出的此林业处罚决定书主要证据不足,判决予以撤销正确。根据《湖北省木材流通管理条例》第三条规定:本条例所称木,是指各类木、竹及木竹制品,以及以木竹为原(燃)料、消耗木竹资源较多的林产品。具体品种由省人民政府规定。本条例所称木材流通,是指木材经营、加工、运输活动。据此,《湖北省林业厅关于规定木材具体品种的通知》(鄂林政字〔1999〕第290号)规定我省实施检查的木材具体品种包括:一、木、竹:各种规格的木材、小径材、竹材、竹片。二、木竹制品:各种木、竹成品、半成品,各种木、竹人造板,木片,木纸浆。三、消耗木竹资源较多的林产品:木炭、香菇、木耳、茯苓、树皮、再生树蔸、竹笋、松香。城乡居民运输自用的木竹制品、运输装有物品的或回收的专用木制包装箱可免办木材运输证。同时根据《湖北省木材运输证核发管理办法》第三条的规定,凡在本省范围内起运、转运出省,或省内流通的木材、松香产品和再生树蔸、树桩、活立木,均需办理木材运输证。办理木材运输证的具体品种,按原省林业厅鄂林政字〔1999〕第290号和省林业局林资发〔2003〕第41号文件规定执行。因本案涉及的树蔸不是再生树蔸,也并非木材及木竹制品及消耗木竹资源较多的林产品,因此不属于应当办理木材运输证的范围,同时本案不是必须再行作出具体行政行为的林业行政案件,原审判令重新作出具体行政行为已无必要,上诉人的上诉理由成立,上诉请求应予支持。综上,依据《中华人民共和国行政诉讼法》第六十一条第(二)项之规定,判决如下:

一、维持来凤县人民法院(2014)鄂来凤行初字第00003号行政判决的第一项,即撤销来凤县林业局作出的鄂来林罚书字(2013)第109号林业行政处罚决定书;

二、撤销来凤县人民法院(2014)鄂来凤行初字第00003号行政判决的第二项、第三项。

一、二审案件受理费各50元,计100元,均由被上诉人来凤县林业局负担。

本判决为终审判决。

审 判 长 蔡 斌
审 判 员 聂礼刚
代理审判员 王豫娥

二〇一四年八月一日

书 记 员 张 宁

> 法律依据

《最高人民法院关于执行〈中华人民共和国行政诉讼法〉若干问题的解释》(法释〔2000〕8号)

第五十六条 有下列情形之一的,人民法院应当判决驳回原告的诉讼请求:

(一)起诉被告不作为理由不能成立的;

(二)被诉具体行政行为合法但存在合理性问题的;

(三)被诉具体行政行为合法,但因法律、政策变化需要变更或者废止的;

(四)其他应当判决驳回诉讼请求的情形。

第五十九条 根据行政诉讼法第五十四条第(二)项规定判决撤销违法的被诉具体行政行为,将会给国家利益、公共利益或者他人合法权益造成损失的,人民法院在判决撤销的同时,可以分别采取以下方式处理:

(一)判决被告重新作出具体行政行为;

(二)责令被诉行政机关采取相应的补救措施;

(三)向被告和有关机关提出司法建议;

(四)发现违法犯罪行为的,建议有权机关依法处理。

《中华人民共和国森林法实施条例》(2011年修订)

第四十四条 无木材运输证运输木材的,由县级以上人民政府林业主管部门没收非法运输的木材,对货主可以并处非法运输木材价款30%以下的罚款。

运输的木材数量超出木材运输证所准运的运输数量的,由县级以上人民政府林业主管部门没收超出部分的木材;运输的木材树种、材种、规格与木材运输证规定不符又无正当理由的,没收其不相符部分的木材。

使用伪造、涂改的木材运输证运输木材的,由县级以上人民政府林业主管部门没收非法运输的木材,并处没收木材价款10%至50%的罚款。

承运无木材运输证的木材的,由县级以上人民政府林业主管部门没收运费,并处运费1倍至3倍的罚款。

《湖北省木材流通管理条例》[①]

第三条 本条例所称木材,是指各类木、竹及木竹制品,以及以木竹为原(燃)料、消耗木竹资源较多的林产品。具体品种由省人民政府规定。

本条例所称木材流通,是指木材经营、加工、运输活动。

《湖北省木材运输证核发管理办法》[②]

第三条 凡在本省范围内起运、转运出省,或省内流通的木材、松香产品和再生树苑、树桩、活立木,均须办理木材运输证。办理木材运输证的具体品种,按原省林业厅鄂林政字(1999)

[①] 《湖北省木材流通管理条例》(1999年6月4日湖北省第九届人民代表大会常务委员会第十次会议通过 根据2010年7月30日湖北省第十一届人民代表大会常务委员会第十七次会议《关于集中修改、废止部分省本级地方性法规的决定》第一次修正 根据2011年12月1日湖北省第十一届人民代表大会常务委员会第二十七次会议《关于修改部分地方性法规中行政强制规定的决定》第二次修正)。

[②] 《湖北省木材运输证核发管理办法》(2003年12月10日 鄂林资〔2003〕325号)。

第290号、省林业局林资发(2003)41号文件规定执行。但下列情况可不办理木材运输证：

（一）运输木、竹制品折合材积0.5立方米以下的；

（二）城乡居民运输自用的或在商场购买的木、竹制品并有购货凭证的；

（三）运输装有物品的或回收专用木制包装箱。

《湖北省林业厅关于规定木材具体品种的通知》①

各市、州、县（市、区）林业局，神农架林区林业管理局，太子山林场管理局，沙洋监狱管理局林业局：

湖北省第九届人大常委会第十次会议通过了《湖北省木材流通管理条例》，并于1999年6月4日公布施行。《条例》第三条规定："本条例所称木材，是指各类木、竹及木竹制品，以及以木竹为原（燃）料、消耗木竹资源较多的林产品。具体品种由省人民政府规定。"为了认真贯彻执行《湖北省木材流通管理条例》，依法实施木材流通管理，切实保护好森林资源，经省人民政府同意，现将我省实施检查的木材具体品种规定如下：

一、木、竹：各种规定的木材、小径材、竹材、竹片。

二、木竹制品：各种木、竹成品、半成品，各种木、竹人造板，木片，木纸浆。

三、消耗木竹资源较多的林产品：木炭、香菇、木耳、茯苓、树皮、再生树蔸、竹笋、松香。

城乡居民运输自用的木竹制品、运输装有物品的或回收的专用木制包装箱可免办木材运输证。

《中华人民共和国行政诉讼法》（1989年）

第五十四条 人民法院经过审理，根据不同情况，分别作出以下判决：

（一）具体行政行为证据确凿，适用法律、法规正确，符合法定程序的，判决维持。

（二）具体行政行为有下列情形之一的，判决撤销或者部分撤销，并可以判决被告重新作出具体行政行为：

1. 主要证据不足的；

2. 适用法律、法规错误的；

3. 违反法定程序的；

4. 超越职权的；

5. 滥用职权的。

（三）被告不履行或者拖延履行法定职责的，判决其在一定期限内履行。

（四）行政处罚显失公正的，可以判决变更。

第六十一条 人民法院审理上诉案件，按照下列情形，分别处理：

（一）原判决认定事实清楚，适用法律、法规正确的，判决驳回上诉，维持原判；

（二）原判决认定事实清楚，但适用法律、法规错误的，依法改判；

（三）原判决认定事实不清，证据不足，或者由于违反法定程序可能影响案件正确判决的，裁定撤销原判，发回原审人民法院重审，也可以查清事实后改判。当事人对重审案件的判决、裁定，可以上诉。

---

① 《湖北省林业厅关于规定木材具体品种的通知》（1999年10月29日 鄂林政字〔1999〕第290号）。

六、处罚决定擅自改变集体讨论决定的处罚事项,属于违反法定程序

——刘×与长岭县林业局林业行政处罚纠纷上诉案

▶ 基本信息

行政相对人:刘×
被诉行政主体:长岭县林业局
一 审 法 院:长岭县人民法院
一 审 结 果:长岭县林业局胜诉
二 审 法 院:松原市中级人民法院
二 审 结 果:长岭县林业局败诉

▶ 基本案情

长岭县林业局于2014年8月13日作出长森公林罚决字(2014)第013号林业行政处罚决定,认定原告刘×于2013年12月份,在长岭县前七号镇六合水库林地非法占用林地取土,面积达1 849平方米。该行为违反了《中华人民共和国森林法》关于禁止非法占用林地取土的有关规定,已构成违法。依据《中华人民共和国森林法实施条例》第四十三条规定,决定对被处罚人刘×作出如下行政处罚:1. 责令停止违法行为,在本决定生效之日起30日内恢复原状;2. 处擅自改变林地每平方米30元罚款,即1 849平方米×30元(元/米^2)=55 470元。该行政处罚决定书送达后,刘×于法定期间内提起行政诉讼,要求法院撤销上述行政处罚决定。一审法院判决驳回了原告的诉讼请求。刘×不服,提出上诉。

▶ 双方主张

上诉人刘×上诉称:

被上诉人作出的长森公林罚决字(2014)第013号林业行政处罚决定认定事实不清,程序违法,一审判决违法,请二审法院依法改判。

一、本案主体错误,程序违法。由长岭县森林公安大队代行长岭县林业局的行政处罚权,法律依据不足。《森林法》第44条是对破坏林木的处罚权而非破坏林地的处罚权,仅依据长岭县林业局《关于授权委托森林公安大队等林业行政执法权的通知》的规范性文件行使该处罚权利违反了《行政处罚法》第19条的规定。且执法人员证件过期,使处罚决定无效。

二、本案事实不清,对证据断章取义。1. 行政机关在集体讨论笔录认定是在林地边上取土,处罚决定却认定是破坏林地,自相矛盾。2. 西部土地开发整理工程是国家出钱,该标段的施工人是中标公司,而非刘×个人。3. 破坏林地的面积1 849平方米是行政机关推算

的,一审法院采信该结果无法律依据。第三人蔡××已经证实是在其库区取土,而不是魏×明的林地。

被上诉人长岭县林业局辩称:

一、我局完全具备林业行政处罚主体资格,长岭县森林公安大队以长岭县林业局名义作出的处罚决定符合法律规定。

二、本案认定事实清楚,上诉人刘×在行政处罚卷宗的两次笔录中均承认在蔡××的水库取土,蔡××指的边界,蔡证实取土挖过界了,魏×明报案称林地的土被人取走了,在现场勘验图上刘×也签字了,结合林业站的说明,一审法院认定事实清楚。

三、是国家工程或个人买土均不能违法(反)国家法律规定。

综上,答辩人认为原审判决认定事实清楚,适用法律正确,程序合法,请二审法院维持原判。

争议焦点

本案争议焦点在于:被诉行政处罚决定是否主体适格、事实清楚、程序合法、适用法律正确。

法院判决

二审法院认为,一、被上诉人长岭县林业局作出的处罚决定认定事实不清,主要证据不足。1. 庭审中上诉人与原审第三人均陈述是"长岭县国土资源局指定的取土位置,由中标公司负责取土、运土等",被上诉人对实施取土的主体是项目中标单位实施的还是个人实施的认定事实不清;2. 被上诉人作出的处罚决定中认定被破坏林地面积的计算方法系用魏×明提供的林照面积减去没被破坏的林地面积而得出被破坏林地面积,此种计算方法得出的结论无法律依据。故被上诉人的现场勘查、检查笔录不能作为计算被破坏林地面积的依据。二、被上诉人长岭县林业局作出的长森公林罚决字(2014)第013号处罚决定程序违法。被上诉人提供的"案件集体讨论记录"记载的简要案情中,认定刘×除改变林地用途外还有毁坏林木287棵;结论性意见为处滥伐树木的5倍罚款、补种滥伐树木5倍的树木、处擅自改变林地用途每平方米30元的罚款。而在长森公林罚决字(2014)第013号处罚决定中仅有集体讨论结论性意见的第三项,二者不一致,处罚决定擅自改变了集体讨论处罚决定的事项,系程序违法。依法判决如下:一、撤销长岭县人民法院(2014)长行初字第2号行政判决;二、撤销长岭县林业局于2014年8月13日作出长森公林罚决字(2014)第013号林业行政处罚决定。

执法点评

1. 关于如何计算被改变用途的林地面积

在查处非法改变林地用途案件中,被改变用途的林地面积的多少,是这类案件中的主要事实之一。它既是决定该行为是违法还是犯罪的决定性因素之一,也是决定林业行政处罚罚款数额的根本依据。进一步说,在不构成犯罪的情况下,被改变用途的林地面积的多少,直接关系到林业行政处罚决定能否成立,以及处罚的轻与重。因此,如何测量或者计算被改变用途的林地面积,测量或者计算的方式方法是否合乎法律,就显得至关重要。本案被上诉人作出的处罚决定中,认定被破坏林地面积的计算方法,系用魏×明提供的林照(林权证上的)面积,减去没被破坏的林地面积而得出被破坏林地面积。那么,这种计算方法是否合法呢?

我们认为,这种计算或者测量的方法,既没有法律依据,也有悖于现行法律规定。首先,这种计算方法没有法律依据。被改变用途的林地面积究竟有多少,执法者只需要运用科学的测量方法,直接对被改变用途的林地进行测量,即可得出具体的面积。根本不需要舍近求远,用林权证上的面积减去未被破坏的面积,从而得出已经被破坏的林地面积。其次,这种计算方法有悖于现行法律规定。根据《林业行政处罚程序规定》第二十九条关于"林业行政执法人员对与违法行为有关的场所、物品可以进行勘验、检查"的规定,本案执法人员勘验、检查的对象,应当是与违法行为有关的场所——被违法行为改变用途的林地,而不应当是与违法行为无关的场所——没有被改变用途的林地。更为重要的是,即便我们认为,没有被改变用途的林地,也与违法行为有关。那么,这种"有关",也只是一种"间接相关",而非"直接相关"。从证据法角度,作为能够直接证明案件事实的证据,即被改变用途的林地面积,是本案的直接证据;而只能间接证明案件事实的证据,即未被改变用途的林地面积,充其量是本案的间接证据。在能够收集和固定直接证据的情况下,只收集和固定间接证据的做法,明显违背《行政处罚法》第三十六条设定的"全面、客观、公正地调查,收集有关证据"的基本原则,直接违反《林业行政处罚程序规定》第二十七条关于"林业行政执法人员应当全面、公正、客观地收集、调取各种证据"的基本要求。最后,退一步说,即便法院将未被改变用途的林地面积采纳为证据。作为间接证据,它也不能直接证明案件事实——被改变用途的林地面积,仍然需要借助其他事实,先反映其他事实,通过推理或者计算才能反映案件的事实情况。而推理是否合乎及遵循逻辑规则,计算方法得出的结论是否具有法律依据,又将直接影响证明目的的达成。就本案而言,行政机关及其执法人员提供的所有在案证据,都难以或者无法证明其推理和结论满足上述要求。

2. 处罚决定书无权改变集体讨论决定的处罚事项

在林业行政处罚一般程序中,从是否所有行政处罚都必须具备的角度来划分,可以将程序划分为两种:必备程序和选择选择。必备程序是指所有行政处罚案件都必须具备的程序,选择程序则不是所有行政处罚都必须具备的程序,而只是部分行政处罚案件必须具备的程序。由此,立案、调查、审核、告知、决定等程序就属于必备程序,因为它们是所有行政处罚案件都必须具备的程序。而根据《行政处罚法》第三十八条第二款关于"对情节复杂或者重大违法行为给予较重的行政处罚,行政机关的负责人应当集体讨论决定"的规定,只有在两种情形下,即"情节复杂"和"重大违法行为给予较重的行政处罚",才应当由行政机关的负责人集体讨论。就此而言,集体讨论程序非所有处罚案件所必备,而只为特定情形下的处罚案件所必备。所以,集体讨论程序不是必备程序,而是选择程序。和集体讨论程序一样,都属于选择程序的还有复核、听证等程序。

二审判决揭示,在被上诉人提供的"案件集体讨论记录"记载的简要案情中,认定刘×除改变林地用途外,还有毁坏林木287棵的违法行为。在集体讨论的结论性意见中,对刘×的处罚则有三项内容:(1)处滥伐树木的5倍罚款;(2)补种滥伐树木5倍的树木;(3)处擅自改变林地用途每平方米 30 元的罚款。但是,在长森公林罚决字(2014)第 013 号处罚决定中,仅有集体讨论结论性意见的第三项,二者不一致。在此,我们面对的问题有两个:第一,处罚决定是否有权改变集体讨论处罚决定的事项;第二,如果处罚决定擅自改变集体讨论处罚决定的事项,那么这种擅自改变的行为属于何种违法行为。

就第一个问题,我们认为,处罚决定无权改变集体讨论处罚决定的事项。理由在于:从文书制作的步骤来看,行政处罚决定书只有经行政机关负责人同意,才能制作签章并送达当事人。如果处罚决定书载明的事项与集体讨论处罚决定的事项不一致,那就只能说明一个问题,行政机关负责人自行作出或者重新作出了一个行政处罚决定。而基于"谁决定谁改变"的基本规则,集体讨论所决定的事项,只能由新的集体讨论决定来改变。因此,作为个人的"行政机关负责人"的处罚决定,当然无权改变作为集体的"行政机关的负责人"集体讨论的处罚决定。

就第二个问题而言,从《行政处罚法》第三十八条关于"调查终结,行政机关负责人应当对调查结果进行审查,根据不同情况,分别作出如下决定:(一)确有应受行政处罚的违法行为的,根据情节轻重及具体情况,作出行政处罚决定;(二)违法行为轻微,依法可以不予行政处罚的,不予行政处罚;(三)违法事实不能成立的,不得给予行政处罚;(四)违法行为已构成犯罪的,移送司法机关。对情节复杂或者重大违法行为给予较重的行政处罚,行政机关的负责人应当集体讨论决定"的规定可以看出,对于第一款规定的四种类型的案件,有权作出决定的主体是"行政机关负责人",对于第二款规定的两种类型案件,有权作出决定的主体是"行政机关的负责人"。前者是"个人"决定,后者是"集体"决定。由此,我们认为,在依法应当由作为"集体"的"行政机关的负责人"作出决定,且"集体"已经作出决定的情况下,改变"集体决定"内容的主体依法只能是"集体";而作为"个人"的"行政机关负责人"依法应当执行却不执行"集体决定",且自行作出改变"集体决定"的处罚决定的行为,应当认定为"违反法定程序"。

▶ 判决书

刘×与长岭县林业局林业行政处罚纠纷上诉案

吉林省松原市中级人民法院
行政判决书

(2014)松行终字第 15 号

上诉人(原审原告)刘×,男,1973 年 10 月 28 日出生,汉族,教师,现住长岭县。
委托代理人张晓×,吉林车宏伟律师事务所律师。
被上诉人(原审被告)长岭县林业局,住所地长岭县长岭镇。
法定代表人刘剑×,局长。
委托代理人焦德×,长岭县森林公安大队副队长。
委托代理人王×甲,吉林长凌律师事务所律师。

原审第三人蔡××,男,1963年6月13日出生,汉族,教师,现住长岭县。

上诉人刘×因林业行政处罚一案,不服长岭县人民法院(2014)长行初字第2号行政判决,于2014年12月5日向本院提起上诉。本院受理后,依法组成合议庭,于2014年12月17日公开开庭审理了本案。上诉人刘×及其委托代理人张晓×,被上诉人的委托代理人焦德×、王×甲,原审第三人蔡××均到庭参加诉讼。本案现已审理终结。

原审被告长岭县林业局于2014年8月13日作出长森公林罚决字(2014)第013号林业行政处罚决定,对被处罚人刘×作出如下行政处罚:1. 责令停止违法行为,在本决定生效之日起30日内恢复原状;2. 处擅自改变林地每平方米30元罚款,即1 849平方米×30元(元/米^2)=55 470元。原审被告为证实自己的主张,向原审法院提供了以下证据:1. 受案登记表,该证据证明案件的来源是林地承包人魏×明举报的;2. 责令停止违法行为,限期恢复原状通知书;3. 案件集体讨论记录;4. 行政处罚先行告知书、听证告知书;5. 行政处罚决定书及送达回证等证据。上述证据证实其作出的具体行政行为程序合法。6. 2014年6月30日和2014年8月11日询问刘×笔录,这两份证据证实刘×垫草原所用的土是买蔡××承包水库的土,取土的钩机是刘×让丁爱×找的,刘×取土已超过蔡××所指的边界;7. 2014年7月7日和2014年8月12日蔡××的证实材料,这两份证据证实取土人和受益人是刘×,并证实刘×取土时,超过了他指定的边界;8. 2014年6月30日,魏×明的陈述笔录,该证据证实他承包林地上的土是刘×挖的,并证实他家林地享受国家补贴政策;9. 2014年7月8日,丁俊×(丁爱×)的证实材料,该证据证实土是刘×拉的,取土时间是去年12月份;10. 2014年8月11日,吴恩×的证实材料,他把买土钱交给刘×了,取土的行为是刘×实施的;11. 2014年8月11日,王×乙的证实材料,该证据证实他买土垫草原把钱交给刘×了,土是刘×取的;12. 现场勘验、检查笔录,该证据证实刘×取土面积和取土位置;13. 魏×明林权使用证复印件,该证据证实林地承包人是魏×明及林地的四至和林地面积;14. 前七号镇政府林业站的证实材料,该证据证实刘×取土在魏×明的林地范围内。上述证据是被告作出具体行政行为的事实依据。15. 被告对作出具体行政行为所适用的法律为《中华人民共和国森林法》《中华人民共和国森林法实施条例》和《国家林业局关于授权森林公安机关代行行政处罚权的决定》。

原审原告刘×诉称:一、2013年长岭县土地局启动了"沙压碱"工程,我有62垧盐碱地是此工程的一部分,我和大四号村委会还有吴恩×共花55 000元购买六合水库的淤沙,由水库承包人蔡××指定的清淤方位,县土地局清的淤。二、被告所作的具体行政行为违法。该具体行政行为违反《中华人民共和国行政处罚法》第二十四条的规定,假设清淤取土行为违法,行政机关也不能处罚四次,前两次因违法,在法院的劝导下行政机关自己撤销了行政处罚,现在行政机关又作出了和前两次一样的处罚,这是违反《中华人民共和国行政诉讼法》第五十五条规定。一个清淤行为行政机关却用两个具体行政行为进行处罚,违反一事不再罚的行政原则。再假设清淤取土行为真的把树挖了,具体行政行为相对人也是以清淤取土为目的的,其方法和手段或结果触犯其它(他)法条的规定是牵连关系,在刑法理论上叫牵连犯,按一罪处罚,行政法的牵连关系也一样按一个违法行为处理。这就是行政处罚法第二十四条规定的一事不再罚(只指罚款)。三、行政违法的行为人必须在主观上有过错,在客观上有行为。此案,我在主观上没有过错,我和我的伙伴买的是淤沙,不是买地挖土,卖土人持有和前七号镇政府签订的水库承包合同,我没有理由怀疑我们的人民政府,再者清淤地块不是我确定的,该行为是县土地局实施的,客观上我没有实施清淤挖地行为,和我没有任何关系,被告无权处罚我。四、该具体行政行为主要证据没有查实。被告提供的林权执照没有四至或四至不清楚,水库里不可能包含林地。在这之前作出的行政处罚都认定在林地边上取土,既然在林地边上取土,又怎能破坏林地呢?综上所述,被告作出的长森公林罚决字(2014)第013号行政处罚决定,行政处罚主体不适格,认定事实不清,程序违法,请人民法院依法予以撤销。原审原告为了证实自己的主张,向原审法院提供了以下证据:1. 原告提供的长岭县前七号镇大四号村民委员会的证实材料[即魏×明在本村分地台帐(账)],该证据能证实魏×明一共分了1.5公顷耕地,而他林照记载的林地面积是1.86公顷,这份证据证明争议的土地不是林地而是蔡××承包水库的护坡地;2. 原告提供魏×山和许德×的证实材料,这两份证据证实魏×明林地与蔡××承包水库之间的界限是中间的一趟柳树,现在柳树根还在;3. 原告提供鲁长×、于大×的证实材料,该证据证实2013年末,他们在六合水库工地上开挖掘机,他们是在蔡××的指挥下,挖大坝西北树带边的土,这土全部运到蔡××的甸子里了,取大坝东北角的土运到刘×的甸子里了;4. 原告提供赵洪×的证实材料,该证据证实当时他在取土工地现场,土源是刘×等几家买蔡××承包的水库的土,总计55 000元,取土所用的钩机是招标公司所雇佣的,在工程施工中由蔡××指明了取土边界,取土时并没有挖及树木;5. 原告提供刘海×的证实材料,该证据证实他在六合水库工地开钩机挖土,当时是蔡××指的边界;6. 原告申请了四位证人出庭作证。证人丁爱×证实施工队是刘×找的,刘×给他打电话让他找车拉土,挖土时没有挖到树;证人杨×证实,丁爱×介绍我去给姓刘的老板开钩机,蔡××指挥让我怎么干我就怎么干,挖土时没有挖到树;证人范立×证实,刘×在蔡××那买土,我在甸子上负责接土,并没看见土里有树;证人曲金×证实,刘×在蔡××那里买土垫刘×的甸子,同时也垫蔡××甸子了。垫甸子的土里没有树。其中,证人范立×、曲金×与刘×均是连襟关系。另外,雇佣钩机和拉土的钱都是招标公司的人给付的。

原审被告长岭县林业局辩称,一、2013年12月份,刘×垫草原,买蔡××的土,在取土的过程中挖过界,挖到魏×明的林地,共计1 849平方米。二、原告提出我单位对刘×处罚四次不属实,我单位第一次立案时因没有举行听证,程序错误,原来两件案件自行撤销,不能称处罚四次。三、蔡××已承认刘×取土过界,取到魏×明林地1 849平方米,取土边界与蔡××指的边界不符。综上,我单位认为我局作出的长森公林罚决字(2014)第013号行政处罚决定事实清楚、证据充分、适用法律正确、程序合法,请求法院依法维持该行政处罚决定。

原审第三人蔡××述称,前七号镇六合水库是我承包的,我承包的水库和魏×明承包的林地相邻,中间有柳树为界。我把水库的土卖给刘×了,取土是由施工队取的,边界是我指的。当时施工队按我指的边界是挖过界了,但过界的地方也是水库范围内。

原审法院对证据作如下确认:一、在庭审中,原告认为被告长岭县林业局委托授权长岭县森林公安大队具体实施行政行为,不符合《中华人民共和国行政处罚法》第十六条、第十七条、第十八条、第十九条规定。因为,一个行政机关行使有关行政机关的行政处罚权应由国务院或者经国务院授权的省、自治区、直辖市人民政府可以决定;被告提供的《国家林业局关于授权森林公安机关代行行政处罚权的决定》不是部门规章,是一个规范性文件;长岭县森林公安大队是行政机关不是管理公共事务的事业单位。所以,被告作出的具体行政行为无效。被告辩称,该具体行政行为是林业局作出的,不是森林公安大队作出的,主体资格没有问题。经查,该案具体行政行为是长岭县森林公安大队以林业局的名义作出的。从被告提供的卷宗立案受理、调查取证、现场勘验、检查笔录、陈述、申辩、听证告知等办案程序中可以证明上述观点。本院认为,行政处罚由具有行政处罚权的行政机关在法定职权范围内实施。根据《中华人民共和国森林法》第二十条规定:"依照国家有关规定在林区设立公安机关,负责维护辖区社会治安秩序,保护辖区林业资源,并可以依照本法规定,在国务院林业主管部门授权范围内,代行本法第三十九条、第四十二条、第四十三条、第四十四条规定的行政处罚权"。因此,森林公安大队行使行政处罚权,在森林法上授权是明确的。1998年6月26日,《国家林业局关于授权森林公安机关代行行政处罚权的决定》(第1号)中第二项规定:"森林公安局、森林公安分局、森林公安警察大队,查处本决定第一项规定的案件,以自己的名义作出行政处罚决定;其它森林公安机构,查处本决定第一项规定的案件,以其归属的林业主管部门名义作出行政处罚决定"。本案中对原告违反《中华人民共和国森林法》第四十四条规定,森林公安机关有权依法查处。又因原告该违法行为应适用《中华人民共和国森林法实施条例》第四十三规定给予行政处罚,森林公安机关应以林业主管部门的名义对原告作出行政处罚,符合法律规定。另外,国家林业局属于国务院直属机构,具有行政主体资格,有规章制定权。二、在庭审中,原告提出被告作出的行政处罚决定,违反法定程序,即对原告一个违法行为处罚四次。经查本案是被告长岭县林业局对原告擅自改变林地用途作出的行政处罚。在此之前,被告虽也对原告的违法行为作出过行政处罚,但因被告作出的具体行政行为程序违法而自行撤销了行政处罚决定。因此,被告在本案中对原告作出的行政处罚决定不违反法定程序。三、在庭审中,原告认为被告作出具体行政行为认定事实不清,证据不足。被告认定原告于2013年12月份在魏×明林地上取土1 849平方米,没有事实依据和证据。在庭审质证中,被告提供魏×明的报案材料和陈述材料,指认其承包的林地被刘×取土1 800余平方米,树木被破坏。在被告提供的2014年6月30日和2014年8月11日刘×的两次陈述笔录中承认他用买蔡××承包水库的土垫草原,取土钩机是他通过丁俊×(丁爱×)在长春雇佣的。丁爱×2014年7月8日,在行政机关陈述笔录中也承认刘×垫草原找他的钩机取土,因沟深,他的钩机小,干不了,他帮刘×从长春雇佣的钩机。证人丁爱×出庭作证时还证实施工队是刘×找的,刘×还打电话让他给找车取土。在庭审质证时,各方当事人对丁爱×的证据无异议,对这份证据予以采信。被告提供的证人吴恩×、王×乙的证实材料,这两份证据证实,他们草原所垫的土承包给刘×,把钱直接给刘×了,由刘×具体负责垫土。在庭审质证中,各方当事人对这两份证据无异议,本院予以采信。第三人蔡××证实,他所承包的水库和魏×明承包的林地相邻。他把所承包的水库里的土卖给刘×用于垫草原,取土时是他指的边界,但具体开钩机的人挖过界了。过界的部分我认为也是我承包水库范围内的。钩机是西部土地整理项目部雇佣的。第三人对挖过界部分土地使用权归属及钩机是西部土地整理项目部雇佣的主张没有向法院提供证据,对其主张不予支持。被告提供前七号镇林业站证据,该证据证实,蔡××和刘×垫草原所用的土,是在魏×明林地取的。开庭时虽原告对该份证据有异议,但原告并没有提供合法有效的证据予以反驳,对这份证据予以采信。原告提供长岭县前七号镇大四号村民委员会分地台帐(账),该证据证实魏×明在村里分耕地1.5公顷。被告提供的林权登记证上记载的是1.86公顷林地,原告认为魏×明承包的林地是蔡××承包水库的护坡地。本院认为,原告提供的魏×明分地台帐(账)记载的1.5公顷耕地证实不了与被告提供的魏×明林权证上记载的1.86公顷林地为同一地块。另外,被告提供的魏×明林权证书的证据效力大于原告提供的长岭县前七号镇大四号村民委员会分地台帐(账)的证据效力,对被告提供的林权证这份证据予以采信。被告提供现场勘验、检查笔录及现场图,原告在开庭质证时提出异议,认为现场勘验、检查没有实际测量取土面积,而是计算出来的。本院认为,被告提供魏×明林权证这份证据,合法有效,现场勘验测量没被破坏林地面积,用总林地面积减去没被破坏林地面积得出被破坏林地面积数据科学,对这份证据予以采信。另外,勘验、检查现场原告称他本人没到场,是后来被告找原告签的字,原告对自己的主张没有向法院提供证据,本院对其主张不予支持。在庭审中,原告称取土是长岭县国土资源局委托项目部实施的,但原告对自己的主张没有向法院提供证据,对其主张不予支持。

原审法院认定以下事实,被告长岭县林业局于2014年8月13日作出长森公林罚决字(2014)第013号林业行政处罚决定,该决定认定原告刘×于2013年12月份,在长岭县前七号镇六合水库林地非法占用林地取土,面积达1 849平方米。该行为违反了《中华人民共和国森林法》关于禁止非法占用林地取土的有关规定,已构成违法。依据《中华人民共和国森林法实施条例》第四十三条规定,决定对被处罚人刘×作出如下行政处罚:1. 责令停止违法行为,在本决定生效之日起30日内恢复原状;2. 处擅自改变林地每平方米30元罚款,即 $1\,849$ 平方米 $\times 30$ 元(元/米^2)$=55\,470$ 元。该行政处罚决定作出后,被告于2014年8月13日,将该行政处罚决定书送达给原告刘×并向原告交代了行政复议权和诉讼权利。经查,被告在作出行政处罚决定前分别于2014年7月15日和2014年7月25日向原告送达了陈述、申辩告知书、听证权利告知书。该行政处罚决定书送达后,刘×于法定期间内向本院提起行政诉讼,认为被告作出的具体行政行为处罚主体不适格,程序违法,认定事实不清,要求人民法院依法撤销被告的具体行政行为。

原审法院认为,根据《中华人民共和国森林法实施条例》第四十三条第一款规定,未经县级以上人民政府林业主管部门审核同意,擅自改变林地用途的,由林业主管部门责令限期恢复原状,并处非法改变用途林地每平方米10元至30元罚款。被告是林业主管部门,对原告的违法行为具有行政处罚权。虽该行政处罚决定是长岭县森林公安大队以被告的名义作出的,但该行政行为符合《中华人民共和国森林法》第二十条和第四十四条的规定。因此,被告作出的具体行政行为,行政处罚主体适格。被告作出的长森公林罚决字(2014)第013号林业行政处罚决定,认定事实的证据确凿,适用法律、法规正确,符合法定程序,应予以维持。根据《中华人民共和国行政诉讼法》第五十四条第一款第(一)项之规定,判决驳回原告的诉讼请求。

上诉人刘×上诉称,被上诉人作出的长森公林罚决字(2014)第013号林业行政处罚决定认定事实不清,程序违法,一审判决违法,请二审法院依法改判。一、本案主体错误,程序违法。由长岭县森林公安大队代行长岭县林业局的行政处罚权,法律依据不足。《森林法》第44条是对破坏林木的处罚权而非破坏林地的处罚权,仅依据长岭县林业局《关于授权委托森林公安大队等林业行政执法权的通知》的规范性文件行使该处罚权利违反了《行政处罚法》第19条的规定。且执法人员证件过期,使处罚决定无效。二、本案事实不清,对证据断章取义。1.行政机关在集体讨论笔录认定是在林地边上取土,处罚决定却认定是破坏林地,自相矛盾。2.西部土地开发整理工程是国家出钱,该标段的施工人是中标公司,而非刘×个人。3.破坏林地的面积1849平方米是行政机关推算的,一审法院采信该结果无法律依据。第三人蔡××已经证实是在其库区取土,而不是魏×明的林地。

被上诉人长岭县林业局辩称,一、我局完全具备林业行政处罚主体资格,长岭县森林公安大队以长岭县林业局名义作出的处罚决定符合法律规定。二、本案认定事实清楚,上诉人刘×在行政处罚卷宗的两次笔录中均承认在蔡××的水库取土,蔡××指的边界,蔡证实取土挖过了,魏×明报案称林地的土被人取走了,在现场勘验图上刘×也签字了,结合林业站的说明,一审法院认定事实清楚。三、是国家工程或个人买土均不能违法(反)国家法律规定。综上,答辩人认为原审判决认定事实清楚,适用法律正确,程序合法,请二审法院维持原判。

原审第三人蔡××述称,第一当时施工队按我指的边界是挖过界了,但过界的地方也是水库范围内,说挖到魏×明林地不属实。第二我把水库的土卖给刘×了,取土是由施工队取的,边界是我指的,但我没在现场指挥。

本院经审理对原审认定的事实予以确认。二审庭审中,上诉人刘×提供了长岭县前七号镇人民政府于2014年11月25日出具的情况说明一份,内容为:"根据国家关于西部土地开发整理相关政策,长岭县前七号镇大四号村土地开发整理地块是长岭县西部土地开发整理第四批次第十一标段项目,该标段中标单位为陕西有色建设有限公司。刘×承包的62公顷盐碱地包含在该标段中,根据国家土地整理相关政策规定,土地整理的土源由整理土地一方出资提供,工程的具体实施包括取土、运土、平整、修路等由土地整理项目中标单位负责,情况属实"。庭审中刘×与原审第三人蔡××均陈述刘×承包的盐碱地在该标段中,由刘×个人提供土源,刘×购买了蔡××承包的前七号镇大四号村六合水库的土,取土是蔡××指的取土边界。经查该水库与长岭县前七号镇大四号村大力屯农民魏×明承包的林地相邻。后魏×明报案称取土破坏了其林地。长岭县林业局依据魏×明提供的林权证记载的林地面积减去其工作人员现场勘验测量没被破坏的林地面积,得出了魏×明被破坏的林地的面积,即对上诉人作出了长森公林罚决字(2014)第013号林业行政处罚决定书。

本院认为,一、被上诉人长岭县林业局作出的处罚决定认定事实不清,主要证据不足。1.庭审中上诉人与原审第三人均陈述是"长岭县国土资源局指定的取土位置,由中标公司负责取土、运土等",被上诉人对实施取土的主体是项目中标单位实施的还是个人实施的认定事实不清;2.被上诉人作出的处罚决定中认定被破坏林地面积的计算方法系用魏×明提供的林照面积减去没被破坏的林地面积而得出被破坏林地面积,此种计算方法得出的结论无法律依据。故被上诉人的现场勘查、检查笔录不能作为计算被破坏林地面积的依据。二、被上诉人长岭县林业局作出的长森公林罚决字(2014)第013号处罚决定程序违法。被上诉人提供的"案件集体讨论记录"记载的简要案情中,认定刘×除改变林地用途外还有毁坏林木287棵;结论性意见为处滥伐树木的5倍罚款、补种滥伐树木5倍的树木、处擅自改变林地用途每平方米30元的罚款。而在长森公林罚决字(2014)第013号处罚决定中仅有集体讨论结论性意见的第三项,二者不一致,处罚决定擅自改变了集体讨论处罚决定的事项,系程序违法。综上,被上诉人长岭县林业局作出的具体行政行为认定事实不清,主要证据不足,程序违法,应予撤销。原审判决认定事实不清,证据不足,适用法律错误,应予改判。故上诉人的上诉理由成立,本院予以支持。依照《中华人民共和国行政诉讼法》第六十一条第(三)项、第五十四条第(二)项第1目、第3目之规定,经本院2014年审判委员会第38次会议讨论决定,判决如下:

一、撤销长岭县人民法院(2014)长行初字第2号行政判决;

二、撤销长岭县林业局于2014年8月13日作出长森公林罚决字(2014)第013号林业行政处罚决定。

一、二审案件受理费计100元,由被上诉人负担。

本判决为终审判决。

审判长 冷晓峰
审判员 刘　洋
审判员 薛静波

二〇一四年十二月二十五日

书记员 张　雪

▶ 法律依据

《中华人民共和国行政诉讼法》(1989年)

第五十四条　人民法院经过审理,根据不同情况,分别作出以下判决:

(一)具体行政行为证据确凿,适用法律、法规正确,符合法定程序的,判决维持。

(二)具体行政行为有下列情形之一的,判决撤销或者部分撤销,并可以判决被告重新作出具体行政行为:

1. 主要证据不足的;
2. 适用法律、法规错误的;
3. 违反法定程序的;
4. 超越职权的;
5. 滥用职权的。

(三)被告不履行或者拖延履行法定职责的,判决其在一定期限内履行。

(四)行政处罚显失公正的,可以判决变更。

第五十五条　人民法院判决被告重新作出具体行政行为的,被告不得以同一的事实和理由作出与原具体行政行为基本相同的具体行政行为。

第六十一条　人民法院审理上诉案件,按照下列情形,分别处理:

(一)原判决认定事实清楚,适用法律、法规正确的,判决驳回上诉,维持原判;

(二)原判决认定事实清楚,但适用法律、法规错误的,依法改判;

(三)原判决认定事实不清,证据不足,或者由于违反法定程序可能影响案件正确判决的,裁定撤销原判,发回原审人民法院重审,也可以查清事实后改判。当事人对重审案件的判决、裁定,可以上诉。

《中华人民共和国行政处罚法》(2009年第一次修正)

第十六条　国务院或者经国务院授权的省、自治区、直辖市人民政府可以决定一个行政机关行使有关行政机关的行政处罚权,但限制人身自由的行政处罚权只能由公安机关行使。

第十七条　法律、法规授权的具有管理公共事务职能的组织可以在法定授权范围内实施行政处罚。

第十八条　行政机关依照法律、法规或者规章的规定,可以在其法定权限内委托符合本法第十九条规定条件的组织实施行政处罚。行政机关不得委托其他组织或者个人实施行政处罚。

委托行政机关对受委托的组织实施行政处罚的行为应当负责监督,并对该行为的后果承担法律责任。

受委托组织在委托范围内,以委托行政机关名义实施行政处罚;不得再委托其他任何组织或者个人实施行政处罚。

第十九条　受委托组织必须符合以下条件:

(一)依法成立的管理公共事务的事业组织;

(二)具有熟悉有关法律、法规、规章和业务的工作人员;

(三)对违法行为需要进行技术检查或者技术鉴定的,应当有条件组织进行相应的技术检查或者技术鉴定。

第二十四条　对当事人的同一个违法行为,不得给予两次以上罚款的行政处罚。

《中华人民共和国森林法》(2009年第二次修正)

第二十条　依照国家有关规定在林区设立的森林公安机关,负责维护辖区社会治安秩序,保护辖区内的森林资源,并可以依照本法规定,在国务院林业主管部门授权的范围内,代行本法第三十九条、第四十二条、第四十三条、第四十四条规定的行政处罚权。

武装森林警察部队执行国家赋予的预防和扑救森林火灾的任务。

第四十四条　违反本法规定,进行开垦、采石、采砂、采土、采种、采脂和其他活动,致使森林、林木受到毁坏的,依法赔偿损失;由林业主管部门责令停止违法行为,补种毁坏株数一倍以上三倍以下的树木,可以处毁坏林木价值一倍以上五倍以下的罚款。

违反本法规定,在幼林地和特种用途林内砍柴、放牧致使森林、林木受到毁坏的,依法赔偿损失;由林业主管部门责令停止违法行为,补种毁坏株数一倍以上三倍以下的树木。

拒不补种树木或者补种不符合国家有关规定的,由林业主管部门代为补种,所需费用由违法者支付。

《中华人民共和国森林法实施条例》(2011年修订)

第四十三条　未经县级以上人民政府林业主管部门审核同意,擅自改变林地用途的,由县级以上人民政府林业主管部门责令限期恢复原状,并处非法改变用途林地每平方米10元至30元的罚款。

临时占用林地,逾期不归还的,依照前款规定处罚。

第五章 是否准予强制执行

一、对适用法律、法规错误的林业行政处罚，不应裁定准予强制执行
——四川省米易县森林公安局与陈××非诉执行审查案

▶ 基本信息

申 请 人：四川省米易县森林公安局
被申请人：陈××
一审法院：米易县人民法院
一审结果：裁定准予执行

▶ 基本案情

2014年6月，陈××在米易县攀莲镇水塘村十五社集体林办理4立方米木材采伐手续后，擅自在米易县森林经营所管理的国有林内砍伐林木立木蓄积2.534立方米（折合原木1.373立方米）。米易县森林公安局于2015年1月21日接到举报后，于次日立案。之后，米易县森林公安局在调查取证的基础上，告知了当事人依法享有的陈述、申辩以及听证的权利。2015年2月13日，米易县森林公安局依据《中华人民共和国森林法》第三十二条第一款、第三十九条第一款之规定，作出米森公林罚决字〔2015〕第1号林业行政处罚决定书，限陈××十五日内缴纳罚款2 430元和没收木材款810元。米易县森林公安局于2015年2月13日向陈××送达林业行政处罚决定书。

▶ 争议焦点

本案能否强制执行的关键在于：被审查的行政处罚决定是否事实清楚、适用法律正确、程序合法。

▶ 法院裁定

米易县人民法院经审理认为：申请人米易县森林公安局作出的罚款决定事实清楚，证据充分，程序合法，适用的依据正确。被申请执行人陈××收到限期缴纳罚款的决定书后，既没有履行缴纳罚款的义务，也未在法定期限内申请行政复议或提起行政诉讼，并且经催收后

仍拒绝履行,故申请执行人的执行申请符合法律规定,裁定准许执行。

> 司法点评

米易县森林公安局作出的行政处罚决定,适用法律错误。米易县人民法院应当作出不准予执行的裁定。

米易县森林公安局作出的行政处罚决定,适用法律错误

陈××在米易县攀莲镇水塘村十五社集体林办理4立方米木材采伐手续后,擅自在米易县森林经营所管理的国有林内砍伐林木立木蓄积2.534立方米(折合原木1.373立方米)的行为,根据《最高人民法院关于审理破坏森林资源刑事案件具体应用法律若干问题的解释》(法释〔2000〕36号)第三条关于"以非法占有为目的,具有下列情形之一,数量较大的,依照刑法第三百四十五条第一款的规定,以盗伐林木罪定罪处罚……(三)在林木采伐许可证规定的地点以外采伐国家、集体、他人所有或者他人承包经营管理的森林或者其他林木的"规定,应当被认定为盗伐林木。米易县森林公安局依据《中华人民共和国森林法》第三十二条第一款、第三十九条第一款之规定,对陈××的行为按照盗伐林木进行处罚,属于定性准确。但是,根据《森林法》第三十九条第一款之规定,对盗伐林木者,由林业主管部门责令补种盗伐株数十倍的树木,没收盗伐的林木或者变卖所得,并处盗伐林木价值三倍以上十倍以下的罚款。而米易县森林公安局作出的米森公林罚决字〔2015〕第1号林业行政处罚决定书,只是限陈××十五日内缴纳罚款2 430元和没收木材款810元,缺乏责令补种树木的处罚内容,属于漏处行政处罚的种类。此其一。其二,没收木材款810元,并非法定的行政处罚种类——没收变卖所得。除非"木材款"就是盗伐林木的"变卖所得"。其三,即便本案"木材款810元"就是盗伐林木的"变卖所得",根据《国家林业局、公安部关于森林和陆生野生动物刑事案件管辖及立案标准》(林安发〔2001〕156号)第三条关于"被盗伐、滥伐林木的价值,有国家规定价格的,按国家规定价格计算;没有国家规定价格的,按主管部门规定的价格计算;没有国家或者主管部门规定价格的,按市场价格计算;进入流通领域的,按实际销售价格计算;实际销售价格低于国家或者主管部门规定价格的,按国家或者主管部门规定的价格计算;实际销售价格低于市场价格,又没有国家或者主管部门规定价格的,按市场价格计算,不能按低价销赃的价格计算"的规定,米易县森林公安局也应当提供相关证据,证明其采纳该实际销售价格(变卖所得)作为"盗伐林木价值",符合上述法律规定的要求。其四,即便本案"木材款810元",就是盗伐林木的"变卖所得",也正好是"盗伐林木价值",根据《森林法实施条例》第三十八条第二款关于"盗伐森林或者其他林木,以立木材积计算0.5立方米以上或者幼树20株以上的,由县级以上人民政府林业主管部门责令补种盗伐株数10倍的树木,没收盗伐的林木或者变卖所得,并处盗伐林木价值5倍至10倍的罚款"的规定,陈××盗伐林木立木蓄积2.534立方米,最低也应当获得盗伐林木价值5倍的罚款,而处罚决定书给予的罚款只有3倍,显然违反法律的上述规定。

> 裁定书

四川省米易县森林公安局与陈××非诉执行审查案

四川省米易县人民法院
行政裁定书

(2015)米易非执审他字第13号

申请执行人米易县森林公安局。住所地:四川省米易县攀莲镇向阳路53号。

法定代表人梁大×,系该局局长。

委托代理人熊×,米易县森林公安局民警。

被申请执行人陈××。

申请执行人米易县森林公安局申请执行被申请执行人陈××林业行政处罚一案,本院于2015年9月6日立案。本院受理后,依法组成合议庭,对申请执行的具体行政行为的合法性进行了审查。本案现已审查完毕。

本院经审查查明,2014年6月,陈××在米易县攀莲镇水塘村十五社集体林办理4立方米木材采伐手续后,擅自在米易县森林经营所管理的国有林内砍伐林木立木蓄积2.534立方米(折合原木1.373立方米)。米易县森林公安局于2015年1月21日接到举报后,于次日立案。之后,米易县森林公安局在调查取证的基础上,告知了当事人依法享有的陈述、申辩以及听证的权利。2015年2月13日,米易县森林公安局依据《中华人民共和国森林法》第三十二条第一款、第三十九条第一款之规定,作出米森公林罚决字〔2015〕第1号林业行政处罚决定书,限陈××十五日内缴纳罚款2 430元和没收木材款810元。米易县森林公安局于2015年2月13日向陈××送达林业行政处罚决定书。此后,陈××既未缴纳罚款,也未在法定期限内申请行政复议或提起行政诉讼。2015年7月31日,米易县森林公安局向陈××送达催缴通知书,限陈××10日内缴纳罚款和没收木材款合计3 240元。到期后,陈××仍拒不缴纳。为此,米易县森林公安局向法院申请强制执行,请求法院强制执行被申请执行人陈××拒不缴纳的罚款2 430元和没收木材款810元,合计3 240元。

本院认为,米易县森林公安局作出的罚款决定事实清楚,证据充分,程序合法,适用的依据正确。被申请执行人陈××收到限期缴纳罚款的决定书后,既没有履行缴纳罚款的义务,也未在法定期限内申请行政复议或提起行政诉讼,并且经催收后仍拒绝履行,故申请执行人的执行申请符合法律规定。据此,依照《中华人民共和国行政诉讼法》第九十七条、《最高人民法院关于执行〈中华人民共和国行政诉讼法〉若干问题的解释》第九十三条和《中华人民共和国行政强制法》第五十三条、第五十七条的规定,裁定如下:

准予强制执行米易县森林公安局于2015年2月13日作出的米森公林罚决字〔2015〕第1号林业行政处罚决定书中"对陈××处以罚款2 430元和没收木材款810元,合计3 240元"的决定。

案件受理费 50 元,由被申请执行人陈××负担。

本裁定书送达后即发生法律效力。

审 判 长 王锡怀
审 判 员 何子忠
代理审判员 郭　嘉

二〇一五年九月七日
书 记 员 金　燕

▶ 法律依据

《中华人民共和国行政诉讼法》[①]

第九十七条　公民、法人或者其他组织对行政行为在法定期间不提起诉讼又不履行的,行政机关可以申请人民法院强制执行,或者依法强制执行。

《最高人民法院关于执行〈中华人民共和国行政诉讼法〉若干问题的解释》(法释〔2000〕8 号)

第九十三条　人民法院受理行政机关申请执行其具体行政行为的案件后,应当在 30 日内由行政审判庭组成合议庭对具体行政行为的合法性进行审查,并就是否准予强制执行作出裁定;需要采取强制执行措施的,由本院负责强制执行非诉行政行为的机构执行。

《中华人民共和国行政强制法》(2011 年)

第五十三条　当事人在法定期限内不申请行政复议或者提起行政诉讼,又不履行行政决定的,没有行政强制执行权的行政机关可以自期限届满之日起三个月内,依照本章规定申请人民法院强制执行。

第五十七条　人民法院对行政机关强制执行的申请进行书面审查,对符合本法第五十五条规定,且行政决定具备法定执行效力的,除本法第五十八条规定的情形外,人民法院应当自受理之日起七日内作出执行裁定。

[①] 《中华人民共和国行政诉讼法》(1989 年 4 月 4 日第七届全国人民代表大会第二次会议通过　根据 2014 年 11 月 1 日《全国人民代表大会常务委员会关于修改〈中华人民共和国行政诉讼法〉的决定》修订)。

二、对违反法定程序的林业行政处罚，应当裁定不予准许强制执行
——金湖县农业委员会与涂××非诉执行审查案

▶ **基本信息**

申 请 人：金湖县农业委员会
被申请人：涂××
一审法院：金湖县人民法院
一审结果：裁定不予执行

▶ **基本案情**

2015年4月17日，被申请人涂××无证采伐金湖县前锋镇中兴村九组李秋平承包的排涝河南岸上的杨树62株，蓄积11.005 6立方米。申请人金湖县农业委员会认为被申请人涂××的行为违反了《中华人民共和国森林法》第三十二条的规定，遂根据《中华人民共和国森林法》第三十九条，《中华人民共和国行政处罚法》第三十八条第一款的规定，于2015年7月13日作出了金林罚决字(2015)第06-1号《林业行政处罚决定书》，对被申请人涂××处以：1. 罚款16 508.4元。2. 责令补种树木186株。因被申请人涂××在法定期限内未提起行政复议和行政诉讼，经催告也未履行义务，申请人于2016年2月18日向本院申请强制执行（申请执行标的为罚款16 508.4元）。法院在审查过程中另查明：申请人金湖县农业委员会作出的《林业行政处罚听证权利告知书》时间为2015年7月14日，该文书未能依法向被申请人涂××送达。

▶ **争议焦点**

本案能否强制执行的关键在于：被审查的行政处罚决定是否事实清楚、适用法律正确、程序合法。

▶ **法院裁定**

金湖县人民法院经审理认为：由于申请人金湖县农业委员会的行政处罚行为未能遵循法定的程序，损害了被申请人依法享有的权利，申请人的行政处罚无效。故裁定对其执行申请不予准许。

▶ **执法点评**

除了法院指出的违法之处，本案还存在定性错误、适用法律错误等问题。

定性错误或者适用法律错误,甚或涉嫌"以罚代刑"

裁定书表明,涂××无证采伐了金湖县前锋镇中兴村九组李秋平承包的排涝河南岸上的杨树62株,蓄积11.005 6立方米。金湖县农业委员会根据《森林法》第三十九条,对涂××作出罚款16 508.4元、责令补种树木186株的行政处罚。我们认为,该案处罚决定属于定性错误或者适用法律错误。理由如下:

首先,因为裁定书没有明确该行为的具体名称,所以只能以处罚条款为线索进行推断。本案的处罚条款列举的是《森林法》第三十九条,但没有具体写明是哪一款。那么,其违法行为只有两种可能:要么是盗伐林木(第一款的规定),要么是滥伐林木(第二款的规定)。(1)因采伐地点位于排涝河南岸,不属于农村居民房前屋后和自留地,所以,按照《森林法》的相关规定,涂××无证采伐林木,可能涉嫌的违法类型主要有三种:盗伐林木、滥伐林木或者毁坏林木。(2)因采伐的是李秋×承包的林木,而非涂××本人所有的林木。在正常情况下,其行为不可能被认定为滥伐林木。除非李秋×和涂××之间存在林木权属争议,而涂××一方在林木权属确权之前,擅自砍伐了林木,其行为则有可能涉嫌滥伐林木。如果涂××对采伐下来的林木,有非法占有目的,那么其行为可能涉嫌盗伐林木;如果没有非法占有目的,那么其行为可能涉嫌毁坏林木。(3)根据《森林法》的相关规定,盗伐林木应当补种10倍的树木,滥伐林木应当补种五倍的树木,毁坏林木的应当补种一倍以上三倍以下的树木。而从处罚决定书可以看出,涂××被责令补种树木186株,是其采伐林木62株的三倍。显然,涂××的无证采伐行为,既没有被认定为盗伐林木,也没有被认定为滥伐林木。(4)根据《森林法》第四十四条第一款关于"违反本法规定,进行开垦、采石、采砂、采土、采种、采脂和其他活动,致使森林、林木受到毁坏的,依法赔偿损失;由林业主管部门责令停止违法行为,补种毁坏株数一倍以上三倍以下的树木,可以处毁坏林木价值一倍以上五倍以下的罚款"的规定,涂××的行为极有可能被认定为毁坏林木。综上,对涂××的处罚,引用的处罚依据是第三十九条,实际的处罚依据却是第四十四条。由此,可以认定该处罚构成适用法律错误。

其次,处罚决定书同时引用了《行政处罚法》第三十八条第一款作为处罚依据,该款第一项规定:"确有应受行政处罚的违法行为的,根据情节轻重及具体情况,作出行政处罚决定"。由此,我们是否可以作这样的推断,即正是因为考虑了上述条款的规定,所以执法机关才根据涂××案件的具体情况,将盗伐林木应补种十倍树木或者滥伐林木应补种五倍树木,改为补种三倍的树木了。如果这种推测成立的话,执法者仍然犯了适用法律错误的毛病。因为,无论是盗伐林木还是滥伐林木,对情节轻微或者情节严重的情形,应当给予什么样的行政处罚,《森林法实施条例》第三十八条和第三十九条都有明确规定。这些规定表明,情节轻重,只影响罚款额度的确定,而不影响补种树木的数量。因此,执法机关擅自改变补种树木的处罚额度,仍然属于适用法律错误。

最后,(1)根据《最高人民法院关于审理破坏森林资源刑事案件具体应用法律若干问题的解释》(法释〔2000〕36号)第四条的规定,盗伐林木"数量较大",以二至五立方米或者幼树一百至二百株为起点;根据《国家林业局、公安部关于森林和陆生野生动物刑事案件管辖及立案标准》(林安发〔2001〕156号)的规定,盗伐森林或者其他林木,刑事立案起点为二立方米至五立方米或者幼树一百至二百株;根据《最高人民检察院、公安部关于公安机关管辖的刑事案件立案追诉标准的规定(一)》(公通字〔2008〕36号)第七十二条的规定,盗伐二至五立方米以上或者盗伐幼树一百至二百株以上的,应予立案追诉。而涂××采伐林木的蓄积为11.005 6立方米,远远超过刑事立案标准,已经涉嫌盗伐林木犯罪。(2)根据"法释〔2000〕36号"第六条的规定,滥伐林木"数量较大",以十至二十立方米或者幼树五百至一千株为起点;根据"林安发〔2001〕156号"的规定,滥伐森林或者其他林木,刑事立案起点为十立方米至二十立方米或者幼树五百至一千株;根据"公通字〔2008〕36号"第七十三条的规定,滥伐十至二十立方米以上或者滥伐幼树五百至一千株以上的,应予立案追诉。如果江苏省滥伐林木刑事立案的标准为10立方米或者11立方米,那么涂××采伐林木11.005 6立方米的行为,就涉嫌滥伐林木犯罪。综上,无论该案是定性为盗伐林木,还是定性为滥伐林木,涂××采伐林木的数量,都已经达到相应犯罪的刑事立案标准。按照本案对违法行为的性质认定,执法机关应当将该案移送司法机关,依法追究其刑事责任。如果对当事人仅仅给予行政处罚,且在处罚后不将涉嫌犯罪的案件移送司法机关,那么行政机关及其执法人员显然涉嫌"以罚代刑",将被依法追究法律责任。

▶司法点评

违反法定程序的林业行政处罚,应当认定为属于"其他明显违法并损害被执行人合法权益"的情形

根据《最高人民法院关于执行〈中华人民共和国行政诉讼法〉若干问题的解释》第九十五条的规定,具体行政行为有"其他明显违法并损害被执行人合法权益的"情形,人民法院应当裁定不准予执行。本案申请执行的行政处罚,恰恰属于这一类型。分析如下:

首先,存在明显的程序违法。体现在:(1)程序颠倒。根据《林业行政处罚程序规定》的要求,在查处林业行政案件的过程中,行政机关应当先行制作听证权利告知书,然后制作行政处罚决定书。但本案林业行政处罚决定书的作出时间是2015年7月13日,而林业行政处罚听证权利告知书的作出时间却是2015年7月14日,明显犯了程序颠倒的错误。(2)程序缺失。根据《行政处罚法》第三十一条关于"行政机关在作出行政处罚决定之前,应当告知当事人作出行政处罚决定的事实、理由及依据,并告知当事人依法享有的权利"的规定,以及第三十二条关于"当事人有权进行陈述和申辩。行政机关必须充分听取当事人的意见,对当事人提出的事实、理由和证据,应当进行复核;当事人提出的事实、理由或者证据成立的,行政机关应当采纳。行政机关不得因当事人申辩而加重处罚"的规定,金湖县农业委员会应当在林业行政处罚决定书之前,依法制作并向涂××送达林业行政处罚先行告知书,充分听取当事人的意见,并对当事人提出的事实、理由和证据进行复核。但是,综观本案,既没有证据表明执法机关制作过先行告知书,也没有证据显示送达这一文书。更为重要的是,根据《行政处罚法》以及《林业行政处罚程序规定》的相关规定,依法制作并送达听证告知书和先行告知书,属于执法机关的并列性而非选择性义务。换言之,即便执法机关依法制作并送达了林业行政处罚听证权利告知书,其仍然负有依法制作并送达林业行政处罚先行告知书的法定义务。

其次,程序违法损害了被执行人合法权益。体现在:(1)损害了当事人的知情权、陈述权和申辩权。根据《行政处罚法》第三十一条和第三十二条的规定,当事人只有得知处罚的事实、理由和依据,才有可能行使其法律赋予的陈述权和申辩权;只有执法机关充分听取当事人的意见,复核其提出的事实、理由和证据并采纳成立的事实、理由和证据,当事人的陈述权和申辩权才有可能真正得以实现。正是为了从程序上保证当事人陈述权和申辩权的行使,《行政处罚法》第四十一条才明确规定:"行政机关及其执法人员在作出行政处罚决定之前,不依照本法第三十一条、第三十二条的规定向当事人告知给予行政处罚的事实、理由和依据,或者拒绝听取当事人的陈述、申辩,行政处罚决定不能成立;当事人放弃陈述或者申辩权利的除外。"但是,没有证据表明,本案执法机关依法制作并送达林业行政处罚先行告知书,告知当事人作出行政处罚决定的事实、理由及依据,并告知当事人依法享有陈述和申辩的权利,明显违反法律规定且损害当事人的合法权益——陈述权和申辩权。(2)损害了当事人的听证权。根据《行政处罚法》《林业行政处罚程序规定》,行政机关作出责令停产停业、吊销许可证或者执照、较大数额罚款等行政处罚决定之前,应当告知当事人有要求举行听证的权利。本案罚款16 508.4元,显然属于较大数额,符合应当告知听证权的法定情形。事实上,行政机关也制作了林业行政处罚听证权利告知书,并在被申请人涂××家中无人的情况下,对其进行了送达,一份张贴其门上,另一份从其门缝中塞进院内。现在的问题是,张贴和塞门缝的方式是否属于符合法律规定的送达方式?如果合乎法律规定,当事人的听证权就没有受到损害;反之,就侵害了当事人的听证权。我们认为,张贴和塞门缝的方式,虽然从外观上看,类似于留置送达,但仍然不符合法律规定。《行政处罚法》第四十条规定:"行政处罚决定书应当在宣告后当场交付当事人;当事人不在场的,行政机关应当在七日内依照民事诉讼法的有关规定,将行政处罚决定书送达当事人。"无论从《民事诉讼法》(2012年修订)第八十六条关于"受送达人或者他的同住成年家属拒绝接收诉讼文书的,送达人可以邀请有关基层组织或者所在单位的代表到场,说明情况,在送达回证上记明拒收事由和日期,由送达人、见证人签名或者盖章,把诉讼文书留在受送达人的住所;也可以把诉讼文书留在受送达人的住所,并采用拍照、录像等方式记录送达过程,即视为送达"的规定来看,还是从《林业行政处罚程序规定》第三十九条第二款关于"被处罚人或者代收人拒绝接收或者签名、盖章的,送达人可以邀请其邻居或者其单位有关人员到场,说明情况,把《林业行政处罚决定书》留在其住处或者其单位,并在送达回证上记明拒绝的事由、送达的日期,由送达人签名,即视为送达"的规定来看,留置送达必须同时满足三个条件,才能被认定为合乎法律规定:一是存在受送达人或者他的同住成年家属拒绝接收法律文书的情形;二是采用邀请有关基层组织或者所在单位或者其邻居到场见证的方式,或者采用拍照、录像等方式记录送达过程的方式;三是通过张贴、塞门缝等各种方式将法律文书留在受送达人的住所或者其单位。其中,第一个条件即拒绝接收文书,是适用留置送达的必要前提。如果这一条件不存在,即便具备后两个条件,留置送达仍然不符合法律规定。所谓皮之不存毛将焉附。本案中,行政机关通过张贴、塞门缝的方式,虽然也将告知书留在涂××的住所,但这些行为是在涂××家中无人的情况下所实施,显然不存在涂××或者其同住成年家属拒绝接收的情形。正因为如此,法院才认定张贴和塞门缝的行为,不符合留置送达的规定。

值得指出,在行政诉讼案件中,违反法定程序,是人民法院判决撤销具体行政行为的法定情形之一。在非诉执行案件中,违反法定程序,却不是裁定不准予执行的法定情形之一。

当然,违反法定程序可以作为认定具体行政行为明显违法的依据,并与"损害被执行人合法权益"一起,共同构成裁定不准予执行的第三类法定情形——"其他明显违法并损害被执行人合法权益"。

> **裁定书**

金湖县农业委员会与涂××非诉执行审查案

江苏省金湖县人民法院
行政裁定书

(2016)苏0831行审5号

申请人金湖县农业委员会,住所地金湖县城健康西路39号。
法定代表人季建×,该委员会主任。
委托代理人潘×,金湖县林业科技推广中心主任。
委托代理人王永×,金湖县林业科技推广中心副主任。
被申请人涂××。
委托代理人周晓×,江苏和成律师事务所律师。

2015年4月17日,被申请人涂××无证采伐金湖县前锋镇中兴村九组李秋×承包的排涝河南岸上的杨树62株,蓄积11.0056立方米。申请人金湖县农业委员会认为被申请人涂××的行为违反了《中华人民共和国森林法》第三十二条的规定,遂根据《中华人民共和国森林法》第三十九条,《中华人民共和国行政处罚法》第三十八条第一款的规定,于2015年7月13日作出了金林罚决字(2015)第06-1号《林业行政处罚决定书》,对被申请人涂××处以:1. 罚款16 508.4元。2. 责令补种树木186株。因被申请人涂××在法定期限内未提起行政复议和行政诉讼,经催告也未履行义务,申请人于2016年2月18日向本院申请强制执行(申请执行标的为罚款16 508.4元)。

本院在审查过程中另查明:申请人金湖县农业委员会作出的《林业行政处罚听证权利告知书》时间为2015年7月14日,该文书未能依法向被申请人涂××送达。

本院认为,被申请人涂××未办理林木采伐许可证,砍伐规划的林地范围内的树木,违反了《中华人民共和国森林法》的规定,依法应予以处罚,但申请人实施处罚应当遵循法定的程序。《中华人民共和国行政处罚法》第三十一条规定:行政机关在作出行政处罚决定之前,应当告知当事人作出行政处罚决定的事实、理由及依据,并告知当事人依法享有的权利。原林业部《林业行政处罚程序规定》第三十五条也规定:林业行政主管部门及其执法人员在作出林业行政处罚决定之前,不依照规定向当事人告知给予行政处罚的事实、理由和依据,或者拒绝听取当事人的陈述、申辩,行政处罚不能成立;当事人放弃陈述或者申辩权利的除外。本案中,申请人金湖县农业委员会的《林业行政处罚决定书》作出时间为2015年7月13日,早于《林业行政处罚听证权利告知书》作出的时间,且《林业行政处罚听证权利告知书》是在被申请人涂××家中无人的情况下,一份张贴其门上,另一份从其门缝中塞进院内的,不符合留置送达的规定。申请人金湖县农业委员会的行政处罚行为显然违反了上述法律和规章规定的程序。《中华人民共和国行政处罚法》第三条规定:公民、法人或者其他组织违反行政管理秩序的行为,应当给予行政处罚的,依照本法由法律、法规或者规章规定,并由行政机关依照本法规定的程序实施。没有法定依据或者不遵守法定程序的,行政处罚无效。由于申请人金湖县农业委员会在作出行政处罚决定前,未能依法告知被申请人涂××拟给予行政处罚的事实、理由和依据,以及被申请人涂××依法享有的陈述、申辩等权利,其行政处罚行为未能遵循法定的程序,损害了被申请人依法享有的权利,申请人的行政处罚无效。故本院对其执行申请不能予以准许。为此,依照《最高人民法院关于执行〈中华人民共和国行政诉讼法〉若干问题的解释》第九十三条、第九十五条第(三)项之规定,裁定如下:

申请人金湖县农业委员会申请执行的金林罚决字(2015)第 06-1 号《林业行政处罚决定书》,本院不予执行。

申请人如不服本裁定,可在本裁定送达之日起十五日内向淮安市中级人民法院申请复议。

审判长 李学春
审判员 熊加春
审判员 华南增

二〇一六年三月十一日
书记员 陈柏洁

▶ 法律依据

《中华人民共和国森林法》(2009 年第二次修正)

第三十二条 采伐林木必须申请采伐许可证,按许可证的规定进行采伐;农村居民采伐自留地和房前屋后个人所有的零星林木除外。

国有林业企业事业单位、机关、团体、部队、学校和其他国有企业事业单位采伐林木,由所在地县级以上林业主管部门依照有关规定审核发放采伐许可证。

铁路、公路的护路林和城镇林木的更新采伐,由有关主管部门依照有关规定审核发放采伐许可证。

农村集体经济组织采伐林木,由县级林业主管部门依照有关规定审核发放采伐许可证。

农村居民采伐自留山和个人承包集体的林木,由县级林业主管部门或者其委托的乡、镇人民政府依照有关规定审核发放采伐许可证。

采伐以生产竹材为主要目的的竹林,适用以上各款规定。

第三十九条 盗伐森林或者其他林木的,依法赔偿损失;由林业主管部门责令补种盗伐株数十倍的树木,没收盗伐的林木或者变卖所得,并处盗伐林木价值三倍以上十倍以下的罚款。

滥伐森林或者其他林木,由林业主管部门责令补种滥伐株数五倍的树木,并处滥伐林木价值二倍以上五倍以下的罚款。

拒不补种树木或者补种不符合国家有关规定的,由林业主管部门代为补种,所需费用由违法者支付。

盗伐、滥伐森林或者其他林木,构成犯罪的,依法追究刑事责任。

《中华人民共和国行政处罚法》①

第三十八条 调查终结,行政机关负责人应当对调查结果进行审查,根据不同情况,分别作出如下决定:

(一)确有应受行政处罚的违法行为的,根据情节轻重及具体情况,作出行政处罚决定;

(二)违法行为轻微,依法可以不予行政处罚的,不予行政处罚;

(三)违法事实不能成立的,不得给予行政处罚;

(四)违法行为已构成犯罪的,移送司法机关。

对情节复杂或者重大违法行为给予较重的行政处罚,行政机关的负责人应当集体讨论决定。

《最高人民法院关于执行〈中华人民共和国行政诉讼法〉若干问题的解释》(法释〔2000〕8号)

第九十三条 人民法院受理行政机关申请执行其具体行政行为的案件后,应当在30日内由行政审判庭组成合议庭对具体行政行为的合法性进行审查,并就是否准予强制执行作出裁定;需要采取强制执行措施的,由本院负责强制执行非诉行政行为的机构执行。

第九十五条 被申请执行的具体行政行为有下列情形之一的,人民法院应当裁定不准予执行:

(一)明显缺乏事实根据的;

(二)明显缺乏法律依据的;

(三)其他明显违法并损害被执行人合法权益的。

---

① 《中华人民共和国行政处罚法》(1996年3月17日第八届全国人民代表大会第四次会议通过 根据2009年8月27日第十一届全国人民代表大会常务委员会第十次会议通过的《全国人民代表大会常务委员会关于修改部分法律的决定》修正)。

三、对超出法定期限提出的强制执行申请,应当裁定不予受理
——昌江黎族自治县林业局与许红×非诉执行审查案

▶ 基本信息

申 请 人:昌江县林业局
被申请人:许红×
一审法院:昌江县人民法院
一审结果:驳回申请

▶ 基本案情

被申请人许红×未经林业行政主管部门审核批准,擅自于2012年4月在位于昌江县海尾镇沙地村委会沙地村西面马容港东面盐田锅底地一宗约2.14亩的林地上建虾塘,违反了《海南经济特区林地管理条例》第二十三条的规定,申请人对此予以立案查处。申请人于2013年5月11日向被申请人送达《林业行政处罚先行告知书》,2013年5月11日作出昌林罚书字(2013)第35号《林业行政处罚决定书》(以下简称《35号处罚决定书》),责令被申请人立即停止违法行为,在2013年8月6日前恢复该地块原状,并处罚款人民币7 133元。该处罚决定书于2013年5月15日送达被申请人。被申请人在法定期限内未申请复议亦未向法院起诉,该处罚决定已经生效,经申请人催告后,被申请人仍未履行35号处罚决定书确定的义务。2013年12月20日,申请人向本院申请强制执行。

▶ 争议焦点

本案能否强制执行的关键在于:被审查的行政处罚决定是否事实清楚、适用法律正确、程序合法;提起申请是否超越法定期限。

▶ 法院裁定

昌江县人民法院经审理认为:由于申请人昌江县林业局向本院申请执行的时间,已经超过申请人民法院强制执行的期限,丧失申请执行权,故裁定对其执行申请予以驳回。

▶ 执法点评

法院认为,2013年5月15日,申请人昌江县林业局将行政处罚决定书送达被申请人许红×。根据《行政强制法》的规定,申请人向法院申请执行的期限应为被申请人起诉期限届满后的三个月内,即2013年11月15日前,而申请人向本院申请执行的时间为2013年12月20日,已经超过申请人民法院强制执行的期限,丧失申请执行权。我们认为,即便没有丧

失申请执行权,昌江县林业局的行政处罚决定也不能成立。据此,昌江县人民法院同样可以裁定驳回其执行申请。

昌江县林业局作出的行政处罚决定,依法不能成立

2013年5月11日,昌江县林业局向许红×送达《林业行政处罚先行告知书》。2013年5月11日,作出昌林罚书字(2013)第35号《林业行政处罚决定书》。从上述事实可以看出,本案的执法程序,至少存在以下两个问题。

一是当事人是否进行了陈述或者申辩的事实不清。在案证据中,并不存在许红×放弃陈述或者申辩权利的证据。或者说没有证据显示,昌江县林业局听取了许红×的陈述或者申辩。由此,根据《行政处罚法》第三十二条和第四十一条,以及《林业行政处罚程序规定》第十九条和第三十五条的规定,因拒绝听取当事人的陈述、申辩,昌江县林业局作出的上述行政处罚决定不能成立。

二是先行告知和处罚决定谁先谁后的事实不清。虽然在案证据显示,昌江县林业局对当事人进行了行政处罚的先行告知,但是实施行政处罚先行告知的时间,和作出行政处罚决定书的时间是同一天,即5月11日。因而,昌江县林业局无法证明,究竟是行政处罚的先行告知在先,还是作出行政处罚的决定在先。由此,根据《行政处罚法》第三十一条和第四十一条,以及《林业行政处罚程序规定》第十八条和第三十五条的规定,因为在作出行政处罚决定之前,没有依法向当事人告知给予行政处罚的事实、理由和依据,昌江县林业局作出的上述行政处罚决定不能成立。

那么,在执法实践中,如何避免上述情况的出现?我们认为,第一,在依法进行行政处罚先行告知后,当事人没有进行陈述或者申辩的情况下,行政机关应当提供一份证据,以证明当事人放弃了陈述或者申辩权利。该证据可以是当事人亲笔书写的载有"我放弃陈述、申辩"或者"我不陈述、申辩"等字样的文书,也可以是载有当事人签名确认的"我放弃陈述、申辩"或者"我不陈述、申辩"等字样的法律文书——《林业行政处罚先行告知书》。第二,在行政处罚法和林业行政处罚程序规定都没有设定,在先行告知和作出决定之间,即在行政处罚先行告知书送达和作出行政处罚决定书之间,应当间隔多长的时间的情况下,行政机关及其执法人员当然可以在同一天先后完成上述两项任务。只是行政机关必须提供证据,以证明其是在完成行政处罚先行告知书的送达以后,才作出了行政处罚决定书。上述两项任务完成的时间先后,可以通过将送达时间精确到小时甚至分钟来体现。具体来说,在法律文书中,上述附卷的《林业行政处罚先行告知书》中当事人签名确认签收的时间,或者送达回证中当事人签名确认的行政处罚先行告知书签收时间,应当早于行政机关作出行政处罚决定书的时间。而当事人签收处罚决定书的时间,自然应当晚于行政机关作出行政处罚决定书的时间。

应当指出,在对当事人实施行政处罚的先行告知后,应当给予当事人一个合理的期限,以考虑是否及如何进行陈述和申辩。这一合理期限究竟是几天,在现行法律没有明确规定的情况下,行政机关当然具有一定的自由裁量权。基于《行政处罚法》第四十二条关于"当事人要求听证的,应当在行政机关告知后三日内提出"的规定,对于不需要听证的行政处罚案件,行政机关可以考虑将这一合理期限设定为一天或者两天。即"当事人要求陈述或者申辩的,应当在行政处罚先行告知后一日内提出。"

> **立法建议**

建议对《行政处罚法》第三十二条第一款进行修改。

原有条款为:当事人有权进行陈述和申辩。行政机关必须充分听取当事人的意见,对当事人提出的事实、理由和证据,应当进行复核;当事人提出的事实、理由或者证据成立的,行政机关应当采纳。

建议条款为:当事人有权进行陈述和申辩。当事人要求陈述或者申辩的,应当在行政处罚先行告知后一日内提出。行政机关必须充分听取当事人的意见,对当事人提出的事实、理由和证据,应当进行复核;当事人提出的事实、理由或者证据成立的,行政机关应当采纳。

> **裁定书**

昌江黎族自治县林业局与许红×非诉执行审查案

海南省昌江黎族自治县人民法院
行政裁定书

(2014)昌执他字第 21 号

申请人昌江黎族自治县(以下简称"昌江县")林业局,住所地昌江县石碌镇人民北路。

法定代表人吉承×,该局局长。

委托代理人蔡×,昌江县森林公安局干警。

委托代理人梁海×,昌江县森林公安局干警。

被申请人许红×,男。

申请人昌江县林业局于 2013 年 12 月 20 日向本院申请强制执行昌林罚书字(2013)第 35 号《林业行政处罚决定书》(以下简称《35 号处罚决定书》)。本院于 2014 年 5 月 8 日受理后,依法组成合议庭,对申请人申请执行的请求事项进行书面审查。

经审查查明,被申请人许红×未经林业行政主管部门审核批准,擅自于 2012 年 4 月在位于昌江县海尾镇沙地村委会沙地村西面马容港东面盐田锅底地一宗约 2.14 亩的林地上建虾塘,违反了《海南经济特区林地管理条例》第二十三条的规定,申请人对此予以立案查处。申请人于 2013 年 5 月 11 日向被申请人送达《林业行政处罚先行告知书》,2013 年 5 月 11 日作出 35 号处罚决定书,责令被申请人立即停止违法行为,在 2013 年 8 月 6 日前恢复该地块原状,并处罚款人民币 7 133 元。该处罚决定书于 2013 年 5 月 15 日送达被申请人。被申请人在法定期限内未申请复议亦未向法院起诉,该处罚决定已经生效,经申请人催告后,被申请人仍未履行 35 号处罚决定书确定的义务。2013 年 12 月 20 日,申请人向本院申请强制执行,因材料不全,退回补充材料后,本院于 2014 年 5 月 8 日立案受理。

本院认为,《中华人民共和国行政强制法》第五十三条规定:"当事人在法定期限内不申请行政复议或者提起行政诉讼,又不履行行政决定的,没有行政强制执行权的行政机关可以自期限届满之日起三个月内,依照本章规定申请人民法院强制执行。"本案中,申请人昌江县林业局于2013年5月11日作出35号处罚决定书,于2013年5月15日送达被申请人,被申请人在收到处罚决定的三个月内未申请复议亦未提起行政诉讼,申请人昌江县林业局向法院申请执行的期限应为被申请人起诉期限届满后的三个月内,即2013年11月15日前,而申请人向本院申请执行的时间为2013年12月20日,已经超过申请人民法院强制执行的期限,丧失申请执行权,故对其申请本院应予驳回。依据《最高人民法院关于执行〈中华人民共和国行政诉讼法〉若干问题的解释》第八十六条第二款的规定,裁定如下:

驳回申请人昌江黎族自治县林业局强制执行昌林罚书字(2013)第35号《林业行政处罚决定书》的申请。

案件受理费50元,由申请人昌江黎族自治县林业局负担。

审判长　黎向文
审判员　符巨华
审判员　谭凌云

二〇一四年五月三十日
书记员　杜翠华

▶ **法律依据**

《海南经济特区林地管理条例》(2009年修正)

第二十三条　禁止毁林开垦和擅自在林地上采石、采矿、挖砂、取土、挖塘以及其他破坏林地资源的行为。

禁止在25度以上的坡地开垦种植农作物。本条例施行前已在25度以上的坡地开垦种植农作物的,应当按照当地人民政府制定的规划,逐步退耕,种植林木,恢复植被。规划为生态公益林地的,必须严格按照规划种植生态公益林。

沿海防护林用地,城市周边、公路铁路两旁、河流两岸的绿化用地,水库保护区,应当按照当地人民政府的规划,退耕退塘,植树造林。

第三十四条　擅自在林地上进行开垦、采石、采矿、挖砂、取土、挖塘及其他活动,致使森林、林木受到毁坏的,依照森林法第四十四条的规定予以处罚;对森林、林木未造成毁坏或者被开垦的林地上没有森林、林木的,由县级以上人民政府林业主管部门责令停止违法行为,限期恢复原状,可以处以非法开垦林地每平方米5元以上10元以下的罚款。

《最高人民法院关于执行〈中华人民共和国行政诉讼法〉若干问题的解释》(法释[2000]8号)

第八十六条　行政机关根据行政诉讼法第六十六条的规定申请执行其具体行政行为,应当具备以下条件:

(一)具体行政行为依法可以由人民法院执行;

(二)具体行政行为已经生效并具有可执行内容;

(三)申请人是作出该具体行政行为的行政机关或者法律、法规、规章授权的组织;

(四)被申请人是该具体行政行为所确定的义务人;

(五)被申请人在具体行政行为确定的期限内或者行政机关另行指定的期限内未履义务;

(六)申请人在法定期限内提出申请;

(七)被申请执行的行政案件属于受理申请执行的人民法院管辖。

人民法院对符合条件的申请,应当立案受理,并通知申请人;对不符合条件的申请,应当裁定不予受理。

《中华人民共和国行政强制法》(2011年)

第五十三条　当事人在法定期限内不申请行政复议或者提起行政诉讼,又不履行行政决定的,没有行政强制执行权的行政机关可以自期限届满之日起三个月内,依照本章规定申请人民法院强制执行。

四、适用法律、法规错误的林业行政处罚,属于"其他明显违法并损害被执行人合法权益的"情形,应当裁定不予准许强制执行

——福建省霞浦县林业局与林××非诉执行审查案

▶ 基本信息

申 请 人:福建省霞浦县林业局
被申请人:林××
一审法院:霞浦县人民法院
一审结果:裁定不准予执行

▶ 基本案情

申请人认定被执行人林××于2013年间,未经林业主管部门批准,在霞浦县长春镇大京村东门外木麻黄防护林地内修建小卖部等旅游设施,违法占用林地52.425平方米,属于非法改变防护林地性质行为,申请人依据《中华人民共和国森林法实施细则》第四十三条第一款的规定,于2013年5月21日作出霞林罚字(2013)第02020号《林业行政处罚决定书》,决定:1.责令被执行人林××六个月内恢复原状;2.按侵占林地每平方米10元的罚款,计524.25元。

▶ 争议焦点

本案能否强制执行的关键在于:被审查的行政处罚决定是否事实清楚、适用法律正确、程序合法。

▶ 法院裁定

霞浦县人民法院经审理认为:本院认为,《福建省沿海防护林条例》第二十四条规定,违反本条例规定,造成林地、植被损坏的,由沿海县级以上林业行政主管部门责令其限期恢复原状、植被;造成损失的,应当赔偿损失;逾期不恢复的,由林业部门代为恢复,所需费用由责任者承担。第二十五条规定,违反本条例第十四条第一款、第二款规定的,由沿海县级以上林业行政主管部门没收违法所得,并处以侵占或毁坏林地每平方米50元至100元罚款。违反本条例第十四条第三款规定的,由沿海县级以上林业行政主管部门处以100元至1 000元罚款,造成林木损坏的,应当赔偿损失。被执行人林××毁坏林地建设旅游设施,属未经有权机关批准,其行为违法,应当按照《福建省沿海防护林条例》予以行政处罚,但申请人适用《中华人民共和国森林法实施条例》第四十三条第一款之规定,予以处罚,适用法律、法规错误。据此裁定:不准予申请人霞浦县林业局作出的霞林罚(2013)第02020号行政处罚决定书的强制执行。

▶ 执法点评

本案行政处罚决定引用法律依据错误

《中华人民共和国森林法实施细则》(简称《森林法实施细则》)是1986年4月28日国务院批准,1986年5月10日林业部发布,并于发布之日起施行的林业行政法规,共29条。2000年1月29日,国务院颁布并施行《中华人民共和国森林法实施条例》(简称《森林法实施条例》),《森林法实施细则》同时废止。此后,《森林法实施条例》历经三次修正〔根据2011年1月8日《国务院关于废止和修改部分行政法规的决定》第一次修正,根据2016年2月6日《国务院关于修改部分行政法规的决定》(国务院令第666号)第二次修正,根据2018年3月19日《国务院关于修改和废止部分行政法规的决定》第三次修正〕,共48条。

我们认为,如果排除霞浦县人民法院书写错误这个因素,那么,霞浦县林业局引用早已废止的《森林法实施细则》,作为行政处罚的依据,显然属于引用法律法规错误。

▶ 司法点评

究竟应当适用《森林法实施条例》,还是适用《福建省沿海防护林条例》

在行政法中,有一个法律适用的规则,即上位法优于下位法。但是,适用这个规则有一个前提,即下位法冲突上位法。如果下位法与上位法不发生冲突,应当优先适用的就不是上位法,而是下位法。例如,《森林法》是上位法,《森林法实施条例》是下位法。以盗伐林木为例,《森林法》第三十九条第一款已经对盗伐林木作出行政处罚规定:"盗伐森林或者其他林木的,依法赔偿损失;由林业主管部门责令补种盗伐株数十倍的树木,没收盗伐的林木或者变卖所得,并处盗伐林木价值三倍以上十倍以下的罚款。"《森林法实施条例》第三十八条在上述规定的基础上作出了具体规定:"盗伐森林或者其他林木,以立木材积计算不足0.5立方米或者幼树不足20株的,由县级以上人民政府林业主管部门责令补种盗伐株数10倍的树木,没收盗伐的林木或者变卖所得,并处盗伐林木价值3倍至5倍的罚款。盗伐森林或者其他林木,以立木材积计算0.5立方米以上或者幼树20株以上的,由县级以上人民政府林业主管部门责令补种盗伐株数10倍的树木,没收盗伐的林木或者变卖所得,并处盗伐林木价值5倍至10倍的罚款。"显然,《森林法实施条例》的规定,完全符合《行政处罚法》第十条第二款关于"法律对违法行为已经作出行政处罚规定,行政法规需要作出具体规定的,必须在法律规定的给予行政处罚的行为、种类和幅度的范围内规定"的要求。《森林法实施条例》第三十八的规定,与《森林法》第三十九条第一款的规定并不冲突。因此,就某一盗伐林木案件而言,应当优先选择的处罚依据,不是上位法《森林法》第三十九条第一款,而是《森林法实施条例》第三十八条第一款或者第二款。关于上位法与下位法在法律适用上的关系,可以概括为两句话:下位法冲突上位法时,优先适用上位法;下位法不冲突上位法时,优先适用下位法。

回到本案中,霞浦县林业局认定林××于2013年间,未经林业主管部门批准,在霞浦县长春镇大京村东门外木麻黄防护林地内修建小卖部等旅游设施,违法占用林地52.425平方米,属于非法改变防护林地性质行为,遂依据《中华人民共和国森林法实施细则》第四十三条第一款的规定,作出行政处罚。但法院认为,林××的违法行为,应当适用《福建省沿海防护林条例》第二十四条和第二十五条。我们认为,法院的观点是难以成立的。

首先,《森林法实施条例》是行政法规,《福建省沿海防护林条例》是地方性法规。前者是上位法,后者是下位法。如果法院的观点成立,即本案应当优先适用《福建省沿海防护林条例》,那就意味着,《福建省沿海防护林条例》并不冲突《森林法实施条例》。具体来说,就是《福建省沿海防护林条例》第二十四条和第二十五条,并不冲突《森林法实施条例》第四十三条第一款。而事实上,法律的规定是有部分冲突的。《森林法实施条例》第四十三条第一款规定:"未经县级以上人民政府林业主管部门审核同意,擅自改变林地用途的,由县级以上人民政府林业主管部门责令限期恢复原状,并处非法改变用途林地每平方米10元至30元的罚款。"《福建省沿海防护林条例》第二十四条规定:"违反本条例规定,造成林地、植被损坏的,由沿海县级以上林业行政主管部门责令其限期恢复原状、植被;造成损失的,应当赔偿损失;逾期不恢复的,由林业部门代为恢复,所需费用由责任者承担。"第二十五条第一款规定:"违反本条例第十四条第一款、第二款规定的,由沿海县级以上林业行政主管部门没收违法所得,并处以侵占或毁坏林地每平方米50元至100元罚款。"第二十五条第二款规定:"违反本条例第十四条第三款规定的,由沿海县级以上林业行政主管部门处以100元至1 000元罚款,造成林木损坏的,应当赔偿损失。"显而易见,除依法赔偿损失、责令限期恢复原状等规定,与上位法不冲突外,《福建省沿海防护林条例》中并处"每平方米50元至100元罚款"的规定,明显超出了《森林法实施条例》中并处每平方米10元至30元罚款的规定范围。因此,本案属于下位法冲突上位法的情形,应当优先适用上位法规则,即优先适用《森林法实施条例》第四十三条第一款。

其次,假定《福建省沿海防护林条例》第二十四条和第二十五条设定的行为,是新设定的一种违法行为,而不是《森林法实施条例》第四十三条第一款设定的违法行为的具体化,霞浦县人民法院适用《福建省沿海防护林条例》的观点是否能够成立?我们认为,同样不能成立。《福建省沿海防护林条例》第十四条第一款、第二款规定:"未经沿海县级以上林业行政主管部门批准,不得改变防护林地使用性质,不得在防护林内筑坟、砍柴、挖沙、采石、取土、采集植被或其他矿物。""禁止毁林开垦和毁坏红树林、防护林中幼林。"第二十五条规定:"违反本条例第十四条第一款、第二款规定的,由沿海县级以上林业行政主管部门没收违法所得,并处以侵占或毁坏林地每平方米50元至100元罚款。"假定《福建省沿海防护林条例》的确设定了新的违法行为(姑且将其概括为"非法侵占或毁坏林地"),而林××又的确实施了这一新设定的违法行为,那么,的确应当将《福建省沿海防护林条例》第二十五条作为行政处罚的依据。但是,对林××是否实施了这一新设定的违法行为,该违法行为的具体实施及情节轻重等问题,有权进行调查取证、定性处罚的法定主体,只能是霞浦县林业局,而不能是霞浦县人民法院。霞浦县人民法院裁定该案适用《福建省沿海防护林条例》,表面看是对违法行为的法律适用的审查,但实际上是对违法行为的重新定性。因为,只有将林××的行为认定为新设定的违法行为,才有可能将《福建省沿海防护林条例》作为处罚依据。这显然是司法权对行政权的一次僭越。其实,《福建省沿海防护林条例》第二十五条的规定,既有对《森林法实施条例》第四十一条第二款与第四十三条第一款规定的细化,也有创设的新的违法行为类型。具体包括:(1)违反第十四条第一款关于"未经沿海县级以上林业行政主管部门批准,不得改变防护林地使用性质,不得在防护林内筑坟……挖沙、采石、取土、采集……其他矿物"的规定的行为,既包括《森林法实施条例》第四十三条第一款设定的"非法改变林地用途"的行为,也包括《森林法实施条例》第四十一条第二款第二句段设定的"擅自开垦林地"的行为。(2)违反《福建省沿海防护林条例》第十四条第一款关于"不得在防护林内……砍柴……采集植被……"的规定的行为,既有对《森林法》第四十四条第二款规定的"违法砍柴毁坏林木"行为的扩大,即无论是否幼林地,只要在防护林内砍柴,即可构成"非法砍柴"的行为;也有新设定的违法行为——"非法采集植被"。(3)违反《福建省沿海防护林条例》第十四条第二款关于"禁止毁林开垦和毁坏红树林、防护林中幼林"的规定的行为,既有对《森林法》第四十四条第一款和《森林法实施条例》第四十一条第二款第一句段设定的"非法开垦毁林"行为的重复,也有对《森林法实施条例》第四十一条第一款设定的"毁坏林木"行为的具体化。

▶ 裁定书

福建省霞浦县林业局与林××非诉执行审查案

福建省霞浦县人民法院
行政裁定书

(2013)霞执审字第 41 号

申请人霞浦县林业局(组织代码 00404161-9),住所地:霞浦县。
法定代表人郑秋×,局长。
委托代理人林×,霞浦县林业局法制股负责人。
被执行人林××,男,1991 年 5 月 11 日生,汉族,现住霞浦县。申请人霞浦县林业局于 2013 年 12 月 2 日向本院提出申请,要求强制执行其于 2013 年 5 月 21 日作出霞林罚字(2013)第 02020 号《林业行政处罚决定书》。本院受理后,依法组成合议庭,对申请人霞浦县林业局作出的霞林罚字(2013)第 02020 号行政处罚决定的合法性进行了审查。

本院经审查认定,申请人认定被执行人林××于 2013 年间,未经林业主管部门批准,在霞浦县长春镇大京村东门外木麻黄防护林地内修建小卖部等旅游设施,违法占用林地 52.425 平方米,属于非法改变防护林地性质行为,申请人依据《中华人民共和国森林法实施细则》第四十三条第一款的规定,于 2013 年 5 月 21 日作出霞林罚字(2013)第 02020 号《林业行政处罚决定书》,决定:1. 责令被执行人林××六个月内恢复原状;2. 按侵占林地每平方米 10 元的罚款,计 524.25 元。本院认为,《福建省沿海防护林条例》第二十四条规定,违反本条例规定,造成林地、植被损坏的,由沿海县级以上林业行政主管部门责令其限期恢复原状、植被;造成损失的,应当赔偿损失;逾期不恢复的,由林业部门代为恢复,所需费用由责任者承担。第二十五条规定,违反本条例第十四条第一款、第二款规定的,由沿海县级以上林业行政主管部门没收违法所得,并处以侵占或毁坏林地每平方米 50 元至 100 元罚款。违反本条例第十四条第三款规定的,由沿海县级以上林业行政主管部门处以 100 元至 1 000 元罚款,造成林木损坏的,应当赔偿损失。被执行人林××毁坏林地建设旅游设施,属未经有权机关批准,其行为违法,应当按照《福建省沿海防护林条例》予以行政处罚,但申请人适用《中华人民共和国森林法实施条例》第四十三条第一款之规定,予以处罚,适用法律、法规错误。据此,依照《中华人民共和国行政强制法》第五十八条第一款第(三)项、第二款、《最高人民法院关于执行〈中华人民共和国行政诉讼法〉若干问题的解释》第六十三条第一款第(十四)项、第九十五条第(三)项之规定,裁定如下:

不准予申请人霞浦县林业局作出的霞林罚(2013)第 02020 号行政处罚决定书的强制执行。

如不服本裁定,可在裁定书送达之日起十五日内向宁德市中级人民法院申请复议。逾期不申请复议,本裁定书即发生法律效力。

审 判 长 雷树连
审 判 员 江兴兴
代理审判员 林如婷

二〇一三年十二月十九日
书 记 员 李 平

▶ **法律依据**

《最高人民法院关于执行〈中华人民共和国行政诉讼法〉若干问题的解释》(法释〔2000〕8 号)

第六十三条 裁定适用于下列范围:

(一)不予受理;

(二)驳回起诉;

(三)管辖异议;

(四)终结诉讼;

(五)中止诉讼;

(六)移送或者指定管辖;

(七)诉讼期间停止具体行政行为的执行或者驳回停止执行的申请;

(八)财产保全;

(九)先予执行;

(十)准许或者不准许撤诉;

(十一)补正裁判文书中的笔误;

(十二)中止或者终结执行;

(十三)提审、指令再审或者发回重审;

(十四)准许或者不准许执行行政机关的具体行政行为;

(十五)其他需要裁定的事项。

对第(一)、(二)、(三)项裁定,当事人可以上诉。

第九十五条 被申请执行的具体行政行为有下列情形之一的,人民法院应当裁定不准予执行:

(一)明显缺乏事实根据的;

(二) 明显缺乏法律依据的;

(三) 其他明显违法并损害被执行人合法权益的。

《中华人民共和国行政强制法》(2011年)

第五十八条　人民法院发现有下列情形之一的,在作出裁定前可以听取被执行人和行政机关的意见:

(一) 明显缺乏事实根据的;

(二) 明显缺乏法律、法规依据的;

(三) 其他明显违法并损害被执行人合法权益的。

人民法院应当自受理之日起三十日内作出是否执行的裁定。裁定不予执行的,应当说明理由,并在五日内将不予执行的裁定送达行政机关。

行政机关对人民法院不予执行的裁定有异议的,可以自收到裁定之日起十五日内向上一级人民法院申请复议,上一级人民法院应当自收到复议申请之日起三十日内作出是否执行的裁定。

《林业行政处罚程序规定》(1996年林业部发布)

第二十条　凡给予林业行政处罚的,应当具备下述条件:

(一) 有明确的违法行为人;

(二) 有具体的违法事实和证据;

(三) 法律、法规和规章规定应当给予林业行政处罚的;

(四) 属于查处的机关管辖。

《中华人民共和国森林法实施条例》(2011年修订)

第四十三条　未经县级以上人民政府林业主管部门审核同意,擅自改变林地用途的,由县级以上人民政府林业主管部门责令限期恢复原状,并处非法改变用途林地每平方米10元至30元的罚款。

临时占用林地,逾期不归还的,依照前款规定处罚。

《福建省沿海防护林条例》(1995年)

第十四条　未经沿海县级以上林业行政主管部门批准,不得改变防护林地使用性质,不得在防护林内筑坟、砍柴、挖沙、采石、取土、采集植被或其他矿物。

禁止毁林开垦和毁坏红树林、防护林中幼林。

禁止在幼林地内放牧等损坏防护林行为。

第二十四条　违反本条例规定,造成林地、植被损坏的,由沿海县级以上林业行政主管部门责令其限期恢复原状、植被;造成损失的,应当赔偿损失;逾期不恢复的,由林业部门代为恢复,所需费用由责任者承担。

第二十五条　违反本条例第十四条第一款、第二款规定的,由沿海县级以上林业行政主管部门没收违法所得,并处以侵占或毁坏林地每平方米50元至100元罚款。

违反本条例第十四条第三款规定的,由沿海县级以上林业行政主管部门处以100元至1 000元罚款,造成林木损坏的,应当赔偿损失。

五、因举报被处罚人涉嫌犯罪而由森林公安机关调查所产生的期间，不应视为林业主管部门申请法院执行行政处罚逾期的正当理由

——湖南省醴陵市林业局与杨××非诉执行审查案

▶ 基本信息

申　请　人：醴陵市林业局
被申请人：杨××
一审法院：醴陵市人民法院
一审结果：裁定准予执行

▶ 基本案情

被执行人杨××于2011年8月1日与醴陵市船湾镇四方居委会下铺组签订农村土地租赁合同，租赁土地的用途为采泥沙页岩环保制砖，同时在醴陵市工商行政管理局进行了企业全称预先核准登记，名称为："醴陵市船湾镇四和页岩机砖厂"，为个人独资经营。2011年9月15日申请执行人醴陵市林业局以被执行人杨××未经林业主管部门审核同意违反了《中华人民共和国森林法》第十八条和《中华人民共和国森林法实施条例》第十六条第（一）项、第十七条的规定，擅自改变林地用途向被执行人杨××送达了醴林地字第0000760号使用林地手续催办通知书，要求被执行人杨××及时补办使用林地手续，否则将移交司法部门立案查处，2011年10月8日申请执行人醴陵市林业局再次向被执行人杨××送达了醴林地字第0000429号停止非法占用、毁坏林地的通知，要求被执行人杨××接受处理，并对被执行人杨××占用林地的面积、地类、林种、森林类别进行了鉴定，确认被执行人杨××占用林地面积为2 000 m²，森林类别为生态公益林。2012年2月29日申请执行人醴陵市林业局以被执行人杨××非法占用林地2 000 m²在醴陵市船湾镇四方居委会106国道旁建页岩机砖厂，违反了《中华人民共和国森林法实施条例》第十六条第（一）项、第四十三条第一款的规定，拟对被执行人杨××予以在2012年3月15日前恢复原状并处罚款60 000元的行政处罚告知，被执行人杨××自愿放弃了陈述、申辩和要求听证的权利，同时被执行人杨××主动缴纳了森林植被恢复费15 000元。2012年3月2日申请执行人醴陵市林业局以被执行人杨××擅自改变林地用途为由对被执行人作出了醴林罚书字(2012)第(016)号行政处罚决定书，给予被执行人杨××于2012年3月15日前恢复原状，处罚款60 000元的行政处罚，被执行人杨××在收到该行政处罚决定书后未在规定的期限内申请行政复议或向人民法院提起诉讼，亦未自觉履行行政处罚确定义务。2012年11月5日申请执行人醴陵市林业局认为被执行人杨××涉嫌非法占用林地向醴陵市森林公安局举报。醴陵市森林公安局接

报进行了调查,于2014年3月以被执行人杨××涉嫌非法占用林地立案标准不符合《最高人民法院关于审理破坏林地资源刑事案件具体应用法律若干问题的解释》第一条第(一)项的规定,依照《中华人民共和国刑事诉讼法》第一百六十一条的规定而撤销案件。2014年8月27日申请执行人醴陵市林业局向本院申请强制执行。

▶ 争议焦点

本案能否强制执行的关键在于:被审查的行政处罚决定是否事实清楚、适用法律正确、程序合法。

▶ 法院裁定

醴陵市人民法院经审理认为:被执行人杨××未经林业行政主管部门审核批准,占用公益生态林地,并擅自改变林地用途进行经营性质的取土制砖,申请执行人醴陵市林业局根据被执行人杨××未经批准占用林地采矿制砖的事实,依照《中华人民共和国森林法》第十八条、《中华人民共和国森林法实施条例》第十六条第(一)项、第十七条、第四十三条第一款之规定,作出醴林罚书字(2012)第(016)号林业行政处罚决定书,决定限令被执行人杨××恢复原状,对被执行人杨××处人民币60 000元罚款,上缴国库。该具体行政行为事实清楚、程序合法、适用法律正确,申请执行人醴陵市林业局作出的行政处罚决定已发生法律效力,被执行人杨××未自觉履行缴纳罚款义务,申请执行人醴陵市林业局向本院申请强制执行的请求,本院应予支持。被执行人杨××在听证中提出,申请执行人醴陵市林业局申请强制执行具体行政行为申请执行的期限已逾期,人民法院应不予受理。经审查,申请执行人醴陵市林业局在被执行人杨××起诉(或复议)期限届满之日前已将被执行人杨××涉嫌非法占用林地的事由向醴陵市森林公安局举报,森林公安机关调查的期间应视为申请执行人醴陵市林业局申请执行具体行政行为逾期的正当理由,因此,被执行人杨××申辩的理由本院不予采纳。被执行人杨××还提出其2012年2月29日已缴纳的15 000元植被恢复费应作为其履行行政处罚的金额,并已了清的辩解理由不能成立,但申请执行人醴陵市林业局对被执行人杨××已缴纳的植被恢复费15 000元表示认可,亦同意在处罚金额中进行抵偿,本院予以支持。据此,依照《中华人民共和国行政诉讼法》第六十六条、《最高人民法院关于执行〈中华人民共和国行政诉讼法〉若干问题的解释》第九十三条之规定,裁定如下:

一、准予执行申请执行人醴陵市林业局醴林罚书字(2012)第(016)号林业行政处罚决定书决定对被执行人杨××擅自改变林地用途的行为限期恢复原状,处以60 000元罚款的具体行政行为;

二、限被执行人杨××在2014年10月18日前恢复原状或办理使用林地核准、审批登记手续,并向本院缴纳罚款45 000元,逾期不履行,本院依法予以强制执行。

▶ 执法点评

1. 申请人民法院强制执行罚款的同时,还应申请执行加处的罚款

《行政处罚法》第五十一条规定:"当事人逾期不履行行政处罚决定的,作出行政处罚决定的行政机关可以采取下列措施:(一)到期不缴纳罚款的,每日按罚款数额的百分之三加处罚款……"《林业行政处罚程序规定》第四十五条规定:"当事人逾期不履行林业行政处罚决定的,作出行政处罚决定的林业行政主管部门可以采取下列措施:(一)到期不缴纳罚款的,每日按罚款数额的百分之三加处罚款……"国家林业局发布的法律文书《林业行政处罚决定书》,对上述内容进行了标准化:"本决定书中的罚款,限你(你单位)于收到本决定书之日起,十五日内到某某银行(账号:……)缴纳。到期不缴纳罚款的,每日按罚款数额的百分之三加处罚款。"显然,醴林罚书字(2012)第(016)号林业行政处罚决定书也一定载有上述有关加处罚款的内容。由此,醴陵市林业局申请人民法院强制执行的罚款数额,就应当不仅包括罚款本金的数额,还应当包括执行罚即加处罚款的数额。根据《行政强制法》第四十五条关于"行政机关依法作出金钱给付义务的行政决定,当事人逾期不履行的,行政机关可以依法加处罚款或者滞纳金。加处罚款或者滞纳金的标准应当告知当事人。加处罚款或者滞纳金的数额不得超出金钱给付义务的数额"的规定,本案加处罚款的最高数额只能是罚款的数额即 60 000 元。换言之,醴陵市林业局申请人民法院强制执行的金钱数额,应当是 12 万元,而不应当是 60 000 元。

2. 森林植被恢复费不应抵偿罚款

《森林法》第十八条规定:"进行勘查、开采矿藏和各项建设工程,应当不占或者少占林地;必须占用或者征收、征用林地的,经县级以上人民政府林业主管部门审核同意后,依照有关土地管理的法律、行政法规办理建设用地审批手续,并由用地单位依照国务院有关规定缴纳森林植被恢复费。森林植被恢复费专款专用,由林业主管部门依照有关规定统一安排植树造林,恢复森林植被,植树造林面积不得少于因占用、征收、征用林地而减少的森林植被面积。上级林业主管部门应当定期督促、检查下级林业主管部门组织植树造林、恢复森林植被的情况。任何单位和个人不得挪用森林植被恢复费。县级以上人民政府审计机关应当加强对森林植被恢复费使用情况的监督。"《森林法实施条例》第十六条规定,勘查、开采矿藏和修建道路、水利、电力、通讯等工程,需要占用或者征收、征用林地的,用地单位应当向县级以上人民政府林业主管部门提出用地申请,经审核同意后,按照国家规定的标准预交森林植被恢复费,领取使用林地审核同意书。用地单位凭使用林地审核同意书依法办理建设用地审批手续。占用或者征收、征用林地未经林业主管部门审核同意的,土地行政主管部门不得受理建设用地申请。占用或者征收、征用林地未被批准的,有关林业主管部门应当自接到不予批准通知之日起 7 日内将收取的森林植被恢复费如数退还。根据上述法律规定,罚款与森林植被恢复费的性质完全不同,不能也无法相互折抵或者取代。

首先,森林植被恢复费不应作为履行行政处罚的金额。罚款是违法行为人因其违法行为而承受行政责任的一种类型,是指享有行政处罚权的行政主体依法强制违法行为人,在一定期限内向国家缴纳一定数额的金钱的处罚形式。而森林植被恢复费则是行政相对人为取得使用林地审核同意书,而依法向林业主管部门预先缴纳的,用以恢复因使用林地而减少的森林植被所需的费用。前者是行政处罚的一个类型,后者则是一种行政许可的前置条件。前者是违法行为人因其违法行为而承受的一种法律后果,后者是行政相对人为取得行政许可而履行的一项法定义务。前者是行政处罚的内容,后者是取得行政许可的条件。前者是行政处罚,后者是生态补偿。由此,被执行人杨××关于"其 2012 年 2 月 29 日已缴纳的 15 000 元植被恢复费应作为其履行行政处罚的金额"的辩解理由,于法无据,不能成立。

其次,醴陵市林业局无权同意将森林植被恢复费在罚款金额中进行抵偿。根据《行政处罚法》第五十二条关于"当事人确有经济困难,需要延期或者分期缴纳罚款的,经当事人申请和行政机关批准,可以暂缓或者分期缴纳"的规定,以及《林业行政处罚程序规定》第四十六条关于"当事人确有经济困难,需要延期或者分期缴纳罚款的,经当事人申请和作出处罚决定的林业行政主管部门审查批准,可以暂缓或者分期缴纳"的规定,醴陵市林业局有权批准当事人暂缓或者分期缴纳罚款,但无权减少或者免除当事人的罚款数额。换句话说,"申请执行人醴陵市林业局对被执行人杨××已缴纳的植被恢复费15000元表示认可",无可厚非,但"亦同意在处罚金额中进行抵偿",却于法无据,法院不应支持。

> **司法点评**

未在法定期限内申请人民法院强制执行

首先,醴陵市林业局未在法定期限内申请强制执行。本案裁定书确认,2012年3月2日,醴陵市林业局以杨××擅自改变林地用途为由,作出醴林罚书字(2012)第(016)号行政处罚决定书,给予杨××于2012年3月15日前恢复原状,处罚款60 000元的行政处罚。2014年8月27日申请执行人醴陵市林业局向本院申请强制执行。但是,本案裁定书没有确认,醴陵市林业局何时向杨××送达了处罚决定书。根据《行政处罚法》第四十条关于"行政处罚决定书应当在宣告后当场交付当事人;当事人不在场的,行政机关应当在七日内依照民事诉讼法的有关规定,将行政处罚决定书送达当事人"的规定,醴陵市林业局即便没有当场交付,最迟也应当于3月9日之前,依法将处罚决定书送达杨××。由此,根据《行政强制法》第五十三条关于"当事人在法定期限内不申请行政复议或者提起行政诉讼,又不履行行政决定的,没有行政强制执行权的行政机关可以自期限届满之日起三个月内,依照本章规定申请人民法院强制执行"的规定,醴陵市林业局应当在2012年9月2日(假定3月2日将行政处罚决定书送达给当事人)之前,或者在9月9日(假定在作出行政处罚决定后7日送达当事人)之前,向法院申请强制执行。但是,直到2014年8月27日,醴陵市林业局才向人民法院提出强制执行的申请,已经远远超出申请执行的法定期限。

其次,本案明显未达刑事立案标准。裁定书确认,2011年10月8日,醴陵市林业局对被执行人杨××占用林地的面积、地类、林种、森林类别进行了鉴定,确认被执行人杨××占用林地面积为2 000 m²,森林类别为生态公益林。2012年11月5日申请执行人醴陵市林业局认为被执行人杨××涉嫌非法占用林地向醴陵市森林公安局举报。醴陵市森林公安局接报进行了调查,于2014年3月以被执行人杨××涉嫌非法占用林地立案标准不符合《最高人民法院关于审理破坏林地资源刑事案件具体应用法律若干问题的解释》第一条第(一)项的规定,依照《中华人民共和国刑事诉讼法》第一百六十一条的规定而撤销案件。上述事实表明,如果认为杨××涉嫌犯罪,那么,醴陵市林业局早在2011年10月,即林地面积确认以后就应当知晓。换句话说,在初查阶段或者立案时,仅凭林地面积的鉴定意见,醴陵市林业局就应当知晓杨××是否涉嫌犯罪,根本无须等到作出行政处罚决定并已经进入应当申请强制执行阶段,才向森林公安机关举报。此其一。其二,无论是根据《最高人民法院关于审理破坏林地资源刑事案件具体应用法律若干问题的解释》第一条第(一)项的规定,还是根据《最高人民检察院、公安部关于公安机关管辖的刑事案件立案追诉标准的规定(一)》第六十七条第一款的规定,占用林地面积 2 000 m² 即 3 亩,都达不到非法占用农用地罪的数量标准。明知不构成犯罪,却仍然向司法机关举报,不知究竟为何。其三,从 2012 年 11 月至 2014 年 3 月,花费了将近一年零四个月,醴陵市森林公安局才作出撤销案件的决定。即便考虑到案件过于复杂,林地的面积需要重新鉴定,以确认是否涉嫌非法占用农用地罪,但是这一调查时间仍然显得过分的冗长,而令人难以接受。更为重要的是,醴陵市森林公安局办理移送的涉嫌犯罪案件的做法,明显违反法律规定。根据《行政执法机关移送涉嫌犯罪案件的规定》(2001 年 7 月 4 日国务院令第 310 号公布)第八条关于"公安机关应当自接受行政执法机关移送的涉嫌犯罪案件之日起 3 日内,依照刑法、刑事诉讼法以及最高人民法院、最高人民检察院关于立案标准和公安部关于公安机关办理刑事案件程序的规定,对所移送的案件进行审查。认为有犯罪事实,需要追究刑事责任,依法决定立案的,应当书面通知移送案件的行政执法机关;认为没有犯罪事实,或者犯罪事实显著轻微,不需要追究刑事责任,依法不予立案的,应当说明理由,并书面通知移送案件的行政执法机关,相应退回案卷材料"的规定,在 2012 年 11 月 5 日醴陵市林业局将杨××涉嫌非法占用林地向醴陵市森林公安局举报后,醴陵市森林公安局依法应当在 11 月 8 日之前,对所移送的案件进行审查。认为有犯罪事实,需要追究刑事责任,依法决定立案的,应当书面通知移送案件的醴陵市林业局;认为没有犯罪事实,或者犯罪事实显著轻微,不需要追究刑事责任,依法不予立案的,应当说明理由,并书面通知移送案件的醴陵市林业局,相应退回案卷材料。

最后,即便法院不适用《行政强制法》第五十三条的规定来处理本案,而适用《最高人民法院关于执行〈中华人民共和国行政诉讼法〉若干问题的解释》第八十八条关于"行政机关申请人民法院强制执行其具体行政行为,应当自被执行人的法定起诉期限届满之日起 180 日内提出。逾期申请的,除有正当理由外,人民法院不予受理"的规定,也只有醴陵市森林公安局的刑事案件调查时间,被醴陵市人民法院认定为"正当理由"的情况下,本案才有可能被醴陵市人民法院受理。而我们认为,将刑事案件的调查时间,作为行政处罚决定逾期申请法院强制执行的正当理由,既于法无据,也于理不合。另外,从裁定书中,也没有看到醴陵市林业局在申请法院强制执行前,曾依法向杨××进行过催告。而根据《行政强制法》第五十四条和第五十五条的规定,醴陵市林业局申请人民法院强制执行前,应当催告当事人杨××履行义务;在向人民法院申请强制执行时,也应当提供包括"当事人的意见及行政机关催告情况"的材料。

▶ 裁定书

湖南省醴陵市林业局与杨××非诉执行审查案

湖南省醴陵市人民法院
行政裁定书

(2014)醴非执字第 71 号

申请执行人:醴陵市林业局。

法定代表人:张有×,局长。

委托代理人：叶鹏×，系醴陵市林业局综合执法大队队长。代理权限：特别授权，即代为参加听证、和解、签收法律文书等相关事宜。

委托代理人谭×，系醴陵市林业局法制办主任。代理权限：一般代理。

被执行人：杨××，男，汉族，湖南省攸县人，住湖南省攸县。

委托代理人谭桂×，醴陵市渌江法律服务所法律工作者。代理权限：特别授权，即代为起诉、上诉、代为和解、调解、代收法律文书。

申请执行人醴陵市林业局申请执行被执行人杨××林业行政处罚一案，本院受理后，于2014年9月3日向被执行人杨××送达了非诉行政执行案件通知书和申请执行书副本。被执行人杨××在规定的期限内对申请执行人醴陵市林业局作出的行政处罚决定向本院进行了陈述和申辩，并申请举行听证。本院依法组成合议庭，对申请执行人醴陵市林业局作出的醴林罚书字（2012）第（16）（016）号林业行政处罚决定书的合法性进行了审查，于2014年9月29日依法举行了听证。申请执行人醴陵市林业局的委托代理人叶鹏×、谭×、被执行人杨××及其委托代理人谭桂×到庭参加了听证。

经听证审查查明：被执行人杨××于2011年8月1日与醴陵市船湾镇四方居委会下铺组签订农村土地租赁合同，租赁土地的用途为采泥沙页岩环保制砖，同时在醴陵市工商行政管理局进行了企业全称预先核准登记，名称为："醴陵市船湾镇四和页岩机砖厂"，为个人独资经营。2011年9月15日申请执行人醴陵市林业局以被执行人杨××未经林业主管部门审核同意违反了《中华人民共和国森林法》第十八条和《中华人民共和国森林法实施条例》第十六条第（一）项、第十七条的规定，擅自改变林地用途向被执行人杨××送达了醴林地字第0000760号使用林地手续催办通知书，要求被执行人杨××及时补办使用林地手续，否则将移交司法部门立案查处，2011年10月8日申请执行人醴陵市林业局再次向被执行人杨××送达了醴林地字第0000429号停止非法占用、毁坏林地的通知，要求被执行人杨××接受处理，并对被执行人杨××占用林地的面积、地类、林种、森林类别进行了鉴定，确认被执行人杨××占用林地面积为2 000 m²，森林类别为生态公益林。2012年2月29日申请执行人醴陵市林业局以被执行人杨××非法占用林地2 000 m²在醴陵市船湾镇四方居委会106国道旁建页岩机砖厂，违反了《中华人民共和国森林法实施条例》第十六条第（一）项、第四十三条第一款的规定，拟对被执行人杨××予以在2012年3月15日前恢复原状并处罚款60 000元的行政处罚告知，被执行人杨××自愿放弃了陈述、申辩和要求听证的权利，同时被执行人杨××主动缴纳了森林植被恢复费15 000元。2012年3月2日申请执行人醴陵市林业局以被执行人杨××擅自改变林地用途为由对被执行人作出了醴林罚书字（2012）第（016）号行政处罚决定书，给予被执行人杨××于2012年3月15日前恢复原状，处罚款60 000元的行政处罚，被执行人杨××在收到该行政处罚决定书后未在规定的期限内申请行政复议或向人民法院提起诉讼，亦未自觉履行行政处罚确定义务。2012年11月5日申请执行人醴陵市林业局认为被执行人杨××涉嫌非法占用林地向醴陵市森林公安局举报。醴陵市森林公安局接报进行了调查，于2014年3月以被执行人杨××涉嫌非法占用林地立案标准不符合《最高人民法院关于审理破坏林地资源刑事案件具体应用法律若干问题的解释》第一条第（一）项的规定，依照《中华人民共和国刑事诉讼法》第一百六十一条的规定而撤销案件。2014年8月27日申请执行人醴陵市林业局向本院申请强制执行。

本院认为,被执行人杨××未经林业行政主管部门审核批准,占用公益生态林地,并擅自改变林地用途进行经营性质的取土制砖,申请执行人醴陵市林业局根据被执行人杨××未经批准占用林地采矿制砖的事实,依照《中华人民共和国森林法》第十八条、《中华人民共和国森林法实施条例》第十六条第(一)项、第十七条、第四十三条第一款之规定,作出醴林罚书字(2012)第(016)号林业行政处罚决定书,决定限令被执行人杨××恢复原状,对被执行人杨××处人民币60 000元罚款,上缴国库。该具体行政行为事实清楚、程序合法、适用法律正确,申请执行人醴陵市林业局作出的行政处罚决定已发生法律效力,被执行人杨××未自觉履行缴纳罚款义务,申请执行人醴陵市林业局向本院申请强制执行的请求,本院应予支持。被执行人杨××在听证中提出,申请执行人醴陵市林业局申请强制执行具体行政行为申请执行的期限已逾期,人民法院应不予受理。经审查,申请执行人醴陵市林业局在被执行人杨××起诉(或复议)期限届满之日前已将被执行人杨××涉嫌非法占用林地的事由向醴陵市森林公安局举报,森林公安机关调查的期间应视为申请执行人醴陵市林业局申请执行具体行政行为逾期的正当理由,因此,被执行人杨××申辩的理由本院不予采纳。被执行人杨××还提出其2012年2月29日已缴纳的15 000元植被恢复费应作为其履行行政处罚的金额,并已了清的辩解理由不能成立,但申请执行人醴陵市林业局对被执行人杨××已缴纳的植被恢复费15 000元表示认可,亦同意在处罚金额中进行抵偿,本院予以支持。据此,依照《中华人民共和国行政诉讼法》第六十六条、《最高人民法院关于执行〈中华人民共和国行政诉讼法〉若干问题的解释》第九十三条之规定,裁定如下:

一、准予执行申请执行人醴陵市林业局醴林罚书字(2012)第(016)号林业行政处罚决定书决定对被执行人杨××擅自改变林地用途的行为限期恢复原状,处以60 000元罚款的具体行政行为;

二、限被执行人杨××在2014年10月18日前恢复原状或办理使用林地核准、审批登记手续,并向本院缴纳罚款45 000元,逾期不履行,本院依法予以强制执行。

案件执行费300元,由被执行人杨××负担。

本裁定书送达后即发生法律效力。

审判长　江　晋
审判员　朱建生
审判员　凌海军

二○一四年十月八日
书记员　王钟玲

> **法律依据**

《最高人民法院关于审理破坏林地资源刑事案件具体应用法律若干问题的解释》[①]

第一条　违反土地管理法规,非法占用林地,改变被占用林地用途,在非法占用的林地

[①] 《最高人民法院关于审理破坏林地资源刑事案件具体应用法律若干问题的解释》(2005年12月19日由最高人民法院审判委员会第1374次会议通过　自2005年12月30日起施行　法释〔2005〕15号)。

上实施建窑、建坟、建房、挖沙、采石、采矿、取土、种植农作物、堆放或排泄废弃物等行为或者进行其他非林业生产、建设,造成林地的原有植被或林业种植条件严重毁坏或者严重污染,并具有下列情形之一的,属于《中华人民共和国刑法修正案(二)》规定的"数量较大,造成林地大量毁坏",应当以非法占用农用地罪判处五年以下有期徒刑或者拘役,并处或者单处罚金:

(一)非法占用并毁坏防护林地、特种用途林地数量分别或者合计达到五亩以上;

(二)非法占用并毁坏其他林地数量达到十亩以上;

(三)非法占用并毁坏本条第(一)项、第(二)项规定的林地,数量分别达到相应规定的数量标准的百分之五十以上;

(四)非法占用并毁坏本条第(一)项、第(二)项规定的林地,其中一项数量达到相应规定的数量标准的百分之五十以上,且两项数量合计达到该项规定的数量标准。

《中华人民共和国刑事诉讼法》[①]

第一百六十一条 在侦查过程中,发现不应对犯罪嫌疑人追究刑事责任的,应当撤销案件;犯罪嫌疑人已被逮捕的,应当立即释放,发给释放证明,并且通知原批准逮捕的人民检察院。

《中华人民共和国森林法》(2009 年第二次修正)

第十八条 进行勘查、开采矿藏和各项建设工程,应当不占或者少占林地;必须占用或者征收、征用林地的,经县级以上人民政府林业主管部门审核同意后,依照有关土地管理的法律、行政法规办理建设用地审批手续,并由用地单位依照国务院有关规定缴纳森林植被恢复费。森林植被恢复费专款专用,由林业主管部门依照有关规定统一安排植树造林,恢复森林植被,植树造林面积不得少于因占用、征收、征用林地而减少的森林植被面积。上级林业主管部门应当定期督促、检查下级林业主管部门组织植树造林、恢复森林植被的情况。

任何单位和个人不得挪用森林植被恢复费。县级以上人民政府审计机关应当加强对森林植被恢复费使用情况的监督。

《中华人民共和国森林法实施条例》(2011 年修订)

第十六条 勘查、开采矿藏和修建道路、水利、电力、通讯等工程,需要占用或者征收、征用林地的,必须遵守下列规定:

(一)用地单位应当向县级以上人民政府林业主管部门提出用地申请,经审核同意后,按照国家规定的标准预交森林植被恢复费,领取使用林地审核同意书。用地单位凭使用林地审核同意书依法办理建设用地审批手续。占用或者征收、征用林地未经林业主管部门审核同意的,土地行政主管部门不得受理建设用地申请。

(二)占用或者征收、征用防护林林地或者特种用途林林地面积 10 公顷以上的,用材林、经济林、薪炭林林地及其采伐迹地面积 35 公顷以上的,其他林地面积 70 公顷以上的,由国务院林业主管部门审核;占用或者征收、征用林地面积低于上述规定数量的,由省、自治

[①] 《中华人民共和国刑事诉讼法》(1979 年 7 月 1 日第五届全国人民代表大会第二次会议通过 根据 1996 年 3 月 17 日第八届全国人民代表大会第四次会议《关于修改〈中华人民共和国刑事诉讼法〉的决定》第一次修正 根据 2012 年 3 月 14 日第十一届全国人民代表大会第五次会议《关于修改〈中华人民共和国刑事诉讼法〉的决定》第二次修正)。

区、直辖市人民政府林业主管部门审核。占用或者征收、征用重点林区的林地的,由国务院林业主管部门审核。

(三)用地单位需要采伐已经批准占用或者征收、征用的林地上的林木时,应当向林地所在地的县级以上地方人民政府林业主管部门或者国务院林业主管部门申请林木采伐许可证。

(四)占用或者征收、征用林地未被批准的,有关林业主管部门应当自接到不予批准通知之日起7日内将收取的森林植被恢复费如数退还。

第十七条 需要临时占用林地的,应当经县级以上人民政府林业主管部门批准。

临时占用林地的期限不得超过两年,并不得在临时占用的林地上修筑永久性建筑物;占用期满后,用地单位必须恢复林业生产条件。

第四十三条 未经县级以上人民政府林业主管部门审核同意,擅自改变林地用途的,由县级以上人民政府林业主管部门责令限期恢复原状,并处非法改变用途林地每平方米10元至30元的罚款。

临时占用林地,逾期不归还的,依照前款规定处罚。

《中华人民共和国行政诉讼法》①

第六十六条 公民、法人或者其他组织对具体行政行为在法定期间不提起诉讼又不履行的,行政机关可以申请人民法院强制执行,或者依法强制执行。

《最高人民法院关于执行〈中华人民共和国行政诉讼法〉若干问题的解释》(法释〔2000〕8号)

第九十三条 人民法院受理行政机关申请执行其具体行政行为的案件后,应当在30日内由行政审判庭组成合议庭对具体行政行为的合法性进行审查,并就是否准予强制执行作出裁定;需要采取强制执行措施的,由本院负责强制执行非诉行政行为的机构执行。

---

① 《中华人民共和国行政诉讼法》(中华人民共和国第七届全国人民代表大会常务委员会第二次会议于1989年4月4日通过 自1990年10月1日起施行)。

附录

中华人民共和国森林法(2009年第二次修正)

(1984年9月20日第六届全国人民代表大会常务委员会第七次会议通过 根据1998年4月29日第九届全国人民代表大会常务委员会第二次会议《关于修改〈中华人民共和国森林法〉的决定》第一次修正 根据2009年8月27日第十一届全国人民代表大会常务委员会第十次会议《关于修改部分法律的决定》第二次修正)

目录

  第一章 总则
  第二章 森林经营管理
  第三章 森林保护
  第四章 植树造林
  第五章 森林采伐
  第六章 法律责任
  第七章 附则

第一章 总则

  第一条 为了保护、培育和合理利用森林资源,加快国土绿化,发挥森林蓄水保土、调节气候、改善环境和提供林产品的作用,适应社会主义建设和人民生活的需要,特制定本法。
  第二条 在中华人民共和国领域内从事森林、林木的培育种植、采伐利用和森林、林木、林地的经营管理活动,都必须遵守本法。
  第三条 森林资源属于国家所有,由法律规定属于集体所有的除外。
  国家所有的和集体所有的森林、林木和林地,个人所有的林木和使用的林地,由县级以上地方人民政府登记造册,发放证书,确认所有权或者使用权。国务院可以授权国务院林业主管部门,对国务院确定的国家所有的重点林区的森林、林木和林地登记造册,发放证书,并通知有关地方人民政府。
  森林、林木、林地的所有者和使用者的合法权益,受法律保护,任何单位和个人不得侵犯。
  第四条 森林分为以下五类:
  (一)防护林:以防护为主要目的的森林、林木和灌木丛,包括水源涵养林,水土保持林,防风固沙林,农田、牧场防护林,护岸林,护路林;
  (二)用材林:以生产木材为主要目的的森林和林木,包括以生产竹材为主要目的的竹林;

（三）经济林：以生产果品，食用油料、饮料、调料，工业原料和药材等为主要目的的林木；

（四）薪炭林：以生产燃料为主要目的的林木；

（五）特种用途林：以国防、环境保护、科学实验等为主要目的的森林和林木，包括国防林、实验林、母树林、环境保护林、风景林，名胜古迹和革命纪念地的林木，自然保护区的森林。

第五条　林业建设实行以营林为基础，普遍护林，大力造林，采育结合，永续利用的方针。

第六条　国家鼓励林业科学研究，推广林业先进技术，提高林业科学技术水平。

第七条　国家保护林农的合法权益，依法减轻林农的负担，禁止向林农违法收费、罚款，禁止向林农进行摊派和强制集资。

国家保护承包造林的集体和个人的合法权益，任何单位和个人不得侵犯承包造林的集体和个人依法享有的林木所有权和其他合法权益。

第八条　国家对森林资源实行以下保护性措施：

（一）对森林实行限额采伐，鼓励植树造林、封山育林，扩大森林覆盖面积；

（二）根据国家和地方人民政府有关规定，对集体和个人造林、育林给予经济扶持或者长期贷款；

（三）提倡木材综合利用和节约使用木材，鼓励开发、利用木材代用品；

（四）征收育林费，专门用于造林育林；

（五）煤炭、造纸等部门，按照煤炭和木浆纸张等产品的产量提取一定数额的资金，专门用于营造坑木、造纸等用材林；

（六）建立林业基金制度。

国家设立森林生态效益补偿基金，用于提供生态效益的防护林和特种用途林的森林资源、林木的营造、抚育、保护和管理。森林生态效益补偿基金必须专款专用，不得挪作他用。具体办法由国务院规定。

第九条　国家和省、自治区人民政府，对民族自治地方的林业生产建设，依照国家对民族自治地方自治权的规定，在森林开发、木材分配和林业基金使用方面，给予比一般地区更多的自主权和经济利益。

第十条　国务院林业主管部门主管全国林业工作。县级以上地方人民政府林业主管部门，主管本地区的林业工作。乡级人民政府设专职或者兼职人员负责林业工作。

第十一条　植树造林、保护森林，是公民应尽的义务。各级人民政府应当组织全民义务植树，开展植树造林活动。

第十二条　在植树造林、保护森林、森林管理以及林业科学研究等方面成绩显著的单位或者个人，由各级人民政府给予奖励。

第二章　森林经营管理

第十三条　各级林业主管部门依照本法规定，对森林资源的保护、利用、更新，实行管理和监督。

第十四条　各级林业主管部门负责组织森林资源清查,建立资源档案制度,掌握资源变化情况。

第十五条　下列森林、林木、林地使用权可以依法转让,也可以依法作价入股或者作为合资、合作造林、经营林木的出资、合作条件,但不得将林地改为非林地:

(一)用材林、经济林、薪炭林;

(二)用材林、经济林、薪炭林的林地使用权;

(三)用材林、经济林、薪炭林的采伐迹地、火烧迹地的林地使用权;

(四)国务院规定的其他森林、林木和其他林地使用权。

依照前款规定转让、作价入股或者作为合资、合作造林、经营林木的出资、合作条件的,已经取得的林木采伐许可证可以同时转让,同时转让双方都必须遵守本法关于森林、林木采伐和更新造林的规定。

除本条第一款规定的情形外,其他森林、林木和其他林地使用权不得转让。

具体办法由国务院规定。

第十六条　各级人民政府应当制定林业长远规划。国有林业企业事业单位和自然保护区,应当根据林业长远规划,编制森林经营方案,报上级主管部门批准后实行。

林业主管部门应当指导农村集体经济组织和国有的农场、牧场、工矿企业等单位编制森林经营方案。

第十七条　单位之间发生的林木、林地所有权和使用权争议,由县级以上人民政府依法处理。

个人之间、个人与单位之间发生的林木所有权和林地使用权争议,由当地县级或者乡级人民政府依法处理。

当事人对人民政府的处理决定不服的,可以在接到通知之日起一个月内,向人民法院起诉。

在林木、林地权属争议解决以前,任何一方不得砍伐有争议的林木。

第十八条　进行勘查、开采矿藏和各项建设工程,应当不占或者少占林地;必须占用或者征收、征用林地的,经县级以上人民政府林业主管部门审核同意后,依照有关土地管理的法律、行政法规办理建设用地审批手续,并由用地单位依照国务院有关规定缴纳森林植被恢复费。森林植被恢复费专款专用,由林业主管部门依照有关规定统一安排植树造林,恢复森林植被,植树造林面积不得少于因占用、征收、征用林地而减少的森林植被面积。上级林业主管部门应当定期督促、检查下级林业主管部门组织植树造林、恢复森林植被的情况。

任何单位和个人不得挪用森林植被恢复费。县级以上人民政府审计机关应当加强对森林植被恢复费使用情况的监督。

第三章　森林保护

第十九条　地方各级人民政府应当组织有关部门建立护林组织,负责护林工作;根据实际需要在大面积林区增加护林设施,加强森林保护;督促有林的和林区的基层单位,订立护林公约,组织群众护林,划定护林责任区,配备专职或者兼职护林员。

护林员可以由县级或者乡级人民政府委任。护林员的主要职责是:巡护森林,制止破坏森林资源的行为。对造成森林资源破坏的,护林员有权要求当地有关部门处理。

第二十条　依照国家有关规定在林区设立的森林公安机关,负责维护辖区社会治安秩序,保护辖区内的森林资源,并可以依照本法规定,在国务院林业主管部门授权的范围内,代行本法第三十九条、第四十二条、第四十三条、第四十四条规定的行政处罚权。

武装森林警察部队执行国家赋予的预防和扑救森林火灾的任务。

第二十一条　地方各级人民政府应当切实做好森林火灾的预防和扑救工作:

（一）规定森林防火期,在森林防火期内,禁止在林区野外用火;因特殊情况需要用火的,必须经过县级人民政府或者县级人民政府授权的机关批准;

（二）在林区设置防火设施;

（三）发生森林火灾,必须立即组织当地军民和有关部门扑救;

（四）因扑救森林火灾负伤、致残、牺牲的,国家职工由所在单位给予医疗、抚恤;非国家职工由起火单位按照国务院有关主管部门的规定给予医疗、抚恤,起火单位对起火没有责任或者确实无力负担的,由当地人民政府给予医疗、抚恤。

第二十二条　各级林业主管部门负责组织森林病虫害防治工作。

林业主管部门负责规定林木种苗的检疫对象,划定疫区和保护区,对林木种苗进行检疫。

第二十三条　禁止毁林开垦和毁林采石、采砂、采土以及其他毁林行为。

禁止在幼林地和特种用途林内砍柴、放牧。

进入森林和森林边缘地区的人员,不得擅自移动或者损坏为林业服务的标志。

第二十四条　国务院林业主管部门和省、自治区、直辖市人民政府,应当在不同自然地带的典型森林生态地区、珍贵动物和植物生长繁殖的林区、天然热带雨林区和具有特殊保护价值的其他天然林区,划定自然保护区,加强保护管理。

自然保护区的管理办法,由国务院林业主管部门制定,报国务院批准施行。

对自然保护区以外的珍贵树木和林区内具有特殊价值的植物资源,应当认真保护;未经省、自治区、直辖市林业主管部门批准,不得采伐和采集。

第二十五条　林区内列为国家保护的野生动物,禁止猎捕;因特殊需要猎捕的,按照国家有关法规办理。

第四章　植树造林

第二十六条　各级人民政府应当制定植树造林规划,因地制宜地确定本地区提高森林覆盖率的奋斗目标。

各级人民政府应当组织各行各业和城乡居民完成植树造林规划确定的任务。

宜林荒山荒地,属于国家所有的,由林业主管部门和其他主管部门组织造林;属于集体所有的,由集体经济组织组织造林。

铁路公路两旁、江河两侧、湖泊水库周围,由各有关主管单位因地制宜地组织造林;工矿区,机关、学校用地,部队营区以及农场、牧场、渔场经营地区,由各该单位负责造林。

国家所有和集体所有的宜林荒山荒地可以由集体或者个人承包造林。

第二十七条　国有企业事业单位、机关、团体、部队营造的林木,由营造单位经营并按照国家规定支配林木收益。

集体所有制单位营造的林木,归该单位所有。

农村居民在房前屋后、自留地、自留山种植的林木,归个人所有。城镇居民和职工在自有房屋的庭院内种植的林木,归个人所有。

集体或者个人承包国家所有和集体所有的宜林荒山荒地造林的,承包后种植的林木归承包的集体或者个人所有;承包合同另有规定的,按照承包合同的规定执行。

第二十八条　新造幼林地和其他必须封山育林的地方,由当地人民政府组织封山育林。

第五章　森林采伐

第二十九条　国家根据用材林的消耗量低于生长量的原则,严格控制森林年采伐量。国家所有的森林和林木以国有林业企业事业单位、农场、厂矿为单位,集体所有的森林和林木、个人所有的林木以县为单位,制定年采伐限额,由省、自治区、直辖市林业主管部门汇总,经同级人民政府审核后,报国务院批准。

第三十条　国家制定统一的年度木材生产计划。年度木材生产计划不得超过批准的年采伐限额。计划管理的范围由国务院规定。

第三十一条　采伐森林和林木必须遵守下列规定:

(一)成熟的用材林应当根据不同情况,分别采取择伐、皆伐和渐伐方式,皆伐应当严格控制,并在采伐的当年或者次年内完成更新造林;

(二)防护林和特种用途林中的国防林、母树林、环境保护林、风景林,只准进行抚育和更新性质的采伐;

(三)特种用途林中的名胜古迹和革命纪念地的林木、自然保护区的森林,严禁采伐。

第三十二条　采伐林木必须申请采伐许可证,按许可证的规定进行采伐;农村居民采伐自留地和房前屋后个人所有的零星林木除外。

国有林业企业事业单位、机关、团体、部队、学校和其他国有企业事业单位采伐林木,由所在地县级以上林业主管部门依照有关规定审核发放采伐许可证。

铁路、公路的护路林和城镇林木的更新采伐,由有关主管部门依照有关规定审核发放采伐许可证。

农村集体经济组织采伐林木,由县级林业主管部门依照有关规定审核发放采伐许可证。

农村居民采伐自留山和个人承包集体的林木,由县级林业主管部门或者其委托的乡、镇人民政府依照有关规定审核发放采伐许可证。

采伐以生产竹材为主要目的的竹林,适用以上各款规定。

第三十三条　审核发放采伐许可证的部门,不得超过批准的年采伐限额发放采伐许可证。

第三十四条　国有林业企业事业单位申请采伐许可证时,必须提出伐区调查设计文件。其他单位申请采伐许可证时,必须提出有关采伐的目的、地点、林种、林况、面积、蓄积、方式和更新措施等内容的文件。

对伐区作业不符合规定的单位,发放采伐许可证的部门有权收缴采伐许可证,中止其采伐,直到纠正为止。

第三十五条　采伐林木的单位或者个人,必须按照采伐许可证规定的面积、株数、树种、期限完成更新造林任务,更新造林的面积和株数不得少于采伐的面积和株数。

第三十六条　林区木材的经营和监督管理办法,由国务院另行规定。

第三十七条　从林区运出木材,必须持有林业主管部门发给的运输证件,国家统一调拨的木材除外。

依法取得采伐许可证后,按照许可证的规定采伐的木材,从林区运出时,林业主管部门应当发给运输证件。

经省、自治区、直辖市人民政府批准,可以在林区设立木材检查站,负责检查木材运输。对未取得运输证件或者物资主管部门发给的调拨通知书运输木材的,木材检查站有权制止。

第三十八条　国家禁止、限制出口珍贵树木及其制品、衍生物。禁止、限制出口的珍贵树木及其制品、衍生物的名录和年度限制出口总量,由国务院林业主管部门会同国务院有关部门制定,报国务院批准。

出口前款规定限制出口的珍贵树木或者其制品、衍生物的,必须经出口人所在地省、自治区、直辖市人民政府林业主管部门审核,报国务院林业主管部门批准,海关凭国务院林业主管部门的批准文件放行。进出口的树木或者其制品、衍生物属于中国参加的国际公约限制进出口的濒危物种的,并必须向国家濒危物种进出口管理机构申请办理允许进出口证明书,海关并凭允许进出口证明书放行。

第六章　法律责任

第三十九条　盗伐森林或者其他林木的,依法赔偿损失;由林业主管部门责令补种盗伐株数十倍的树木,没收盗伐的林木或者变卖所得,并处盗伐林木价值三倍以上十倍以下的罚款。

滥伐森林或者其他林木,由林业主管部门责令补种滥伐株数五倍的树木,并处滥伐林木价值二倍以上五倍以下的罚款。

拒不补种树木或者补种不符合国家有关规定的,由林业主管部门代为补种,所需费用由违法者支付。

盗伐、滥伐森林或者其他林木,构成犯罪的,依法追究刑事责任。

第四十条　违反本法规定,非法采伐、毁坏珍贵树木的,依法追究刑事责任。

第四十一条　违反本法规定,超过批准的年采伐限额发放林木采伐许可证或者超越职权发放林木采伐许可证、木材运输证件、批准出口文件、允许进出口证明书的,由上一级人民政府林业主管部门责令纠正,对直接负责的主管人员和其他直接责任人员依法给予行政处分;有关人民政府林业主管部门未予纠正的,国务院林业主管部门可以直接处理;构成犯罪的,依法追究刑事责任。

第四十二条　违反本法规定,买卖林木采伐许可证、木材运输证件、批准出口文件、允许进出口证明书的,由林业主管部门没收违法买卖的证件、文件和违法所得,并处违法买卖证件、文件的价款一倍以上三倍以下的罚款;构成犯罪的,依法追究刑事责任。

伪造林木采伐许可证、木材运输证件、批准出口文件、允许进出口证明书的,依法追究刑事责任。

第四十三条 在林区非法收购明知是盗伐、滥伐的林木的,由林业主管部门责令停止违法行为,没收违法收购的盗伐、滥伐的林木或者变卖所得,可以并处违法收购林木的价款一倍以上三倍以下的罚款;构成犯罪的,依法追究刑事责任。

第四十四条 违反本法规定,进行开垦、采石、采砂、采土、采种、采脂和其他活动,致使森林、林木受到毁坏的,依法赔偿损失;由林业主管部门责令停止违法行为,补种毁坏株数一倍以上三倍以下的树木,可以处毁坏林木价值一倍以上五倍以下的罚款。

违反本法规定,在幼林地和特种用途林内砍柴、放牧致使森林、林木受到毁坏的,依法赔偿损失;由林业主管部门责令停止违法行为,补种毁坏株数一倍以上三倍以下的树木。

拒不补种树木或者补种不符合国家有关规定的,由林业主管部门代为补种,所需费用由违法者支付。

第四十五条 采伐林木的单位或者个人没有按照规定完成更新造林任务的,发放采伐许可证的部门有权不再发给采伐许可证,直到完成更新造林任务为止;情节严重的,可以由林业主管部门处以罚款,对直接责任人员由所在单位或者上级主管机关给予行政处分。

第四十六条 从事森林资源保护、林业监督管理工作的林业主管部门的工作人员和其他国家机关的有关工作人员滥用职权、玩忽职守、徇私舞弊,构成犯罪的,依法追究刑事责任;尚不构成犯罪的,依法给予行政处分。

第七章 附则

第四十七条 国务院林业主管部门根据本法制定实施办法,报国务院批准施行。

第四十八条 民族自治地方不能全部适用本法规定的,自治机关可以根据本法的原则,结合民族自治地方的特点,制定变通或者补充规定,依照法定程序报省、自治区或者全国人民代表大会常务委员会批准施行。

第四十九条 本法自 1985 年 1 月 1 日起施行。

中华人民共和国森林法实施条例(2018年第三次修正)

[2000年1月29日中华人民共和国国务院令第278号发布 根据2011年1月8日《国务院关于废止和修改部分行政法规的决定》第一次修正 根据2016年2月6日《国务院关于修改部分行政法规的决定》(国务院令第666号)第二次修正 根据2018年3月19日《国务院关于修改和废止部分行政法规的决定》第三次修正]

第一章 总则

第一条 根据《中华人民共和国森林法》(以下简称森林法),制定本条例。

第二条 森林资源,包括森林、林木、林地以及依托森林、林木、林地生存的野生动物、植物和微生物。

森林,包括乔木林和竹林。

林木,包括树木和竹子。

林地,包括郁闭度0.2以上的乔木林地以及竹林地、灌木林地、疏林地、采伐迹地、火烧迹地、未成林造林地、苗圃地和县级以上人民政府规划的宜林地。

第三条 国家依法实行森林、林木和林地登记发证制度。依法登记的森林、林木和林地的所有权、使用权受法律保护,任何单位和个人不得侵犯。

森林、林木和林地的权属证书式样由国务院林业主管部门规定。

第四条 依法使用的国家所有的森林、林木和林地,按照下列规定登记:

(一)使用国务院确定的国家所有的重点林区(以下简称重点林区)的森林、林木和林地的单位,应当向国务院林业主管部门提出登记申请,由国务院林业主管部门登记造册,核发证书,确认森林、林木和林地使用权以及由使用者所有的林木所有权;

(二)使用国家所有的跨行政区域的森林、林木和林地的单位和个人,应当向共同的上一级人民政府林业主管部门提出登记申请,由该人民政府登记造册,核发证书,确认森林、林木和林地使用权以及由使用者所有的林木所有权;

(三)使用国家所有的其他森林、林木和林地的单位和个人,应当向县级以上地方人民政府林业主管部门提出登记申请,由县级以上地方人民政府登记造册,核发证书,确认森林、林木和林地使用权以及由使用者所有的林木所有权。

未确定使用权的国家所有的森林、林木和林地,由县级以上人民政府登记造册,负责保护管理。

第五条 集体所有的森林、林木和林地,由所有者向所在地的县级人民政府林业主管部门提出登记申请,由该县级人民政府登记造册,核发证书,确认所有权。

单位和个人所有的林木,由所有者向所在地的县级人民政府林业主管部门提出登记申请,由该县级人民政府登记造册,核发证书,确认林木所有权。

使用集体所有的森林、林木和林地的单位和个人,应当向所在地的县级人民政府林业主管部门提出登记申请,由该县级人民政府登记造册,核发证书,确认森林、林木和林地使用权。

第六条 改变森林、林木和林地所有权、使用权的,应当依法办理变更登记手续。

第七条 县级以上人民政府林业主管部门应当建立森林、林木和林地权属管理档案。

第八条 国家重点防护林和特种用途林,由国务院林业主管部门提出意见,报国务院批准公布;地方重点防护林和特种用途林,由省、自治区、直辖市人民政府林业主管部门提出意见,报本级人民政府批准公布;其他防护林、用材林、特种用途林以及经济林、薪炭林,由县级人民政府林业主管部门根据国家关于林种划分的规定和本级人民政府的部署组织划定,报本级人民政府批准公布。

省、自治区、直辖市行政区域内的重点防护林和特种用途林的面积,不得少于本行政区域森林总面积的30%。

经批准公布的林种改变为其他林种的,应当报原批准公布机关批准。

第九条 依照森林法第八条第一款第(五)项规定提取的资金,必须专门用于营造坑木、造纸等用材林,不得挪作他用。审计机关和林业主管部门应当加强监督。

第十条 国务院林业主管部门向重点林区派驻的森林资源监督机构,应当加强对重点林区内森林资源保护管理的监督检查。

第二章 森林经营管理

第十一条 国务院林业主管部门应当定期监测全国森林资源消长和森林生态环境变化的情况。

重点林区森林资源调查、建立档案和编制森林经营方案等项工作,由国务院林业主管部门组织实施;其他森林资源调查、建立档案和编制森林经营方案等项工作,由县级以上地方人民政府林业主管部门组织实施。

第十二条 制定林业长远规划,应当遵循下列原则:

(一)保护生态环境和促进经济的可持续发展;

(二)以现有的森林资源为基础;

(三)与土地利用总体规划、水土保持规划、城市规划、村庄和集镇规划相协调。

第十三条 林业长远规划应当包括下列内容:

(一)林业发展目标;

(二)林种比例;

(三)林地保护利用规划;

(四)植树造林规划。

第十四条 全国林业长远规划由国务院林业主管部门会同其他有关部门编制,报国务院批准后施行。

地方各级林业长远规划由县级以上地方人民政府林业主管部门会同其他有关部门编制,报本级人民政府批准后施行。

下级林业长远规划应当根据上一级林业长远规划编制。

林业长远规划的调整、修改,应当报经原批准机关批准。

第十五条　国家依法保护森林、林木和林地经营者的合法权益。任何单位和个人不得侵占经营者依法所有的林木和使用的林地。

用材林、经济林和薪炭林的经营者,依法享有经营权、收益权和其他合法权益。

防护林和特种用途林的经营者,有获得森林生态效益补偿的权利。

第十六条　勘查、开采矿藏和修建道路、水利、电力、通讯等工程,需要占用或者征收、征用林地的,必须遵守下列规定:

(一)用地单位应当向县级以上人民政府林业主管部门提出用地申请,经审核同意后,按照国家规定的标准预交森林植被恢复费,领取使用林地审核同意书。用地单位凭使用林地审核同意书依法办理建设用地审批手续。占用或者征收、征用林地未经林业主管部门审核同意的,土地行政主管部门不得受理建设用地申请。

(二)占用或者征收、征用防护林林地或者特种用途林林地面积10公顷以上的,用材林、经济林、薪炭林林地及其采伐迹地面积35公顷以上的,其他林地面积70公顷以上的,由国务院林业主管部门审核;占用或者征收、征用林地面积低于上述规定数量的,由省、自治区、直辖市人民政府林业主管部门审核。占用或者征收、征用重点林区的林地的,由国务院林业主管部门审核。

(三)用地单位需要采伐已经批准占用或者征收、征用的林地上的林木时,应当向林地所在地的县级以上地方人民政府林业主管部门或者国务院林业主管部门申请林木采伐许可证。

(四)占用或者征收、征用林地未被批准的,有关林业主管部门应当自接到不予批准通知之日起7日内将收取的森林植被恢复费如数退还。

第十七条　需要临时占用林地的,应当经县级以上人民政府林业主管部门批准。

临时占用林地的期限不得超过两年,并不得在临时占用的林地上修筑永久性建筑物;占用期满后,用地单位必须恢复林业生产条件。

第十八条　森林经营单位在所经营的林地范围内修筑直接为林业生产服务的工程设施,需要占用林地的,由县级以上人民政府林业主管部门批准;修筑其他工程设施,需要将林地转为非林业建设用地的,必须依法办理建设用地审批手续。

前款所称直接为林业生产服务的工程设施是指:

(一)培育、生产种子、苗木的设施;

(二)贮存种子、苗木、木材的设施;

(三)集材道、运材道;

(四)林业科研、试验、示范基地;

(五)野生动植物保护、护林、森林病虫害防治、森林防火、木材检疫的设施;

(六)供水、供电、供热、供气、通讯基础设施。

第三章　森林保护

第十九条　县级以上人民政府林业主管部门应当根据森林病虫害测报中心和测报点对测报对象的调查和监测情况,定期发布长期、中期、短期森林病虫害预报,并及时提出防治方案。

森林经营者应当选用良种,营造混交林,实行科学育林,提高防御森林病虫害的能力。

发生森林病虫害时,有关部门、森林经营者应当采取综合防治措施,及时进行除治。

发生严重森林病虫害时,当地人民政府应当采取紧急除治措施,防止蔓延,消除隐患。

第二十条 国务院林业主管部门负责确定全国林木种苗检疫对象。省、自治区、直辖市人民政府林业主管部门根据本地区的需要,可以确定本省、自治区、直辖市的林木种苗补充检疫对象,报国务院林业主管部门备案。

第二十一条 禁止毁林开垦、毁林采种和违反操作技术规程采脂、挖笋、掘根、剥树皮及过度修枝的毁林行为。

第二十二条 25度以上的坡地应当用于植树、种草。25度以上的坡耕地应当按照当地人民政府制定的规划,逐步退耕,植树和种草。

第二十三条 发生森林火灾时,当地人民政府必须立即组织军民扑救;有关部门应当积极做好扑救火灾物资的供应、运输和通讯、医疗等工作。

第四章 植树造林

第二十四条 森林法所称森林覆盖率,是指以行政区域为单位森林面积与土地面积的百分比。森林面积,包括郁闭度0.2以上的乔木林地面积和竹林地面积、国家特别规定的灌木林地面积、农田林网以及村旁、路旁、水旁、宅旁林木的覆盖面积。

县级以上地方人民政府应当按照国务院确定的森林覆盖率奋斗目标,确定本行政区域森林覆盖率的奋斗目标,并组织实施。

第二十五条 植树造林应当遵守造林技术规程,实行科学造林,提高林木的成活率。

县级人民政府对本行政区域内当年造林的情况应当组织检查验收,除国家特别规定的干旱、半干旱地区外,成活率不足85%的,不得计入年度造林完成面积。

第二十六条 国家对造林绿化实行部门和单位负责制。

铁路公路两旁、江河两岸、湖泊水库周围,各有关主管单位是造林绿化的责任单位。工矿区,机关、学校用地,部队营区以及农场、牧场、渔场经营地区,各该单位是造林绿化的责任单位。

责任单位的造林绿化任务,由所在地的县级人民政府下达责任通知书,予以确认。

第二十七条 国家保护承包造林者依法享有的林木所有权和其他合法权益。未经发包方和承包方协商一致,不得随意变更或者解除承包造林合同。

第五章 森林采伐

第二十八条 国家所有的森林和林木以国有林业企业事业单位、农场、厂矿为单位,集体所有的森林和林木、个人所有的林木以县为单位,制定年森林采伐限额,由省、自治区、直辖市人民政府林业主管部门汇总、平衡,经本级人民政府审核后,报国务院批准;其中,重点林区的年森林采伐限额,由国务院林业主管部门报国务院批准。

国务院批准的年森林采伐限额,每5年核定一次。

第二十九条 采伐森林、林木作为商品销售的,必须纳入国家年度木材生产计划;但是,农村居民采伐自留山上个人所有的薪炭林和自留地、房前屋后个人所有的零星林木除外。

第三十条 申请林木采伐许可证,除应当提交申请采伐林木的所有权证书或者使用权证书外,还应当按照下列规定提交其他有关证明文件:

(一)国有林业企业事业单位还应当提交采伐区调查设计文件和上年度采伐更新验收证明;

(二)其他单位还应当提交包括采伐林木的目的、地点、林种、林况、面积、蓄积量、方式和更新措施等内容的文件;

(三)个人还应当提交包括采伐林木的地点、面积、树种、株数、蓄积量、更新时间等内容的文件。

因扑救森林火灾、防洪抢险等紧急情况需要采伐林木的,组织抢险的单位或者部门应当自紧急情况结束之日起30日内,将采伐林木的情况报告当地县级以上人民政府林业主管部门。

第三十一条 有下列情形之一的,不得核发林木采伐许可证:

(一)防护林和特种用途林进行非抚育或者非更新性质的采伐的,或者采伐封山育林期、封山育林区内的林木的;

(二)上年度采伐后未完成更新造林任务的;

(三)上年度发生重大滥伐案件、森林火灾或者大面积严重森林病虫害,未采取预防和改进措施的。

林木采伐许可证的式样由国务院林业主管部门规定,由省、自治区、直辖市人民政府林业主管部门印制。

第三十二条 除森林法已有明确规定的外,林木采伐许可证按照下列规定权限核发:

(一)县属国有林场,由所在地的县级人民政府林业主管部门核发;

(二)省、自治区、直辖市和设区的市、自治州所属的国有林业企业事业单位、其他国有企业事业单位,由所在地的省、自治区、直辖市人民政府林业主管部门核发;

(三)重点林区的国有林业企业事业单位,由国务院林业主管部门核发。

第三十三条 利用外资营造的用材林达到一定规模需要采伐的,应当在国务院批准的年森林采伐限额内,由省、自治区、直辖市人民政府林业主管部门批准,实行采伐限额单列。

第三十四条 木材收购单位和个人不得收购没有林木采伐许可证或者其他合法来源证明的木材。

前款所称木材,是指原木、锯材、竹材、木片和省、自治区、直辖市规定的其他木材。

第三十五条 从林区运出非国家统一调拨的木材,必须持有县级以上人民政府林业主管部门核发的木材运输证。

重点林区的木材运输证,由省、自治区、直辖市人民政府林业主管部门核发;其他木材运输证,由县级以上地方人民政府林业主管部门核发。

木材运输证自木材起运点到终点全程有效,必须随货同行。没有木材运输证的,承运单位和个人不得承运。

木材运输证的式样由省、自治区、直辖市人民政府林业主管部门规定。

第三十六条 申请木材运输证,应当提交下列证明文件:

(一)林木采伐许可证或者其他合法来源证明;

(二) 检疫证明;

(三) 省、自治区、直辖市人民政府林业主管部门规定的其他文件。

符合前款条件的,受理木材运输证申请的县级以上人民政府林业主管部门应当自接到申请之日起3日内发给木材运输证。

依法发放的木材运输证所准运的木材运输总量,不得超过当地年度木材生产计划规定可以运出销售的木材总量。

第三十七条 经省、自治区、直辖市人民政府批准在林区设立的木材检查站,负责检查木材运输;无证运输木材的,木材检查站应当予以制止,可以暂扣无证运输的木材,并立即报请县级以上人民政府林业主管部门依法处理。

第六章 法律责任

第三十八条 盗伐森林或者其他林木,以立木材积计算不足0.5立方米或者幼树不足20株的,由县级以上人民政府林业主管部门责令补种盗伐株数10倍的树木,没收盗伐的林木或者变卖所得,并处盗伐林木价值3倍至5倍的罚款。

盗伐森林或者其他林木,以立木材积计算0.5立方米以上或者幼树20株以上的,由县级以上人民政府林业主管部门责令补种盗伐株数10倍的树木,没收盗伐的林木或者变卖所得,并处盗伐林木价值5倍至10倍的罚款。

第三十九条 滥伐森林或者其他林木,以立木材积计算不足2立方米或者幼树不足50株的,由县级以上人民政府林业主管部门责令补种滥伐株数5倍的树木,并处滥伐林木价值2倍至3倍的罚款。

滥伐森林或者其他林木,以立木材积计算2立方米以上或者幼树50株以上的,由县级以上人民政府林业主管部门责令补种滥伐株数5倍的树木,并处滥伐林木价值3倍至5倍的罚款。

超过木材生产计划采伐森林或者其他林木的,依照前两款规定处罚。

第四十条 违反本条例规定,收购没有林木采伐许可证或者其他合法来源证明的木材的,由县级以上人民政府林业主管部门没收非法经营的木材和违法所得,并处违法所得2倍以下的罚款。

第四十一条 违反本条例规定,毁林采种或者违反操作技术规程采脂、挖笋、掘根、剥树皮及过度修枝,致使森林、林木受到毁坏的,依法赔偿损失,由县级以上人民政府林业主管部门责令停止违法行为,补种毁坏株数1倍至3倍的树木,可以处毁坏林木价值1倍至5倍的罚款;拒不补种树木或者补种不符合国家有关规定的,由县级以上人民政府林业主管部门组织代为补种,所需费用由违法者支付。

违反森林法和本条例规定,擅自开垦林地,致使森林、林木受到毁坏的,依照森林法第四十四条的规定予以处罚;对森林、林木未造成毁坏或者被开垦的林地上没有森林、林木的,由县级以上人民政府林业主管部门责令停止违法行为,限期恢复原状,可以处非法开垦林地每平方米10元以下的罚款。

第四十二条 有下列情形之一的,由县级以上人民政府林业主管部门责令限期完成造林任务;逾期未完成的,可以处应完成而未完成造林任务所需费用2倍以下的罚款;对直接

负责的主管人员和其他直接责任人员,依法给予行政处分:

(一) 连续两年未完成更新造林任务的;

(二) 当年更新造林面积未达到应更新造林面积50%的;

(三) 除国家特别规定的干旱、半干旱地区外,更新造林当年成活率未达到85%的;

(四) 植树造林责任单位未按照所在地县级人民政府的要求按时完成造林任务的。

第四十三条 未经县级以上人民政府林业主管部门审核同意,擅自改变林地用途的,由县级以上人民政府林业主管部门责令限期恢复原状,并处非法改变用途林地每平方米10元至30元的罚款。

临时占用林地,逾期不归还的,依照前款规定处罚。

第四十四条 无木材运输证运输木材的,由县级以上人民政府林业主管部门没收非法运输的木材,对货主可以并处非法运输木材价款30%以下的罚款。

运输的木材数量超出木材运输证所准运的运输数量的,由县级以上人民政府林业主管部门没收超出部分的木材;运输的木材树种、材种、规格与木材运输证规定不符又无正当理由的,没收其不相符部分的木材。

使用伪造、涂改的木材运输证运输木材的,由县级以上人民政府林业主管部门没收非法运输的木材,并处没收木材价款10%至50%的罚款。

承运无木材运输证的木材的,由县级以上人民政府林业主管部门没收运费,并处运费1倍至3倍的罚款。

第四十五条 擅自移动或者毁坏林业服务标志的,由县级以上人民政府林业主管部门责令限期恢复原状;逾期不恢复原状的,由县级以上人民政府林业主管部门代为恢复,所需费用由违法者支付。

第四十六条 违反本条例规定,未经批准,擅自将防护林和特种用途林改变为其他林种的,由县级以上人民政府林业主管部门收回经营者所获取的森林生态效益补偿,并处所获取森林生态效益补偿3倍以下的罚款。

第七章 附则

第四十七条 本条例中县级以上地方人民政府林业主管部门职责权限的划分,由国务院林业主管部门具体规定。

第四十八条 本条例自发布之日起施行。1986年4月28日国务院批准、1986年5月10日林业部发布的《中华人民共和国森林法实施细则》同时废止。

中华人民共和国森林法(2019 年修订)

(1984 年 9 月 20 日第六届全国人民代表大会常务委员会第七次会议通过 根据 1998 年 4 月 29 日第九届全国人民代表大会常务委员会第二次会议《关于修改〈中华人民共和国森林法〉的决定》第一次修正 根据 2009 年 8 月 27 日第十一届全国人民代表大会常务委员会第十次会议《关于修改部分法律的决定》第二次修正 2019 年 12 月 28 日第十三届全国人民代表大会常务委员会第十五次会议修订)

目录

第一章　总则
第二章　森林权属
第三章　发展规划
第四章　森林保护
第五章　造林绿化
第六章　经营管理
第七章　监督检查
第八章　法律责任
第九章　附则

第一章　总则

第一条　为了践行绿水青山就是金山银山理念,保护、培育和合理利用森林资源,加快国土绿化,保障森林生态安全,建设生态文明,实现人与自然和谐共生,制定本法。

第二条　在中华人民共和国领域内从事森林、林木的保护、培育、利用和森林、林木、林地的经营管理活动,适用本法。

第三条　保护、培育、利用森林资源应当尊重自然、顺应自然,坚持生态优先、保护优先、保育结合、可持续发展的原则。

第四条　国家实行森林资源保护发展目标责任制和考核评价制度。上级人民政府对下级人民政府完成森林资源保护发展目标和森林防火、重大林业有害生物防治工作的情况进行考核,并公开考核结果。

地方人民政府可以根据本行政区域森林资源保护发展的需要,建立林长制。

第五条　国家采取财政、税收、金融等方面的措施,支持森林资源保护发展。各级人民政府应当保障森林生态保护修复的投入,促进林业发展。

第六条　国家以培育稳定、健康、优质、高效的森林生态系统为目标,对公益林和商品林实行分类经营管理,突出主导功能,发挥多种功能,实现森林资源永续利用。

第七条　国家建立森林生态效益补偿制度,加大公益林保护支持力度,完善重点生态功能区转移支付政策,指导受益地区和森林生态保护地区人民政府通过协商等方式进行生态效益补偿。

第八条 国务院和省、自治区、直辖市人民政府可以依照国家对民族自治地方自治权的规定,对民族自治地方的森林保护和林业发展实行更加优惠的政策。

第九条 国务院林业主管部门主管全国林业工作。县级以上地方人民政府林业主管部门,主管本行政区域的林业工作。

乡镇人民政府可以确定相关机构或者设置专职、兼职人员承担林业相关工作。

第十条 植树造林、保护森林,是公民应尽的义务。各级人民政府应当组织开展全民义务植树活动。

每年三月十二日为植树节。

第十一条 国家采取措施,鼓励和支持林业科学研究,推广先进适用的林业技术,提高林业科学技术水平。

第十二条 各级人民政府应当加强森林资源保护的宣传教育和知识普及工作,鼓励和支持基层群众性自治组织、新闻媒体、林业企业事业单位、志愿者等开展森林资源保护宣传活动。

教育行政部门、学校应当对学生进行森林资源保护教育。

第十三条 对在造林绿化、森林保护、森林经营管理以及林业科学研究等方面成绩显著的组织或者个人,按照国家有关规定给予表彰、奖励。

第二章 森林权属

第十四条 森林资源属于国家所有,由法律规定属于集体所有的除外。

国家所有的森林资源的所有权由国务院代表国家行使。国务院可以授权国务院自然资源主管部门统一履行国有森林资源所有者职责。

第十五条 林地和林地上的森林、林木的所有权、使用权,由不动产登记机构统一登记造册,核发证书。国务院确定的国家重点林区(以下简称重点林区)的森林、林木和林地,由国务院自然资源主管部门负责登记。

森林、林木、林地的所有者和使用者的合法权益受法律保护,任何组织和个人不得侵犯。

森林、林木、林地的所有者和使用者应当依法保护和合理利用森林、林木、林地,不得非法改变林地用途和毁坏森林、林木、林地。

第十六条 国家所有的林地和林地上的森林、林木可以依法确定给林业经营者使用。林业经营者依法取得的国有林地和林地上的森林、林木的使用权,经批准可以转让、出租、作价出资等。具体办法由国务院制定。

林业经营者应当履行保护、培育森林资源的义务,保证国有森林资源稳定增长,提高森林生态功能。

第十七条 集体所有和国家所有依法由农民集体使用的林地(以下简称集体林地)实行承包经营的,承包方享有林地承包经营权和承包林地上的林木所有权,合同另有约定的从其约定。承包方可以依法采取出租(转包)、入股、转让等方式流转林地经营权、林木所有权和使用权。

第十八条　未实行承包经营的集体林地以及林地上的林木,由农村集体经济组织统一经营。经本集体经济组织成员的村民会议三分之二以上成员或者三分之二以上村民代表同意并公示,可以通过招标、拍卖、公开协商等方式依法流转林地经营权、林木所有权和使用权。

第十九条　集体林地经营权流转应当签订书面合同。林地经营权流转合同一般包括流转双方的权利义务、流转期限、流转价款及支付方式、流转期限届满林地上的林木和固定生产设施的处置、违约责任等内容。

受让方违反法律规定或者合同约定造成森林、林木、林地严重毁坏的,发包方或者承包方有权收回林地经营权。

第二十条　国有企业事业单位、机关、团体、部队营造的林木,由营造单位管护并按照国家规定支配林木收益。

农村居民在房前屋后、自留地、自留山种植的林木,归个人所有。城镇居民在自有房屋的庭院内种植的林木,归个人所有。

集体或者个人承包国家所有和集体所有的宜林荒山荒地荒滩营造的林木,归承包的集体或者个人所有;合同另有约定的从其约定。

其他组织或者个人营造的林木,依法由营造者所有并享有林木收益;合同另有约定的从其约定。

第二十一条　为了生态保护、基础设施建设等公共利益的需要,确需征收、征用林地、林木的,应当依照《中华人民共和国土地管理法》等法律、行政法规的规定办理审批手续,并给予公平、合理的补偿。

第二十二条　单位之间发生的林木、林地所有权和使用权争议,由县级以上人民政府依法处理。

个人之间、个人与单位之间发生的林木所有权和林地使用权争议,由乡镇人民政府或者县级以上人民政府依法处理。

当事人对有关人民政府的处理决定不服的,可以自接到处理决定通知之日起三十日内,向人民法院起诉。

在林木、林地权属争议解决前,除因森林防火、林业有害生物防治、国家重大基础设施建设等需要外,当事人任何一方不得砍伐有争议的林木或者改变林地现状。

第三章　发展规划

第二十三条　县级以上人民政府应当将森林资源保护和林业发展纳入国民经济和社会发展规划。

第二十四条　县级以上人民政府应当落实国土空间开发保护要求,合理规划森林资源保护利用结构和布局,制定森林资源保护发展目标,提高森林覆盖率、森林蓄积量,提升森林生态系统质量和稳定性。

第二十五条　县级以上人民政府林业主管部门应当根据森林资源保护发展目标,编制林业发展规划。下级林业发展规划依据上级林业发展规划编制。

第二十六条　县级以上人民政府林业主管部门可以结合本地实际,编制林地保护利用、造林绿化、森林经营、天然林保护等相关专项规划。

第二十七条　国家建立森林资源调查监测制度,对全国森林资源现状及变化情况进行调查、监测和评价,并定期公布。

第四章　森林保护

第二十八条　国家加强森林资源保护,发挥森林蓄水保土、调节气候、改善环境、维护生物多样性和提供林产品等多种功能。

第二十九条　中央和地方财政分别安排资金,用于公益林的营造、抚育、保护、管理和非国有公益林权利人的经济补偿等,实行专款专用。具体办法由国务院财政部门会同林业主管部门制定。

第三十条　国家支持重点林区的转型发展和森林资源保护修复,改善生产生活条件,促进所在地区经济社会发展。重点林区按照规定享受国家重点生态功能区转移支付等政策。

第三十一条　国家在不同自然地带的典型森林生态地区、珍贵动物和植物生长繁殖的林区、天然热带雨林区和具有特殊保护价值的其他天然林区,建立以国家公园为主体的自然保护地体系,加强保护管理。

国家支持生态脆弱地区森林资源的保护修复。

县级以上人民政府应当采取措施对具有特殊价值的野生植物资源予以保护。

第三十二条　国家实行天然林全面保护制度,严格限制天然林采伐,加强天然林管护能力建设,保护和修复天然林资源,逐步提高天然林生态功能。具体办法由国务院规定。

第三十三条　地方各级人民政府应当组织有关部门建立护林组织,负责护林工作;根据实际需要建设护林设施,加强森林资源保护;督促相关组织订立护林公约、组织群众护林、划定护林责任区、配备专职或者兼职护林员。

县级或者乡镇人民政府可以聘用护林员,其主要职责是巡护森林,发现火情、林业有害生物以及破坏森林资源的行为,应当及时处理并向当地林业等有关部门报告。

第三十四条　地方各级人民政府负责本行政区域的森林防火工作,发挥群防作用;县级以上人民政府组织领导应急管理、林业、公安等部门按照职责分工密切配合做好森林火灾的科学预防、扑救和处置工作:

(一)组织开展森林防火宣传活动,普及森林防火知识;

(二)划定森林防火区,规定森林防火期;

(三)设置防火设施,配备防灭火装备和物资;

(四)建立森林火灾监测预警体系,及时消除隐患;

(五)制定森林火灾应急预案,发生森林火灾,立即组织扑救;

(六)保障预防和扑救森林火灾所需费用。

国家综合性消防救援队伍承担国家规定的森林火灾扑救任务和预防相关工作。

第三十五条　县级以上人民政府林业主管部门负责本行政区域的林业有害生物的监测、检疫和防治。

省级以上人民政府林业主管部门负责确定林业植物及其产品的检疫性有害生物,划定疫区和保护区。

重大林业有害生物灾害防治实行地方人民政府负责制。发生暴发性、危险性等重大林业有害生物灾害时,当地人民政府应当及时组织除治。

林业经营者在政府支持引导下,对其经营管理范围内的林业有害生物进行防治。

第三十六条　国家保护林地,严格控制林地转为非林地,实行占用林地总量控制,确保林地保有量不减少。各类建设项目占用林地不得超过本行政区域的占用林地总量控制指标。

第三十七条　矿藏勘查、开采以及其他各类工程建设,应当不占或者少占林地;确需占用林地的,应当经县级以上人民政府林业主管部门审核同意,依法办理建设用地审批手续。

占用林地的单位应当缴纳森林植被恢复费。森林植被恢复费征收使用管理办法由国务院财政部门会同林业主管部门制定。

县级以上人民政府林业主管部门应当按照规定安排植树造林,恢复森林植被,植树造林面积不得少于因占用林地而减少的森林植被面积。上级林业主管部门应当定期督促下级林业主管部门组织植树造林、恢复森林植被,并进行检查。

第三十八条　需要临时使用林地的,应当经县级以上人民政府林业主管部门批准;临时使用林地的期限一般不超过二年,并不得在临时使用的林地上修建永久性建筑物。

临时使用林地期满后一年内,用地单位或者个人应当恢复植被和林业生产条件。

第三十九条　禁止毁林开垦、采石、采砂、采土以及其他毁坏林木和林地的行为。

禁止向林地排放重金属或者其他有毒有害物质含量超标的污水、污泥,以及可能造成林地污染的清淤底泥、尾矿、矿渣等。

禁止在幼林地砍柴、毁苗、放牧。

禁止擅自移动或者损坏森林保护标志。

第四十条　国家保护古树名木和珍贵树木。禁止破坏古树名木和珍贵树木及其生存的自然环境。

第四十一条　各级人民政府应当加强林业基础设施建设,应用先进适用的科技手段,提高森林防火、林业有害生物防治等森林管护能力。

各有关单位应当加强森林管护。国有林业企业事业单位应当加大投入,加强森林防火、林业有害生物防治,预防和制止破坏森林资源的行为。

第五章　造林绿化

第四十二条　国家统筹城乡造林绿化,开展大规模国土绿化行动,绿化美化城乡,推动森林城市建设,促进乡村振兴,建设美丽家园。

第四十三条　各级人民政府应当组织各行各业和城乡居民造林绿化。

宜林荒山荒地荒滩,属于国家所有的,由县级以上人民政府林业主管部门和其他有关主管部门组织开展造林绿化;属于集体所有的,由集体经济组织组织开展造林绿化。

城市规划区内、铁路公路两侧、江河两侧、湖泊水库周围,由各有关主管部门按照有关规定因地制宜组织开展造林绿化;工矿区、工业园区、机关、学校用地,部队营区以及农场、牧场、渔场经营地区,由各该单位负责造林绿化。组织开展城市造林绿化的具体办法由国务院制定。

国家所有和集体所有的宜林荒山荒地荒滩可以由单位或者个人承包造林绿化。

第四十四条 国家鼓励公民通过植树造林、抚育管护、认建认养等方式参与造林绿化。

第四十五条 各级人民政府组织造林绿化,应当科学规划、因地制宜、优化林种、树种结构,鼓励使用乡土树种和林木良种、营造混交林、提高造林绿化质量。

国家投资或者以国家投资为主的造林绿化项目,应当按照国家规定使用林木良种。

第四十六条 各级人民政府应当采取以自然恢复为主、自然恢复和人工修复相结合的措施,科学保护修复森林生态系统。新造幼林地和其他应当封山育林的地方,由当地人民政府组织封山育林。

各级人民政府应当对国务院确定的坡耕地、严重沙化耕地、严重石漠化耕地、严重污染耕地等需要生态修复的耕地,有计划地组织实施退耕还林还草。

各级人民政府应当对自然因素等导致的荒废和受损山体、退化林地以及宜林荒山荒地荒滩,因地制宜实施森林生态修复工程,恢复植被。

第六章 经营管理

第四十七条 国家根据生态保护的需要,将森林生态区位重要或者生态状况脆弱,以发挥生态效益为主要目的的林地和林地上的森林划定为公益林。未划定为公益林的林地和林地上的森林属于商品林。

第四十八条 公益林由国务院和省、自治区、直辖市人民政府划定并公布。

下列区域的林地和林地上的森林,应当划定为公益林:

(一)重要江河源头汇水区域;

(二)重要江河干流及支流两岸、饮用水水源地保护区;

(三)重要湿地和重要水库周围;

(四)森林和陆生野生动物类型的自然保护区;

(五)荒漠化和水土流失严重地区的防风固沙林基干林带;

(六)沿海防护林基干林带;

(七)未开发利用的原始林地区;

(八)需要划定的其他区域。

公益林划定涉及非国有林地的,应当与权利人签订书面协议,并给予合理补偿。

公益林进行调整的,应当经原划定机关同意,并予以公布。

国家级公益林划定和管理的办法由国务院制定;地方级公益林划定和管理的办法由省、自治区、直辖市人民政府制定。

第四十九条 国家对公益林实施严格保护。

县级以上人民政府林业主管部门应当有计划地组织公益林经营者对公益林中生态功能低下的疏林、残次林等低质低效林,采取林分改造、森林抚育等措施,提高公益林的质量和生态保护功能。

在符合公益林生态区位保护要求和不影响公益林生态功能的前提下,经科学论证,可以合理利用公益林林地资源和森林景观资源,适度开展林下经济、森林旅游等。利用公益林开展上述活动应当严格遵守国家有关规定。

第五十条　国家鼓励发展下列商品林：

（一）以生产木材为主要目的的森林；

（二）以生产果品、油料、饮料、调料、工业原料和药材等林产品为主要目的的森林；

（三）以生产燃料和其他生物质能源为主要目的的森林；

（四）其他以发挥经济效益为主要目的的森林。

在保障生态安全的前提下，国家鼓励建设速生丰产、珍贵树种和大径级用材林，增加林木储备，保障木材供给安全。

第五十一条　商品林由林业经营者依法自主经营。在不破坏生态的前提下，可以采取集约化经营措施，合理利用森林、林木、林地，提高商品林经济效益。

第五十二条　在林地上修筑下列直接为林业生产经营服务的工程设施，符合国家有关部门规定的标准的，由县级以上人民政府林业主管部门批准，不需要办理建设用地审批手续；超出标准需要占用林地的，应当依法办理建设用地审批手续：

（一）培育、生产种子、苗木的设施；

（二）贮存种子、苗木、木材的设施；

（三）集材道、运材道、防火巡护道、森林步道；

（四）林业科研、科普教育设施；

（五）野生动植物保护、护林、林业有害生物防治、森林防火、木材检疫的设施；

（六）供水、供电、供热、供气、通讯基础设施；

（七）其他直接为林业生产服务的工程设施。

第五十三条　国有林业企业事业单位应当编制森林经营方案，明确森林培育和管护的经营措施，报县级以上人民政府林业主管部门批准后实施。重点林区的森林经营方案由国务院林业主管部门批准后实施。

国家支持、引导其他林业经营者编制森林经营方案。

编制森林经营方案的具体办法由国务院林业主管部门制定。

第五十四条　国家严格控制森林年采伐量。省、自治区、直辖市人民政府林业主管部门根据消耗量低于生长量和森林分类经营管理的原则，编制本行政区域的年采伐限额，经征求国务院林业主管部门意见，报本级人民政府批准后公布实施，并报国务院备案。重点林区的年采伐限额，由国务院林业主管部门编制，报国务院批准后公布实施。

第五十五条　采伐森林、林木应当遵守下列规定：

（一）公益林只能进行抚育、更新和低质低效林改造性质的采伐。但是，因科研或者实验、防治林业有害生物、建设护林防火设施、营造生物防火隔离带、遭受自然灾害等需要采伐的除外。

（二）商品林应当根据不同情况，采取不同采伐方式，严格控制皆伐面积，伐育同步规划实施。

（三）自然保护区的林木，禁止采伐。但是，因防治林业有害生物、森林防火、维护主要保护对象生存环境、遭受自然灾害等特殊情况必须采伐的和实验区的竹林除外。

省级以上人民政府林业主管部门应当根据前款规定，按照森林分类经营管理、保护优先、注重效率和效益等原则，制定相应的林木采伐技术规程。

第五十六条　采伐林地上的林木应当申请采伐许可证,并按照采伐许可证的规定进行采伐;采伐自然保护区以外的竹林,不需要申请采伐许可证,但应当符合林木采伐技术规程。

农村居民采伐自留地和房前屋后个人所有的零星林木,不需要申请采伐许可证。

非林地上的农田防护林、防风固沙林、护路林、护岸护堤林和城镇林木等的更新采伐,由有关主管部门按照有关规定管理。

采挖移植林木按照采伐林木管理。具体办法由国务院林业主管部门制定。

禁止伪造、变造、买卖、租借采伐许可证。

第五十七条　采伐许可证由县级以上人民政府林业主管部门核发。

县级以上人民政府林业主管部门应当采取措施,方便申请人办理采伐许可证。

农村居民采伐自留山和个人承包集体林地上的林木,由县级人民政府林业主管部门或者其委托的乡镇人民政府核发采伐许可证。

第五十八条　申请采伐许可证,应当提交有关采伐的地点、林种、树种、面积、蓄积、方式、更新措施和林木权属等内容的材料。超过省级以上人民政府林业主管部门规定面积或者蓄积量的,还应当提交伐区调查设计材料。

第五十九条　符合林木采伐技术规程的,审核发放采伐许可证的部门应当及时核发采伐许可证。但是,审核发放采伐许可证的部门不得超过年采伐限额发放采伐许可证。

第六十条　有下列情形之一的,不得核发采伐许可证:

(一)采伐封山育林期、封山育林区内的林木;

(二)上年度采伐后未按照规定完成更新造林任务;

(三)上年度发生重大滥伐案件、森林火灾或者林业有害生物灾害,未采取预防和改进措施;

(四)法律法规和国务院林业主管部门规定的禁止采伐的其他情形。

第六十一条　采伐林木的组织和个人应当按照有关规定完成更新造林。更新造林的面积不得少于采伐的面积,更新造林应当达到相关技术规程规定的标准。

第六十二条　国家通过贴息、林权收储担保补助等措施,鼓励和引导金融机构开展涉林抵押贷款、林农信用贷款等符合林业特点的信贷业务,扶持林权收储机构进行市场化收储担保。

第六十三条　国家支持发展森林保险。县级以上人民政府依法对森林保险提供保险费补贴。

第六十四条　林业经营者可以自愿申请森林认证,促进森林经营水平提高和可持续经营。

第六十五条　木材经营加工企业应当建立原料和产品出入库台账。任何单位和个人不得收购、加工、运输明知是盗伐、滥伐等非法来源的林木。

第七章　监督检查

第六十六条　县级以上人民政府林业主管部门依照本法规定,对森林资源的保护、修复、利用、更新等进行监督检查,依法查处破坏森林资源等违法行为。

第六十七条　县级以上人民政府林业主管部门履行森林资源保护监督检查职责,有权采取下列措施：

（一）进入生产经营场所进行现场检查；

（二）查阅、复制有关文件、资料，对可能被转移、销毁、隐匿或者篡改的文件、资料予以封存；

（三）查封、扣押有证据证明来源非法的林木以及从事破坏森林资源活动的工具、设备或者财物；

（四）查封与破坏森林资源活动有关的场所。

省级以上人民政府林业主管部门对森林资源保护发展工作不力、问题突出、群众反映强烈的地区，可以约谈所在地区县级以上地方人民政府及其有关部门主要负责人，要求其采取措施及时整改。约谈整改情况应当向社会公开。

第六十八条 破坏森林资源造成生态环境损害的，县级以上人民政府自然资源主管部门、林业主管部门可以依法向人民法院提起诉讼，对侵权人提出损害赔偿要求。

第六十九条 审计机关按照国家有关规定对国有森林资源资产进行审计监督。

第八章 法律责任

第七十条 县级以上人民政府林业主管部门或者其他有关国家机关未依照本法规定履行职责的，对直接负责的主管人员和其他直接责任人员依法给予处分。

依照本法规定应当作出行政处罚决定而未作出的，上级主管部门有权责令下级主管部门作出行政处罚决定或者直接给予行政处罚。

第七十一条 违反本法规定，侵害森林、林木、林地的所有者或者使用者的合法权益的，依法承担侵权责任。

第七十二条 违反本法规定，国有林业企业事业单位未履行保护培育森林资源义务、未编制森林经营方案或者未按照批准的森林经营方案开展森林经营活动的，由县级以上人民政府林业主管部门责令限期改正，对直接负责的主管人员和其他直接责任人员依法给予处分。

第七十三条 违反本法规定，未经县级以上人民政府林业主管部门审核同意，擅自改变林地用途的，由县级以上人民政府林业主管部门责令限期恢复植被和林业生产条件，可以处恢复植被和林业生产条件所需费用三倍以下的罚款。

虽经县级以上人民政府林业主管部门审核同意，但未办理建设用地审批手续擅自占用林地的，依照《中华人民共和国土地管理法》的有关规定处罚。

在临时使用的林地上修建永久性建筑物，或者临时使用林地期满后一年内未恢复植被或者林业生产条件的，依照本条第一款规定处罚。

第七十四条 违反本法规定，进行开垦、采石、采砂、采土或者其他活动，造成林木毁坏的，由县级以上人民政府林业主管部门责令停止违法行为，限期在原地或者异地补种毁坏株数一倍以上三倍以下的树木，可以处毁坏林木价值五倍以下的罚款；造成林地毁坏的，由县级以上人民政府林业主管部门责令停止违法行为，限期恢复植被和林业生产条件，可以处恢复植被和林业生产条件所需费用三倍以下的罚款。

违反本法规定，在幼林地砍柴、毁苗、放牧造成林木毁坏的，由县级以上人民政府林业主管部门责令停止违法行为,限期在原地或者异地补种毁坏株数一倍以上三倍以下的树木。

向林地排放重金属或者其他有毒有害物质含量超标的污水、污泥,以及可能造成林地污染的清淤底泥、尾矿、矿渣等的,依照《中华人民共和国土壤污染防治法》的有关规定处罚。

第七十五条 违反本法规定,擅自移动或者毁坏森林保护标志的,由县级以上人民政府林业主管部门恢复森林保护标志,所需费用由违法者承担。

第七十六条 盗伐林木的,由县级以上人民政府林业主管部门责令限期在原地或者异地补种盗伐株数一倍以上五倍以下的树木,并处盗伐林木价值五倍以上十倍以下的罚款。

滥伐林木的,由县级以上人民政府林业主管部门责令限期在原地或者异地补种滥伐株数一倍以上三倍以下的树木,可以处滥伐林木价值三倍以上五倍以下的罚款。

第七十七条 违反本法规定,伪造、变造、买卖、租借采伐许可证的,由县级以上人民政府林业主管部门没收证件和违法所得,并处违法所得一倍以上三倍以下的罚款;没有违法所得的,可以处二万元以下的罚款。

第七十八条 违反本法规定,收购、加工、运输明知是盗伐、滥伐等非法来源的林木的,由县级以上人民政府林业主管部门责令停止违法行为,没收违法收购、加工、运输的林木或者变卖所得,可以处违法收购、加工、运输林木价款三倍以下的罚款。

第七十九条 违反本法规定,未完成更新造林任务的,由县级以上人民政府林业主管部门责令限期完成;逾期未完成的,可以处未完成造林任务所需费用二倍以下的罚款;对直接负责的主管人员和其他直接责任人员,依法给予处分。

第八十条 违反本法规定,拒绝、阻碍县级以上人民政府林业主管部门依法实施监督检查的,可以处五万元以下的罚款,情节严重的,可以责令停产停业整顿。

第八十一条 违反本法规定,有下列情形之一的,由县级以上人民政府林业主管部门依法组织代为履行,代为履行所需费用由违法者承担:

(一)拒不恢复植被和林业生产条件,或者恢复植被和林业生产条件不符合国家有关规定;

(二)拒不补种树木,或者补种不符合国家有关规定。

恢复植被和林业生产条件、树木补种的标准,由省级以上人民政府林业主管部门制定。

第八十二条 公安机关按照国家有关规定,可以依法行使本法第七十四条第一款、第七十六条、第七十七条、第七十八条规定的行政处罚权。

违反本法规定,构成违反治安管理行为的,依法给予治安管理处罚;构成犯罪的,依法追究刑事责任。

第九章 附则

第八十三条 本法下列用语的含义是:

(一)森林,包括乔木林、竹林和国家特别规定的灌木林。按照用途可以分为防护林、特种用途林、用材林、经济林和能源林。

(二)林木,包括树木和竹子。

(三)林地,是指县级以上人民政府规划确定的用于发展林业的土地。包括郁闭度0.2以上的乔木林地以及竹林地、灌木林地、疏林地、采伐迹地、火烧迹地、未成林造林地、苗圃地等。

第八十四条 本法自2020年7月1日起施行。